JOURNAL INTIME

DE

Benjamin Constant

OUVRAGES DE L'AUTEUR

DE L'INTRODUCTION

Expiation (Calmann Lévy, Paris, 1881) . . . . 1 vol.

Sous le pseudonyme de FORSAN :

Marthe de Thiennes (Calmann Lévy, Paris, 1882). 1 vol.

Les Incertitudes de Livia (Paul Ollendorff, Paris, 1884). . . . . 1 vol.

Dans la Vieille Rue (Paul Ollendorff, Paris, 1885). 1 vol.

La Duchesse Ghislaine (Paul Ollendorff. Paris, 1886) . . . . 1 vol.

après avoir été de même avis pendant de
longues années, ni votre refroidissement
enfin, que j'aurais accepté, dans tout
autre personne que vous, incapable que
je suis de redemander deux fois l'amitié
qu'on me refuse, Rien, ma chère Tante, n'a
pu, je ne dirai pas me détacher de vous,
mais me suggérer la possibilité de
supporter votre oubli. Je vieus vrai, ma
Tante, & comme votre neveu, & comme
vous ayant aimé depuis ma naissance,
& si vous ne voulez pas tenir compte de
l'affection maternelle des premières années
comme un lien au moins de dix ans, je
vais vous demander comment et pour
quoi vous m'avez retiré une amitié à laquelle
j'attachais une si haute valeur. Je ne
flatte que vous ne puissiez pas à une

Hérivaux ce 9 Vend.
An 7

Il est bien évident, ma chère Tante, que
vous ne voulez pas m'écrire. Ce changement de dispositions envers moi me
force à croire que vos sentimens pour
moi sont changés. J'ai pourtant beau
repasser ma conduite, je ne puis rien
y trouver qui motive votre indifférence,
moins encore un mécontentement quelconque. Si j'examine mon cœur, je n'y
trouve que tendresse sans bornes pour
vous, tendresse exclusive, car mon tort
a toujours été de ne pas tenir assez de
compte des liens de la parenté, lorsqu'il
n'y a rien entre mes parens & moi aucun
autre trait de sympathie. avec vous
ma chère Tante, j'ai trouvé au contraire
une quantité de motifs de mettre à
votre amitié un prix extrême. Je vous
l'ai témoigné de toutes manières, en
l'absence, ni une subite différence d'opinion

(Fac-similé d'une lettre de BENJAMIN CONSTANT à Mᵐᵉ de Chandieu.)

neveu que vous avez vu naître, à un homme que vous avez aimé, au fils de votre sœur henriette, l'explication qu'il réclame de vous et qui est nécessaire à son repos. Je ne vous parle d'aucune autre chose, parce qu'aucune autre chose ne m'intéresse autant que celle qui fait le sujet de ma lettre, et j'attends ma chère Tante de votre cœur et de votre mémoire, car si vous avez cessé de m'aimer, vous ne pouvez avoir oublié que je vous ai tendrement aimée, la réponse que je vous demande instamment

21.

à la Citoyenne
Adrianne Nassau
Chandieu
d Lausanne
Canton Léman
Cidev. Pays de Vaud
Suisse

BENJAMIN CONSTANT

A L'AGE DE CINQUANTE-CINQ ANS.

JOURNAL INTIME

DE

Benjamin Constant

ET

LETTRES A SA FAMILLE ET A SES AMIS

PRÉCÉDÉS D'UNE INTRODUCTION

PAR

D. MELEGARI

PORTRAITS ET AUTOGRAPHE

PARIS

PAUL OLLENDORFF, ÉDITEUR

28 *bis*, RUE DE RICHELIEU, 28 *bis*.

—

1895

Tous droits réservés.

Il a été tiré, à part, dix exemplaires sur papier de Hollande

numérotés à la presse (1 à 10).

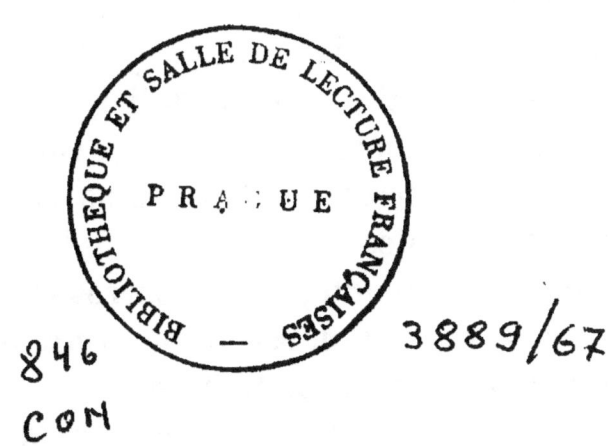

INTRODUCTION

Les *Souvenirs* du duc de Broglie et le *Salon de Mᵐᵉ Necker*, dont son arrière-petit-fils, M. d'Hausson-ville, a fait les honneurs à ses contemporains, ont été les premiers à ramener l'attention sur le cercle littéraire et brillant qui, de Voltaire à Mᵐᵉ de Staël, a animé d'un éclat passager les bords du lac Léman. La curiosité publique, excitée par les piquantes révélations qui venaient de montrer l'austère Genevoise [1] sous un jour attrayant et nouveau, se porta par une impulsion irrésistible vers tout ce qui se rattachait à ce monde disparu. La société française, que des vicissitudes politiques ou personnelles avaient amenée à Genève et à Lausanne, trouva de nouveaux historiens pour l'illustrer. Sous ces projections de lumière, certaines personnalités qui, jusqu'ici, n'avaient été connues que par le côté extérieur et avoué de leur vie ou par les appréciations d'écrivains contemporains, forcément partiales ou prudentes, furent éclairées d'un jour inattendu ; des correspondances oubliées, des voix d'outre-tombe vinrent découvrir les dessous de leurs grandeurs et de leurs faiblesses. La gloire a cet inconvénient pour ceux qu'elle a mar-

---

1. Genevoise par son mariage, Mᵐᵉ Necker, née Curchod de Nasse, était Vaudoise de naissance.

qués de son empreinte que la mort ne les met pas à l'abri des révélations posthumes. Mais doivent-ils se plaindre de ce qui leur rend la vie? Le silence est ce qui nuit le plus à une renommée; petit à petit elle finit par reculer et s'effacer dans l'ombre si un jet de lumière ne la remet pas en évidence. On ne triomphe de la postérité que par des victoires réitérées, disait Sainte-Beuve, et le meilleur coup de fortune pour une mémoire est d'avoir « deux ou trois de ces retours et de ces réveils magnifiques qui étonnent les générations nouvelles, qui les convainquent qu'un mort puissant est là, redoutable encore jusque dans son ombre et son silence. » Certes les opinions orthodoxes qui s'étaient artificiellement créées sur telle ou telle renommée se trouvent ainsi quelquefois froissées et détruites. Mais sortir du factice et rentrer dans la vérité est toujours un avantage. Il y a puérilité à vouloir maintenir l'erreur; pour tirer une leçon utile de l'exemple d'une vie, il faut qu'elle soit connue dans sa réalité. Les familles, les amis, les admirateurs survivants s'alarment, ils croient à une diminution: c'est au contraire un agrandissement dont ils devraient se réjouir. La postérité juge de plus haut que les contemporains; certains détails ne la froissent pas, l'ensemble, seul, la saisit et force son admiration, sa pitié, ou son mépris.

Benjamin Constant a eu il y a quelques années [1] un de ces coups de fortune dont parlait Sainte-Beuve; on croyait que tout avait été dit sur cette personnalité

---

1. *Le Journal intime de Benjamin Constant, Revue internationale,* (Rome 1887.)

multiple et complexe, il restait à l'entendre parler elle-même. Le *Journal intime* que nous publions aujourd'hui en volume, et qui a été appelé avec raison « le plus beau document humain du siècle », est une confession d'une sincérité implacable. Pas un mot qui atténue le mal ou le dissimule; aucune de ces fausses pudeurs qui poussent à se mentir à soi-même. Benjamin Constant écrivait son journal pour lui seul, et afin que nul œil curieux n'en pénétrât le secret, il le rédigeait en lettres grecques. Dans ces notes quotidiennes où l'auteur d'*Adolphe* dévoile son âme ondoyante, on le voit chercher, dans l'aveu quelquefois cynique de ses plus intimes impressions, le secret de son être, mais ce secret lui échappa toujours. Il n'arriva jamais à ramener vis-à-vis de lui-même ses actes et ses sentiments à une apparence de logique et de conséquence.

La confession que l'on va lire dormit longtemps oubliée dans les archives de la famille de Constant de Rebecque. En 1871, M. Adrien de Constant, cousin de Benjamin et possesseur du précieux manuscrit, en commença la transcription en lettres latines. Plusieurs coupures y furent opérées, avec beaucoup de tact et de mesure, afin de ménager certaines susceptibilités, sans pourtant dénaturer la vérité. D'ailleurs tous les faits que ce registre rapporte étaient connus ; c'est le dessous des sentiments qui ne l'était pas entièrement. Dans un article du *Temps* (20 février 1887) consacré au *Journal intime*, — qui paraissait alors dans la *Revue internationale* de Rome — M. E. Scherer concluait à l'existence d'un autre cahier de souvenirs. Il citait, comme preuve à l'appui, la biographie inachevée de Benjamin Constant commencée par M. de Laboulaye, dans laquelle se trouvent des notes absolument semblables à celles du *Journal Intime*. Il ajoutait que l'auteur de *Paris en Amérique* avait donné à entendre qu'il les tenait de Mme Lenormant, nièce et fille adoptive de Mme Récamier. M. Scherer fait erreur. M. de Laboulaye a eu, en effet, dans les mains des notes de Benjamin Constant, mais c'est M. Adrien de Constant qui lui en avait donné communication à titre de curiosité littéraire. Il est donc naturel que leur rédaction ait paru identique à celle du *Journal intime*. Ce dernier, commencé en Allemagne en 1804, fut terminé en 1816. Mais Adolphe, avec sa nature analytique à l'excès, n'avait pas attendu d'avoir trente-sept ans pour se raconter à lui-même. Il existe une autre série de Souvenirs antérieurs à 1804, qui doit se trouver dans les archives de la famille de Constant de Rebecque. M. Adrien de Constant en avait connaissance, car dans une courte notice écrite par lui sur la vie de son cousin, il cite, à la date de 1795, des portions d'un journal rédigé par Benjamin dans sa jeunesse, et où celui-ci raconte les débuts de son amitié avec Mme de Staël. Un jour, peut-être, on retrouvera ce manuscrit oublié et il sera rendu lui aussi aux lettres françaises. En attendant les surprises de l'avenir, nous déclarons qu'il n'existe pas de double du *Journal intime* et que les suppositions faites à ce sujet par M. Scherer étaient erronées.

Benjamin Constant tenait, il est vrai, un autre

diarium qui devait servir plus tard à la rédaction de
ses mémoires et dans lequel il notait rapidement,
sans commentaires, les événements de sa vie et les
agitations de son cœur. Ce carnet, dont il fit présent à
son secrétaire peu de jours avant sa mort, ne pouvant autrement rémunérer ses services, a été vu par
plusieurs personnes. Loève Veimars en fait mention [1]
et Sainte-Beuve également le cite à plusieurs reprises
dans les *Derniers portraits* et dans les *Notes et Remarques* qui précèdent la table générale et analytique
de ses ouvrages [2]. Les traces de ce petit registre que le
secrétaire de Benjamin Constant montrait à qui voulait après la mort de son patron se sont perdues.
S'est-il égaré? Est-il enfermé dans les collections de
quelque amateur d'autographes? A-t-il été acheté par
des personnes croyant avoir intérêt à le faire disparaître? Cette dernière hypothèse paraît la plus probable.

Nous faisons suivre le *Journal intime* d'une
partie de la correspondance que Benjamin Constant
entretenait avec sa famille, et surtout avec sa tante,
Mme de Nassau, sœur de sa mère. Ces lettres, dont
les premières datent de son enfance, marquent les
étapes du développement intellectuel et moral du célèbre publiciste et de la formation de son style qui
devient d'année en année plus ferme, plus précis,
plus élégant. L'esprit chez lui ne perd jamais ses

1. *Revue des Deux-Mondes*, tome I, 1833. *Lettres sur les hommes
d'État de la France.*

2. Voir Ch. Pierrot. Table analytique et générale des *Causeries du
lundi, Portraits de femmes* et *Portraits littéraires* de Sainte-Beuve
(Paris, Garnier frères).

droits, mais le côté spontanément affectueux de sa nature se révèle dans la correspondance, à la fois ironique et tendre, plaisante et sérieuse, qu'il continua à échanger fidèlement avec Mme de Nassau, à travers les orages de sa vie et les passions qui en détruisirent l'équilibre. D'autres lettres de Benjamin Constant à sa famille, ont déjà été publiées. Elles sont tirées des manuscrits Constant légués par Charles de Constant, cousin-germain de Benjamin, à la Bibliothèque de Genève, avec ordre de ne les livrer au public que trente ans plus tard. Quelques-unes de ces lettres sont écrites à Mme de Nassau, mais le plus grand nombre d'entre elles sont adressées à Mlle Rosalie de Constant, la spirituelle bossue qui ne ménageait aucune vérité à son illustre cousin, même lorsqu'il ne les lui demandait pas. En 1867, la *Revue nationale suisse* publia quelques extraits de cette correspondance et enfin, en 1888, M. Jean Menos réunit en volume la plupart des lettres possédées par la bibliothèque de Genève, et dans lesquelles Benjamin continue à se révéler parent expansif et affectueux, capable de dévouement, même envers ceux dont il croyait avoir à se plaindre, et désireux de la tendresse familiale qui lui avait toujours manqué. Ce volume contient aussi de douloureux et inutiles détails sur les incidents intimes de cette existence déchirée par tant de courants contraires.

Nous joignons au *Journal intime* et à la correspondance avec Mme de Nassau un certain nombre de

---

1. *Lettres de Benjamin Constant à sa famille,* précédées d'une introduction par Jean Menos (Albert Savine, Paris 1888).

lettres adressées par Benjamin Constant à Mme de Charrière¹ vers la fin de leur amitié. Une partie de la correspondance qu'il entretint avec cette première amie a déjà été publiée dans la *Revue des Deux-Mondes*²; plus tard, M. Eusèbe Gaullieur, dans les mains de qui elle se trouvait, en fit paraître d'autres extraits dans la *Revue suisse* et dans les *Étrennes nationales*. Les lettres que nous publions aujourd'hui datent d'une époque où déjà cette tendre amitié s'était aigrie et refroidie, mais les liens de ces deux intelligences survivaient au refroidissement des cœurs. L'intimité avec une femme d'un quart de siècle plus âgée que lui, avait vieilli l'esprit déjà trop précoce de Benjamin, aussi ne croirait-on jamais que c'est un jeune homme de vingt-six ans qui écrit ces lettres désabusées. Celles qu'il adressait vingt-deux ans plus tard à Mme Récamier et qui ont été publiées en 1882 par les soins de sa nièce Mme Lenormant, sont autrement jeunes; elles sont trop jeunes même! Quant à sa correspondance avec Mme de Staël, qui aurait été de beaucoup la plus curieuse à connaître, elle a été entièrement détruite. Il ne reste également aucune trace des lettres que Benjamin adressa à sa seconde femme Charlotte de Hardenberg.

Nous croyons avoir énuméré tous les documents connus déjà ou jusqu'ici inédits, qui se rapportent à l'auteur d'*Adolphe,* mais le *Journal intime* est de beaucoup le plus précieux. Saint-Augustin a parlé de

1. Ces lettres sont dues à l'obligeance de Mme Gaullieur, veuve de M. Eusèbe Gaullieur.
2. Livraison du 15 avril 1844.

lui-même moins franchement, que ne le fait le sceptique ami de Mme de Staël dans ces pages où il révèle, sans réticences, sa périlleuse finesse, son absence de sens moral et les instincts dangereux auxquels il ne sut jamais résister.

I

Tout a été dit à peu près sur Benjamin Constant. De Sainte-Beuve à Paul Bourget, les amateurs de psychologie ont été attirés par cette figure de cérébral sensible, auquel la volonté faisait défaut, et qui ne put jamais réaliser la ligne de conduite élevée dont son intelligence lui faisait comprendre la beauté et la désirabilité. Nous ne voulons point refaire ici l'œuvre de ses biographes et de ses critiques. cependant une courte notice sur les événements de sa vie est indispensable au début de ce volume, afin de rafraîchir les souvenirs de ceux qui le liront, et d'éclairer certains points à peine indiqués dans les confessions et la correspondance.

Pour comprendre cette singulière personnalité, et ne pas juger trop sévèrement ses écarts, il est nécessaire de commencer par tenir compte de tout ce qui lui manqua. Pas de religion : et Dieu seul aurait pu être la vivante unité de son existence. Pas de patrie : or, la patrie aurait discipliné par les devoirs positifs qu'elle impose le vagabondage de cet esprit subtil. Pas de famille, pas d'intérieur : par conséquent une sensibilité forcément repliée sur elle-même dès l'enfance et qui dégénéra vite en ironie et en sécheresse, aidant ainsi le développement trop précoce de l'esprit.

Benjamin Constant naquit à Lausanne en 1767 ; sa mère, Henriette de Chandieu [1], mourut en le mettant au monde. Son père, Juste Arnold de Constant de Rebecque, [2], était colonel au service de Hollande ; sa profession le retenant loin de son fils, l'enfant fut confié à sa grand'mère maternelle, Mme de Chandieu, et à sa tante Mme de Nassau [3] qui le gâtèrent à outrance et se pâmaient d'admiration devant lui. Puis, à l'âge de sept ans, son père l'enleva à ces influences tendres et l'emmena en Hollande où il lui donna un précepteur qui le soumit à un régime sévère. Cette éducation à la fois faible et brusque, développa précocement les contrastes de ce caractère. On a dit de Benjamin Constant qu'il n'avait pas eu d'enfance. Nous le voyons en effet, à l'âge de dix ans, écrire à sa grand'mère, ces lignes étonnantes :

« Je vois quelquefois ici une jeune anglaise de mon âge, que je préfère à Cicéron, Sénèque, etc... elle m'apprend Ovide, qu'elle n'a jamais lu et dont elle n'a ouï parler, mais *je le trouve entièrement dans ses yeux* [4]. »

1. Famille originaire du Dauphiné, qui passa à la Réforme, et lors de la Saint-Barthélemy se réfugia en Suisse. Plus tard les Chandieu rentrèrent en France, mais une branche de la famille resta à Lausanne et s'y fixa définitivement.

2. Les Constant de Rebecque appartiennent également à une famille d'origine française. Les persécutions religieuses les forcèrent à se réfugier en Suisse en 1607.

3. Mlle de Chandieu, mariée à un allemand, le comte de Nassau, dont elle était séparée à l'amiable. Elle avait un fils unique, Louis de Nassau, qu'elle perdit en 1794. Toute sa tendresse se concentra alors sur son neveu Benjamin que déjà elle aimait comme son propre enfant.

4. *Lettres de Benjamin Constant à sa famille.* (Savine, Paris, 1888.)

A douze ans, il faisait des chansons, des bouts rimés, causait de toutes choses avec un enjouement spirituel, allait dans le monde, le jugeait, avait déjà l'intuition de la passion du jeu, qui devait être plus tard le pire danger de sa vie. Une lettre [1] adressée à sa grand'mère en 1779, et datée de Bruxelles, rend mieux que toute analyse l'effrayant développement auquel était arrivé cet enfant de douze ans :

J'avais, ma chère grand'mère, perdu toute espérance; je croyais que vous ne vous souveniez plus de moi et que vous ne m'aimiez plus. Votre lettre si bonne est venue dissiper mon chagrin, car votre silence m'avait fait perdre le goût de tout, parce que, dans tout ce que je fais, j'ai le but de vous plaire, et dès que vous ne vous souciez plus de moi, il est inutile que je m'applique. Ce sont mes cousins qui me supplantent auprès de vous : ils sont colonels, capitaines, et moi je ne suis rien encore ! Et cependant, je vous aime et vous chéris autant qu'eux. Vous voyez tout le mal que votre silence me fait; aussi, si vous voulez que je devienne aimable et savant, écrivez-moi et aimez-moi malgré mes défauts; vous me donnerez des forces et du courage pour m'en corriger. — Je voudrais pouvoir vous dire de moi quelque chose de satisfaisant, mais je crains que cela se borne au physique. Je me porte bien et je grandis beaucoup. Vous me direz que si c'est tout, il ne vaut pas la peine de vivre; je le pense aussi, mais mon étourderie renverse tous mes projets.

Je voudrais qu'on pût empêcher mon sang de circuler avec autant de rapidité et lui donner une marche plus cadencée. J'ai essayé si la musique pourrait faire cet effet, et je joue des *adagio* et des *largo* à endormir trente cardinaux. Les premières mesures vont bien, mais je ne sais par quelle magie ces airs lents finissent par devenir des *prestissimi*. Il en est

1. Cette lettre qui se trouvait parmi les manuscrits Constant a été publiée pour la première fois, par M. de Loménie dans sa *Galerie des contemporains illustres*. Sainte-Beuve la croyait apocryphe, mais il faisait erreur, l'original, écrit de la main de Benjamin, se trouve à la Bibliothèque de Genève.

de même de la danse. Le menuet se termine toujours avec
moi par quelques gambades. Je crois donc que le mal est
incurable et qu'il résistera même à la raison, car, à douze
ans, je devrais en avoir quelque étincelle ; mais je ne m'aperçois pas de son empire, et si son œuvre est faible, que sera-
t-elle à vingt-cinq ans ? Savez-vous, ma chère grand'mère,
que je vais dans le monde deux fois par semaine ? J'ai un bel
habit, une épée, un chapeau sous le bras, une main sur la
poitrine, l'autre sur la hanche. Je vois, j'écoute ! Jusqu'à ce
moment, je n'envie pas les plaisirs du grand monde. Ils ont
tous l'air de ne pas l'aimer beaucoup. Cependant, le jeu et l'or
que j'y vois rouler me causent quelque émotion ; je voudrais
en gagner pour mille besoins que l'on a le tort de traiter de
fantaisies.

Je préférerais cependant passer quelques moments avec
vous, chère grand'mère, car ce plaisir va au cœur et me rend
heureux ; il m'est utile ! Les autres me passent par les yeux
et les oreilles, et laissent un vide que je n'éprouve pas quand
j'ai été quelques moments avec vous.

Ces épîtres enfantines étaient célèbres dans la
famille de Benjamin. On les faisait circuler et, en 1796,
Mme de Staël en demande instamment une copie à
Mlle Rosalie de Constant :

> Auriez-vous la bonté, méchante Rosalie, de me prêter ces
> lettres de Benjamin à sa grand'mère..... Mon sentiment
> saura plus détailler que le vôtre et il me faudra trois heures
> pour les lire.

Malgré son intelligence extraordinaire, Benjamin
décourageait tous ses précepteurs. On ne parvenait
à le faire travailler qu'en frappant son imagination.
Pour arriver à lui enseigner le grec, son instituteur
dut lui proposer de composer une langue qui ne
serait connue que d'eux seuls ; charmé par cette perspective mystérieuse, l'enfant se mit résolument à

apprendre les lettres de l'idiome inconnu. Toute une partie du caractère de l'homme se retrouve dans ce trait de l'écolier. Son enfance fut d'ailleurs assez triste et solitaire. M. Juste de Constant avait dans l'esprit un mélange d'ironie et de timidité qui empêchait tout abandon intime. Le père et le fils passaient leur temps à s'observer mutuellement. Quelquefois l'émotion les gagnait et ils se seraient volontiers jetés dans les bras l'un de l'autre, mais chacun attendait un signe d'encouragement qui ne venait jamais; à ce régime de contrainte et de déboires renouvelés, ils devinrent ironiques, superficiels et dissimulés dans leurs rapports, et ce pli fatal dura toute leur vie. Benjamin a admirablement décrit dans *Adolphe* l'influence que le caractère de son père exerça sur le sien. Cependant, on ne peut dire de lui qu'il fut un mauvais fils. Toutes les fois que M. Juste de Constant se trouva dans des situations difficiles ou embarrassées Benjamin employa toute son intelligence et son activité à l'en tirer. Dans les questions de fortune également il se montra coulant et large, facilitant à son père tous les arrangements que celui-ci désira prendre pour assurer le sort de sa seconde famille [1]. La sécheresse de cœur dont on a tant accusé cette brillante intelligence était donc plus acquise que réelle. Dans un autre milieu et dans d'autres circonstances, ses facultés affectives mieux réglées, plus développées, auraient tenu en échec le scepticisme railleur de cet esprit formé pour le désenchantement.

---

1. M. Juste de Constant avait épousé une personne attachée à son service dont il avait eu deux enfants.

La vie que Benjamin Constant mena en Hollande près de son père fut d'ailleurs de courte durée. A l'âge de treize ans, M. Juste de Constant envoya son fils à l'université d'Oxford. De là il passa à Erlangen, puis retourna en Angleterre, suivit des cours à Édimbourg, se lia d'amitié avec des membres du parti Whig dont les opinions laissèrent dans son esprit des traces qui ne s'effacèrent jamais et développèrent en lui le goût et l'instinct de la liberté politique. En 1787, ses études terminées, il se rendit à Paris. Recommandé à Suard il rencontra dans sa maison des esprits fortement imprégnés de la philosophie du XVIIIᵉ siècle, La Harpe, Lacretelle, Marmontel. Le germanisme et l'école libérale anglaise l'avaient déjà marqué de leur empreinte, Voltaire vint y joindre la sienne. On a défini Benjamin Constant « une âme primitivement déracinée du sol natal ». En effet, la patrie lui manqua autant que la famille. Ses parents d'origine française étaient Suisses de fait, mais servaient tous en pays étranger. Lausanne, où il passa sa première enfance et séjourna à différentes reprises dans sa jeunesse, avait perdu tout caractère national en devenant le rendez-vous de la société élégante de l'Europe. Transplanté en Hollande, il passa de là en Angleterre, en Allemagne et enfin en France qui fut sa véritable patrie. Mais toutes ces races dont il s'était assimilé la culture compliquèrent encore cette nature déjà complexe par elle-même. On peut appeler Benjamin Constant le premier des cosmopolites. Grimm, Horace Walpole et d'autres le furent avant lui, mais d'une façon moins complète, sans que l'essence de leur esprit et de leur âme fût

essentiellement modifiée par le contact avec le génie
des autres races.

Pendant ce premier séjour qu'il fit à Paris en
1787 Benjamin Constant y mena la vie la plus dissipée. « Quel sot usage, écrivait-il plus tard, j'y ai
fait de mon temps, de mon argent, et de ma santé! »
Il eût pu ajouter citant le vers de Voltaire :

Dans mon printemps j'ai hanté les vauriens!

Il y hanta aussi les femmes d'esprit, car ce fut à
cette époque qu'il fit la connaissance de Mme de
Charrière[1], la piquante Isabelle dont M. Philippe
Godet nous a raconté la jeunesse[2], en amoureux épris
plus encore qu'en historien sagace et fin psychologue.
Lors de cette rencontre, la spirituelle Hollandaise
avait quarante-sept ans; le futur grand homme n'en
comptait que vingt. Ce gamin désabusé fit une vive
impression sur cette femme d'un esprit ferme et clairvoyant qui, stoïque dès sa jeunesse, avait vite mis
son cœur à la raison; c'est à peine si quelques déchi-
rures étaient venues en altérer la surface tranquille.
Mariée sans attrait bien vif à un homme[3], qui n'avait
pu lui apprendre l'amour, et au sujet duquel elle
écrivait : « Je suis mariée depuis onze jours et sur ces

1. Isabelle-Agnès-Elisabeth van Tuyll, van Serooskerken van Zuylen,
née à Utrecht en 1740, épousa en 1771 un gentilhomme vaudois, M. de
Charrière, avec lequel elle vint habiter la Suisse. Ils se fixèrent à Colombier, maison de campagne située aux environs de Neufchâtel, où
Mme de Charrière écrivit plusieurs romans célèbres dont les plus connus
sont les *Lettres de Neufchâtel et Calliste* ou *Lettres de Lausanne.*

2. *La Jeunesse de Mme de Charrière.* (*Revue des Deux-Mondes* liv.
du 15 juin 1891.)

3. « Son mari lui survécut; c'est ce que j'ai su sur lui de plus vif! »
(Sainte-Beuve, *Portraits de femmes.*)

onze jours nous n'en avons boudé que deux ! » ses
émotions n'avaient été que cérébrales jusqu'au
moment où elle rencontra Benjamin. Mme de Charrière
fut la « première marraine » de ce nouveau Chérubin ;
elle ouvre la série des influences féminines qui trou-
blèrent si violemment ce cœur sans équilibre.

L'attrait qu'elle exerça sur Benjamin Constant fut
surtout intellectuel ; l'âge de la beauté était passé
pour elle. Dans sa jeunesse elle avait été charmante,
le buste de Houdon le prouve, mais médiocrement
belle. Le portrait que nous donnons de Mme de Charrière dans ce volume représente un visage doué
d'une intensité étonnante de vie [1]. Esprit fin et
hardiment sceptique, elle aiguisa encore l'intelligence
critique de Benjamin. Il a tracé d'elle dans *Adolphe*
un portrait où malgré certains arrangements l'original
se retrouve. C'est bien en pensant à son amie de
Colombier qu'il écrivait :

Cette femme comme tant d'autres s'était, à l'entrée de
sa carrière, lancée vers le monde qu'elle ne connaissait pas,
avec le sentiment d'une grande force d'âme et de facultés
vraiment puissantes. Comme tant d'autres aussi, faute de
s'être pliée à des convenances factices, mais nécessaires, elle
avait vu ses espérances trompées, sa jeunesse passer sans
plaisir, et la vieillesse enfin l'avait atteinte sans la soumettre.
Elle vivait dans un château voisin d'une de nos terres, mécon-
tente et retirée, n'ayant que son esprit pour ressources, et
analysant tout avec son esprit..... !

1. Ce portrait peint à l'huile, dont la photographie a beaucoup grossi
les traits, se trouve à Neufchâtel et appartient à Mme Jean de Montmolin
qui l'a hérité d'une de ses tantes, amie intime de Mme de Charrière. Ce
portrait date des premières années du séjour à Colombier de l'amie de
Benjamin Constant ; elle devait avoir alors de trente-quatre à trente-
cinq ans.

Cette première liaison débuta par des confidences.
A ce moment-là Benjamin se croyait fort amoureux
d'une jeune fille, Mlle Pourrat [1], qu'il voulait épouser,
mais la combinaison échoua. Sur ces entrefaites,
M. Juste de Constant, apprenant la vie dissipée de son
fils, lui enjoignit de venir le rejoindre à Bois-le-Duc où
il tenait garnison. Le jeune homme se révolte, et au lieu
de prendre la route de la Hollande se rend en Angleterre d'où il adresse de nombreuses lettres à Mme de
Charrière [2]. Ces lettres furent le début de la longue
correspondance qui dura entre eux de 1787 à 1795.

Leur amitié fut surtout épistolaire, car ils ne vécurent l'un près de l'autre qu'à de longs intervalles.
Après son escapade en Angleterre, Benjamin se récon-
cilia avec son père et accepta une place de chambellan à la cour de Brunswick. Mais avant de se rendre
en Allemagne il alla passer deux mois à Colombier
près de son amie. Ce fut le point saillant de leur liaison, son heure la plus tendre. Quoique vivant tous les

---

1. Sainte-Beuve, *Derniers Portraits.*

2. « Je me représentai, moi, pauvre diable ayant manqué tous mes projets, ennuyé, plus malheureux, plus fatigué que jamais de ma triste
vie. Je me figurais ce pauvre père trompé dans toutes ses espérances...
une idée fixe me vint; je me dis : Partons, vivons seul, ne faisons plus
le malheur d'un père, ni l'ennui de personne!

« Ma tête était montée, je ramasse à la hâte trois chemises et quelques bas... Un sellier qui demeurait vis-à-vis de moi me loue une
chaise de poste, je fais demander des chevaux pour Amiens, je m'en-
ferme dans ma chaise avec mes trois chemises, une paire de pan-
toufles et trente et un louis en poche. Je vais ventre à terre; en vingt
heures je fais soixante-neuf lieues, j'arrive à Calais, je m'embarque,
j'arrive à Douvres, et je me réveille comme d'un songe. » (*Lettre à
Mme de Charrière.*)

La complexité de la nature de Benjamin se montre tout entière
dans cette lettre où son acte de désobéissance se transforme presque
à ses yeux en acte de piété filiale.

deux sous le même toit, ils s'écrivaient le matin
de leurs lits de longues lettres qui n'en finissaient pas.
C'était d'une chambre à l'autre un échange continuel de messages, une débauche d'esprit et d'analyse qui se continuait en d'interminables causeries.
«Il n'y a qu'un Colombier au monde!» s'écriait Benjamin en évoquant le souvenir de ces deux mois
de bonheur. Ce fut pendant son séjour à Colombier
qu'il commença à ébaucher le plan de son grand
ouvrage sur les religions qu'il mit quarante ans à
remanier [1]. Mme de Charrière travaillait de son côté
à ses *Lettres politiques sur la Hollande*.

Nous nous amusions beaucoup, écrivait-elle plus tard en
rappelant le passé. De l'autre côté de la même table, Benjamin écrivait sur des cartes de tarots qu'il se proposait d'enfiler
ensemble un ouvrage sur l'influence de la religion ou plutôt
de toutes les religions. Il ne m'en lisait rien, ne voulant pas,
comme moi, s'exposer à la critique et à la raillerie.

Benjamin Constant aima-t-il réellement Mme de
Charrière? Les lettres qu'il lui adresse sont remplies
d'expressions tendres et admiratives, et il est certain
qu'il subissait à un degré extrême le prestige de son
esprit, mais ce n'était pas là de l'amour [2]. Sans parler des vingt-sept ans qui les séparaient, il y a quel-

---

1. Benjamin Constant était le premier à plaisanter des transfor-
mations de son éternel ouvrage... « L'utilité des faits est vraiment
merveilleuse, disait-il de ce ton qu'on lui a connu ; voyez, j'ai rassem-
blé d'abord mes dix mille faits : eh bien ! dans toutes les vicissitudes de
mon ouvrage, ces mêmes faits m'ont suffi à tout ; je n'avais qu'à m'en
servir comme on se sert de soldats, en changeant de temps en temps
l'ordre de bataille. » (Sainte-Beuve, *Derniers Portraits*.)

2. Une vérité n'est complète, disait-il, que quand on y a fait entrer
le contraire. Cette théorie appliquée au sentiment paraît exclure la
possibilité de l'amour.

que chose de sec, de trop purement intellectuel dans
ses expressions de regret et d'affection, il y a surtout
un manque de délicatesse dans les confidences qu'il
ne craint pas de lui adresser qui semble exclure l'existence du sentiment tout puissant. En effet dans ses
lettres de Brunswick, il ose lui parler d'autres
femmes, de ses projets de mariage, il semble ne pas
comprendre l'indélicatesse de certains accommodements; plus tard il l'entretient de ses joies et de ses
malheurs conjugaux, et le jour enfin où il rencontre
Mme de Staël il lui écrit sans ménagements :

C'est la seconde femme que j'ai trouvée qui aurait pu
me tenir lieu de tout l'univers..... Enfin c'est un être à part,
un être supérieur, tel qu'il s'en rencontre peut-être un par
siècle.....

Mais n'anticipons pas. Benjamin est encore sous
l'influence de Colombier. Il fait part à son amie de tous
les plans romanesques qui germent dans son esprit
parmi lesquels on voit figurer un projet de vie agricole en Amérique. Il entreprend une *Histoire de la
civilisation en Grèce* et relit ses classiques. Il raconte
à Mme de Charrière sa vie à la cour, les animosités
qu'il suscite, d'abord parce qu'il est démocrate, puis
surtout parce qu'il a relevé les ridicules de tout le
monde :

Blasé sur tout, ennuyé de tout, amer, égoïste, avec une
sorte de sensibilité qui ne sert qu'à me tourmenter, mobile
au point d'en passer pour fat, sujet à des accès de mélancolie
qui interrompent tous mes plans..., comment voulez-vous
que je réussisse, que je plaise, que je vive...?

Dévoré d'ennui et d'un besoin de change-

ment, poussé en outre par son entourage, Benjamin
Constant se laissa marier en 1789, à l'âge de vingt-deux
ans, à Wilhelmine, baronne de Cram, dame d'honneur de la grande-duchesse de Brunswick. La nouvelle
Mme de Constant était loin d'être jolie si l'on en croit
une lettre de Rosalie de Constant adressée à son
frère Charles :

Au mois de juillet nous avons vu arriver à Beausoleil
Benjamin et sa femme... Nous étions très curieux de connaître cette nouvelle cousine. D'après les goûts difficiles de
Benjamin, nous nous attendions à voir une perfection, et nous
fûmes étonnés de la trouver très laide, le visage labouré de
petite vérole, des yeux rouges, très maigre. Enfin le premier
abord n'est pas en sa faveur, mais lorsqu'on l'examine avec
plus d'attention, on voit qu'elle est grande, bien faite, qu'elle
a des manières douces et agréables, une jolie main, de beaux
cheveux, un joli son de voix, de l'esprit, de la gaîté, aucune
roideur allemande... Son mari l'adore comme si elle était
belle.

Ce beau jeune homme blond, marié à une femme
laide, n'aurait donc pas mieux demandé que d'être
un bon époux[1] ! Le destin ne le voulut pas ; Mme de
Constant donna tant de coups de canif au contrat
conjugal que force fut à son mari de s'en apercevoir. De là querelles, séparation et finalement
divorce[2]. Tout cela se poursuivait au milieu de mille
intrigues qui rendirent sa position à la cour de
Brunswick aussi désagréable que difficile. On peut

1. Peu après son mariage il écrivait à Mme de Charrière ces équivoques
épanchements : « Je suis heureux par ma femme, je ne puis désirer
même de me rapprocher de vous en m'éloignant d'elle, mais je ne
cesserai jamais de dire : « c'est dommage ! »

2. « Entraîné par des personnes intrigantes, j'eus la faiblesse de
prendre une femme laide, sans fortune et plus âgée que moi, et, pour

se demander quel aurait été l'avenir de Benjamin
Constant s'il avait épousé une femme digne d'être
aimée et douée d'une âme assez ferme pour servir de
point d'appui à son âme incertaine? La question restera toujours sans réponse; à une nature comme la
sienne, il fallait la sécurité et la dignité du mariage
pour qu'une influence pût s'affirmer durablement et .
victorieusement. Or, sa première femme était absolument indigne d'exercer une action efficace; la
seconde, Charlotte de Hardenberg, malgré sa douceur et sa bonté, en était intellectuellement incapable.
Jamais homme ne parla plus de mariage que Benjamin Constant; à toutes les époques de sa vie c'est
le but de ses aspirations. Dans son impatience d'en
finir avec les lenteurs de son divorce, on l'entend
bien s'écrier : « Hymen! hymen! hymen! quel
monstre », mais quelques jours après, lorsque la sentence est enfin prononcée, il écrit :

Ils sont rompus tous mes liens, ceux qui faisaient mon
malheur, comme ceux qui faisaient ma consolation, tous, tous.
Quelle étrange faiblesse! Depuis plus d'un an je désirais ce
moment, je soupirais après l'indépendance complète, elle est
venue et je frissonne! je suis comme atterré de la solitude qui
m'entoure, je suis effrayé de ne tenir à rien, moi qui ai tant
gémi de tenir à quelque chose...

. Bien des années plus tard, après une autre rupture, ardemment désirée aussi, nous entendrons les

comble d'agrément, violente et capricieuse. Les torts qu'elle eut à mon
égard sont de ceux qu'on ne pardonne pas. Mais au lieu d'une punition
ou d'une vengeance je ne demandais que ma liberté et je l'obtins en
faisant beaucoup de mécontents, car ma femme avait des ennemis qui
espéraient tirer un meilleur parti de ma colère. » (BENJAMIN CONSTANT.)

mêmes regrets sortir de ce cœur à la fois inconstant et fidèle, qui, incapable d'aimer toujours le même objet, était également incapable de s'en détacher.

La correspondance de Benjamin Constant avec Mᵐᵉ de Charrière se poursuivit assez régulièrement à travers les vicissitudes de son mariage et de son divorce, mais le ton en est changé ; il lui écrit comme à « l'esprit le plus supérieur qu'il connaisse » [1] : non plus comme à la femme qu'il aime et dont il doit quelque peu ménager les sentiments ; il lui dit « tout et plus que tout », il montre sa sécheresse, l'ennui qui le ronge. Ce sont les mêmes analyses dévorantes qu'autrefois mélangées aux plus singuliers aveux. Le goût assez vif que lui inspire Mᵐᵉ de Marenholz [2], ses rapports avec cette Charlotte qu'il devait plus tard épouser, tout cela est raconté dans des termes blessants pour celle dont il parlait, et pour celle à qui il adressait ses confidences. Entre Benjamin Constant et son amie, des mots qui ne s'oublient jamais avaient été prononcés au moment où la triste affaire

---

1. « Mᵐᵉ de Charrière a plus d'esprit qu'il n'en faut pour faire trembler la moitié de la Germanie. (BENJAMIN CONSTANT.)

2. Charlotte de Hardenberg, née en Angleterre, appartenait à une grande maison hanovrienne. Ses frères remplirent de hautes fonctions à la cour de Westphalie. Très jeune, Mˡˡᵉ de Hardenberg avait épousé M. de Marenholz. Mais ce mariage fut si malheureux que les deux époux demandèrent le divorce. Mᵐᵉ de Marenholz épousa en secondes noces le comte Dutertre, émigré français qu'elle avait connu en Allemagne. Celui-ci, rentré en France, se laissa persuader par son confesseur que toute union d'un catholique avec une protestante divorcée était illégitime. La pauvre femme se trouva ainsi à moitié mariée, à moitié libre. Pour l'épouser, Benjamin Constant dut acheter un papier signé Dutertre, par lequel ce second mari renonçait à tous ses droits sur Mˡˡᵉ de Hardenberg.

de M. Juste de Constant éclata en Hollande [1]. Peut-
être Mme de Charrière donna-t-elle à son correspondant
quelque conseil trop particulier, le fait est que
Benjamin se fâcha et lui écrivit une lettre aussi
amère qu'ingrate [2]. Il y eut même interruption dans
leur correspondance ; elle reprit plus tard et dura
quelques années encore à travers des refroidisse-
ments, des brouilleries, des raccommodements,
mais il a beau parler de Mme de Charrière en l'appelant « la femme que j'aime et qui m'aime tendrement » on sent que le charme est rompu [3]. Ce sont
les derniers sanglots d'une amitié vive qui s'éteint [4].
Une des dernières lettres qu'il lui adresse est datée
du 26 mars 1796 :

Adieu, écrit-il en terminant, vous qui avez embelli huit
ans de ma vie, vous que je ne puis, malgré ma triste expé-

1. Dénoncé par plusieurs officiers de son régiment, M. Juste de
Constant se trouvait sous le coup des plus graves accusations. Les
ennemis qu'il avait en Suisse profitèrent de cette occasion pour essayer
de le perdre. En réalité il était plus coupable de désordre que de
malversations véritables. Mais le gouvernement hollandais exigea des
comptes. Des enquêtes commencèrent. M. de Constant perdit la tête
et prit la fuite. Dans cette circonstance Benjamin se montra fils dévoué,
il accourut en Hollande pour faire face à l'orage. Un long procès s'en-
suivit. M. de Constant le perdit en première instance, et fut cassé de
tous ses emplois. En appel on lui rendit justice et il fut replacé au service batave comme général.

2. Mme de Charrière y répondit par une lettre qu'elle n'envoya pas
et qui débute par ces mots. « Faites-moi la grâce de me dire si vous
êtes bien ingrat et bien mauvais, ou si vous n'êtes pas un peu fou. Il
se peut même que ce ne fût qu'une folie passagère et en ce cas-là je la
compterais pour peu de chose. »

3. Voir Bibliothèque universelle de Genève, années 1847, 1848,
1857.

4. Tant que leur tendre relation avait duré, la toilette n'avait pas
été de rigueur ; Mme de Charrière passait le négligé à Adolphe. Lorsque
plus tard elle le vit devenir muscadin, elle lui dit un jour tristement :
« Benjamin, vous faites votre toilette ; vous ne m'aimez plus ! » (SAINTE-
BEUVE.)

rience, imaginer contrainte et dissimulée, vous que je puis
apprécier mieux que personne ne vous appréciera jamais.
Adieu, adieu.

Lorsqu'il lui adressait ces lignes la politique et un
autre amour avaient déjà pris possession de sa vie.
La première amie n'était plus pour lui qu'un souvenir « le plus cher et le plus étrange de mes souvenirs » comme il le lui avait écrit autrefois [1].

De pensée ferme autant que de vive allure, Mme de
Charrière aurait dû laisser plus de traces sur l'esprit
qui avait subi pendant si longtemps l'ascendant du
sien. Mais elle eut le sort de tous ceux qui détruisent
et ne pensent point à fonder. On lit dans *Adolphe* :

> J'avais contracté dans mes conversations avec la femme,
> qui la première avait développé mes idées, une insurmon-
> table aversion pour toutes les maximes communes, et pour
> toutes les formules dogmatiques.

Ces paroles sont justes, quant à l'effet produit sur
l'âme de Benjamin Constant par le contact intellectuel
avec Mme de Charrière. Celle-ci avait cependant des
points fermes sur lesquels elle ne transigeait pas,
mais qu'elle ne sut pas communiquer. Dépourvue

---

1. Lorsque Mme de Charrière mourut, Benjamin Constant s'écria :
« Le monde se dépeuple pour mon cœur ! » Il écrivait en même temps
à Mme de Nassau :

« Si, comme je le pense, on se retrouve dans l'autre monde, Mme de
Charrière est une des personnes que j'y chercherai avec le plus d'empressement... C'est une des personnes de l'esprit le plus étendu que
j'aie jamais rencontré. Comme cet esprit allait toujours tout droit son
chemin, il passait sur le ventre à bien des choses, mais il avait le
grand mérite d'être exempt de toute affectation, d'être pour lui-même et
par lui-même sans se dénaturer pour plaire aux autres..... Je mets le
temps que j'ai passé avec elle parmi deux ou trois époques de ma vie
que je regretterai toujours. »

d'enthousiasme, dévorée de curiosité intellectuelle, le libertinage d'esprit de Benjamin ne la choquait pas; elle l'encouragea même et développa ainsi son ironie naturelle et la sécheresse de son cœur. Plus tard elle expia cette faute. Ce pauvre cœur mobile qui se dévoilait cyniquement devant elle fit sans doute souffrir le sien. Trop intelligente, trop sceptique, trop logique, pour avoir nourri l'illusion de garder longtemps l'affection du jeune homme, elle éprouva cependant une amère douleur à voir lui échapper ce qu'elle n'avait jamais réclamé [1]. Une fois encore il vient la voir à Colombier.

> Je le trouve bien changé, écrit-elle... Sa carrière moitié politique, moitié amoureuse n'est plus en possession de m'intéresser. Nous n'avons ri ensemble de rien, sinon de nous-mêmes ou plutôt l'un de l'autre..... D'ailleurs les Necker, les Staël étaient autant d'arches saintes auquelles il ne fallait pas toucher. C'est dommage pour moi que cette rupture! Pour lui qui est plus jeune et qui a besoin sans doute de mouvement et de variété, il peut mettre beaucoup de choses à la place, et Mᵐᵉ de Staël remplie d'esprit et de desseins, liée ou en différend avec la terre entière, lui vaut beaucoup mieux que moi.

Mᵐᵉ de Charrière, malgré son esprit, ne sut pas cacher sa blessure. Toutes les fois qu'elle parle de *l'ambassadrice* comme elle appelait Mᵐᵉ de Staël, c'est avec une verve incisive :

> Elle est partie et son sigisbée aussi. Je souhaite qu'aucun mal n'arrive à aucun des cheveux dorés de l'un, à aucun

---

[1] « On ne veut pas seulement, s'écrie-t-elle, que quelqu'un s'imagine qu'il pouvait être aimé et heureux, nécessaire et suffisant à un seul de ses semblables. Cette illusion douce et innocente, on a toujours soin de la prévenir ou de la détruire. »
Benjamin de son côté lui écrit : « Une cruelle expérience dont vous êtes la victime m'a trop prouvé que des égards ne suffisent pas! »

des crins noirâtres de l'autre : mais quelques humiliations pour la célèbre fille de M. Necker ne me déplairaient pas [1].

Cette rupture et les causes qui la motivèrent eurent sur Benjamin Constant une influence décisive ; Mme de Charrière, dit Sainte-Beuve, était le XVIIIe siècle en personne ; il rompit à un certain moment avec elle et avec lui [2]. Un homme nouveau surgissait : l'homme du XIXe siècle. Il ne fut pas plus conséquent que l'autre ne l'avait été, mais du moins son horizon s'était élargi ; sans abandonner l'analyse personnelle il allait s'élever jusqu'aux idées générales et apprendre à ne plus faire de son *moi* le pivot unique autour duquel tournait sa dévorante imagination.

II

La politique joua avec et après l'amour un très grand rôle dans la vie de Benjamin Constant. Il l'aborda d'une façon quelque peu inconséquente, comme il faisait de toutes choses ; déjà avant 1789, il était démocrate et rêvait une république où ressusciterait l'âge d'or. Girondin de nature, imbu des idées

1. « Si Mme de Charrière avait pu lire dans le journal intime de Benjamin Constant le récit des jours orageux de Coppet, elle se fût trouvée suffisamment vengée! » (PHILIPPE GODET, *Histoire littéraire de la Suisse française.*)

2. « Homme singulier, esprit aussi distingué que malheureux, assemblage de tous les contraires, patriote longtemps sans patrie, initiateur et novateur jeté entre deux siècles, tenant à l'un, à l'ancien par les racines, hélas! et par les mœurs, visant au nouveau par la tête et les tentatives; il fut heureux qu'à une heure décisive un génie cordial et puissant, le génie de l'avenir en quelque sorte, lui apparut, lui apprit le sentiment si absent jusqu'alors de l'admiration et le tira des lentes et admirables agonies où il traînait. » (SAINTE-BEUVE, *Portraits littéraires.*)

libérales anglaises, son existence à Brunswick, sa position de chambellan, le jetèrent, par des forces de réaction naturelles, toujours plus avant dans la voie de la haine des gouvernements absolus et du mépris des cours. Accusé de jacobinisme, ayant pour ennemis tous les amis de sa femme, sa situation à Brunswick était devenue intolérable et il finit par jeter sa clef de chambellan aux orties et par rentrer en Suisse. Mais cette politique qui était la seule chose qui piquât encore sa curiosité, il l'analysait impitoyablement comme le reste, et s'il y avait des jours où il écrivait : « J'espère que le parti de Roland, *qui est mon idole*, écrasera les Marat, Robespierre, et autres vipères parisiennes », on trouve en même temps sous sa plume ces phrases découragées : « Je n'entends plus les mots d'humanité, de liberté, de patrie, sans avoir envie de vomir. » Au fond il ne croyait qu'à demi aux effets bienfaisants des principes qu'il professait. L'influence d'une femme de génie allait lui donner, avec une patrie, la foi dans la liberté et le désir de mériter la gloire.

Ce fut le 15 septembre 1794 que Benjamin Constant rencontra pour la première fois Mme de Staël ; elle avait alors vingt-neuf ans, et lui vingt-sept. Celle dont Bonstetten disait que le monde était trop petit pour son âme de feu était faite pour conquérir l'imagination du jeune homme [1] : elle s'en empara avec une

---

1. « J'ai rarement vu, écrit-il, une réunion pareille de qualités étonnantes et attrayantes; autant de brillant et de justesse, tant de charme, de simplicité, d'abandon... Enfin c'est un être à part, un être supérieur, tel qu'il s'en rencontre peut-être un par siècle, et tel que ceux qui l'approchent, le connaissent et sont ses amis, doivent ne pas exiger d'autre bonheur. »

telle puissance qu'elle la transforma jusqu'à la rendre enthousiaste. Entre ces deux êtres passionnés, dont l'un représentait la force virile [1] et dont l'autre possédait le charme des natures ardentes et complexes, l'amitié des premiers jours devait inévitablement se transformer en sentiment plus exclusif. Benjamin Constant a noté dans son journal [2], à la date de 1795, l'heure décisive du passage de l'amitié à l'amour :

Il est vraiment curieux de voir à quel point les femmes tiennent compte aux hommes qui s'occupent d'elles des actions les plus folles, quand elles ont lieu à leur intention. Il était convenu avec Mme de Staël que pour ne pas la compromettre je ne resterais jamais chez elle passé minuit. Quel que fût le charme que je trouvais dans nos entretiens et mes fougueux désirs de n'en pas rester à des discours, je dus céder devant cette ferme résolution. Mais, ce soir, le temps m'ayant paru encore plus court que de coutume, je pris ma montre pour démontrer que l'heure de mon départ n'avait pas encore sonné. Mais l'inexorable aiguille m'ayant donné tort, par un mouvement irréfléchi de colère digne d'un enfant, je brisais sur le parquet l'instrument de ma condamnation. « Quelle folie ! Que vous êtes absurde ! » s'écria Mme de Staël. Mais quel sourire intérieur j'entrevis à travers ses reproches ! Décidément, cette montre brisée me rendra un grand service.

En effet on lit dans le journal du lendemain :

Je n'ai pas racheté de montre, je n'en ai plus besoin !

Malgré l'ardent intérêt [3] que Mme de Staël témoi-

---

1. « Mme de Staël était le mâle de Benjamin Constant. » (SAINTE-BEUVE.)

2. Ce journal n'est pas celui que nous publions aujourd'hui. Il s'agit ici de cette première série de souvenirs dont nous avons parlé en commençant et qui doit se trouver dans les archives de la famille de Constant.

3. « Mme de Staël était entraînée vers lui par un vif penchant et elle s'y livrait avec toute la fougue qu'elle mettait en toutes choses, surtout dans les affaires de cœur... Elle suivait avec ivresse la pensée du jeune homme. » (LOÈVE VEIMARS, *Revue des Deux-Mondes*, 1833.)

gnait à Benjamin Constant, elle hésita longtemps à donner à leur amitié un caractère plus tendre et il dut employer les grands moyens pour s'attacher ce cœur qu'une récente désillusion avait rendu méfiant [1]. « J'ai toujours été la même, vive et triste », disait la châtelaine de Coppet ; Mme de Staël était, en effet, de ces natures pour lesquelles la souffrance est un besoin comme l'amour et « qui ne s'amusent que de ce qui les fait pleurer ». Elle allait trouver dans ce nouvel attachement une abondante source de larmes.

En 1795, Benjamin Constant accompagne son amie à Paris et commence à la suivre dans ses évolutions politiques. Dans ce salon de Mme de Staël où, à côté des amis d'autrefois : MM. de Talleyrand, de Narbonne, de Montmorency, de Barante, de Jaucourt, etc., on rencontrait des hommes tels que Daunou, Lanjuinais, Boissy d'Anglas, le jeune homme, remarquable par sa beauté autant que par sa parole brillante, prit rapidement une place marquante. Ses longs cheveux blonds bouclés, son air d'étudiant allemand contrastaient avec les visages fatigués de cet entourage où les deux régimes se coudoyaient. A ce moment, un désir de sentir se consolider la république et l'ordre, et de voir les conquêtes libérales se concilier sous la constitution de l'an III, animait

---

1. « La première passion de Mme de Staël, à son entrée dans le monde, a été pour M. de Narbonne qui s'est très mal conduit avec elle, comme font très souvent les hommes après le succès.

. . . .

Benjamin Constant devint épris de Mme de Staël lorsqu'elle était le plus en douleur de l'infidélité de M. de Narbonne ; elle l'aima peu d'abord, mais il fait tant de désespoir et de menaces de se tuer, qu'il triomphe d'elle. » (Sainte-Beuve.)

BENJAMIN CONSTANT
A L'AGE DE TROIS ANS

(D'après un pastel appartenant à la famille de Ljuden.)

BENJAMIN CONSTANT
A L'AGE DE SIX ANS

(D'après un portrait appartenant à la famille de Lessert.)

les esprits les plus honnêtes. Benjamin Constant, qui défendit toujours la liberté sans la rendre responsable des excès dont elle était le prétexte[1], inaugura sa vie politique en publiant en faveur de Tallien et du Directoire une première brochure intitulée : *De la force du gouvernement actuel et de la nécessité de se rallier.* Cette opinion était également hostile aux terroristes et aux royalistes. Le *Moniteur* écrivit à l'occasion de cette publication : « Il est remarquable de voir un étranger discuter avec une sagacité profonde les intérêts de notre pays et joindre à l'éclat et à la vigueur du style la justesse des aperçus. » La note du *Moniteur* où il était qualifié d'étranger, décida Benjamin Constant à réclamer auprès du Directoire sa qualité de Français[2]. On lui objecta la nécessité d'une résidence de sept ans en France. Il acheta alors une terre à Luzarches, et s'étant fait inscrire à cette commune, la question se trouva tranchée en sa faveur. Quand Genève fut annexé à la France, Benjamin, pour consolider sa position, se fit reconnaître Genevois. Mais ce ne fut pas cependant sans de nouvelles luttes que le citoyen Constant put rester définitivement Français[3]. Sa première brochure avait été suivie de deux autres : *Les réactions politiques*, et *Les effets de la Terreur* dont le

1. Loève Veimars, *Revue des Deux-Mondes*, 1833.

2. Il fondait sa réclamation sur la loi du 19 décembre 1790 qui déclarait que tous les descendants, nés en pays étranger, d'un Français et d'une Française expulsés pour cause de religion, avaient droit à la nationalité française s'ils revenaient habiter la France et s'ils prêtaient le serment civique.

3. En 1824, sous la Restauration, il prit fantaisie à la Chambre de revenir sur la chose jugée et de se débarrasser, par ce moyen, d'un

but était de prouver que les persécutions amènent
des réactions inévitables et que la Terreur, loin d'être
le salut de la République, avait risqué d'être sa
perte. Les partis ennemis du gouvernement devenaient chaque jour plus violents; pour résister au
club royaliste de Clichy et au club jacobin du Manège,
on fonda un club républicain constitutionnel dont
Benjamin Constant fut nommé secrétaire[1]. Mais le
coup d'Etat du 18 fructidor approchait et allait
être suivi du 18 brumaire. Avec son inconséquence
naturelle le brillant publiciste parla de ce dernier
acte de façon à faire croire qu'il l'approuvait; plus
tard il se réfuta lui-même.

Appelé par le premier consul à faire partie du Tri-

oppositeur dangereux. Benjamin Constant y avait cependant siégé pendant deux législatures. A la troisième on lui suscita cette chicane qui
donna lieu à un procès dont le célèbre publiciste sortit victorieux. En
compulsant ses titres de famille, les féodaux de l'époque avaient constaté que ce jacobin était après tout de bonne race et ils lui tinrent
compte de ses ancêtres.

1. François de Neufchâteau, membre du directoire, avait sollicité
par la lettre suivante la coopération des républicains honnêtes :

« Au citoyen Benjamin Constant,

« Il n'est pas concevable, citoyen, que les amis de la Constitution
de l'an III balancent à se séparer de ses ennemis. Il n'y a pas de traité
possible entre ceux qui veulent conserver et ceux qui n'aspirent qu'à
détruire. La destinée de la République la préservera de ses nouveaux
renverseurs. Mais il faut seconder cette destinée par l'énergie et la
sagesse. D'après ce que j'apprends et ce que vous me confirmez, une
scission paraît nécessaire. Je suis bien fâché, citoyen, qu'il y ait tant
de retard et de divisions dans une opération qui est déjà heureusement
terminée dans nos départements patriotes. Mais il est vrai que nos bons
paysans font consister leur républicanisme à payer exactement les
contributions et à soutenir de leurs forces le pouvoir du gouvernement
national. Il n'y a point de place là pour les royalistes, les Anglais, et
les dévastateurs à leur solde. Si vous étiez placé dans notre heureux
département, vous seriez déjà député. Votre talent et votre courage
vous rendent bien digne de ce titre difficile à soutenir et prostitué
quelquefois à l'audacieuse ignorance et à la rampante médiocrité !...
Je souhaite qu'on soit juste envers vous. Salut et fraternité !...

« FRANÇOIS DE NEUFCHATEAU. »

bunat, Benjamin Constant fut du petit nombre de ceux qui prirent leur rôle au sérieux. Son amour de la liberté le plaçait dans les rangs de l'opposition et il essaya d'arrêter quelque peu le mouvement qui poussait les esprits vers la servitude politique. Bonaparte, qui s'irritait de ses attaques mordantes, lui disait : « Venez causer avec moi dans mon cabinet. Il y a des discussions qu'il ne faut élever qu'en famille. » Mais ces câlineries du maître n'eurent pas raison de Benjamin Constant. Il résista pour cette fois au prestige auquel il devait succomber quinze ans plus tard, la veille du désastre final!... Le premier consul, qui n'avait pas un tempérament à supporter la contradiction, décida une réduction du Tribunat et désigna ceux qu'il voulait écarter. Cabanis, Andrieux, Benjamin Constant et d'autres furent mis à la porte. « On a écrémé le Tribunat », s'écria Mᵐᵉ de Staël. Le salon de la fille de Necker devint naturellement l'asile des victimes du pouvoir et un foyer d'intrigues si actif que l'exil en fut la conséquence. Arrêté ainsi au début de sa carrière, le jeune homme dut quitter Paris avec son amie. Ils se réfugièrent en Allemagne où ils vécurent quelques années. Benjamin se fixa à Weimar, tandis que sa compagne changeait souvent de résidence; elle habitait tantôt Leipzig, tantôt Berlin. L'été les ramenait à Coppet. Très bien reçu à Weimar par la grande-duchesse, Benjamin Constant y vécut dans l'intimité des Gœthe, des Schiller, des Müller, des Wieland. Ce fut pendant ce séjour que l'idée lui vint d'imiter en mauvais vers français la tra-

gédie de Schiller : *Wallenstein* [1]. Il employa
heureusement une partie de son temps d'une façon
plus profitable en travaillant sérieusement à son
grand ouvrage des *Religions* et en recueillant une
foule de matériaux qui servirent plus tard à la
rédaction définitive de cette œuvre[2].

Cependant entre les deux exilés, jusqu'alors
si passionnément unis, la triste période des orages
avait commencé, mais les liens qui les attachaient
l'un à l'autre étaient si fortement tissés qu'il fallut
des années de luttes, de reprises et de tourments
mutuels pour les rompre définitivement. Il est inutile
de raconter ici les péripéties de ce drame douloureux
que les lettres de Sismondi[3] avaient fait connaître
longtemps avant la publication du *Journal intime*,
et que les confessions sans réticences de Benjamin
Constant précisent avec une douloureuse sincérité.
C'est le récit des luttes d'un cœur en révolte qui
aspire ardemment à la liberté et cependant ne parvient jamais à se soustraire aux liens qu'il maudit
et adore en même temps. Mme de Staël avait tellement pénétré le cerveau et l'âme d'Adolphe qu'il ne

---

1. Voir *Journal intime*.

2. Idem.

3. « Constant était tel qu'Adolphe, et avec tout aussi peu d'amour,
non moins orageux, non moins amer, non moins occupé de flatter
ensuite et de tromper de nouveau, par un sentiment de bonté, celle
qu'il avait déchirée. Il a évidemment voulu éloigner le portrait
d'Ellénore de toute ressemblance..., mais à l'impétuosité et à l'exigence dans les relations d'amour, on ne peut la méconnaître. Cette
apparente intimité, cette domination passionnée, pendant laquelle ils
se déchiraient par tout ce que la colère et la haine peuvent dicter de
plus injurieux, est leur histoire à l'un et à l'autre. » (SISMONDI, *Lettres
à la comtesse d'Albany*.)

lui échappait que pour lui revenir [1]. « Avec ses défauts, écrivait-il, elle est pour moi supérieure à tout... De cœur, d'esprit, d'abandon, je ne me trouve bien que là. » Ce pauvre cœur d'homme, qui ne savait ni aimer ni complètement cesser d'aimer, et dont la bonté naturelle ne s'appuyait sur aucun principe solide, reculait toujours devant la crainte de faire souffrir ceux qui l'aimaient. Il sentait ses devoirs vis-à-vis d'une femme dont l'attachement ne lui avait jamais manqué, pas assez pour les remplir jusqu'au bout, trop pour s'y soustraire ouvertement. On verra plus tard à quel lamentable moyen il s'arrêta pour recouvrer sa liberté.

M. de Staël étant mort en 1802, le mariage des deux amis semblait, aux yeux de tous, devoir être l'inévitable conséquence de cet événement. Pourquoi cette union ne se fit-elle pas? La question a été souvent soulevée et débattue ; en général on penche à croire que Corinne repoussa ce mariage pour ne pas renoncer à un nom qu'elle avait rendu illustre, pour ne pas désorienter l'Europe, comme elle le disait elle-même gaîment [2], et que son refus fut la cause réelle des dissentiments qui devaient peu à peu la

1. « De tout temps les esprits de Benjamin Constant et de Mme de Staël s'étaient convenus bien mieux que leurs cœurs, c'est par là qu'ils se reprenaient toujours. » (SAINTE-BEUVE.)

2. « ..... A la mort de M. de Staël il veut l'épouser ; elle refuse ; ou du moins y met la condition de ne pas changer de nom ; elle voulait faire dans le contrat réserve de grand écrivain en face de l'Europe et de la postérité, preuve de chétif amour. Il s'en pique ; déjà il ne l'aimait plus et avait eu des liaisons avec Mme Talma (Julie) dont il a laissé un portrait si charmant. Il avait été attaché aussi à Mme Lyndsay. Il avait déjà vu et courtisé sa femme, ou du moins celle qui le devint et qui était mariée pour lors au général Dutertre. » (SAINTE-BEUVE.)

séparer de Benjamin Constant. Les lettres de Mlle Rosalie de Constant permettent de rétablir la vérité à ce sujet. Elle écrit à son frère Charles, à la date de 1802 :

Tu sais la mort romanesque de M. de Staël. Benjamin doit être à Coppet. Tout le monde trouve des raisons contre le mariage. Il me semble immanquable.

Quelques jours plus tard elle ajoute :

Le caractère de Benjamin est celui d'un enfant malin qui est toujours guidé par le moment et sur lequel on ne peut compter. Il m'a paru beaucoup craindre le mariage qui, je le croyais, ne pouvait manquer...

En 1804, elle est mise au courant du secret de la situation, et elle écrit :

... Il me paraissait si naturel d'épouser Benjamin lorsqu'elle devint libre, que je ne mis pas la chose en doute. Il paraît qu'ils en eurent tous les deux une telle peur qu'ils *se mirent en règle là-dessus*.

A peu près à la même époque, Mlle Rosalie de Constant s'adressait en ces termes à Mme de Staël qui lui avait reproché de la fuir :

Oh! combien je vous aurais aimée si vous aviez épousé Benjamin et qu'il y eût trouvé son bonheur! Que n'aurais-je fait pour mériter aussi un peu d'amitié de votre part! *L'accord de vos dispositions à cet égard* impose tout à fait silence à mes pensées et à mes paroles, mais je regrette les vœux que je formais.

Il est certain toutefois que, malgré cet accord mutuel, la question matrimoniale fut soulevée à

plusieurs reprises entre Mme de Staël et Benjamin Constant; celui-ci comprenait que le mariage
était la terminaison la plus digne de leur longue
amitié. En 1807, peu de temps avant d'épouser
Charlotte, il écrit dans son journal : « Je suis entre
deux femmes dont l'une m'a fait tort en ne m'épousant pas et dont l'autre va me nuire en m'épousant. » Si l'idée de légaliser une union qui avait été,
comme il le disait lui-même « beaucoup plus serrée
qu'un mariage », lui faisait peur à certains moments,
il regrettait amèrement, à d'autres, de ne pas être
devenu le mari de Mme de Staël. Il avait d'ailleurs,
nous l'avons constaté déjà, la marotte matrimoniale;
sa correspondance avec Mme de Nassau nous le montre
sans cesse occupé d'établir sa vie sur cette base solide.
En 1804, l'esprit rempli de ses projets conjugaux,
il avait essayé d'amener Mme de Staël à une rupture,
mais la mort de M. Necker les rapprocha. Comment
abandonner son amie dans cette heure terrible ?
« Tout mon sort est sur la tête de mon père », disait
Mme de Staël. Pardonnant tout, parce qu'elle comprenait tout, le seul crime irrémissible à ses yeux
était de mal parler de M. Necker; il fut le plus
grand amour de sa vie, celui qui domina tous les
autres[1]. Son ami le savait, et ce qu'il y avait en lui
de meilleur et de tendre fut touché par ce désespoir filial. Le départ de Mme de Staël pour l'Italie,
dont elle devait rapporter *Corinne*, rendit une liberté
momentanée à Benjamin Constant, mais l'année

---

1. « J'ai toujours été la même, vive et triste; j'ai aimé Dieu, mon
père et la liberté. » (Mme DE STAEL.)

d'après, en 1805, on le retrouve à Coppet partageant la vie orageuse et brillante de son amie. M{^lle} Rosalie de Constant écrivait à ce propos à son frère Charles :

On faisait à Coppet des assauts prodigieux d'esprit et de savoir. Jamais, raconte M. de Bonstetten, on n'a versé autant d'idées ; il m'assure qu'il y avait de quoi en mourir de fatigue et qu'après cela les personnes disant des lieux communs faisaient plaisir à rencontrer.

On a dit de Benjamin Constant que c'était l'homme qui avait eu le plus d'esprit depuis Voltaire. Taciturne dans sa jeunesse, il ne devint brillant causeur que sous l'influence de M{^me} de Staël ; elle lui servait de stimulant et faisait naître en lui cet enthousiasme, factice ou réel, qui seul colore la parole ; à ses yeux il était le premier esprit du monde et elle le proclamait hautement. Sainte-Beuve corrige l'appréciation en l'appelant le plus grand des hommes distingués. Dans cette magnifique existence de Coppet où une partie de l'Europe intellectuelle et mondaine se groupait autour de Corinne [1], Benjamin Constant joue son rôle de prodigieux causeur donnant la réplique à l'éloquence de la châtelaine. Il joue aussi la comédie, voire même la tragédie ; c'est de cette époque que datent les fameuses

1. « M{^me} de Staël est une reine et tous les hommes d'intelligence qui vivent dans son cercle ne peuvent en sortir, car elle les y retient par une sorte de magie. Tous ces hommes-là ne sont pas, comme on le croit follement en Allemagne, occupés à la former ; au contraire ils reçoivent d'elle l'éducation sociale. Elle possède d'une manière admirable le secret d'allier les éléments les plus disparates, et tous ceux qui l'approchent ont beau être divisés d'opinions, ils sont tous d'accord pour adorer cette idole. » (ZACHARIAS WERNER.)

représentations théâtrales dont on connaît le récit
et qui dissimulaient des drames intérieurs autrement
poignants que les pièces qu'on jouait.

Mᵐᵉ de Staël et Mᵐᵉ Récamier sont les deux pôles autour
desquels le mouvement tourne, écrit Gaudot à sa sœur, et
l'une et l'autre de ces deux femmes célèbres sont dans la situation la plus extraordinaire quant à leurs relations subsistantes
à leur cœur et à leur avenir. L'une et l'autre sont à une patte
d'oie du chemin où il faut opter. Quoiqu'elles rient beaucoup
à table et au salon, toutes deux sont malheureuses par des
raisons opposées qu'elles m'ont dites dans des moments
d'abandon[1].

Mais ni les plaisirs les plus délicats de l'esprit, ni
l'animation de cette vie unique en son genre, où tant
d'intelligences supérieures faisaient à la sienne un
cortège admiratif, ne parvenaient à consoler Mᵐᵉ de
Staël de son exil. « Tout ce que je vois ici, écrivait-
elle d'Allemagne en 1808, est meilleur, plus intéressant, plus éclairé peut-être que la France, mais un
petit morceau de France ferait bien mieux mon
affaire. » Elle fit, pour y rentrer, une série de tentatives auxquelles Benjamin Constant se prêta avec un
dévouement infatigable. Elle alla même secrètement
faire un séjour à Paris, mais une indiscrétion la
perdit et une ordonnance de police [2] la rejeta en
Suisse où son ami la rejoignit encore, malgré le
désir qu'il avait de se fixer en France. Cependant

1. *Histoire littéraire de la Suisse française*, par PHILIPPE GODET.
2. « J'ai écrit au ministre de la police de renvoyer Mᵐᵉ de Staël à
Genève, en lui laissant la liberté d'aller à l'étranger... Ayez aussi l'œil
sur Benjamin Constant, et à la moindre chose dont il se mêlera, je
l'enverrai à Brunswick chez sa femme! » (*Lettre de l'empereur à Cambacérès.*)

l'heure du détachement final approchait; le jour vint
où Benjamin Constant se décida enfin à annoncer
clairement à son amie qu'il voulait reprendre sa
liberté, mais le lendemain on trouve dans son journal
ces mots qui démentent la résolution de la veille :
« *Mme de Staël m'a reconquis!* » Ces alternatives de
réconciliations et de ruptures, entremêlées de scènes
de désespoir [1], durèrent jusqu'en 1808. Dans l'intervalle, Benjamin Constant avait revu à Paris Charlotte
de Hardenberg [2] et lui avait promis de l'épouser [3]. Il
dit dans son journal : « J'aime Charlotte plus que jamais », ce qui ne l'empêche point d'écrire à peu près
au même moment en parlant de Mme de Staël : « Tout
est bien rompu. Mme de Nassau et Rosalie en sont heureuses. Cette joie durera-t-elle? Car mon âme au fond
est déchirée. » Elle était si bien déchirée que le lendemain, ne pouvant supporter cette séparation, il repartait
pour Coppet. « J'ai consenti, écrit-il, à un séjour de
six semaines…, et Charlotte qui m'attend! » Il rejoint
enfin à Besançon cette fiancée délaissée; elle est
malade, désespérée. Benjamin s'attendrit; le mariage

1. « J'ai vu de près, j'ai suivi dans toutes ses crises, une passion
presque semblable, non moins emportée, non moins malheureuse.
L'amante de la même manière s'obstinait à se tromper après avoir été
mille fois détrompée; elle parlait sans cesse de mourir et ne mourait
point, elle menaçait chaque jour de se tuer et elle vit encore. » (*Lettres
de Sismondi à Mme d'Albany*, à propos des *Lettres de Mlle de Lespi-
nasse à M. de Guibert*.)

2. « Arrivée de Charlotte à Paris en 1806. — Je vais la voir; scènes,
aveux, grandes querelles. Lettres furieuses de Mme de Staël. Acharnement de mes vieilles cousines et tantes contre Mme de Staël. Elle arrive
à Lausanne. Retour avec elle à Coppet. Paix momentanée. » (SAINTE-
BEUVE. *Carnet de Benjamin Constant.*)

3. Pour conclure ce mariage, Benjamin Constant avait dû acheter un
papier signé Dutertre, d'après lequel ce second mari renonçait à tous
ses droits sur Charlotte de Hardenberg.

promis se fera, mais secrètement ! Il n'a pas le courage d'avouer ses projets à Mme de Staël, et cependant
s'il épouse Charlotte, c'est surtout pour arriver à
secouer l'ascendant de Corinne. Cet acte est le plus
bas dont Benjamin Constant se soit rendu coupable
et, phénomène singulier de la part de ce psychologue
sincère, il ne semble pas comprendre la double indi-
gnité de sa conduite.

Le *Journal intime* est interrompu après la conclusion de ce singulier mariage et ne reprend qu'en
1811. Il faut recourir à Sainte-Beuve pour comb'er
cette lacune.

Il épouse Charlotte[1] secrètement (juin 1808), arrive avec
elle en Suisse près Coppet, à Sécheron, et envoie mander
Mme de Staël sans lui dire pourquoi. Elle accourt à l'auberge
et est reçue par Mme de Constant qu'elle traite fort mal en
apprenant le mariage; ce qui l'impatiente le plus dans cette
entrevue, c'est la fadeur allemande de cette personne à sentiments qui ne savait que répéter à satiété : « C'est que Benjamin, voyez-vous, est si bon! » Elle reprend son ascendant
sur Benjamin Constant marié. Elle va à Lyon; il la suit avec
sa femme et passe son temps près d'elle, négligeant un peu
Mme de Constant. Tout d'un coup, on vient apprendre à
Mme de Staël et à lui que sa femme s'est empoisonnée; Mme de
Staël y court et trouve une femme sur son canapé, qui se croit
empoisonnée plus qu'elle ne l'est[2].

.   .   .   .

Mme de Staël faisait tellement honte à Benjamin
du mariage qu'il avait conclu qu'il s'estimait, par
moments, « un monstre, aux yeux de la terre ».

1. « Quoiqu'elle ne soit ni jeune, ni jolie, ni riche, elle n'est pourtant ni vieille, ni laide, ni pauvre. » (*Lettre de Rosalie de Constant.*)
2. Sainte-Beuve, *Causeries du lundi*, tome XI.

« Quand je rentre dans Paris, disait-il sérieusement, je lève les glaces de ma voiture de peur d'être montré au doigt. Il faut lire dans le carnet [1], dont Sainte-Beuve cite quelques passages dans ses *Notes et Remarques*, les misérables tergiversations de ce cœur flottant entre deux affections contraires et qui ne parvenait point à sacrifier l'une à l'autre. Ces alternatives durèrent jusqu'à son départ pour l'Allemagne le 15 mai 1811. On l'entend pousser un soupir de soulagement. « Une tout autre atmosphère, écrivit-il, plus de luttes. Charlotte contente, plus d'opinion contre nous. » Mais ces impressions heureuses ne durent pas : « Ah ! qu'une femme est incommode ! » écrit-il peu de temps après. Puis le souvenir de Mme de Staël le déchire : « Que la vie est triste et que je suis fou ! s'écrie-t-il... Mme de Staël est perdue pour moi, je ne m'en relèverai pas... » Et des expressions de regret amer se suivent sous sa plume.

1. « Mariage secret le 5 juin 1808. Entrevue de Charlotte et de Mme de Staël. Singuliers bruits sur Charlotte à Interlaken : pourquoi je ne veux pas les approfondir. 1809. Luttes bien superflues contre Mme de Staël. Débats avec Charlotte sur le mieux à faire : douleur et violence de Mme de Staël. Séjour à Lyon. Empoisonnement tenté par Charlotte sur elle-même. Dernier séjour intime, quoique orageux avec Mme de Staël. 1810. Ma tête se trouble entre Charlotte et Mme de Staël. Je perds vingt mille francs en un jour (13 octobre 1810). Charlotte et Mme de Staël en présence ; Mme de Staël part pour Genève. Charlotte et moi retournons à Paris (20 octobre 1810). Je continue à jouer et je perds toujours... Arrivé à Genève. Je vais à Lausanne... Course à Genève sans Charlotte (février 1811). Mme de Staël me ramène à Coppet. C'est la dernière fois que j'ai vu Coppet. Luttes contre mon père, contre Charlotte, contre Mme de Staël. Vie misérable. Charlotte en tout réussit mal à Lausanne.... Agitations avec Mme de Staël. Elle me propose un rendez-vous à Rolle. Je n'ose l'accepter de peur de Charlotte. Mme de Staël vient à Lausanne. Demain entrevue avant mon départ. » (Sainte-Beuve, *Carnet de Benjamin Constant*.)

Sainte-Beuve, toujours sévère pour lui et quelquefois presque haineux, prétendait que Benjamin Constant était incapable de grandes passions et que chez lui le cœur était toujours resté dupe de l'esprit. Superficiellement ce dernier jugement peut paraître vrai. En réalité il ne l'est pas. Dans toutes les circonstances de sa vie, l'esprit chez Adolphe a été dupe du cœur; il a toujours sacrifié ses intérêts à ses sentiments [1]. Si intellectuellement il arrivait à faire des calculs égoïstes ou habiles il ne les appliquait pas. « Il faut se décider, agir et se taire », écrivait-il, et jamais il ne dépassait le premier degré. Dévoré du besoin d'aimer il ne croyait pas à l'amour, et cette lutte éternelle entre ses instincts et son esprit épuisa sa vie. Il ne sut pas être fidèle; nous le voyons toujours regretter et désirer ce qu'il a perdu, et se fatiguer de ce qu'il possède, mais on ne peut dire qu'il fut insensible. Pendant sa liaison avec Mme de Staël d'autres femmes occupèrent son imagination : Mme Talma, cette Julie dont il parle dans *Adolphe* d'une façon si charmante [2], Mme Lyndsay, la dernière des Ninons, comme l'appelait Châteaubriand, et qui a tous les traits extérieurs d'Ellénore sans en représenter la réalité. Mais il est certain que, malgré ces

1. « Une des singularités de ma vie, c'est d'avoir toujours passé pour l'homme le plus insensible et le plus sec et d'avoir été constamment gouverné et tourmenté par des sentiments indépendants de tout calcul et même destructifs de tous mes intérêts de position, de gloire et de fortune.» (*Lettre de Benjamin Constant à Mme de Gérando.*)

2. Il en parle aussi dans le *Journal intime* d'une façon émue; il l'assiste mourante, il admire cette âme toujours vivante dans ce corps détruit; malheureusement il ajoute ces mots singuliers : « *J'y étudie la mort* », et ces mots suffisent pour faire douter de la réalité de sa douleur.

fantaisies des sens ou du cœur, Mme de Staël fut le grand **amour** de sa vie, le seul complet; à tous les autres des éléments **manquèrent**. Celle qui avait « pris quelque chose à toutes les phases à travers lesquelles elle avait passé », pouvait seule répondre aux besoins multiples de la nature de Benjamin Constant. Il a beau la maudire, s'abaisser vis-à-vis d'elle à des violences de langage et de pensée, elle reste pour lui la créature unique, celle qu'on regrette toujours, même si on l'a volontairement perdue. Les douloureux aveux du *Journal intime* ne diminuent pas le prestige de Mme de Staël; le réquisitoire que son ami lance contre elle ne parvient pas à obscurcir les côtés magnifiques de sa nature. Ambitieuse, amoureuse de gloire, passionnée, exigeante, opiniâtre dans ses attachements, elle était tout cela, mais malgré tout cela comme elle est plus grande que celui qui l'accuse! Et encore comment l'accuse-t-il? En s'irritant contre cette force qui dominait sa faiblesse et en se laissant toujours reconquérir par elle.

III

Le quatrième séjour de Benjamin Constant en Allemagne dura environ trois ans; ce fut peut-être la période de sa vie où il s'ennuya le plus. « Autrefois, dit-il, j'étais entraîné par un torrent; aujourd'hui je succombe sous le poids d'un fardeau. » Il travaille un peu, il joue beaucoup, il relit *Adolphe*[1], qui était écrit

---

1. *Adolphe* avait été écrit en 1807, dans l'espace de quinze jours.

depuis longtemps, mais qu'il n'avait pas publié encore, il note au jour le jour ses impressions conjugales. « Quelle peste que le mariage! s'écrie-t-il. Charlotte est un peu boudeuse; le caractère de Charlotte change; Charlotte a la manie de veiller », et dire qu'il s'était marié pour pouvoir se coucher de bonne heure! « Je sens, dit-il, que je porte l'ennui de ma femme et le mien. » Puis les souvenirs du passé le rongent : « Je suis aussi occupé de Mme de Staël qu'il y a dix ans! » A ce cri de regret il ajoute ces mots d'un désenchantement profond : « Charlotte m'accable de sa bonté. » Il a cependant des retours : « Rendons Charlotte heureuse, j'ai fait assez de mal dans ma vie. » Son existence se traîne ainsi dans des alternatives de sombre ennui, de douleur [1] et de dégoût de lui-même, jusqu'au jour où une intrigue obscure le rejette dans la politique active. Comment Benjamin Constant put-il prendre au sérieux cette absurde candidature du fils de Bernadotte [2]? Par quelle aberration accepta-t-il un rôle dans cette naïve conspiration? Il hésite, il est vrai, mais si peu! le terrain lui paraît mouvant; il ne voit pas qu'il manque... Le projet se développe, l'abdication de Napoléon paraît certaine, il faut être prêt à en profiter. Benjamin Constant part pour Bruxelles avec le corps de Bernadotte. « Le

---

1. Ce fut pendant son séjour à Göttingen, en 1812, que Benjamin Constant apprit la mort de son père. Il sentit très vivement cette perte.

2. Il avait connu Bernadotte sous le Consulat. On lit dans le carnet de Benjamin Constant : « Arrivée de Bernadotte à Hanovre : accueil qu'il me fait. Dîner tête à tête. Proclamation. Défiance des Allemands contre Bernadotte, Béarnais et Gascon. Son ascendant sur eux en présence. Révolution complète. Expulsion des Français, etc., etc. » (SAINTE-BEUVE, *Carnet de Benjamin Constant*.)

temps presse, écrit-il, si je veux arriver à l'hallali. »
Les bases de sa situation future sont établies avec
le Prince. Mais les événements se précipitent,
Louis XVIII est proclamé, le Béarnais, en route pour
Paris, revient sur ses pas; tout est perdu. Cette déplorable conclusion d'une intrigue, que l'histoire n'enre-
gistre même pas, ne déconcerte pas trop Benjamin
Constant; il trouve à Louvain Auguste de Staël et
repart avec lui pour Paris. De tous côtés on lui fait
un accueil flatteur. Son récent manifeste : *De l'esprit
de conquête et d'usurpation*, avait produit une grande
sensation en Europe; il répondait admirablement au
sentiment de lassitude générale et à la réaction naturelle contre le despotisme et la guerre qui remplissaient
alors toutes les âmes. Benjamin Constant est présenté
à l'empereur Alexandre, qui le reçoit à merveille et
lui promet de le décorer. Quelques jours plus tard,
on lit dans le *Journal intime* : « Je passe la soirée
avec Alexandre qui me témoigne une grande bienveillance, mais l'ordre n'arrive pas. » Talleyrand
cherche à l'attirer; on lui fait des ouvertures auxquelles
il ne se fie qu'à demi. Il écrit dans les *Débats* sur
toutes les questions du jour une suite d'articles en
faveur de la constitution et de la liberté de la presse,
mais la réaction n'en triomphe pas moins. « Je me
désintéresse même des patriotes, écrit-il, parce que
je n'espère plus rien, pas même l'ordre russe qui
n'arrive pas! »

1. « Article du 21 avril dans les *Débats*, cet article exprimant ma façon
de voir la Restauration. État de l'opinion. Constitution du Sénat
repoussée. Toujours la même opposition irréfléchie, sous le Directoire,
ous le Consulat, à la Restauration. Nous la retrouverons aux Cent-

Ce fut durant cette période d'accablement que
l'imprévu rentra dans la vie de Benjamin Constant. Il se
trouvait seul à Paris, sa femme n'ayant pu l'accompagner à travers les armées coalisées. Sa tante, Mme de
Nassau, venait de mourir, laissant un grand vide dans
son cœur ; excepté ses pertes de jeu, c'est à elle
qu'il confiait ses chagrins et ses faiblesses. Dans
ce désemparement général, une femme, avec laquelle
il s'était trouvé mille fois sans en être le moins du
monde ému, le saisit tout à coup et lui inspire un
sentiment violent. Elle le rend si malheureux qu'il en
regrette l'Allemagne : « Paisible vie de Göttingen, où
es-tu? » s'écrie-t-il. Cette passion désordonnée, et non
payée de retour, l'occupe pendant dix-huit mois ; il
en perd ses facultés : « Le travail, la politique, la
littérature, tout est fini ! s'écrie-t-il, le règne de
Juliette commence. » Les choses s'étaient passées
de la façon suivante : Mme Récamier, très liée avec
les Murat, avait été chargée par la reine Caroline de
trouver un publiciste distingué, capable de rédiger
un mémoire où les droits de Murat seraient défendus.
Tout désignait Benjamin Constant[1] au choix de la belle

Jours. Pouvoir royal neutre, idée féconde tout à fait étrangère alors en
France. Jeu. Je gagne. Achat avec mon gain de la maison rue Neuve-
de-Berry, première cause de mon éligibilité. » (SAINTE-BEUVE, *Carnet
de Benjamin Constant.*)

[1]. Il écrit dans son carnet : « Mme Récamier se met en tête de me
rendre amoureux d'elle. J'avais quarante-sept ans. Rendez-vous qu'elle
me donne sous prétexte d'une affaire relative à Murat, 31 août. Sa
manière d'être dans cette soirée : *Osez*, me dit-elle. Je sors de chez
elle amoureux fou. Vie toute bouleversée. Invitation à Angevilliers.
Coquetterie et dureté de Mme Récamier. Je suis le plus malheureux des
hommes. Inouï qu'avec ma souffrance intérieure j'aie pu écrire un mot
qui eût le sens commun. Jeu commençant à m'être défavorable parce
que je ne pense qu'à Mme Récamier. » (SAINTE-BEUVE, *Derniers Portraits.*)

Juliette, qui sut lui persuader aisément de se charger de ce travail. Malheureusement le véritable résultat de cette entrevue fut, non le triomphe des droits du roi de Naples, mais toutes les sottises qu'un amour sans réciprocité peut faire commettre à un homme de quarante-sept ans. Le *Journal intime* nous révèle les dessous de cette passion singulière ; les lettres à Mme Récamier nous racontent ses péripéties. Benjamin Constant trouve des pages d'une véritable éloquence pour attendrir ce cœur que rien n'était jamais parvenu à émouvoir. Il se fait humble, modeste : « Ange adoré, s'écrie-t-il, à qui je ne demande qu'un regard doux et une affection pure ! » On le voit même tomber dans le mysticisme. Mme de Krudner lui donne à écrire des prières qui le font fondre en larmes. Il s'agit de convertir Mme Récamier, mais voudra-t-elle de la religion ? ô joie, ô surprise ! elle consent à entrer dans cet ordre d'idées. On lit en effet dans le journal du lendemain :

Mme de Krudner triomphe et désire arriver à nous unir spirituellement... J'ai prié avec Juliette [1]!...

Il est impossible de ne pas faire un retour en arrière, de ne pas penser aux lettres sèches et spirituelles que le jeune Benjamin écrivait à Mme de Charrière. Cette partie de lui-même qui se moque tou-

---

[1]. Ce n'était pas la première fois que Benjamin Constant montrait des tendances vers le mysticisme. Plusieurs années auparavant, à Lausanne, il avait été attiré dans cet ordre d'idées par M. de Langallerie. (Voir *Journal intime*.)

jours de l'autre, qu'est-elle devenue? Jamais elle ne
lui aurait été plus utile [1]. Mais ni ses désespoirs, ni
les prières en commun, ni les menaces de duel avec
M. de Forbin, ni les bouderies tragiques ne font
sortir Juliette de sa tranquillité d'idole. Un peu
d'amitié très froide, voilà tout ce qu'Adolphe obtient
d'elle.

Si cette dernière passion n'avait eu d'autre
effet sur Benjamin Constant que de le faire souffrir et
de diminuer momentanément son activité intellectuelle, on pourrait pardonner à Mme Récamier l'heure
de coquetterie qui la fit naître. Mais le sentiment
violent qu'elle inspirait au grand publiciste poussa
celui-ci à l'action la plus inconséquente de sa vie, au
démenti de toutes ses opinions, à ce revirement fatal
qui le place parmi les transfuges.

Il serait superflu de refaire ici l'histoire de l'époque : nous sommes en 1815, Bonaparte venait de
débarquer en France, il arrivait avec la rapidité des
victorieux. A Paris le désarroi était complet, les
défiances réciproques avaient empêché toute entente
de s'établir et rendu impossible la concrétation d'un
plan de résistance. Benjamin Constant, qui déjà avait
perdu toute illusion sur le libéralisme de la Restauration, se montrait cependant un des plus acharnés

---

1. Il se rendait compte, cependant, de l'absurdité de tomber, à son âge,
dans les transes d'un amour malheureux. Au mois de novembre 1814,
il écrivait à sa cousine Rosalie à propos de Mme de Staël: « Les gens
qui se sont beaucoup aimés se sentent indifférents l'un pour l'autre
quand ils ne s'aiment que comme tout le monde. D'ailleurs j'ai un
peu d'humeur contre elle, car je ne puis parler à une femme sans
qu'elle répande le bruit que j'en suis amoureux, ce qui est ridicule à
mon âge et inconvenant dans ma situation. »

adversaires du pouvoir qui se disposait à reprendre possession de la France[1].

La cause était perdue, le roi devait partir le soir même, l'empereur était déjà à Fontainebleau, lorsque Benjamin Constant publia le fameux article des *Débats* dont les mots de la fin sont d'un si violent courage : « Je n'irai pas, misérable transfuge, me traîner d'un pouvoir à l'autre, couvrir l'infamie par le sophisme, et balbutier des mots profanés pour racheter une vie honteuse. » Après ces imprudentes paroles, les amis de Benjamin Constant l'engagèrent à quitter Paris, et à ne pas y attendre l'arrivée du maître[2]. Il cède à leurs instances et part pour Nantes, avec l'intention de s'embarquer pour l'Angleterre. Mais chez lui, même à quarante-sept ans, les entraînements du cœur devaient l'emporter sur les conseils de l'intérêt bien entendu : rester peut-être des années sans revoir celle qui le rendait si malheureux dépassait son courage. Il préféra braver tous les dangers et rentrer à Paris. Un péril imprévu, contre lequel il n'était pas préparé, l'attendait à son arrivée. L'empereur, au lieu de demander sa tête, lui fit faire des ouvertures de conciliation sur la base des libertés con-

---

1. « Débarquement de Bonaparte. Je me jette à corps perdu du côté des Bourbons. Mme Récamier m'y pousse. Châteaubriand prétend que tout serait sauvé si on le faisait ministre de l'Intérieur. Sottise des royalistes. Leur refus de rien faire pour gagner l'opinion. Je ne m'obstine que plus à repousser Bonaparte. Mon article du 19 mars. Le roi part le même jour. Bonaparte arrive le 20. » (SAINTE-BEUVE, *Carnet de Benjamin Constant, Derniers portraits*.)

2. « Je me cache chez le ministre d'Amérique. Je pars pour Nantes avec un consul américain. Troubles de la Vendée. J'apprends à Ancenis que Nantes est aux bonapartistes et Barante en fuite. Je retourne à Paris, 28 mars. Mme Récamier au milieu de tout cela. » (SAINTE-BEUVE, *Carnet de Benjamin Constant, Derniers portraits*).

stitutionnelles. Benjamin Constant ne sut pas refuser l'entrevue que son adversaire sollicitait... Quelques jours plus tard, il était chargé par l'empereur de rédiger un projet de constitution... On le faisait conseiller d'État, il était devenu l'un des défenseurs de l'empire [1]...

Benjamin Constant crut-il réellement Napoléon capable de travailler de bonne foi à l'établissement de la liberté [2]? Son *Journal*, si sincère qu'il soit, n'indique pas clairement la vérité à ce sujet. Il est évident que le désir d'occuper une position fixe, d'appartenir pour la première fois nettement à un parti, de prendre une part directe aux affaires politiques, fut une des causes déterminantes de ce brusque revirement et des préoccupations qui le suivirent. Mais il est certain aussi que le tempérament impressionnable de Benjamin Constant subit alors un de ces entraînements irrésistibles auxquels il était sujet. Il était d'ailleurs l'homme des transactions et des accommodements. Les paroles flatteuses de Bonaparte l'enivrèrent; ce retour audacieux était fait pour séduire son imagination, plus que les conquêtes de l'empire! S'il avait résisté autrefois au prestige de Napoléon, c'est qu'il s'était trouvé en face d'un des-

1. « Entrevue avec Bonaparte, je crois, le 10 avril. Travail à l'acte additionnel. Montlosier. Duel. Cour bonapartiste. Publication de l'acte additionnel. Mauvais effet sur l'opinion. Ma nomination au conseil d'Etat, 22 avril. Indignation publique, lettres anonymes, mon entrée au conseil d'Etat, je n'y manque point. Mes entrevues avec l'empereur. Amour au milieu de tout cela. » (SAINTE-BEUVE, *Carnet de Benjamin Constant, Derniers portraits.*)

2. « Benjamin écrit à Mme de Staël qu'il croit fermement qu'il établira une bonne constitution et que Bonaparte est changé. » (*Lettre de Charles de Constant à sa sœur Rosalie*, 17 avril 1815.)

pote, de ce « rusé demi-sauvage échappé de la
Corse », — comme il l'appelait, — dont l'intelligence
ne voulait pas se mettre en communication avec la
sienne ; en 1815, au contraire, cette communication
était sollicitée. Et puis, durant les années victorieuses de l'empire, sa vie avait été liée à une autre
vie et il subissait trop l'ascendant de celle qui fut,
pendant dix ans, sa conscience et sa lumière, pour
suivre politiquement une autre conduite qu'elle. D'ailleurs, Bonaparte venait de prononcer le mot magique
de liberté, et d'autres que Benjamin Constant, Lafayette
en tête, se rallièrent à l'empire à ce moment-là sans
nuire à leur situation morale et sans être conspués
par l'opinion publique. Benjamin Constant fut perdu
par sa maladresse[1]. Rien ne le forçait à défendre avec
la violence d'acharnement qu'il y mit la cause des
Bourbons qui n'était pas la sienne. Ce fait serait
inexplicable sans les sentiments intérieurs qui le pro-
voquèrent. Au milieu du bouleversement général des
esprits et des événements, les préoccupations réelles
de l'illustre écrivain n'étaient ni pour la politique ni

---

1. Dans son *Mémoire sur les Cent-Jours*, publié en 1820, Benjamin
Constant essaye de faire l'apologie de sa conduite. Il résume ses motifs
de la façon suivante : « On m'a reproché, dans un libelle, de ne pas m'être
fait tuer auprès du trône que le 17 mars j'avais défendu ; c'est que le
20 j'ai levé les yeux, j'ai vu que le trône avait disparu et que la France
restait encore... S'isoler du gouvernement que Bonaparte instituait,
c'était exposer la France à trois chances également désastreuses : la
dictature militaire dans toute sa violence, l'asservissement complet de
la France par l'étranger, et la contre-révolution avec toutes ses fureurs.
Il faut remarquer, de plus, que l'une des trois ne nous garantissait pas
des deux autres. Il fallait, pour conjurer ces divers périls, se réunir au
gouvernement nouveau et le limiter en l'appuyant. Ce n'était pas un
faible sacrifice pour des hommes qui avaient résisté à Bonaparte, ou
du moins s'étaient éloignés de lui pendant treize années. » (SAINTE-
BEUVE, *Carnet de Benjamin Constant, Derniers portraits.*)

pour la France; il ne pensait qu'à se faire aimer de celle qui avait mis, comme il le disait lui-même, toutes les douleurs et toutes les folies dans sa vie. Il l'avoue, d'ailleurs, dans une des lettres qu'il lui adresse :

Victor de Broglie, qui m'a rencontré, me disait que j'avais l'air condamné à mort d'avance. Il attribuait cela à des chagrins politiques. Hélas! mon Dieu, mes chagrins, ma préoccupation, mon bourreau, c'est vous.

Il lui écrit encore à propos des événements menaçants qui se préparaient :

Le monde croulerait que je ne songerais qu'à vous... J'expose ma tête pour une cause que vous aimez. Je brave Bonaparte qui va revenir et que j'ai attaqué de toutes les manières; tout le monde me dit de ne pas l'attendre. Je reste pour vous prouver, au moins, qu'il y a en moi quelque chose de courageux et de bon.

Jamais plus clairs aveux ne sortirent d'une bouche d'homme. Le violent article des *Débats*, la vigoureuse défense qu'il fit de la monarchie de Louis XVIII ne furent inspirés à Benjamin Constant que par le désir de plaire à Mme Récamier. Il cédait alors à une impulsion amoureuse comme il céda quelques jours plus tard, lorsqu'il se rallia à l'empire, à une impulsion d'une autre nature, mélange d'illusion généreuse, d'ambition, de vanité. Mais, même après cet acte décisif, lorsqu'il a accepté places et honneurs, il écrit à Mme Récamier qu'il donnerait sa démission le lendemain s'il pouvait croire qu'elle lui en saurait gré... Cette passion, la dernière de sa vie, fut désastreuse pour lui dans ses effets et stérile en même temps ; elle ne lui apprit rien, ne lui ouvrit aucun horizon et ne lui laissa pas le moindre souvenir de bonheur. Lorsque les mauvais jours arrivèrent et que Benjamin Constant fut en butte à la persécution, la belle Juliette se montra dure et indifférente [1]. « Mon amour persiste », écrit-il cependant dans son carnet. Il ajoute le lendemain : « Intimité intermittente. Confidences sur Lucien et sur Auguste... » Des confidences, des coquetteries, de temps en temps quelques bonnes paroles banales, jamais il n'obtint autre chose ! Au bout de dix-huit mois, l'amour s'éteignit comme un feu qui a brûlé trop rapidement et que rien n'alimente, laissant Adolphe honteux de lui-même, morne, desséché.

« Quand l'âge des passions est passé, écrit-il, que peut-on désirer si ce n'est d'échapper à la vie avec le moins de douleur possible. » Le jeu allait désormais absorber chez le pauvre grand homme tout ce qui lui restait de forces passionnelles [2].

Lorsque après Waterloo les Bourbons rentrèrent en France, la position de Benjamin Constant devint fort dangereuse. On le dénonçait aussi coupable que Labédoyère et digne du même châtiment ; son

1. Au moment de la débâcle finale, peu de jours avant de quitter Paris, il écrit cependant dans son *Journal* : « Je vais chez Mme Récamier qui se montre pour moi bonne amie. Le déchaînement de la société contre moi l'a émue. »

2. Vers la fin de sa vie il ne connaissait plus d'émotion que celle de jouer. Sa santé délabrée ne lui permettait même plus de manger et il disait à M. Molé : « Je mange ma soupe aux herbes et je *vas* au tripot. »

nom figurait déjà sur la liste des proscrits [1]. Il rapporte dans son *Journal* toutes les fluctuations de l'opinion publique à son égard et les fureurs de la réaction contre lui. Il eut à subir des avanies et des persécutions de tout genre ; à Saumur, la maison où il logeait fut même assiégée par les officiers de l'école de cavalerie. Obéissant aux conseils de ses amis, il se décida à quitter Paris, gagna Bruxelles où il retrouva Charlotte, et de là se rendit en Angleterre. Avant de quitter la France, il avait composé son *Mémoire apologétique sur les Cent-Jours* [2], qu'il devait remanier à plusieurs reprises. Pendant son séjour en Angleterre, Benjamin Constant se décida enfin à publier *Adolphe,* qui était écrit depuis plusieurs années et dont l'éditeur lui donna « *septante louis* ».

Mon roman a beaucoup de succès, écrit-il, et je me trouve fort bien ici, mais mon seul regret est la position équivoque de ma femme [3].

En 1816, à la fin de septembre, après la dissolution de la première Chambre des députés, Benjamin Constant rentra à Paris et signala sa présence par son traité *De la doctrine politique et des moyens de rallier les partis en France.* Ce fut le moment

1. Ses amis lui conseillèrent d'écrire une lettre au roi. M. Descazes se chargea de la remettre à Louis XVIII qui, après l'avoir lue, raya le nom de Benjamin Constant de la liste des exilés. On lui en faisait compliment le soir : « Eh bien! votre lettre a réussi ; elle a persuadé le roi. — Je le crois bien, répondit-il ; moi-même, elle m'a presque persuadé ! »

2. Ses historiens font erreur en disant que ce Mémoire fut composé en Angleterre.

3. Coupable d'un double divorce, Mme de Constant était mise à l'index par la société anglaise.

de sa plus grande activité comme publiciste; ses brochures politiques se succèdent rapidement; il collabore au *Mercure* et à d'autres journaux. En 1819, il est nommé député. On cherche à l'éliminer de la Chambre en contestant sa qualité de Français.

Nous avons raconté, au début de cette notice, de quelle façon il prouva son droit de siéger à la Chambre française où il s'illustra dans la petite phalange libérale qui renversa le ministère Villèle. Les discours qu'il prononça de 1819 à 1827 ont été réunis en deux volumes; toutes les qualités intellectuelles de Benjamin Constant s'y révèlent: puissance, souplesse, force d'argumentation [1]. Il savait soulever avec calme les passions de ses adversaires et n'opposer aux débordements de colère des bancs de la droite qu'une politesse ironique et froide; puis il déconcertait ses ennemis par une épigramme qui souvent les désarmait. Mais il manquait de flamme; les défauts et les lacunes de sa nature se retrouvaient dans son éloquence. Sous la Restauration, sa vie politique fut à la fois triste et glorieuse: le jour à la tribune, le soir au travail, la nuit au

---

1. Sa prononciation était difficile, au début surtout; mais sa parole une fois échauffée, l'attention était soudainement captivée par l'aspect de sa grande taille, de sa figure fatiguée, mais belle de distinction et d'originalité, encadrée de longs cheveux blonds qui tombaient en boucles jusque sur le collet de son habit; par un mélange singulier de nonchalisme allemand, de raideur britannique et de vivacité française qui caractérisait toute sa personne. Toujours spirituel dans son émotion, toujours poli dans son persiflage, toujours plein de sang-froid dans sa colère, possédant à fond l'art de tout dire, il se faisait écouter par ceux-là mêmes qu'il irritait profondément. (L. DE LOMÉNIE.)

jeu. Depuis la mort de Mme de Staël[1] il avait cessé d'aller dans le monde et ne fréquentait plus que les cercles où l'on joue. Il brûlait ainsi son existence par un labeur acharné et une passion dévorante. Il faudrait un volume rien que pour signaler ses articles, ses discours, toutes les questions dont il s'occupa; car c'est l'histoire entière de la Restauration qu'on devrait écrire si l'on voulait suivre Benjamin Constant dans les différentes manifestations de son activité politique. Forcé de résister constamment de la plume et de la voix à des ennemis implacables et à des amis incertains, qui creusaient le terrain sous ses pas, entravaient son action, et le laissaient seul contre tous, cette vie d'efforts incessants, au lieu de l'accabler, semblait renouveler ses forces; pas un événement de l'époque auquel il ne se trouve mêlé!

Malade, infirme, on le voit lutter jusqu'au bout, ne reculant jamais devant un duel[2], s'exposant aux dangers avec une indifférence superbe, comme à Strasbourg, en 1827. Toujours prêt à arracher une tête au bourreau, ou à empêcher un acte arbitraire, il ne ménageait ni son temps, ni son influence, ni son argent. Ambition brûlante, disaient ses ennemis.

1. Leurs rapports étaient restés affectueux, mais un peu froids et tristes. Cependant, il allait la voir chaque jour, et lorsqu'elle fut morte, il veilla son cadavre. « Douze ans après la mort de Mme de Staël, écrit M. de Loménie, c'est encore lui qui écrit sur elle les pages les plus éloquentes, les plus nobles, les plus touchantes, les plus délicates, d'autant plus délicates qu'on n'y voit pas trace du sentiment intime qui les a dictées. »

2. Benjamin Constant se battit avec M. de Forbin assis dans un fauteuil, parce qu'il était trop malade pour rester debout.

Mais était-ce bien de l'ambition? Il voulait faire, agir, laisser trace de lui; il semblait pressé de consumer sa vie, de se répandre en activité fiévreuse... Il n'aspirait cependant qu'à faire prévaloir ses idées, qu'à défendre les causes justes; il n'avait plus d'ambitieuses visées personnelles.

Benjamin Constant était trop clairvoyant pour ne pas comprendre qu'il n'arriverait jamais, sous le régime de la Restauration, à avoir une part dirigeante dans les affaires de la France. Il avait semé sur ses pas trop de rancunes : le souvenir des Cent-Jours créait entre le pouvoir et lui une infranchissable barrière. Mme de Beaumont écrivait en parlant de Benjamin Constant : « Tout le monde le déteste et lui-même ne peut parvenir à s'aimer. » Elle disait vrai sur le dernier point; le premier est contestable, mais il est certain qu'Adolphe comptait des adversaires à peu près dans tous les partis.

Si le labeur incessant, auquel il se livra pendant les dernières années de sa vie, répondait chez le grand publiciste à un besoin intellectuel, il représentait aussi la volonté de défendre la seule cause réellement chère à son cœur. Tout en méprisant les hommes, il voulut toujours les rendre libres et sacrifia à cette idée sa santé, ses forces et ses dernières années d'existence. « On le voyait arriver à la Chambre, raconte Loève Veimars, toujours quelques moments avant la séance, vêtu de son uniforme de député brodé d'argent, afin d'être sans cesse prêt à monter à la tribune où ce costume était de rigueur; sa tête blonde et blanche couverte d'un vieux chapeau rond et tenant sous son bras une redingote, des livres, des manuscrits, des épreuves d'imprimerie, le budget et sa béquille[1]. » La question de la liberté de la presse fut une de celles dont Benjamin Constant s'occupa avec le plus de chaleur et de persévérance ; il prononça à ce sujet de nombreux et éloquents discours.

Les journaux, disait-il, on le reconnaît, sont un besoin public. Ils sont un besoin d'une espèce très spéciale et très importante. Permettez-moi de dire en deux mots leurs avantages, je dirai tout à l'heure leurs inconvénients.

Et il trace un magnifique tableau de la civilisation amenée par la presse.

Et ne croyez pas, ajoute-t-il, que les journaux nécessaires aux individus soient moins utiles à la tranquillité publique. Ne prenez pas pour un péril l'agitation apparente qu'ils causent... Ce prétendu péril est une sauvegarde. L'irritation mal fondée s'évapore par l'indifférence, qu'au bout de quelques heures elle rencontre dans l'opinion. L'irritation fondée se calme par l'espoir d'un redressement.

Les différents discours que Benjamin Constant prononça sur cette question de la liberté de la presse sont d'une rare force d'argumentation; il dut reprendre les mêmes raisonnements après la révolution de Juillet. C'était contre M. Guizot et ses anciens amis qu'il avait cette fois à lutter :

Il est vrai, dit-il en concluant et en rappelant les arguments de ses adversaires, que le même orateur nous a dit

---

1. Quelques années auparavant, Benjamin Constant était tombé en descendant de la tribune et s'était blessé à la jambe.

qu'il fallait **concentrer** les journaux dans les classes élevées
et éclairées. Messieurs, je ne connais point en France de
classe plus élevée que la totalité des Français ; et quant aux
classes éclairées, je crois que tous les **Français**, sauf ceux qui
ne savent malheureusement ni lire ni écrire, sont assez
éclairés pour qu'on leur permette de publier leur opinion,
dont ensuite la majorité des électeurs juge et dont, s'il y a
lieu, elle fait justice.

Benjamin Constant fut réellement un moderne.
Si l'on avait besoin aujourd'hui de défendre la même
cause, on ne pourrait trouver d'arguments plus
élevés, plus convainquants, répondant mieux à
l'esprit actuel que ceux qu'il trouva il y a plus
de soixante-quatre ans. Cependant, dans cette vie
dénuée de bonheur[1] et sans aucun repos ni physique
ni moral, la santé du grand orateur s'était altérée.
La révolution de Juillet vint réveiller tout ce qui
restait en lui de force. Il était à la campagne où il
venait de subir une opération dangereuse lorsque
Lafayette lui écrivit : « Il se joue ici une partie où
nos têtes seront l'enjeu, apportez la vôtre. » Malade
comme il l'était, sachant qu'un déplacement dans
son état pouvait signifier la mort, il échappa de
force à ses médecins, se rendit en chaise à porteurs à
l'Hôtel de Ville et soutint de toute son influence la
solution monarchique.

1. Celle qu'il appelait la bonne Charlotte vivait pourtant près de lui
et l'entourait de soins, mais leurs esprits ne s'entendaient pas. Après
la mort de Benjamin et l'échange de quelques lettres, la famille de
Constant perdit toute trace de Charlotte de Hardenberg. En 1835, cependant, M. Charles de Constant, se trouvant à Paris, alla voir Mᵐᵉ Benjamin Constant qui le reçut appuyée au buste de son mari. A partir de
cette époque, tout rapport cessa entre elle et la famille de son troisième mari.

On le traîna partout dans les rues, à l'Hôtel de Ville, au Palais Royal. C'était une bannière déchirée et trouée par les combats qu'on déployait avec enthousiasme devant le feu de l'ennemi. Puis quand tout fut près de finir, on se servit de son amour de la monarchie constitutionnelle pour l'entraîner[1].

Ici se place un incident, qui a été presque aussi amèrement reproché à Benjamin Constant que sa conduite des Cent-Jours. Nous voulons parler du don de deux cent mille francs qu'il accepta de Louis-Philippe. Arrivé à la fin de sa carrière, disent ses historiens, pauvre et dénué de tout, son entourage insistait près de lui pour qu'il ne refusât pas le don royal; et lui, toujours faible et en plus vieux et malade, se laissa convaincre... M. de Loménie donne du fait une version plus digne et que nous croyons exacte. Benjamin Constant devait, à ce moment-là, à M. Laffitte, une somme d'à peu près deux cent mille francs; les affaires du grand banquier se trouvant dérangées, il voulut rentrer dans ses fonds. Le roi apprit l'embarras de Benjamin Constant et lui offrit, au nom de la liberté, la somme nécessaire pour rembourser M. Laffitte. « Sire, j'accepte, répondit le pauvre grand homme, mais la liberté passe avant la reconnaissance, je veux rester indépendant, et si votre gouvernement fait des fautes, je serai le premier à rallier l'opposition. — C'est bien ainsi que je l'entends », répliqua le roi. Benjamin Constant tint parole; la reconnaissance n'étouffa pas sa voix[2]. Il combattit sur différents

1. LOÈVE VEIMARS.
2. Il avait été également appelé à la présidence du Conseil d'État.

points le premier ministère de Juillet, à commencer
par la question de la liberté de la presse, une des
libertés menacées dès le début par le nouveau pouvoir, après cela il parla encore une fois ou deux,
puis malade, fatigué, dégoûté de ses contemporains,
déçu en tout [1], ne possédant plus la force de « jeter
aux hommes des paroles d'espérance », il mourut le
8 décembre 1830, après avoir traîné pendant plus
de soixante ans une âme lasse et inquiète, instinc-
tivement désabusée et remplie de besoins multiples,
qui ne pouvait se passer de rien et à laquelle tout
manquait. Il avait voulu toutes les joies; celles des
grands et celles des humbles; et aucune ne l'avait
satisfait. « C'est trop fort, disait-il, de n'avoir ni le
plaisir auquel on sacrifie sa dignité ni la dignité à
laquelle on sacrifie le plaisir. » Paris tout entier
assista à ses funérailles; beaucoup de maisons étaient
tendues de noir. Au sortir du temple protestant, les
étudiants, dont Benjamin Constant était l'idole,
s'attelèrent au char et le traînèrent jusqu'au Père-
Lachaise. Lafayette prononça sur sa tombe de touchantes paroles, mais parmi ceux qui suivaient son
cercueil, plusieurs, certes, éprouvaient un soulagement à ne plus sentir vivant un si redoutable adversaire, à ne plus le voir occuper à la Chambre la place
qu'il avait rendue menaçante pour tous les minis-
tères.

La veille de sa mort, Benjamin Constant avait

---

1. Benjamin Constant avait eu le chagrin, trois semaines avant sa
mort, de voir sa candidature échouer à l'Académie Française. On lui
avait préféré M. Viennet!

écrit le bon à tirer du dernier volume de son grand
ouvrage sur les Religions. On a dit de lui que
« ayant conçu un livre contre les religions, il avait
composé de bonne foi un livre en faveur de toutes les
religions ». C'est que pour lui la religion était comme
l'amour, un besoin qu'il sentait sans cesse, même
lorsque son esprit analytique et critique le poussait
à en attaquer les bases et en renverser les principes.
Son ironie, qui ne respectait rien, a fait silence sur les
choses religieuses ; il ne pouvait pardonner à Voltaire
d'avoir raillé la Bible et en cela il se sépare nettement des écrivains du dix-huitième siècle :

Etrange philosophie que celle du dix-huitième siècle,
écrivait-il, se jouant d'elle-même et des autres, prenant à
tâche de discréditer non seulement les préjugés reçus, non
seulement les idées consolantes et morales, — qu'on aurait
pu séparer de ces préjugés, — mais se moquant de ses propres principes, trouvant du plaisir à ne rien laisser qui soit
exempt de ridicule, à tout dégrader, à tout avilir. Quand on
lit avec attention les ouvrages de cette époque, on n'est étonné
ni de ce qui a suivi, ni de ce qui en résulte à présent. Ces écrivains, hommes du moment, bornant à ce moment leur existence et leur influence, n'écrivaient que pour encourager à
l'égoïsme et à l'avilissement la génération qui devait les
suivre, et qui, certes, a bien profité de leurs conseils.

Dans la partie historique de son ouvrage, Benjamin Constant étudie l'évolution des idées religieuses
à travers les siècles, Dieu à l'état de *devenir* dans
l'humanité. Pour lui, le sentiment religieux est compatible avec le doute, et il s'appuie sur Schleiermacher
pour arriver à cette conclusion. D'ailleurs ses principes sont flottants et son christianisme est loin d'être

orthodoxe ; c'est surtout à ses yeux le refuge des âmes malades et lasses, l'asile ouvert à toutes les misères et à toutes les souffrances [1]. Il se rend en outre compte de son importance sociale, du frein qu'il exerce et des désastres que sa disparition amènerait. Nous avons dit que Benjamin Constant était un moderne ; non seulement il a des affinités avec la philosophie pessimiste de notre temps, il est un de nos contemporains et est atteint du mal que la littérature de nos jours révèle, mais il a en lui l'étoffe d'un socialiste. Il avait un sentiment profond de la misère humaine et a pressenti d'avance les dangers de l'individualisme et les excès auxquels la théorie du droit de l'intérêt personnel devait conduire les hommes :

Son effet naturel, écrit-il à ce propos, est de faire que chaque individu soit son propre centre. Or, quand chacun est son propre centre, tous sont isolés, il n'y a que de la poussière. Quand l'orage arrive, la poussière est de la fange !

Les limites forcément restreintes de cette notice ne nous permettent pas d'étudier Benjamin Constant dans son rôle d'écrivain. Ses ouvrages d'ailleurs ne lui ressemblent pas. Causeur admirable, fin, spirituel, orateur puissant et lumineux, son esprit s'alourdissait en écrivant ; Voltaire était oublié et il appartenait plutôt, comme l'a très bien dit Sainte-Beuve, à la descendance de Jean-Jacques croisée de germanisme. Pour lui rendre complètement justice il ne faut pas isoler ses œuvres de sa personnalité ; ses

1. Ce livre de la *Religion* laisse lire à chaque page ce mot : je voudrais croire ; comme le petit livre d'*Adolphe* se résume en cet autre mot : « je voudrais aimer. » (SAINTE-BEUVE.)

ouvrages ne méritent pas cependant l'oubli où ils sont tombés. Benjamin Constant expose dans ses écrits politiques la grande doctrine libérale qu'il a été le premier à formuler, celle qui voit dans la liberté le remède universel et dans les institutions constitutionnelles sa plus sûre sauvegarde. Il y a fixé [1] avec une remarquable précision, une foule d'idées encore éparses et flottantes et en a fait un corps de doctrine auquel son nom reste attaché. Il procède de Mme de Staël, on ne saurait le nier, mais cela ne diminue point son mérite propre. La liberté fut réellement son plus cher amour; lorsqu'il parle d'elle il trouve des accents dont la chaleur n'est pas factice; jamais il ne lui fut ouvertement infidèle, et c'est le seul point sur lequel son esprit arriva à l'unité. Girondin de nature, il persista toujours à être démocrate, et on le retrouve tel à peu près dans toutes les phases de sa vie.

Mais si les ouvrages philosophiques et politiques de Benjamin Constant ne sont plus lus par personne, et si l'oubli les a couverts d'une ombre injuste, il n'en est pas de même de son roman. *Adolphe* est resté moderne et vivant, et il participe aujourd'hui à l'engouement posthume dont son auteur est l'objet depuis que les contemporains ont reconnu en lui un frère en souffrance et en complexité [2]. Il ne reste

---

1. *Histoire littéraire de la Suisse française*, par PHILIPPE GODET.

2. « J'y retrouve la douleur la plus moderne qui soit, la plus voisine de nous, celle de la lucidité dans l'égarement, et celle aussi de la solitude de l'âme. Je devine, à travers les phrases anatomiques de ce roman, la plainte d'un être supérieur et incomplet qui ne peut arriver à se faire connaître tout entier, ni par suite à se donner, d'une créature fine et tourmentée chez qui les passages du sentiment sont à la fois trop rapides, trop brûlants et trop conscients. J'y aperçois le martyr d'une

plus rien à dire sur cette autobiographie dont le
Journal intime confirme la sincérité et dont le sujet
a été épuisé par tous les historiens de Benjamin
Constant. Le livre, à son apparition, fut très vivement
discuté. M. Charles de Constant écrivait à sa sœur
Rosalie, le 8 juillet 1816 :

En lisant *Adolphe*, tu auras vu, chère Rosa, que Benjamin explique sa conduite en médisant de son caractère, et comme disait quelqu'un, il a voulu qu'on sache qu'il se conduisait dans sa vie privée par les mêmes principes qu'en politique. Il fait mettre dans les journaux anglais que les personnages de son roman ne sont point des portraits de gens connus ; mais ceux qui ont connu l'un et l'autre ne seront pas trompés par cette déclaration. Plusieurs personnes auront connu Ellénore : elle s'appelait Lindsay [1]. C'était une fille de bonne compagnie, moitié française, moitié anglaise, que des aventuriers avaient jetée dans le concubinage. Elle avait de l'esprit sans instruction. Ses aventures avec Benjamin firent assez de bruit dans le temps. La dame de Coppet n'est pour rien dans ce chef-d'œuvre.

Mlle de Constant répondit en ces termes à la lettre
de son frère :

12 Juillet 1816.

Tu avais raison, *Adolphe* m'a fait une vraie peine, il m'a fait ressentir quelque chose de ce que l'histoire m'a fait souffrir. La position est si bien peinte que j'ai cru être encore au temps où j'étais témoin d'un esclavage indigne et d'une faiblesse fondée sur un sentiment généreux. Ce n'est elle que sous le rapport de la tyrannie ; mais c'est lui, et je comprends qu'après avoir si souvent été mis en scène, si diversement jugé, si souvent en contradiction avec lui-même, il ait trouvé

faculté qui fait à l'heure présente tant de victimes parmi les plus distingués de nos contemporains : l'esprit d'analyse » (PAUL BOURGET, *Livre du Centenaire du Journal des Débats*).

1. Mme Lindsay avait été, sous le Consulat, la maîtresse de Christian de Lamoignon.

quelque satisfaction à s'expliquer, à se déduire, et à signaler les causes de ses erreurs et ses motifs dans une relation qui a autant influencé sa vie ; mais je voudrais bien qu'il ne l'eût pas publié. La fiction est triste et ne donne qu'un sentiment pénible du commencement à la fin. Ce qui est changé à la vérité réelle ôte à la vérité idéale . . . .

Tu comprends que la fable Lindsay a été inventée..... Il n'a pas eu dans sa vie le temps d'être influencé par deux comme il a été par une . . . .

Mais Sismondi est plus explicite encore dans ses lettres à Mme d'Albany. Il lui écrit, le 14 octobre 1816, à propos d'*Adolphe* :

.... Je reconnais l'auteur à chaque page et jamais confession n'offrit à mes yeux un portrait plus ressemblant. Il fait comprendre tous ses défauts, mais il ne les excuse pas, et il ne semble point avoir la pensée de les faire aimer. Il est très possible qu'autrefois il ait été plus réellement amoureux qu'il ne se peint dans son livre ; mais quand je l'ai connu il était tel qu'Adolphe, et avec tout aussi peu d'amour, non moins orageux, non moins amer, non moins occupé de flatter ensuite et de tromper de nouveau par un sentiment de bonté, celle qu'il avait déchirée. Il a évidemment voulu éloigner le portrait d'Ellénore de toute ressemblance. Il a tout changé pour elle : patrie, condition, figure, esprit. Ni les circonstances de la vie, ni celles de la personne n'ont aucune identité, il en résulte qu'à quelques égards elle se montre dans le cours du roman tout autre qu'il ne l'a annoncée ; mais à l'impétuosité et à l'exigence dans les relations d'amour on ne peut la méconnaître. Cette apparente intimité, cette domination passionnée, pendant laquelle ils se déchirent par tout ce que la colère et la haine peuvent dicter de plus ingénieux, est leur histoire à l'un et à l'autre. Cette ressemblance seule est trop frappante pour ne pas rendre inutiles tous les autres déguisements.

L'anecdote d'*Adolphe* est donc à double fond, comme le disait Sainte-Beuve. Benjamin Constant a

pris deux histoires réelles dont il était le héros et les
a fondues en une seule. Des personnes auxquelles il
n'avait pas pensé voulurent, elles aussi, s'y reconnaître [1], et la publication de cette autobiographie [2] lui
créa de nouveaux ennemis. Il y a, en effet, des choses
qu'on ne peut impunément raconter de son vivant,
ni surtout du vivant des personnes dont l'histoire se
lie à la nôtre ; quand on éprouve le besoin de dire la
vérité sur soi et sur les autres, de révéler les secrets
intimes de la conscience et du cœur, il faut avoir la
patience d'attendre et laisser le temps s'écouler.
Benjamin Constant ne l'eut pas. Enfant terrible toujours, il parlait le plus haut lorsqu'il eût été sage de
se taire. Son besoin d'émotion fut une des causes
déterminantes de la plupart des actes inconsidérés
qui brouillèrent les cartes de sa destinée. Très exi-
geant envers la vie, il lui gardait rancune de l'avoir
déçu, et il cherchait une revanche dans les brusques
coups de tête qui dissipaient momentanément son
ennui.

Son existence privée et publique ne fut qu'une
continuelle inconséquence. Le désir d'une vie
réglée le poursuivait uni à l'éternelle impuissance

1. *Adolphe*, écrit Benjamin Constant à Mme Récamier, ne m'a point
brouillé avec la personne dont je craignais l'injuste susceptibilité. Elle
a vu, au contraire, mon intention d'éviter toute allusion fâcheuse. On
dit une autre personne furieuse : il y a bien de la vanité dans cette
femme. Je n'ai pas songé à elle.

2. Benjamin Constant avait écrit deux autres romans ; l'un était un
roman épistolaire et date de 1787, il en parle dans ses lettres à Mme de
Charrière pendant son escapade en Angleterre ; l'autre, écrit dans son
âge mûr, est la suite d'*Adolphe* et contient l'histoire de Charlotte. Sainte-
Beuve croyait que M. Pagis (de l'Ariège) avait été chargé de la publication posthume de ce dernier roman. On ignore ce que sont devenus
les deux manuscrits.

de s'y conformer [1]. De même le besoin d'aimer ne lui laissa jamais l'âme en repos ; mais l'élément qui assure les bonheurs durables lui faisait absolument défaut. Il manquait de respect pour les femmes ; toutes il les trahissait dans sa pensée et les flétrissait dans son esprit par de dénigrantes réflexions et d'amères railleries. Avec un point d'appui intérieur, Benjamin Constant aurait été un des grands hommes du siècle ; il en fut un des plus inconséquents et des plus malheureux. Si la religion, qui était chez lui un besoin, était devenu un principe, le cours de sa destinée aurait été changé. Certes, il aurait commis des fautes, — pour une nature comme la sienne, il y a d'inévitables égarements, — mais ses grands dons intellectuels, au lieu d'être des instruments de souffrance et de folie, se seraient tranformés pour lui et pour les autres en forces bienfaisantes.

« En obéissant au devoir, écrivait Benjamin Constant dans son *Journal,* on ne peut se tromper, car le résultat quel qu'il soit ne change pas ce qu'on a dû faire. » Il savait donc parfaitement où était la vérité et il souffrit cruellement de ne pouvoir l'atteindre ; personne autant que lui ne connut le *Weltschmerz* et personne ne fut pourtant plus attaché aux joies terrestres. Dans le monde supérieur où il est parvenu, il lui a été sans doute tenu compte de ce désir du bien qui, durant plus d'un demi-siècle, a tourmenté sa vie et ennobli ses faiblesses.

D. MELEGARI.

1. L. DE LOMÉNIE.

JOURNAL INTIME

DE

BENJAMIN CONSTANT[1]

1804

Weimar. An XII. Le 1ᵉʳ Pluviôse [2]. — Je viens d'arriver à Weimar, où je compte rester un certain temps, car j'y trouverai de riches bibliothèques, des conversations sérieuses, selon mes goûts, et surtout de la tranquillité pour mon travail. — J'ai dîné chez Bötticher, homme extraordinairement savant et de bon sens, mais sans goût et avec des formes lourdes. J'y ai rencontré une jeune Anglaise, miss Robinson, enthousiaste de Goethe et de Kant, et réunissant à de l'esprit et du mouvement l'absence de finesse des Anglais et l'amour des idées absolues des Allemands. — Soupé dans le monde.

Le 2. — Je travaille peu et mal, mais en revanche j'ai vu Goethe! Finesse, amour-propre, irritabilité physique

1. Ce *Journal,* commencé à Weimar en 1804, prend fin à Paris en 1816.

2. Exilé par Bonaparte en même temps que Mᵐᵉ de Staël, Benjamin Constant l'avait accompagnée en Allemagne. Très bien reçu à Weimar, il s'y fixa pendant quelque temps.

jusqu'à la souffrance, esprit remarquable, beau regard, figure un peu dégradée, voilà son portrait. — J'ai lu une réfutation de Wulf par Sainte-Croix, réfutation bien française! L'auteur ne s'est même pas donné la peine de réfléchir sur l'*Iliade* et l'*Odyssée*. Mais il a écrit pour la gloire d'Homère. Le sot! — Dîné dans le monde; je cause après dîner avec Wieland. Esprit français, froid comme un philosophe et léger comme un poète. — Une promenade à cheval, ce qui me convient toujours, m'a remis en train pour mon ouvrage. J'ai partagé mon temps entre Herder et Meiners. Herder est comme un lit bien chaud et bien doux où l'on rêve agréablement. Meiners est utile, mais ennuyeux. (*De vero Deo.*)

Le 3. — J'ai mieux travaillé, puis monté à cheval. Ensuite j'ai dîné avec Müller l'historien, homme vif et spirituel, ayant de l'amour pour la liberté, étant vis-à-vis de son gouvernement dans l'état de nos philosophes, avant la Révolution, vis-à-vis du leur. Il connaît bien l'état de l'Europe et est plein d'amour-propre, mais assez bon enfant. — Wieland, lui, est incrédule au fond, mais désirerait croire, parce que cela conviendrait à son imagination qu'il voudrait rendre poétique et parce qu'il est vieux. — Passé une soirée insipide avec des femmes insipides pour voir jouer *Andromaque*. Racine est bien le plus grand, peut-être le seul poète français, mais il n'y a de parfait chez lui qu'*Athalie*, la partie politique de *Britannicus* et quelques scènes de *Phèdre*.

Le 4. — J'ai mené Albertine de Staël à la comédie. C'est une charmante enfant. On jouait la *Maison à vendre*, comédie allemande, tirée d'un opéra français. Comme la gaîté allemande est lourde!

Le 6. — Commencé le plan du cinquième livre de mon ouvrage, puis fait une promenade avec Bötticher. Quelle foule de connaissances il a, mais elles ont l'air de l'empêcher d'arriver à des résultats au lieu de l'y conduire. — J'ai vu Müller qui me dit son plan d'histoire universelle en trois époques. Il se perdra dans la première (sur le monde antédiluvien). Il sent bien qu'il faut pour rendre sa partie moderne supportable, trouver dans l'histoire ancienne des caractères autour desquels tous les autres événements se groupent, mais cela est plus facile à sentir qu'à faire. — J'ai été le soir à un bal chez le prince de Reuss. J'ai eu une conversation avec Müller sur une question intéressante : la création ou la non création du monde. Suivant la décision prise sur cette question, la marche du genre humain paraîtrait diamétralement inverse. S'il fut créé : détérioration. S'il ne le fut pas : amélioration. — Je continue toujours avec plus de plaisir à lire Herder. Système doux et enthousiaste, mais rien d'assez positif.

J'ai fini la correction du deuxième chapitre de mon premier livre [1]. J'ai dîné aujourd'hui avec Gœthe, et je sens qu'un Français, même quand il n'approuve pas tout ce qui se fait dans son pays, est toujours mal à l'aise avec des étrangers. J'ai en effet avec Gœthe une gêne dans toute conversation. Quel dommage que la philosophie mystique de l'Allemagne l'ait entraîné! Il m'a avoué que le fond de cette philosophie était le spinosisme. Les mystiques de Schelling ont en effet une grande idée de Spinosa. Mais pourquoi vouloir allier à cela des idées religieuses? et, qui pire est, le catholicisme? C'est, disent-ils, parce que le catholicisme est plus poétique. Et Gœthe dit : « J'aime mieux que le catholicisme me fasse du mal que si on m'empêchait de m'en servir pour rendre mes pièces plus intéressantes ».

L'abus de l'analogie se rencontre beaucoup chez Gœthe et surtout dans ses prétentions en chimie et dans les sciences exactes.

Le 7. — Lu du Montesquieu. Quel coup d'œil rapide

---

1. *De la religion considérée dans sa source, ses formes et ses développements.* 4 vol. in-8°, Paris, Béchet, 1824.

et profond! Tout ce qu'il dit dans les plus petites choses se vérifie tous les jours. Ainsi, il explique ce que doit être la diplomatie des Anglais, et c'est en effet cela. Une conversation que j'ai avec un disciple de Schelling me confirme que cette philosophie est bien le spinosisme et qu'ils veulent en venir là. Leur respect pour le catholicisme est de l'hypocrisie. Mais qu'ils y prennent garde, le catholicisme pourrait bien le gagner de vitesse. — Je passe une agréable soirée avec Schiller.

Le 8. — Continué Herder. Quelle masse immense de connaissances il renferme! J'ai découvert, dans le catéchisme des Groënlandais, des choses contraires à ce que j'avais affirmé sur l'absence de morale et d'état sacerdotal dans le fétichisme. Il faut trouver le fait et vérifier la cause. Il est plus curieux d'expliquer une exception que de la nier. Ce dernier parti tient toujours du système.

Le 9. — J'ai fini la correction du troisième et du quatrième chapitres de mon premier livre. Dîné chez la duchesse mère. Continué la lecture de Herder. Singulière ressemblance que celle qui existe entre la religion du Thibet et le catholicisme, ressemblance qui se retrouve jusque dans les diversités des deux religions. Herder fait l'observation ingénieuse qu'aucune religion prise à la lettre ne serait praticable : transaction de l'idéal des religions avec les possibilités pratiques. Une autre observation importante, c'est que tout est bon ou mauvais suivant les temps et les livres. Je ferai une grande application de cette vérité dans mon ouvrage et je n'oublierai pas que j'y traite simplement des rapports de la religion avec la morale, toute la partie scientifique devant être écartée; sans cela je ferais un ouvrage comme Dupuis.

Le 10. — Herder est bien vague sur les monarchies du Midi et l'ancienne Égypte. Je doute qu'il soit meilleur sur les Grecs et les Romains.

Le 11. — J'ai refait le plan de la première partie de

mon ouvrage. Il faut éviter autant que possible la forme historique qui oblige à répéter des détails connus et à beaucoup de longueurs. Si Montesquieu avait fait l'histoire des lois au lieu d'en faire l'esprit, il n'aurait pas été lu beaucoup plus que Fergusson et Goguet.

Le 12. — Commencé la lecture d'un poème de Voss, intitulé : *Louise*. Il y a là une simplicité admirable et une imitation littérale d'Homère. Je n'y ai trouvé qu'un seul vers s'écartant de la naïveté homérique. Ce poème est encore précieux sous un autre rapport que sa forme poétique. Il peint les mœurs pures et simples de la classe des ministres de campagne de l'Allemagne (*Landsprediger*) qui contribue à répandre les lumières dans la classe agricole. Chaque jour la religion protestante devient en Allemagne plus une chose de sentiment qu'une institution. Point de formes, point de symboles, rien d'obligatoire, presque pas de cérémonies : des idées douces et une morale sensible! Le protestantisme de l'Angleterre est bien plus reculé.

Je trouve toujours un plaisir infini à la lecture de Herder. Son septième livre sur l'origine et les progrès du christianisme est d'une philosophie étonnante. C'est tout à fait la contre-partie de l'absurde ouvrage de Châteaubriand. Herder était pourtant un théologien, chef des églises d'une partie de la Saxe, homme pieux et presque enthousiaste, mais la dévotion du cœur est moins exagérée que l'hypocrisie.

Le 13. — Je travaille assez mal aujourd'hui. Mon deuxième livre est à refaire. — Achevé de lire le poème de Voss. Ce genre simple a d'autant plus de charme qu'on a le cœur plus usé; l'exactitude des descriptions matérielles de la vie a de l'attrait pour celui à qui tout est devenu indifférent.

Soupé avec Amélie Herdag, auteur des *Sœurs de Lesbos*, minaudière, assez gentille de figure. — C'est un petit esprit étroit qui ne va à aucune profondeur, mais qui décrit assez harmonieusement. La nature réelle des hommes vaut si peu de chose que j'aime autant ce qu'on lui substitue.

Le 16. — J'ai lu dans l'*Allgemeine Zeitung* la traduction d'un morceau du *Mercure* sur Gœthe. On dirait que ces gens-là sont fous si l'on ne savait que ce sont des gueux. Il y a évidemment un plan bien suivi pour établir dans les sciences, dans les lettres, dans les comédies, dans les romans, la disposition étroite et soumise qui favorise le catholicisme. Les ennemis de la Révolution se sont instruits par leur sottise et sont aujourd'hui plus habiles qu'autrefois. C'est un pari de certains hommes contre l'esprit humain; je doute qu'ils le gagnent.

J'ai parcouru un livre contenant une dissertation en faveur des droits féodaux. Le courage inutile a cela de mauvais, outre ses inconvénients immédiats, qu'il ôte le moyen d'être courageux inutilement. — Soupé chez la duchesse mère.

Le 17. — Aujourd'hui j'ai travaillé avec plaisir. Il y a une idée qui doit être développée au commencement de mon ouvrage, sans laquelle tout est confus. Il faut dire bien clairement ce que c'est que la religion et ce que c'est que la morale. — Parcouru un livre sur le culte des animaux en Égypte et sur les mystères égyptiens, écrit en formules algébriques et dans le style de la philosophie de Kant. Le système de l'auteur est que les animaux n'ont été adorés en Égypte que comme représentants de l'année, des mois, des semaines, des jours. Le Nil était l'année, le bouc la semaine, etc., etc.

Le 18. — J'ai assisté à une comédie d'Iffland. Cet auteur est, en Allemagne, ce qu'est Cumberland en Angleterre et Mercier en France pour la comédie bourgeoise et larmoyante. Comique bas, morale commune. Les pièces d'Iffland tendent à représenter les femmes comme de beaucoup supérieures à nous. C'est assez l'idée des Allemands qui ont gardé, à la civilisation près, le caractère de leurs ancêtres. Plaisirs grossiers, imagination enthousiaste, de là respect pour les femmes.

Le 19. — Dîné avec quelques femmes. Ce qu'on appelle des femmes d'esprit, c'est du mouvement sans but. C'est tout à fait une création sociale et par conséquent artificielle. Tant qu'il y a un peu de figure cela va! Un petit intérêt physique soutient et fait pardonner l'agitation inutile et sans résultat de leur être moral [1]. Mais à un certain âge les femmes ne sont plus faites pour la société. Il leur reste le rôle d'amie, mais d'amie dans la retraite, recevant les confidences et donnant des conseils à l'homme dont elles sont le deuxième ou le troisième intérêt dans la vie. — Je soupe chez la duchesse mère, gaiement et longuement.

Le 20. — J'ai la visite de Schiller. C'est un homme de beaucoup d'esprit sur son art, mais presque uniquement poète. Il est vrai que les poésies fugitives des Allemands sont d'un tout autre genre et d'une tout autre profondeur que les nôtres. J'ai une conversation avec Robinson, élève de Schelling. Son travail sur l'*Esthétique* de Kant a des idées très énergiques. L'art pour l'art, sans but, car tout but dénature l'art. Mais l'art atteint au but qu'il n'a pas. — J'ai lu Meiners sur Zoroastre. Il n'a pas d'esprit, mais toujours des idées justes.

Le 22. — Achevé le plan et tous les chapitres de la première partie de mon ouvrage.

Une observation ingénieuse de Schiller, c'est que, dans le style, les verbes sont plus animés que les substantifs. Ainsi *l'aimer* est plus une action que l'amour, *le vivre* que la vie, *le mourir* que la mort. Les verbes expriment toujours le présent, les substantifs plutôt le passé. — Relu le *Faust* de Gœthe. C'est une dérision de l'espèce humaine et de tous les gens de science. Les

1. Toujours en contradiction avec lui-même, Benjamin Constant était destiné à n'aimer que ces femmes d'esprit dont il parlait avec tant de dédain. Les natures simples le lassaient vite et ne le retenaient pas.

Allemands y trouvent une profondeur inouïe, quant à moi je trouve que cela vaut moins que *Candide:* c'est tout aussi immoral, aride et desséchant, et il y a moins de légèreté, moins de plaisanteries ingénieuses et beaucoup plus de mauvais goût.

Le 23. — Lu le *Journal des Débats* où, dans la *Lettre d'un jeune homme à Garat,* on fonde la nécessité de la religion sur le mot de Mécène à Auguste : « Honorez les dieux et forcez les autres à les honorer. » Ce mot tendrait à faire pendre les chrétiens. Est-ce que l'auteur regretterait que ce conseil n'ait pas été assez littéralement suivi?

Le 24. — J'ai lu un compte rendu de la nouvelle pièce : *Guillaume le Conquérant.* L'auteur suppose qu'Edouard a laissé par testament l'Angleterre à Guillaume, et que Harold a pour lui les suffrages des pairs d'Angleterre. Depuis quand et par quelle analogie un testament donne-t-il des peuples plus légitimement que leurs suffrages? Cette supposition me paraît renverser l'intérêt dans un sens opposé à l'intention. — Je note que l'électeur de Saxe, prince catholique dans un pays protestant, convertit ses valets d'écurie au catholicisme en leur donnant une culotte de peau le jour de l'abjuration.

Le 25. — Visite à Gœthe. Conversation intéressante sur la descente d'Ulysse aux Enfers et sur le tableau de Polygnote à Delphes représentant cette fable. La description s'en trouve dans Pausanias. Polygnote a fait entrer dans son tableau la morale qui n'était pas dans le poème d'Homère. — J'ai dîné avec la princesse de Brunswick, sœur de l'impératrice de Russie; jolie personne. Le soir, vu les *Hussites* de Kotzbue. Détestable pièce; soixante enfants à la fois sur le théâtre, point de plan, point de caractère, point de tableaux de mœurs, point de fidélité historique! C'est misérable. Les mœurs des Hussites, leur fanatisme, leur cruauté et leurs convictions, tout cela aurait pu être du plus grand intérêt. Tout est manqué. Il n'a su nous montrer que quelques soldats ivres, préparant leurs armes pour embrocher des enfants.

Le 26. — La pièce de *Guillaume le Conquérant* a été défendue. — On a senti ce qui m'avait frappé. — J'ai ri de la docilité d'un officier hessois que le duc de Weimar présente comme non marié et qui répond par une révérence, quoique ayant femme et enfants. — Pour lecteur et secrétaire j'ai pris un jeune garçon qui menace de devenir un petit Werther, car sur un seul mot qu'on lui dit, il écrit des lettres de quatre pages. Il faudra que je l'en déshabitue.

Je lis la *Gravitation*, système philosophique. C'est une plaisanterie longue et lourde, à moins que l'auteur, ce qui serait pire, ne crût son ouvrage sérieux. Au lieu de diviser, comme la plupart des philosophes, l'homme en deux êtres : l'âme et le corps, ou tel autre nom qu'on voudra, la *Gravitation* réduit tous les mobiles de l'homme à deux besoins : celui du manger et celui des femmes. — Je continue Meiners ; toujours des faits précieux, des longueurs intolérables et un détestable latin. — Souper très intéressant chez Gœthe. C'est un homme plein d'esprit, de saillies, de profondeur, d'idées neuves. Mais c'est le moins bonhomme que je connaisse. En parlant de *Werther* il disait : « Ce qui rend cet ouvrage dangereux, c'est d'avoir peint de la faiblesse comme de la force. Mais quand je fais une chose qui me convient, les conséquences ne me regardent pas. S'il y a des fous, à qui la lecture en tourne mal, ma foi tant pis ! »

Il y a une singulière uniformité dans le fond de toutes les subtilités métaphysiques. Le système de Schelling « que le secret de la morale est l'accord avec soi-même » se rapproche du quiétisme, et plus anciennement des Gnostiques. Il y a une partie de l'homme qui agit et l'autre qui juge. Celle qui juge est indulgente pour celle qui agit ! Une observation ingénieuse est que la religion est surtout touchante pour qui n'y croit guère. On ne peut s'empêcher d'être ému lorsqu'on voit prier.

Le 27. — Terminé la *Gravitation;* ce n'est pas en somme un mauvais ouvrage. Il n'y a que le titre et le commencement qui soient ridicules. La partie morale et religieuse est très bonne, mais la partie politique ne vaut rien. Il n'est pas douteux que l'esprit du siècle ne limite le despotisme, mais cette limite ne suffit pas et il s'en faut qu'un homme violent serve de ralliement aux gouvernements faibles pour souffler sur cette limite, en dépit de l'esprit du siècle. — Soupé chez la duchesse mère. Wieland est très aimable, mais très incrédule.

Le 28. — Commencé à copier mon Introduction d'après le nouvel ordre d'idées. — Une distinction heureuse est à conserver entre le sentiment religieux et les religions positives. Cette distinction éloigne la brutalité de l'athéisme en laissant toute liberté. L'athéisme dogmatique est ennemi de tout ce qui est beau et de tout ce qui est libre.

Le 29. — J'ai achevé mon Introduction et revu les trois premiers chapitres du premier livre. Je les trouve très bons et crois qu'ils pourront rester ainsi. — Dîné avec Robinson et Böttinger. — Lu l'*Esthétique* de Schelling. L'union du réel dans l'idéal : cette pensée suivie partout est une terminologie nouvelle avec des analogies forcées.

Le 30. — Reçu une lettre de Mme Talma [1]. — Fait les chapitres quatre à huit du premier livre. Il y a plusieurs additions nécessaires, mais la marche est bonne et les idées principales s'y trouvent. — J'ai lu la dissertation de Meiners sur l'origine des Egyptiens. Elle donne une idée assez claire de ce sujet. — J'ai trouvé dans la *Gravitation* une très bonne histoire abrégée de l'établissement du despotisme en Espagne. Ce pays avait trois millions d'habitants avant que le despotisme y fût consolidé. Il y en a neuf aujourd'hui! Si le despotisme est un avan-

---

1. Julie Talma, femme du grand Talma. Benjamin Constant eut pour elle une vive et durable amitié. Il lui consacra dans *Adolphe : Lettre sur Julie*, une page émue et tendre.

tage, il n'est pas bon marché. On ne conçoit pas qu'en faisant ce récit, l'auteur de la *Gravitation* ait pu répéter que la concentration du pouvoir en une seule main était une bonne chose, et regarde l'abolition des Cortès comme un bonheur pour l'Espagne. Les hommes sont faits de telle sorte qu'il y a pour chacun quelque objet sur lequel il déraisonne.

Le 1ᵉʳ Ventôse. — Je pense comme Meiners qu'il se pourrait que, relativement aux castes indiennes et égyptiennes, la différence de ces castes provînt des migrations et invasions successives. — J'ai dîné avec le capitaine Thiellhman, Allemand francisé. Il a du goût pour la littérature, mais quelque chose d'étroit dans un esprit assez vif. La société des émigrés a encore ajouté à ces qualités et à ces défauts.

Le 2. — Ce soir, au spectacle : *Les frères de Térence*, pièce froide, mais intéressante. En voyant les costumes anciens on se croit à cette heure, et, avec une connaissance un peu approfondie de l'antiquité, tout prend un intérêt de souvenir. On y trouve aussi une idée ingénieuse. Le frère indulgent se croit aimé de tous! Le frère sévère et bourru prend le parti de le surpasser en obligeance. Il fait le généreux à ses dépens en l'exhortant à donner son bien à ses amis et la liberté à ses esclaves! Aussitôt tout le monde est aux pieds de celui qui se montre sous des formes si nouvelles! Il dit alors à son frère : « Tu te croyais aimé! On n'aimait que ta faiblesse. »

Le 3. — J'ai lu une dissertation de Pleyse sur la théologie d'Hésiode. Il est clair que le système d'Hésiode est tout différent de celui d'Homère, soit dans l'*Iliade*, soit dans l'*Odyssée*. La mythologie d'Hésiode paraît consister en trois éléments :

1° Les allégories physiques venues probablement d'Égypte ;

2º La mythologie grecque proprement dite, c'est-à-dire le règne de Jupiter derrière lequel les allégories ci-dessus doivent être placées;

3º Les idées morales parvenues dans la religion depuis Homère.

Le 5. — J'ai achevé la dissertation de Meiners sur Hésiode. La théogonie d'Hésiode est tout à fait ce que j'ai écrit et ne change rien à mon ouvrage. Il faut prendre garde que celui-ci ne dégénère pas en un ouvrage d'érudition. — Je lis le roman de *Valérie*; les idées et les sentiments paraissent avoir été pris dans la vie du comte de Medem, frère de la duchesse de Courlande, mort à vingt ans de mélancolie et consomption. Cette vie est plus intéressante que le roman, parce qu'on y trouve l'intérêt de la vérité.

Le 6. — Je reçois les journaux de France, on y voit l'arrestation de Moreau! J'ai une visite de Gœthe, conversation intéressante sur la géographie des anciens. Soirée chez Schiller. Lecture de deux scènes de son *Guillaume Tell.* Le monologue de Tell est superbe de naturel et de force. Un auteur français aurait cru devoir y mettre deux choses de plus :

1º Une espèce de regret d'être obligé de tuer Gessler;

2º Plus d'oubli du danger et d'indifférence pour la vie.

Schiller, au contraire, représente Tell d'une manière que je crois plus convenable; c'est-à-dire très décidé à tuer Gessler qui l'a persécuté et ne lui a pas permis de vivre paisible comme il le désirait, et éprouvant de cette résolution une sorte d'étonnement, mais point de remords; prenant toutes ses précautions pour ne pas manquer Gessler, pour ne pas être arrêté après.

Au dernier acte : une belle idée est d'avoir mis Tell en scène avec Juan d'Autriche, assassin de l'Empereur, son oncle, pour faire sentir la différence d'un meurtre dicté par des motifs personnels avec celui que Guillaume Tell est forcé de commettre.

Soupé avec Schiller et Gœthe. Je ne connais personne au monde qui ait autant de gaieté, de finesse, de force et d'étendue dans l'esprit que Gœthe.

Le 9. — Je pars demain pour Leipzig[1] et ne quitte pas Weimar sans tristesse. J'y ai passé trois mois assez doucement ; j'y ai étudié, vécu en sûreté ; je n'y ai pas beaucoup souffert. Je n'en demande pas davantage.

J'ai lu dans les *Débats* un article critique. Ces misérables ne peuvent dire un mot sans dire une bêtise. Gibbon, qu'ils accusent de partialité, était, quoique incrédule, l'auteur le plus impartial qui ait existé ; et ce qu'ils appellent des arguments fournis malgré lui contre sa cause sont, au contraire, des faits rassemblés scrupuleusement pour montrer tous les côtés de toutes les questions historiques.

J'ai soupé chez la duchesse, avec Wieland et Gœthe. Décidément il y a bien de la bizarrerie dans l'esprit de celui-ci.

Le 10. — Parti pour Leipzig, couché à Hanenbourg, que j'ai quitté à 9 heures du matin. Orage et neige plus haute que la voiture. — Retour à Hanenbourg. Le lendemain, deuxième tentative, neige plus forte que jamais, second retour à Hanenbourg.

Le 12. — Arrivé à Leipzig. — Singulière combinaison philosophique que celle de Schelling sur la religion. Le fond de son système est le spinosisme. Mais au moment où il se déchaîne contre le protestantisme, comme ayant détruit l'unité en fait de religion, il veut une autorité vivante qui prescrive aux hommes ce qu'ils doivent croire, bien sûr de se mettre, avec son inintelligible langage et sa philosophie, au-dessus de cette autorité. C'est une sorte de fatuité philosophique qui serait ridicule si elle n'était pas très dangereuse. Cepen-

---

1. Mme de Staël ne résidait pas à Weimar d'une façon permanente. Elle habitait tantôt Leipzig, tantôt Berlin, où Benjamin Constant allait la voir fréquemment.

dant, sans le protestantisme, Schelling et ses pareils n'auraient pas la liberté d'écrire même cela.

*** [1]. Je visite le Musée de Leipzig; bel établissement : la bibliothèque a 80,000 volumes. Leipzig est assez bon à habiter dans la solitude, pourquoi ne pas y rester et travailler ? Je vais à une assemblée et souper chez Dufour ; j'y vois Eschard, docteur en droit, homme assez éclairé, ami de la liberté, anti-schellingien, car les savants de Leipzig détestent la nouvelle philosophie, Gœthe, Schiller, etc.

Platner est un homme très instruit, un peu pédant, mais d'une philosophie saine et droite.

J'ai causé de mon ouvrage avec le professeur Canes. C'est singulier comme en Allemagne les hommes les moins spirituels ont des idées saines quand ils ne sont pas entraînés par la philosophie de Schelling. A dîner j'ai eu une conversation métaphysique avec Platner sur Kant, Fichte et Schelling. Je ne trouve chez aucun des trois l'idéalisme complet tel que je le conçois. — Quant à Goldsmith dont je fais la connaissance, il est aussi impossible de ne pas le trouver bon enfant, qu'il est difficile de l'estimer.

*** Reçu des nouvelles de mon amie [2] de quelques lieues de Leipzig. Je suis triste de mon isolement. La solitude est un bain froid, assez désagréable quand on y entre! mais je suis sûr que je m'y referai. Il n'y a rien de si bon, de si aimant et de si dévoué qu'une femme!

*** J'ai dîné avec Goldsmith. La plupart des hommes, en politique comme en tout, concluent des résultats de leurs imprudences à la fermeté de leurs principes.

J'ai causé avec Eschard de l'incroyable loi roumaine sur les enfants des criminels de lèse-majesté. Et l'on dira encore qu'on doit respecter la loi pour la loi!

*** J'achète pour six louis de livres allemands et je

---

1. A ce point de son journal, Benjamin Constant cesse de mettre des dates.

2. Mme de Staël.

repars demain pour Weimar! — Un jeune homme de vingt-cinq ans a été pendu à Vienne pour avoir fait une chanson en faveur de la Révolution française. — L'*Histoire de la religion* que j'ai achetée est pleine de choses utiles; il faudra en extraire les morceaux relatifs à la manière dont les théologiens protestants de l'Allemagne envisagent la doctrine et la personne de Jésus-Christ. Venturini, auteur allemand, paraît avoir suivi la même marche que moi dans deux de ses ouvrages.

*** J'arrive à Weimar et reçois les journaux de France. Arrestation de Pichegru. Tribunal extraordinaire. Loi contre les recéleurs, les conspirateurs! Geoffroy est d'une grande violence contre Rœderer.

Il est vrai que la lettre où celui-ci se vante de la protection qu'il accorde à ses amis et de ses démarches pour que leur journal ne soit pas supprimé est le comble du ridicule.

*** De retour à Weimar, je retrouve mes habitudes. Je fais visite à Mme Schac..., veuve sur le retour. C'est un pauvre cœur, lié à un corps déjà fané, qui bat de ses pauvres petites ailes sans pouvoir se dégager de ses liens, et sans inspirer un autre sentiment que la pitié. Triste sort que celui des femmes! Il est certain que pour leur bonheur une retraite presque orientale vaudrait mieux que l'état de demi-indépendance que nous leur laissons. Après trente ans, que leur sert leur liberté si l'on n'a à offrir que ce dont personne ne veut plus [1]!

La partie de mon ouvrage sur les religions orientales commence à devenir comme je la veux. — J'ai été admis à la bibliothèque du duc qui est vraiment superbe. Cela me sera précieux.

*** Je fais une promenade avec Gœthe. La nouvelle

1. Il est étrange d'entendre Benjamin Constant tenir ce langage. Mme de Charrière avait quarante-sept ans lorsqu'il la connut; Mme de Staël plus de trente; Charlotte de Hardenberg avait la quarantaine quand il l'épousa et Mme Récamier, dont il fut si amoureux en 1815, avait de beaucoup dépassé cet âge de trente ans *où l'on n'a à offrir que ce dont personne ne veut plus.*

philosophie, avec tous ses inconvénients, a ceci de bon qu'elle met tous les esprits en grande activité. Et quant aux dangers du mysticisme et du catholicisme dont elle nous menace, je compte sur la collision qui doit avoir lieu. A présent, elle est dans les nues et ne rencontre dans ses ébats ni gouvernement ni religion ; mais elle ne tardera pas à les heurter d'un bout de ses ailes. Et alors la lutte ! — Billet tendre de Mme de Schac... Pauvre femme !

Soupé avec Wieland chez la duchesse mère.

*** J'écris à Mme de Schac... pour prendre d'elle un congé respectueux, triste et tendre. Encore une petite inclination dont je ne veux pas ! Et le temps viendra où l'on ne m'en offrira plus, même de pareilles. — Pourquoi la jeunesse et la beauté sont-elles si fières ? Et n'y a-t-il donc d'humble et de doux que ce qui n'est plus ni jeune ni beau ? — Singulière amitié que celle d'Eylofstein pour moi, sans aucun rapport d'esprit ni de caractère, mais uniquement fondée sur des souvenirs d'enfance ! C'est une énorme puissance ! — J'ai lu la pièce de *Guillaume Tell*, véritable lanterne magique mal arrangée, mais avec beaucoup plus de beautés scéniques qu'il n'y en a dans les autres pièces de Schiller. La scène de Juan d'Autriche, dans le cinquième acte, ne fait aucun effet. Il y a une foule d'incidents ridicules ; par exemple, la destruction d'une Bastille, exécutée par un seul homme avec le calme allemand et un petit marteau. Le caractère de Tell est le seul bien tracé.

Pris congé de Gœthe. Singulier système que celui de ne compter le public pour rien et de dire à tous les défauts d'une pièce : *Il s'y fera !* Au fait, je crois que Gœthe n'est pas très fâché des absurdités de Schiller.

*** Écrit à M. Welker. — Visite de Schlichtgroll, bon petit homme de la sixième classe des hommes de lettres en Allemagne. Ici, tous les hommes de lettres, quoique sans esprit, ont cela de supérieur à la classe qui fait leur pendant en France qu'ils sont très instruits et ont des idées très libérales. Schlichtgroll a sur la religion des idées plus justes et plus véritablement tolérantes que la totalité de nos croyants et les sept huitièmes de nos philosophes.

Je fais visite au ministre d'État, Frankenberg. Bon homme. Il y a un certain nombre de moules d'hommes semblables; on pourrait ranger dans cette catégorie les ministres des petits princes. Quand ces messieurs sont des gens éclairés, ils ont alors une sorte d'activité, de curiosité, d'intérêt au delà de leur sphère, mêlé avec des préjugés qui tiennent à leur état, dont la réunion forme un ensemble assez agréable. Ils n'ont pas de caractère, mais leur esprit et leur impartialité dans les questions générales qui ne les touchent pas de près leur en tient lieu dans leurs rapports avec ceux qui ne sont pas dans leur dépendance. Ils sont affables, parce que c'est le seul moyen d'attirer auprès d'eux les étrangers dont ils pompent les nouvelles idées. Plus on vit plus on voit que l'individualité est ce qu'il y a de plus rare, et que la masse des hommes est à la disposition des circonstances qui les façonnent à leur gré.

J'ai soupé avec le prince héréditaire de Gotha que je crois, sérieusement, le seul prince spirituel de l'Allemagne et, de plus, bon, quoiqu'il passe pour méchant. La situation de prince est tellement contre nature qu'elle rend stupides les hommes médiocres et fous les gens distingués. Mais j'ai vu chez celui-ci des traits d'esprit et des traits de bonté!

*** J'ai vu Mme de V., belle et grande femme, visage niais, avec une réputation d'esprit qu'elle mérite assez peu, je crois. Pourquoi me trouve-t-elle méchant? C'est qu'il y a je ne sais quoi de diabolique dans mes écrits qui me donne cette réputation malgré tout.

Je vais à un dîner chez Mme de Bechtolsheim. Il y a dans la conversation des hommes allemands, même non lettrés, une sorte de bon sens et de calme qui repose et dont je sens d'autant plus le mérite que je me rapproche

de la France. En quittant l'hospitalier territoire de
Weimar, je vais rentrer dans un monde où je ne ren-
contrerai plus cette bienveillance dont j'ai contracté
l'habitude. Je ne trouverai plus dans les esprits l'impartialité et l'amour du vrai qui m'ont été si agréables et si
utiles en Allemagne. — Je lis un bizarre article d'un
publiciste de Paris sur les ramifications des complots.
On croirait en lisant ces articles qu'il y a une infinité de
monde compromis et que les membres du gouvernement
en sont les chefs. Que devient alors l'assertion solen-
nelle, donnée lors de l'arrestation de Moreau, qu'aucune
classe de citoyens n'était compromise? Est-ce de la
terreur qu'on veut répandre? On ne comprend rien à la
France quand on n'y est pas.

*** Arrivé à Francfort; trouvé des lettres de
Mme Talma, de Béranger, etc., etc. — Vu au théâtre la
pièce d'*Emilia Galotti* dont la froideur m'a frappé. Ce
sont des dissertations assez fines, mais fort déplacées
dans la situation des personnages. Une maîtresse abandonnée discute sur l'indifférence; une fille dont on
vient de tuer l'amant discute sur les sens et sur la possibilité de céder à l'homme qui a fait assassiner son
amant. Enfin, ils discutent tous à l'envi! Et le père qui
poignarde sa fille a l'air de la tuer pour qu'elle ne discute plus.

Si le genre actuel des Allemands est trop irrégulier,
trop bruyant, leur ancien genre est par trop froid; et ce
n'est pas faire tort à ce genre que de le juger d'après
Lessing, qui est incontestablement le plus distingué et
le plus spirituel des anciens tragiques.

*** Je dîne chez Bethmann. L'esprit mercantile est
une ennuyeuse chose. Les négociants très riches ont
assez des manières de princes, beaucoup de leurs prétentions et toute leur superficialité. Maurice est encore
un des plus instruits et des meilleurs. Rencontré Fier-
singer. J'ai appris de ce président une chose intéressante : c'est qu'il avait tiré cinq bécasses dans la matinée.

*** Visite à Mme de Schwatzkopf. — Scène conjugale. J'ai bien reconnu là l'état dont je suis sorti : « Je ne puis pas quitter mes enfants malades, moi, et je félicite ceux qui ont ce courage! » A cette algarade, le pauvre S... souriant, plaisantant, suppliant, mourant d'envie d'aller souper avec moi et n'osant point ne pas sacrifier ce plaisir à une femme qui ne lui saura aucun gré de son sacrifice. Mme de S... est tout à fait du genre sentimental allemand : rubans roses, attitude mélancolique; une voix douce, un esprit un peu vagabond, de la susceptibilité, de l'aigreur, de l'épigramme, un grand sentiment de supériorité sur son mari!... Et l'on croit que c'est là une femme désirable... Mais c'est l'enfer!

Dans ces scènes, je ne devrais jamais me mettre du côté du mari, je n'ai rien à y gagner, mais l'esprit de justice m'emporte; je tâcherai de le contenir. — Souper chez B..., aussi excellent qu'ennuyeux. J'y ai vu M. Flavigny. C'est la médiocrité satisfaite et sensuelle, bonhomme au fait quand on ne le blesse pas... Pourquoi le blesserait-on?

*** Retour à Hanau. J'y vois le chevalier Boothly (Anglais). Il a un talent remarquable pour les vers et m'a donné une idée des alexandrins anglais qui m'est tout à fait nouvelle. Cette sorte de vers ainsi faite est beaucoup plus animée que les iambes. Je ne sais s'ils ne sont pas monotones à la longue. La traduction que ce M. Boothly a faite du *Misanthrope* est admirable de fidélité. C'est de tous les poètes anglais vivants celui qui a le plus la facture des vers classiques, le genre de Pope. Il y a dans sa satire intitulée *Venality* des vers dignes de Pope et d'Addison. C'est du reste une existence agitée qui a vieilli sans s'asseoir et qui n'a pas la dignité de son âge. Mais prenons garde, en écrivant ceci, que ce ne soit pas ma propre sentence; nous verrons dans vingt-quatre ans, si Dieu nous prête vie!...

*** *Route de Hanau à Offenbach.* — J'ai lu en voiture un traité sur la manière dont les anciens envisageaient le suicide. Chose remarquable, c'est que tous les peuples qui ont possédé ce qui donne du prix à la vie : la gloire et la liberté, ont en même temps senti qu'il fallait mépriser la vie et y renoncer. Ceux qui prêchent contre le suicide sont précisément des hommes dont les opinions rendent la vie une chose incurable, des partisans de l'esclavage et de la dégradation.

Arrivé le soir à Kittpach.

J'écris à Mme de Staël relativement à Schreiben. Il a une jolie figure, de la grâce, de l'instruction, de la gaieté. Le tout est de savoir s'il conviendra autant à l'éducation des enfants qu'à intéresser la mère. Je crois Schreiben très fatigué de sa position auprès de Mme Bechtolsheim, mais il est retenu par le besoin qu'elle a de lui et le plaisir de s'entendre louer.

Il en est de l'attachement de certaines femmes et de l'empire qu'elles conservent sur un homme, au grand étonnement de tout le monde, comme du sommeil qui saisit les voyageurs sur le Grand-Saint-Bernard. Ils ne sont pas contents de leur situation, mais ils se laissent aller à la sensation présente qui devient à chaque instant plus difficile à combattre. Et la mort arrive pendant qu'ils projettent de s'en aller le moment d'après.

*** *Route de Kittpach à Ellwangen.* — Le mécontentement des habitants d'Ellwangen est grand comme celui de toutes les petites villes impériales ou ecclésiastiques qui ont été données à des princes à titre d'indemnité. Il faut avouer que cette affaire des indemnités s'est faite avec la dernière insolence. Mais au fond je crois que l'Allemagne y gagnera sous le rapport des lumières. Il y avait dans le gouvernement des villes impériales ou ecclésiastiques une certaine stupeur qui s'opposait à tout progrès de l'esprit humain. La bigotterie y était extrême!... Les princes protestants qui ont acquis ces nouveaux États ne sont guère plus éclairés que les prélats catholiques, mais la différence de religion est à elle seule une cause de lumière. Et comme le catholicisme

de leurs nouveaux sujets est une cause de haine contre
eux, il est à espérer qu'ils ne le favoriseront pas et qu'ils
oublieront l'intérêt général du despotisme pour leur
intérêt personnel.

***   *Route d'Ellwangen à Allpeck.* — Lu en chemin trois
tragédies de Sophocle, l'*Électre* et les deux *OEdipes.*
L'*OEdipe à Colonne* est un chef-d'œuvre. Je ne connais
même pas dans nos mœurs un mot à y changer, je ne
parle pas seulement des mœurs convenues pour le
théâtre français où les bornes de l'admirable sont infiniment trop resserrées, mais des mœurs auxquelles peut
se prêter un homme de goût des temps modernes, éclairé
par l'étude de l'antiquité. Cela me rappelle ce que je
disais il y a quelque temps à Schiller, et que je crois
parfaitement vrai : C'est le besoin de règles plus sévères
pour les Français que pour toute autre nation. Les
Français ne pensent qu'à faire de l'effet. La vérité, la vrai-
semblance, l'utilité, l'honnêteté, rien ne leur paraît aussi
important que de faire de l'effet. En conséquence, si on
leur permet de tout essayer pour arriver à ce but, ils se
jettent infailliblement dans leur extravagance et leur
mauvais goût. Les règles sont une barrière contre la
vanité du spectateur qui ne veut pas qu'on hasarde trop
parce qu'on a l'air de trop compter sur son indulgence.

Je viens d'acheter un petit chien. A moins qu'il ne
devienne enragé, je suis bien sûr qu'il ne me mordra pas
et ne me fera jamais de mal. Je ne pourrai pas en dire
autant de ceux que je nomme mes amis.

***   Arrivé à Ulm. — Vu Huber, homme d'esprit,
mais froid et sans sensibilité, hors pour sa femme et ses
enfants. On n'a jamais le plaisir de le voir indigné contre
aucun crime. Il lui manque cette fibre, comme à beaucoup d'hommes de lettres allemands.

D'où viennent les idées tristes et sombres qui
m'accablent aujourd'hui? Ai-je donc perdu tout pouvoir
sur moi-même? Ma destinée n'est-elle pas entre mes
mains? N'ai-je pas retrouvé une force de travail au delà

de mon espérance? C'est la volonté seule qui me manque pour être heureux. Avec trois décisions je le serais. Avoir une vie purement littéraire. Rester étranger aux affaires dont je suis sorti avec une ligne de conduite irréprochable. Et me fixer dans un pays où je trouve lumière, sécurité, indépendance. C'est tout ce qu'il me faut. Je veux que tous mes efforts y tendent. Il faut que je trouve un moyen de fixer ma vie tout entière dans la littérature. Elle suffira à tous mes vœux. Ce que je sais et ce que j'apprends me donne assez de jouissances. Je vivrais cent ans que l'étude des Grecs seuls me suffirait. Je lis l'*Antigone*. Quel homme admirable que Sophocle! Je relis *Ajax* et *Philoctète*. Il est évident que Sophocle était un homme d'un caractère profondément estimable. Une réflexion m'a frappé. Les ignorants mêmes le connaissent. En même temps qu'il était poète tragique, il était général et homme d'Etat; il remplissait avec gloire les premiers emplois de la république d'Athènes. Probablement on lui enviait plus ses dignités que son talent de poète. Aujourd'hui il n'y a guère que les érudits qui sachent qu'il était autre chose que poète. Ses dignités sont oubliées et son talent a survécu.

Pendant la route de Schaffhouse à Lentzbourg, j'ai lu *Médée* et les *Phéniciennes* d'Euripide. C'est un tout autre homme que Sophocle. Il a bien moins de simplicité, bien plus d'envie de faire de l'effet, par conséquent bien plus d'inconséquence, de déviation de son sujet, d'idées générales déplacées. Mais il est admirable pour deux choses : l'ironie amère et des élans de sensibilité déchirante. Son *Oreste* est une détestable pièce, et dans le *Cyclope* il y a beaucoup de grossièretés avec assez d'esprit.

Il y a des choses dans ma situation qui me déplaisent. Mais n'oublions pas que toutes les situations ont leurs peines secrètes que l'on ne juge que lorsqu'on s'y trouve. Mon caractère a toujours le tort des formes avec la délicatesse des actions et la justice des sentiments.

Cela m'empêche toujours d'avoir raison aux yeux du public contre qui que ce soit au monde. Pour avoir raison contre quelqu'un et être approuvé, il faut être dur, ou être injuste, ou être un sot. Quand on est dur, on profite de tous ses avantages sans être ému par la douleur des autres. Quand on est injuste, on accueille les exagérations des ennemis de son adversaire, qui accourent à notre secours avec bien plus de zèle que nos propres amis! Quand on est sot, on a tous les sots pour soi et ils sont légion!

*** J'arrive enfin à Lausanne; j'y trouve une lettre de M. Rilliet qui m'annonce la maladie de M. Necker. Je frémis à l'idée de ce qui pourrait interrompre la pauvre vie un peu heureuse de sa fille et la plonger dans le plus affreux désespoir. J'irai à Coppet. Je soupe chez ma tante de Nassau[1]. Les persécutions de mariage commencent. L'incertitude de mes résolutions jette beaucoup de vague sur mes réponses et m'empêche d'avoir l'air de confiance que je voudrais.

Dîné avec Rosalie de Constant[2], Mᵐᵉ de Nassau et M. de Loys[3]. Commérages de société. Il est certain que ce pays n'offre aucune ressource intellectuelle. Il est impossible de s'y faire sans se résoudre à dévorer la moitié de ses pensées. Et, mobile comme je le suis, je sens que je courrais risque de perdre une partie de mes facultés, faute de rencontrer quelqu'un qui prenne intérêt aux idées et aux travaux littéraires. On ne serait compris sur rien.

J'en reviens toujours à mon idée de passer mes hivers en Allemagne, après avoir accompli mes devoirs

1. Sœur de la mère de Benjamin Constant.

2. Cousine germaine de Benjamin, fille de Samuel de Constant d'Hermenches, frère de Juste de Constant, père du grand publiciste. Bossue, laide, mais fort spirituelle, aussi ardente dans ses affections que dans ses haines, Rosalie était d'une franchise impitoyable. Les lettres que Benjamin Constant lui adressa ont été publiées chez Albert Savine, Paris, 1888.

3. Oncle de Benjamin Constant. Il avait épousé une sœur de sa mère.

de famille. Ce n'est que là que je serai encouragé à achever l'ouvrage qui fait l'unique intérêt, l'unique consolation de ma vie...

M. Necker est mort! Que deviendra sa fille[1]? Quel désespoir pour le présent! Quel isolement pour l'avenir! Je veux la voir, la consoler, ou du moins la soutenir. Pauvre malheureuse! Quand je me rappelle sa douleur, son inquiétude il y a deux mois et sa joie si vive qui devait être de si courte durée! Pauvre malheureuse! Mourir vaudrait mieux que cette souffrance. Et ce bon M. Necker, combien je le regrette! Si noble, si affectueux, si pur! Il m'aimait. Qui conduira maintenant l'existence de sa fille?

    *** J'arrive à Coppet; j'y trouve quelques parents du défunt. Conversations tristes; mais que la sensibilité pour les malheurs qui ne sont pas personnels est d'une mince épaisseur! Comme on est prêt à se distraire et à penser à autre chose!

Je ne connais que moi qui sois toujours entraîné à sentir pour les autres plus que pour moi-même, parce que la pitié me poursuit, et que la peine qui s'affaiblirait sur ce qui m'est personnel se renouvelle au contraire sans cesse par l'idée que ce n'est pas moi qui ai besoin d'être consolé. Quant à mes peines personnelles, ce n'est pas seulement la force qui m'aide à les supporter, mais la mobilité. J'ai des qualités excellentes, — fierté, générosité, dévouement, mais je ne suis pas tout à fait un être réel. Il y a en moi deux personnes, dont l'une observe l'autre, sachant fort bien que ces mouvements convulsifs de douleur doivent passer. Ainsi, dans ce moment, je suis triste, mais si je voulais, je serais, non pas consolé, mais tellement distrait de ma peine qu'elle serait comme nulle; mais je ne le veux pas, parce que je sens que Mme de Staël a besoin, non pas seulement de ma consolation, mais de ma douleur.

---

1. Mme de Staël se trouvait alors en Allemagne.

***   Je me décide à repartir pour l'Allemagne afin d'y rencontrer Mme de Staël qui est en route pour en revenir. Sismondi s'est décidé à m'accompagner. On lui a tant dit qu'il rendait ainsi un grand service qu'il était presque effrayé de la grandeur de son action. En général, j'ai remarqué qu'il fallait remercier les hommes le moins possible, parce que, la reconnaissance qu'on leur témoigne les persuade aisément qu'ils en font trop! J'ai vu plus d'une fois des gens reculer au milieu d'une bonne action, parce que dans leurs transports, ceux pour qui ils la faisaient leur en exagéraient l'étendue.

***   J'ai lu un discours de Villers sur la Réformation Il est excellent, sauf le style, qui est souvent commun et quelquefois incorrect et étranger, ce qui vient du long séjour de Villers en Allemagne. Mais il est plein de faits, de connaissances, d'idées. Et tout y est présenté avec brièveté, clarté et force. Ce qui est inexplicable, c'est que l'Institut l'ait couronné, car c'est l'ouvrage le plus hostile contre le catholicisme qui se soit peut-être jamais publié. Il n'y a qu'heur et malheur en ce monde.

***   *Route de Buren à Lentzbourg.* — Rien de plus triste que de repasser précisément dans les mêmes lieux que l'on a traversés peu de temps auparavant avec des pensées bien différentes. Et dans quelle attente? Dans celle de trouver la personne que j'aime le mieux au monde [1] livrée au plus affreux désespoir. Je vois la destinée dans l'ombre qui s'avance contre elle pour la frapper; je n'entends pas sonner une heure que je ne pense que c'est un pas de plus vers cet horrible moment. Il y a dans ma situation quelque chose d'analogue à l'attente d'une exécution dont l'heure est fixée.

La destinée semble se plaire à me condamner à user ma santé, qui est bonne, et des talents, assez distingués, sans qu'il en résulte ni plaisir ni gloire. Le moment approche cependant où je pourrai arranger ce reste de

1. Mme de Staël.

vie et profiter des années où les facultés sont encore
intactes pour laisser quelque souvenir de moi. Le plus
pressé est de secourir ma malheureuse amie. Mais de
quelque manière que sa destinée se fixe, la mienne ne
peut être que littéraire et indépendante. Disons-le bien.
A cinquante ans je ne me pardonnerais pas de n'avoir
pas marqué ma place. Genève et la Suisse sont sans
ressources et sans émulation. Mais si je veux réussir
en France, il faut un ouvrage remarquable. Mais ma vie
actuelle rend cela impossible. Donc Weimar, Weimar,
une bibliothèque, ce qu'il faut de plaisir pour que la
privation n'en ait pas d'inconvénient, de l'ordre dans
ma fortune et une fois enfin du repos. Le sentiment du
devoir accompli est une chose admirable et donne un
calme qui diminue la moitié de la peine qu'on éprouve
dans quelque circonstance que ce soit. L'indécision est le
grand supplice de la vie. Or, il n'y a que le devoir qui
nous en préserve. Quand on ne calcule que son intérêt,
le résultat seul décide si l'on ne s'est pas trompé. Et si
l'on s'est trompé on n'a aucun sentiment qui adoucisse
la peine qu'on en éprouve. Mais, en obéissant au devoir,
on ne peut pas se tromper, car le résultat, quel qu'il
soit, ne change pas ce qu'on a dû faire.

***   Tout en courant la poste, j'ai lu Euripide. C'est
un poète complètement moderne, c'est-à-dire n'ayant
rien de la simplicité, de la bonne foi, de la sincérité des
anciens. Tout entier à l'idée de faire de l'effet et passant
dans ce but d'une opinion à une autre; dévot fanatique,
puis impie avec ostentation; riche en descriptions, mais
qui sont quelquefois déplacées et remplies d'allusions
contre les orateurs, le peuple, les gouvernants, comme
un homme dont l'ambition n'a pas été satisfaite, et qui,
trompé dans ses vœux sous une démocratie, a pris la
démocratie en haine; je trouve un grand rapport entre
lui et Voltaire comme poète tragique en tenant compte
des modifications de lieux et de temps. Si Euripide avait
écrit *Tancrède*, il y aurait mis la sensibilité qui fait le

charme de cette tragédie et il y aurait mis aussi ce vers ridicule là où il est placé : « L'injustice à la fin produit l'indépendance », ainsi que ceux qui le précèdent et le . suivent.

*** Au milieu des réflexions que je fais en route, je me dis que c'est une erreur de considérer comme un grand avantage d'avoir de l'ascendant sur les autres et de pouvoir les obliger à faire ce que l'on veut. Car, lorsque ce que l'on veut n'est pas d'accord avec leur intérêt ou lorsqu'on n'est pas en situation de les récompenser largement de l'ascendant qu'on prend sur eux, cet avantage momentané est un grand inconvénient. Chacun cède, mais chacun s'écarte. On fait un vrai travail pour se mettre hors de l'influence de la personne qui vous domine, on ne lui dit jamais complètement la vérité. Néanmoins tout ce qui est fort se fait respecter ou craindre. Il en est des personnes passionnées comme des princes. Sans le vouloir on les trompe, parce qu'on craint l'explosion si on leur parle franchement. Ces réflexions me sont suggérées par la situation de ma pauvre amie de Staël. La supériorité de son esprit et l'impétuosité de son caractère ont tellement dompté ses alentours qu'on ne lui dit librement rien de ce qui peut lui être douloureux. Et ceux qui l'aiment se font illusion à eux-mêmes pour pouvoir la satisfaire en toute conscience. C'est ainsi que chacun s'est appliqué à lui faire illusion sur la santé de son père. Or, le résultat de cette condescendance sera une horrible douleur.

*** Après avoir cassé trois fois ma voiture, je la troque contre une autre qu'on me dit très solide. Le lendemain elle avait cassé deux fois. Je n'arriverai jamais.

*** Il y a un mois que j'écrivais dans ce même livre, allant à Genève avec des projets et des pensées bien différentes! Comme la destinée est derrière nous qui nous écoute et se joue de nos calculs! Quand l'âge des passions est passé, que peut-on désirer si ce n'est

d'échapper à la vie avec le moins de douleur possible ?
Mais, à propos de douleur, j'ai lu il y a deux mois
l'histoire d'une jeune fille de vingt-trois ans, pendue en
Angleterre pour acte de faux, qui m'a fort impressionné.
La coupable n'était ni belle ni remarquable d'aucune
manière. Mais il y a dans les détails de sa souffrance,
du commencement de sa procédure jusqu'à son exécution, une telle profondeur de misère humaine qu'on en
est saisi et glacé quand on l'envisage avec réflexion.
Prise sur le fait et conduite devant le tribunal, elle ne
fit rien pour sa défense ; mais, durant tout le cours de la
procédure, elle tomba d'évanouissement en évanouissement. Condamnée et ramenée en prison, elle resta jusqu'au jour de l'exécution à la même place, immobile,
sans prendre de nourriture. Enfin, le jour du supplice,
la malheureuse se laissa transporter sans résistance et
sans paraître voir ce qui se passait autour d'elle. Et le
premier et le dernier signe d'existence qu'elle donna fut
de pousser un grand cri quand elle sentit le plancher
manquer sous ses pieds. Il y a dans ce tableau je ne
sais quelle misère faible s'abandonnant sans lutte, ne
cherchant pas même à éveiller le moindre intérêt.
Broyée sous la main de fer d'une société implacable,
elle inspire une pitié d'un genre tout à fait particulier
qui, malgré un certain mépris, n'en pénètre pas moins
au fond de l'âme. Car ici c'est une souffrance solitaire, dédaignée, à côté de laquelle chacun passe
sans la voir et comme si c'était chose naturelle.
Tandis que la souffrance qui est soutenue par l'opinion et qui s'épanche devant un public, fût-ce même
pour le braver, il y a des dédommagements à cette
souffrance.

   *** Arrivé à Weimar. Fait visite au duc.

   Les hommes qui passent pour être durs sont de fait
beaucoup plus sensibles que ceux dont on vante la sensibilité expansive. Ils se font durs parce que leur sensibilité étant vraie les fait souffrir. Les autres n'ont pas

besoin de se faire durs, car ce qu'ils ont de sensibilité est bien facile à porter.

*** Mme de Staël est arrivée. Les premiers moments ont été convulsifs[1]. Quelles absurdes et révoltantes consolations on lui a présentées ! Quel manque de sensibilité dans presque tout le monde ! Je ne suis pas étonné qu'on m'accuse de n'en pas avoir. On entend par ce mot tout autre chose qu'il ne me semble indiquer. Ce sont des formules convenues, avec lesquelles ceux qui se disent les amis des gens qui sont affligés ne pensent qu'à fournir à ceux-ci le prétexte de se débarrasser le plus tôt possible de leur douleur. Je la respecte, cette douleur, et Dieu me préserve de vouloir l'étouffer sous des consolations étrangères. La vue de cette profanation me révolte et me rendrait dur envers l'affligé si je voyais qu'il s'y prête. Ma pauvre amie en est bien loin, et c'est avec une sorte de cruel plaisir que je la vois repousser ces tentatives banales. Elle est encore plus étonnée, plus frappée de son malheur que pénétrée. C'est l'effet du premier moment. Mais cette douleur qui l'a terrassée entrera dans son âme qui n'est jusqu'à présent que bouleversée et s'identifiera à son existence. Alors les consolations cesseront, parce que la véritable douleur aura commencé. On lui renvoie deux lettres de son pauvre père ; ce sont les dernières. On voit que les idées se troublent, il y a des mots oubliés, d'autres à peine lisibles. La mort y est partout. Et cependant il est encore occupé d'elle à chaque ligne, il pense à ses intérêts les plus fugitifs, à toutes ses peines d'imagination. En un mot, le cœur du père y survit. Aussi la douleur de notre amie augmente. Schlegel qu'elle a amené de Berlin la console à sa manière : avec esprit, douceur et bonté, mais sans sensibilité profonde. Oh ! faiblesse de la nature morale ! Schlegel est un des disciples ou, pour mieux dire, un des coryphées de

---

1. Elle venait d'apprendre la mort de son père.

Schelling. Il a de grandes connaissances littéraires, de
l'esprit, peu de goût, de la présomption et de la bizarrerie. Il a d'ailleurs une terminologie si particulière à
l'usage de la nouvelle philosophie allemande, qu'il est
difficile de le comprendre sans être initié à ce système.
Je crois cependant l'avoir compris. Et si je ne me trompe,
tout ce système n'est autre chose qu'un réchauffé de
subtilités scholastiques, de négations, d'idées prises
pour des réalités, et d'arrangements de *mots* pris pour
des *choses*.

   ***   J'ai passé la soirée avec Gœthe, Schlegel et le
chevalier Boothly. Ce dernier a une sensibilité exagérée.
Il avait les larmes aux yeux et le cœur oppressé en parlant de sa fille morte il y a seize ans. Schlegel est un
homme d'une littérature très étendue et d'une grande
facilité d'expression.

   ***   Si je continue à me laisser mener et à vivre au
jour le jour, sans prendre un parti décisif pour que ma
vie ne se passe pas comme cette journée, comme cette
semaine, comme ce mois, tout est perdu. Mais en
aurai-je la force? Le souvenir de vingt années perdues
et rivées à quiconque a voulu s'en emparer, tout cela
m'inspire une sorte de mépris et de découragement de
moi-même qui ne cessera que lorsque j'aurai pris une
forte résolution. Saurai-je la prendre sans discussion,
sans plaidoyer, sans me croire obligé de la faire
approuver par des gens qui, au fait, n'ont le droit de me
distribuer ni approbation ni blâme? Souvenons-nous au
moins de ceci : que ce qui m'a toujours fait du tort, ce
sont mes paroles. Elles ont toujours gâté le mérite de
mes actions. C'est, en effet, une sottise de vouloir se
concilier par la parole des gens dont l'intérêt est différent
du nôtre. On ne fait en parlant que leur donner les
moyens de nous nuire. Il faut se décider, agir et se
taire.

   ***   Vu le duc de Gotha ; bizarre mélange de folie,
d'esprit et de sensibilité!

*** Il y a onze ans que j'ai passé comme à présent à Göttingen[1], bien amoureux de Mme de Marenholz[2] pour laquelle une passion furieuse m'avait · pris au moment où, pour obéir à son père, elle m'annonçait qu'elle était décidée à renoncer à moi. Était-ce de l'amour-propre? Je ne le crois pas, mais l'objet qui vous échappe est nécessairement tout différent de celui qui vous poursuit.

*** *Route de Meiningen à Werneck* (résidence de l'ex-évêque de Wurtzbourg). La suppression du gouvernement des moines est certainement un bien pour l'avenir. Le mécontentement même qu'elle peut avoir excité fait naître une fermentation qui ne manquera pas d'être salutaire. Le mouvement dans les esprits tourne toujours au profit des idées. Schlegel avec son amour-propre pour le moyen âge et la chevalerie, et pour le catholicisme comme contemporain de la chevalerie, espérait trouver chez moi un sentiment sympathique sur le détrônement des ecclésiastiques. Et il a trouvé un homme qui lui a dit que les moines étaient usés, que personne ne les estimait plus depuis longtemps et que leur chute était inévitable, même indépendamment des circonstances qui l'ont amenée. C'est un singulier système que celui de Schlegel qui regrette une religion à laquelle il ne croit pas, et qui écrit qu'on peut rétablir une religion tombée. Mais, pour défendre cette absurde théorie, il dit quelquefois des choses très ingénieuses. Par exemple, que les hommes ont besoin d'être réunis pour croire, parce que l'évidence des objets réels plaide tellement pour le doute ou la négation que, pour

---

1. Benjamin Constant quittait l'Allemagne pour accompagner Mme de Staël à Coppet.

2. Charlotte de Hardenberg, d'une grande famille hanovrienne, Benjamin Constant l'avait, autrefois, connue et aimée. Mariée en premières noces à M. de Marenholz, ce mariage fut malheureux et elle dut demander son divorce. Elle épousa en secondes noces un Français, le comte Dutertre dont elle divorça également pour épouser en 1808 Benjamin Constant. (Voir *Introduction*, p. XLII.)

l'emporter sur cette évidence, il faut une sorte d'électricité contagieuse qui ne se produit que par le concours et le contact de beaucoup d'hommes réunis ; qu'une église visible et une croyance commune qui les rassemblent sont donc nécessaires. C'est le meilleur raisonnement à soutenir pour ce côté de la question ; et il serait bon si, pour maintenir cette église visible, on ne devait pas faire plus de mal qu'elle ne peut faire de bien.

*** De Werneck à Wurtzbourg, je lis un nouveau livre de Schlegel dont la préface est le comble de l'insolence. Ce n'est pas tant de ses adversaires qu'il se plaint que de l'importunité de ses admirateurs qu'il traite d'imbéciles officieux qui se mettent en avant sans le comprendre. — Arrivé à Wurtzbourg, j'ai visité le château. Vaste édifice, mais du plus mauvais goût. — Visité Paulus, théologien protestant de la classe que j'aime et respecte, travaillant à repousser toute religion positive et toute croyance imposée. C'est un homme d'un esprit fin, subtil, actif, dans une excellente direction. Son défaut est le manque d'énergie et la froideur. Vu aussi Huffland ; même espèce d'homme, moins fin et moins froid. Idées justes sur la lumière, la liberté et l'économie politique. — Visité la collection d'histoire naturelle du père Franck, fruit de trente années de recherches et de douze années de travail assidu et de privations de toute espèce pour subvenir aux dépenses. Quel bonheur qu'un goût et une occupation pareils ! Aussi le père Franck respire la sérénité, le calme et la douceur.

*** Enfin j'ai vu Schelling ! Je n'aimais pas ses ouvrages, mais j'aime encore bien moins sa personne. Jamais un homme ne m'a fait une impression aussi désagréable. C'est un petit monsieur, le nez en l'air, l'œil fixe, âpre et vif, le sourire amer, la voix sèche, parlant peu, écoutant avec une attention qui ne flatte point et qui a plutôt une analogie avec la malveillance.

Enfin, donnant tout à fait par son caractère l'idée d'un méchant caractère ; et, pour son esprit, un mélange de fatuité française et de métaphysique allemande.

***　De Wurtzbourg à Blanfelden, j'ai lu l'ouvrage de Schelling sur la philosophie et la religion. C'est assurément le système des nouveaux platoniciens et des gnostiques. — Il paraît que Schelling y est arrivé par degrés. Il définit ainsi l'immortalité de l'âme : la réunion plus ou moins intime de l'âme avec Dieu suivant que, dans cette vie, elle s'est plus ou moins dégagée de la matière. Il est donc clair que, pour cette fois, il tourne le dos à l'athéisme. Ses ouvrages précédents n'étaient pas à beaucoup près aussi clairs sur cette matière! Mais il a voulu se distinguer de Fichte. Et de plus il était mécontent des hommes éclairés qui se sont déclarés contre ses subtilités. Il est donc entré tout à fait dans le mysticisme platonicien. Au milieu de ses rêveries, il y a sur la mort, sur le détachement de la matière, beaucoup de piété et de bonheur d'expression. C'est certainement un homme énergique et d'une grande valeur malgré ses défauts dont je ne rabats rien.

J'ai lu avec plaisir les épigrammes de Gœthe. Prodigieux talent, mais haine remarquable contre le christianisme. Gœthe est un esprit universel et, peut-être, le premier génie poétique qui ait existé dans le genre vague qui esquisse sans achever.

***　J'ai une dispute avec Schlegel sur *Don Quichotte*. C'est la seconde fois que je remarque que, s'étant livré presque exclusivement à l'étude des arts et de la poésie, son système lui est devenu une chose tellement personnelle que lorsqu'on l'attaque il souffre visiblement. En parlant en faveur de Cervantès, il pâlissait et ses yeux se remplissaient de larmes ; de même quand il traite la poésie italienne. L'homme a besoin d'émotions; fermez une porte, elles entrent par l'autre. — Dispute de Mme de Staël avec lui sur la plaisanterie. Elle ne sent pas qu'attaquer un homme sur sa manière de plaisanter c'est l'attaquer sur ce qu'il a de plus chatouilleux dans son amour-propre, c'est le blesser dans sa vanité individuelle et sociale aussi. Mme de Staël ne ménage pas assez les autres ; il est vrai qu'elle les aime de façon à ce que, si elle se fait beaucoup d'ennemis, elle acquiert d'ardents amis. Moi, je ménage les autres, mais je ne les aime pas. De là vient qu'on me hait peu et qu'on ne m'aime guère.

*** En arrivant à Ulm, j'ai trouvé une lettre renfermant une sommation de me trouver à la vente forcée d'une maison sur laquelle est placé le tiers de ma fortune. Je n'entends rien à ces affaires.

Je vais voir Huber ; sa femme a beaucoup plus d'esprit que lui. De longues inquiétudes, une fortune gênée me paraissent avoir dompté en elle ce décousu, cette activité sans but et ce désordonné qui fait le malheur de la plupart des femmes d'esprit, et plus encore de ceux qu'elles entraînent dans leur tourbillon. Mme Huber parle de mon mariage avec sa fille, Mme Forster. On la dit charmante, d'une douceur et raison extrêmes. Mais ce n'est pas le jour pour moi de penser au mariage, car c'est l'anniversaire de celui que j'ai contracté il y a quinze ans et que j'ai été forcé de rompre au bout de quatre [1].

*** *Route d'Echingen à Mooskirch.* — La vue d'un couvent de capucins me donne une idée ingénieuse : c'est que la douleur assiégeant toujours la vie humaine, il n'y a que deux partis à prendre contre ce terrible ennemi. L'un, de l'éviter le plus possible en lui échappant à travers les distractions, l'agitation, les plaisirs. L'autre, de le saisir au collet, de lutter avec lui corps à corps et de ne se distraire que par cette lutte même. Je ne sais si ce second moyen n'est pas le meilleur. La douleur est un serpent qui se glisse à travers toutes les bar-

---

1. Son premier mariage avec Mlle de Cram.

rières et qui nous retrouve toujours. L'action même de la fuir nous donne un sentiment de faiblesse qui nous rend plus incapable de lui tenir tête quand elle nous atteint. Les fuyards, lors même qu'ils sont aussi forts, aussi bien armés que ceux qui les poursuivent, ne savent jamais se reprendre à combattre quand, dans leur fuite, ils sont rattrapés. Le stoïcisme et la vie monastique, qui sont le moyen de faire face à la douleur, donnent une sorte d'exaltation peut-être moins pénible et moins humiliante que les efforts pour se sauver et pour escamoter sa vie.

*** Arrivé à Zurich; j'y passe la matinée. La haine des paysans contre la ville est très grande, et l'ancienne oligarchie s'allie avec les ennemis de la liberté au dehors. Le général des insurgés à Zurich a été exécuté; on le disait soudoyé par les Anglais.

*** *Route de Bâle à Morgenthal.* — Je voyage avec Mme Necker [1] qui m'a rejoint. Je lui lis quelques poésies fugitives de Gœthe. Mais quelle difficulté de faire entrer la poésie allemande dans une tête accoutumée à la poésie française. La poésie française a toujours un but autre que les beautés poétiques. C'est de la morale ou de l'utilité ou de l'expérience, de la finesse ou du persiflage, en un mot toujours de la réflexion. En somme, la poésie n'y existe jamais que comme véhicule ou comme moyen. Il n'y a pas ce vague, cet abandon à des sensations non réfléchies, ces descriptions si naturelles, tellement commandées par l'impression que l'auteur ne paraît pas s'apercevoir qu'il décrit. Voilà ce qui fait le caractère de la poésie allemande, et ce qui (depuis que je la connais) me paraît être le caractère essentiel de la véritable poésie.

Le Français et l'Anglais vous disent : Voyez comme je décris les objets. L'Allemand : Voyez comme les objets me frappent. L'un se regarde et se peint, l'autre

---

1. Mme Necker de Saussure, cousine de Mme de Staël.

regarde et peint la nature. Il résulte de là que les gens
habitués à chercher dans la. poésie autre chose que la
poésie, ne trouvent pas dans la poésie allemande ce
qu'ils cherchent. Et comme un mathématicien disait
d'Iphigénie : Qu'est-ce que cela prouve? les étrangers,
eux, disent de la poésie allemande : Où cela mène-t-il?

*** J'ai passé la journée à Berne. Il me semble que
la Suisse ne peut rester comme elle est. On enlève à des
paysans, que la révolution a déjà ruinés, le peu de bien
que la révolution leur avait fait en dédommagement de
beaucoup de mal. Et il y a, à côté du gouvernement qui
prend ces absurdes mesures, une puissance plus formi-
dable qui les dicte et qui les blâme.

*** *Route de Berne à Payerne.* — Discussion avec
Schlegel sur les idées religieuses. Il croit, comme toute
l'école des nouveaux philosophes allemands, qu'il ne
faut pas chercher l'origine de ses idées dans l'impression des objets extérieurs, mais dans le cœur de
l'homme. Il y a, dans cette idée, cela de vrai, que les philosophes français ont eu tort en ne regardant la religion
que comme un effet des objets extérieurs. Mais les nouveaux platoniciens allemands ont mis tout cela de côté,
en n'accordant pas d'influence aux objets extérieurs et
en attribuant à la religion une origine mystique et naturelle.

Alors, pour expliquer la grossièreté des idées religieuses de tous les peuples sauvages et de beaucoup de
peuples civilisés, il faut supposer des symboles, des
allégories dont l'arrangement et l'interprétation sont à
la merci de tous les esprits systématiques. On y peut
voir tout ce qu'on veut, comme dans les nuages.
Schlegel soutient une chose absurde déjà énoncée avant
lui, c'est que l'homme peut écrire sur la religion —
sans religion.

Je retrouve dans cette nouvelle philosophie de Schlegel
une idée qui m'avait déjà frappé quand je commençai à réfléchir. Les hommes ne connaissant que la vie,

par quel hasard ont-ils supposé la mort? Ils ne devraient
concevoir pour aucun autre être, quel qu'il soit, d'autre
manière d'exister que celle dont ils existent, car ils ne
connaissent que ce qu'ils éprouvent. Comment ont-ils
donc attribué à la plus grande partie de la nature une
manière d'exister tout opposée? Ils sont animés et ils sup-
posent inanimés presque tous les objets qui les environ-
nent! En admettant, comme la nouvelle philosophie, que
la nature est un tout organisé, le fétichisme, qui rend la
vie aux objets qui paraissent inanimés dans la nature, ne
serait point si déraisonnable.

*** J'arrive enfin à Coppet peu après Mme de Staël.
Son état est affreux. C'est une singulière combinaison
que cette douleur profonde, déchirante et vraie qui
l'accable, unie à cette susceptibilité de distractions et
cette incorrigibilité de nature qui lui laissent toutes ses
faiblesses de caractère, toutes ses susceptibilités
d'amour-propre et son besoin d'activité.

*** Dîner ennuyeux. Quel pays que celui-ci! Quels
hommes que les Genevois! Schlegel a été assommant
en société, et singulièrement aimable ensuite, en tête
à tête.

Je range mes papiers. J'aurais de la peine à res-
saisir le fil de mes idées.

*** Je vais à Rolle voir ma tante, Mme de Nassau.
C'est une femme de beaucoup d'esprit et qui m'est très
attachée; mais l'atmosphère qui l'entoure a pesé sur
elle. Elle en a adopté tous les préjugés, ce qui établit une sorte de contrainte entre nous, que je ne surmonte qu'à force de plaisanteries. Je crois cependant
que je parviendrai à me donner une réputation de bonté
qui me permettra d'arranger ma vie, sans que tout le
monde tombe sur moi. Quelle tâche que la vie quand on
l'a mal commencée, et quel ennui quand on la mène
régulièrement!

*** Je viens de lire un petit roman de Mme Necker
où il y a une sensibilité profonde et des détails remplis

de finesse. Le caractère de l'homme est peut-être un peu trop sacrifié; son imprudence est trop grossière, et l'on ne peut se réconcilier avec l'idée qu'il accepte la proposition que lui fait sa femme de mourir avec lui. L'idée de l'enfant qu'ils abandonnent trouble aussi un peu l'effet. Du reste, à l'exception de la première page qui est commune et qui prévient contre l'ouvrage, il y a un grand charme de style et un grand bonheur d'expression.

Dans les pensées détachées du même auteur, on trouve beaucoup de finesse, trop peut-être, beaucoup d'importance mise à des détails.

J'ai lu les *Prolegomena ad Homerum* de Wolff. Le style en est concis et difficile, et, en même temps, les idées beaucoup trop développées; c'est réunir tous les inconvénients.

Je n'ai pas encore reconquis la netteté de mes idées, c'est impossible. Je suis interrompu à chaque instant. Solitude! solitude! plus nécessaire encore à mon talent qu'à mon bonheur.

***   Je fais une promenade avec Schlegel et Sismondi; ils se regardent mutuellement comme des fous. La philosophie française qui ne reconnaît que l'expérience, et la nouvelle philosophie allemande qui ne raisonne que *a priori* ne peuvent, je ne dis pas s'entendre, mais pas même s'expliquer.

J'ai lu la traduction d'*Ovide* par Voss. Elle est plus remarquable par l'exactitude littérale, vers pour vers, que par la poésie. — A l'occasion de la chute récente de la pièce de Carrion-Nisas, les journalistes ses amis s'appliquent à prouver que la pièce a été moins sifflée comme mauvaise que comme écrite par un homme couvert de mépris et de haine. Beau service qu'ils lui rendent là!

***   J'ai eu une grande discussion avec Schlegel sur le commerce et ses conséquences. Schlegel est un de ces hommes qui, n'ayant jamais rien eu à faire avec la vie réelle, croient qu'on fait tout par des ordonnances et des lois, sans songer à la lutte que des lois vexatoires font naître entre les citoyens et l'autorité, et à la nécessité qui en résulte de lois toujours progressivement rigoureuses.

Der guschlossene Handelsstadt de Fichte est le chef-d'œuvre d'un pareil système ; c'est un projet pour réduire les nations à leur commerce intérieur en introduisant une monnaie sans valeur pour l'extérieur et trop lourde pour être transportée. Dieu les bénisse pour leurs idées spartiates au milieu de la civilisation moderne et des besoins devenus partie de notre existence ! Ce sont des fous qui, s'ils gouvernaient, recommenceraient Robespierre avec les meilleures intentions du monde.

*** J'ai copié mes chapitres cinq et six et refait le septième qui établissait des distinctions entre la mythologie de l'*Odyssée* et celle de l'*Iliade*, car mon ouvrage ne doit pas être une œuvre d'érudition. Il faut donc éviter tous les détails qui me pousseraient dans cette ligne et retrancher bien des notes que j'avais préparées.

J'ai fait la connaissance de M. de Bonstetten. C'est un homme de beaucoup d'esprit et un fort bon homme. Mais c'est encore une de ces existences demeurées légères, malgré l'âge, et que je ne peux souffrir, peut-être parce que je cours le risque de leur ressembler.

*** J'ai passé à Rolle voir Mme de Nassau malade. Il y a trop d'opposition dans le fond de nos opinions pour que nous soyons à notre aise ensemble. — Je couche à Lausanne. Je ne puis dépeindre ma joie d'être seul. Bizarre situation : j'aime profondément tout ce que je trouve à Coppet, mais cette société continuelle, cette distraction perpétuelle me fatigue et m'énerve. J'y perds mes forces actives, et je me dis avec amertume : Quand cela finira-t-il ?

*** J'ai travaillé très bien ; la solitude est un immense avantage. Mais quelle société que celle de Lausanne ! j'y périrais. Ma cousine Rosalie est bonne, mais aigre et savante dans l'art de dire froidement, et comme ne s'en apercevant pas, les choses qui peuvent déplaire. Triste talent! Mais bossue et fille à quarante-cinq ans, peut-on être douce[1]?

Dîné chez *** avec Auguste[2]. Tout cela c'est de la médiocrité, mais assez régulière au dehors pour se moquer de moi si j'avais quelques revers, Il faut que j'arrange ma vie dans le courant de cette année 1804 avec régularité et indépendance. C'est trop fort de n'avoir ni le plaisir auquel on sacrifie sa dignité, ni la dignité à laquelle on sacrifie le plaisir.

*** Soirée chez M. de Loÿs. Antoinette est aimable et douce. Serai-je son mari?

Je lis dans un journal une singulière excuse inventée pour l'assassinat d'un homme, c'est de dire qu'il avait de bonnes et grandes qualités, et c'est de bonne foi que l'on avance cette excuse en exagérant les vertus de la victime pour atténuer le crime du bourreau. Oh! têtes humaines!

J'ai achevé de copier mes notes. Si je puis faire sur Eschyle, Hésiode et Sophocle, Euripide et Pindare, ensuite sur Thucydide, Hérodote et Xénophon un aussi bon travail que sur Homère, je crois que cela donnera beaucoup d'intérêt à mon ouvrage.

*** Dîné chez Sévery[3]. Médiocrité sans prétention et avec de la grâce. Je suis las de ma solitude ici; je ne veux pas m'y marier, mon cœur est trop vieux pour s'ouvrir à des liaisons nouvelles. Je ne parle à personne que du bout des lèvres.

*** Visite à la bibliothèque de Lausanne. Elle est peu considérable et il y manque plusieurs ouvrages essentiels. Cependant elle ne me sera pas inutile. Dîné chez Auguste.

---

1. Mlle Rosalie de Constant se montra toujours pour Benjamin une amie fidèle, seulement elle était sincère et ne lui ménageait ni les vérités ni les conseils.

2. Auguste de Staël.

3. Cousin-germain de Benjamin Constant.

***   Passé toute la journée seul et à travailler. Copié et refait à nouveau trois chapitres. Je fais une promenade solitaire. A mesure qu'on avance en âge, la nature semble devenir moins bavarde. Je me souviens du temps où j'entendais une sorte de bruit qu'on aurait dit sortir de toutes les plantes et de tout ce qui m'entourait. C'était comme la vie de la nature que j'entendais. Aujourd'hui, j'ai trouvé cette espèce de bruit bien diminuée. — N'ayant point reçu de lettres de Coppet ni d'invitation à y retourner, cela m'en a donné une prodigieuse envie. Le fait est que, de cœur, d'esprit et d'abandon, je ne suis bien que là. Les autres personnes me sont aussi étrangères que des arbres ou des rochers.

***   J'ai extrait les *Prolegomena* de Wolff. Il y a une grande habileté de plan dans ce livre, une vivacité, une énergie, une amertume dans le style, qui ont beaucoup de mérite. Après cela, j'aurai des extraits à faire.

Hochet est arrivé! C'est une singulière chose que le penchant à l'imitation qu'ont les hommes médiocres. Parce que M\ᵐᵉ de Staël est triste de la perte de son père, voilà Hochet qui suppose vite que le sien, malade depuis dix ans sans qu'il y ait pensé, s'approche de sa fin, et il se met à le regretter en parlant de la haute vertu et de la simplicité de mœurs de ce père. Or il était épicier à la rue Saint-Denis, ce qui, j'en conviens, n'empêche pas d'être un fort honnête homme, mais qui, décidément, nuit au développement de la haute vertu en rendant la simplicité moins méritoire.

***   On me querelle sur mon peu de sensibilité. Non, je n'ai pas peu de sensibilité; mais elle est susceptible et jamais celle des autres ne lui convient parfaitement. Elle me paraît toujours trop lourde ou trop légère et me heurte. Je n'y trouve rien de juste ni de très profond; je n'y vois qu'un moyen de se débarrasser de la douleur qui me paraît ignoble. En un mot, ma sensibilité est toujours blessée de la démonstration de celle des autres. — La soirée s'est terminée par une discussion de

8

Mme de Staël avec Schlegel sur l'esprit de conversation. Singulière manie que de vouloir élever un précepteur ! C'est très ennuyeux pour les spectateurs de les voir établis en face l'un de l'autre, Schlegel se louant de son mépris pour la société, et elle se louant de son esprit de conversation. Panégyrique réciproque que chacun fait aux dépens l'un de l'autre.

Oh ! combien chaque jour je rentre plus en moi-même et je m'en sais gré ! Autrefois j'étais violent, et on faisait tout ce qu'on voulait de moi en me laissant protester amèrement. Aujourd'hui, je suis doux, je ne fais que ce que je veux et j'ai l'indépendance en m'épargnant l'odieux des protestations.

*** Je reçois une lettre de M. de Châteauvieux. C'est un singulier mélange de médiocrité dans le genre de vie et les propos, et d'élévation et de talent dans ses lettres. Celle d'aujourd'hui est admirable de profondeur, de sentiments, de noblesse et de force. C'est un homme qui, devant vivre à Genève et ayant un fond de personnalité, a cultivé ce fond et s'est émoussé au dehors pour ne pas souffrir.

J'ai lu un ouvrage de Bonstetten sur l'exactitude de Virgile. Il y a de l'imagination, mais point d'ordre.

Voilà huit jours que je travaille à un chapitre relatif à l'authenticité de l'*Iliade* et de l'*Odyssée*. — En traitant la littérature du moyen âge, Schlegel a eu l'idée ingénieuse que les guerres de religion sont les seules qui puissent, dans l'opinion des deux parties, être légitimes. Dans la guerre de conquêtes, ou pour des prétentions bien ou mal fondées, il y a toujours injustice d'un côté. Dans la guerre de religion, les deux parties, en ayant également tort aux yeux de la raison, ont chacune également raison aux yeux de leur conscience. Les guerres de religion sont donc les moins corruptrices et les plus nobles des guerres. — Schlegel est une grande preuve d'une vérité dont je suis convaincu depuis longtemps ; c'est qu'il faut, si possible, énoncer comme vieilles les idées nouvelles qu'on a. Il faut leur donner le plus qu'on peut l'air d'idées reçues pour qu'elles soient admises avec moins de peine. Et si on est forcé de convenir de la nouveauté d'une de ces idées, il faut l'entourer d'un cortège d'idées auxquelles le public s'est déjà habitué. C'est nécessaire quand on veut se rendre utile et se faire une réputation durable. Mais lorsqu'on ne veut que faire parler de soi pendant sa vie, sauf à être oublié après, les idées triviales habillées en paradoxes sont d'excellents moyens.

Je viens de lire dans les gazettes le discours de Moreau se défendant. C'est le premier homme qui, dans une situation donnée, ait dit précisément ce qu'il fallait dire dans cette situation.

En réfléchissant à ma position, je me dis qu'il faut s'arranger selon ses besoins et son caractère, c'est duperie que de faire autrement. On n'est bien connu que de soi. Il y a entre les autres et soi une barrière invisible; l'illusion seule de la jeunesse peut croire à la possibilité de la voir disparaître. Elle se relève toujours.

*** Course à Genève; fait visite aux demoiselles de Sellon. Revu Amélie Fabri; elle est tout aussi noire, tout aussi vive, tout aussi éveillée. Comme je l'aurais prise en aversion si on était parvenu à me la faire épouser! Mais elle est au fond bien aimable. J'ai toujours la mauvaise chance de trouver des impossibilités chez les femmes que je pense à épouser. Charlotte de Hardenberg ennuyeuse et romanesque; Mme Lindsay avait quarante ans et deux bâtards; Mme de Staël, qui me comprend mieux que personne, ne veut pas se borner à l'amitié quand je n'ai plus d'amour; cette pauvre Amélie qui me désire a trente-deux ans, point de fortune et des ridicules que l'âge a consolidés; Antoinette qui a vingt ans, de la fortune et point de ridicules est commune de figure et n'a rien de français.

Je travaille toute la soirée. C'est un avantage de savoir bien une chose quand on veut écrire. Mes cinq ou six

jours de travail sur la pensée homérique m'ont donné
une facilité admirable à resserrer ce que j'avais à en
dire.

*** Voilà Moreau condamné à deux ans de détention.

Je lis un article sur l'ouvrage de Gérando : *La philosophie comparée.* Quelle ignorance et quelle satisfaction
dans cette ignorance ! Et quel amour d'une frivolité
qu'ils croient gracieuse et qui n'est que bête !

Toute philosophie que l'on ne peut pas mettre en
vaudeville ou dans un roman ne nous convient pas à
nous autres Français.

Je ne suis pas content de mon travail d'aujourd'hui.
Toutes les fois que j'aborde un sujet, je me perds dans
les détails et deviens ennuyeux. Les citations, les petits
faits, l'érudition déplacée sont mon grand écueil. Abrégeons ! Abrégeons ! Il faut aussi que je reste bride en
main dans ma critique et mon scepticisme sur les auteurs
anciens. Si je révoque en doute leur autorité d'une manière positive, j'aurai l'air de vouloir frayer un chemin
à mon système en dépit du témoignage des anciens
auteurs.

*** Je crois avoir découvert que mon domestique
me vole. Je vais le surveiller. — Le soir, conversation
triste et amère avec Minette[1]. Elle est profondément
malheureuse et croit que c'est aux autres à la soulager,
comme si la première condition de ne pas être accablé
par la vie n'était pas de la dompter et de tirer de soi
toutes ses ressources. Que peuvent les autres contre
votre agitation, contre vos désirs qui se croisent? Contre
vos désirs d'une situation brillante dont vous vous amou-
rachez parce que vous n'en voyez que les dehors ; contre
votre coquetterie qui a peur de la vieillesse ; contre votre
vanité qui veut se faire remarquer, tandis que votre
caractère est incapable de braver les ennuis qu'on pro-

1. Mme de Staël.

voque toujours en cherchant à briller? Quoi! vous ne
voulez pas souffrir, et vous étendez vos ailes au dehors,
vous allez braver les vents, vous heurter contre les
arbres, vous briser contre les rochers! Je n'y peux rien,
hélas! Tant que vous ne ployerez pas vos voiles, tant
que vous ne verrez pas que toute situation fixe vaut
mieux que le battement perpétuel, il n'y a rien à espérer[1].
Et tout ce que je vous dis là s'applique encore plus à une
femme qu'à un homme, qui a une carrière et s'agite
pour un but fixe, tandis que vous vous agitez pour
briller dans un salon et pour courir après un genre de
succès qui ne laisse rien après lui. Comment dédom-
magerait-il de ce qu'il coûte?

 *** J'ai fini de lire les pensées de Necker. En l'ache-
vant j'ai eu le sentiment d'un dernier adieu. Il y a dans cet
ouvrage une grande finesse et une grande force comique.
— Je retrouve un plaisant discours de Mathieu de Mi-
rampal sur les voyages, vrai discours de Français qui
regarde tout ce qui n'est pas la France comme hérissé
de forêts et couvert de glace. Il propose donc de faire
voyager la jeunesse en Allemagne pour retarder l'âge
de la puberté par les rigueurs du climat. De vrais chimériques que nos auteurs pour leur connaissance des
autres pays!

 J'ai à extraire Sophocle, Eschyle, Euripide, Pindare
et Hésiode. — Combien il y a d'idées peu répandues en
France qui sont reçues et devenues communes en Allemagne! Cela est vrai surtout pour les religions. Les
lettres mythologiques de Voss contiennent déjà l'idée
dominante de mon livre. A entendre les critiques de Voss
sur Heyne et les insinuations de Heyne sur Voss, on
dirait que le monde entier a le temps et l'intérêt d'écouter tout cela.

 Parce que les hommes possèdent l'heure d'aujour-

---

1. A ce moment de leur liaison, Benjamin Constant aurait désiré
épouser Mme de Staël, mais celle-ci voulait un mariage secret qui répu-
gnait à la dignité de son ami.

d'hui, ils croient que leur voix se fera entendre dans l'avenir.

. Ce que l'homme oublie le plus facilement c'est la distance du temps et des lieux. Il est pour lui-même le centre de tout, et tout ce qui l'entoure grossit à ses yeux et cache les objets plus éloignés.

. *** Il faut que je donne davantage à mon travail la forme historique, j'éviterai ainsi le fouillis des mythologies septentrionale et méridionale qui sera toujours ennuyeux. Il est nécessaire de ne pas trop faire de discussions savantes. C'est mon écueil, j'y retombe sans cesse. J'ai un esprit paresseux qui se contente trop facilement de ce qu'il a fait — et qui est en même temps ombrageux et s'en dégoûte. J'ai besoin de quelqu'un qui, tour à tour, m'oblige à reconnaître les défauts de ce qui ne vaut rien et m'empêche de jeter au feu les beautés avec les défauts. — J'ai lu à Müller la partie de mon ouvrage ayant trait aux premiers Grecs et aux scènes d'Homère. Il en a été très content. Je me juge trop sévèrement, et quand je vois comme les autres se jugent, c'est absurde!

*** J'ai lu l'ouvrage de Leclerc sur la religion des Grecs. C'est une comédie comme ces messieurs de France font des livres, sans remonter aux sources et sans croire que cela soit le moins du monde nécessaire. Il cite avec une assurance admirable tous les ouvrages français, et pas un auteur ancien! Cependant, chose burlesque, toutes les fois qu'il avance un fait sur la religion des Grecs, il s'appuie de citations latines pour nous apprendre ce qu'Homère pensait sur l'autre vie. Il cite Virgile et, de temps en temps, La Fontaine, Boileau et Racine.

*** J'ai composé la première partie de mon avant-propos, puis j'ai lu un peu de la traduction anglaise d'Homère par Pope. Les vers sont beaux, mais on sent l'effort de travail et la recherche dans chaque expression. Ils produisent alors précisément le contraire de l'effet que cause l'original. Il y a d'ailleurs dans cette pompe laborieuse beaucoup de monotonie.

Mme de Staël me communique le précis sur la vie de M. Necker qu'elle écrit en ce moment. Il y a de très beaux morceaux. La partie politique qu'elle ne voulait pas traiter est trop approfondie, ayant l'inconvénient de réveiller les haines sans satisfaire l'amitié. Mais lorsqu'elle arrive à la peinture du caractère privé de son père, elle parle avec une vérité, une sensibilité et une simplicité admirables.

Müller est reparti pour Berlin un peu dégrisé, je crois, de son commencement d'engouement pour la nouvelle philosophie allemande par les paradoxes que Schlegel lui a débités pendant son séjour ici. Car cette philosophie, sans s'en apercevoir je crois, professe en politique et en religion tous les infâmes principes de nos journalistes français dont elle se croit si différente. Geoffroy ou tel autre gueux n'aurait pas parlé autrement que Schlegel sur la liberté et le catholicisme.

*** Mme de Staël me remet un curieux recueil des lettres écrites à Mme Necker. Il y en a de Voltaire, de d'Alembert, de Diderot. Celles de Gibbon sont maniérées et ridicules par le contraste de son amour pour Mme Necker et son style lourd, froid et précieux. Ainsi, après lui avoir écrit que le bonheur de sa vie serait de la posséder, il termine en lui disant qu'il est, avec une considération particulière, son très dévoué et obéissant serviteur.

D'Alembert écrit toujours sur lui, sur ses rogatons, ses rapsodies, ses paperasses — petits noms d'amour modestes et contenus que chaque auteur donne à ses ouvrages. Ce qui frappe dans ces lettres c'est l'uniformité de la vie, l'intérêt que chacun y met à son tour et le profond silence qui succède à cette monotonie agitée. En lisant beaucoup de lettres de diverses personnes qui sont mortes, on a un sentiment analogue à celui d'un paysan voyant un ivrogne et qui se dit :

Voilà comme je serai dimanche ! Avec cette différence qu'on sent que l'ivresse est au présent.

*** Ce soir, Schlegel s'est trouvé blessé par une taquinerie de Mme de Staël, et comme elle ne se lasse jamais de causer, elle voulait recommencer avec lui une explication à une heure du matin, en se réservant, pour après cette explication, une conversation sur des choses cent fois discutées. Je mourais de sommeil et j'avais mal aux yeux, mais il faut obéir. Je n'ai jamais vu une femme meilleure, ayant plus de grâce et de dévouement, mais je n'en ai jamais vu une qui ait des exigences plus continuelles, sans s'en apercevoir, qui absorbe plus la vie de ce qui l'entoure et qui, avec toutes ses qualités, ait une personnalité plus *avouée*; toute l'existence, les minutes, les heures, les années doivent être à sa disposition. Et quand elle se livre à sa fougue, c'est un fracas comme tous les orages et les tremblements de terre. C'est une enfant gâtée, cela résume tout.

*** J'ai lu beaucoup de lettres de Saint-Lambert, les seules intéressantes que j'ai trouvées. Il y dit, ce que je sens bien, que pour les âmes indépendantes il n'y a que deux états dans la vie : les affaires publiques dans un grand centre, ou la solitude. Le frottement et les douleurs sans but de la société sont insupportables.

J'essaie inutilement de travailler. Je n'ai pas écrit une ligne qui ait le sens commun. Je lis *Voyages en Laponie* dont l'auteur est un Italien assez spirituel dans la répétition des plaisanteries qu'il a entendues, s'étant formé à Paris à la plaisanterie française, mais n'ayant d'ailleurs ni idées étendues, ni sentiments profonds, ni connaissances très sérieuses et tombant facilement dans des lieux communs.

*** Souper gai avec le prince de Belmonte. Resté seul avec Mme de Staël, l'orage s'élève peu à peu. Scène effroyable jusqu'à trois heures du matin sur ce que je n'ai pas de sensibilité, sur ce que je ne mérite pas la confiance, sur ce que mes sentiments ne répondent pas à mes actions. Hélas ! je voudrais éviter de monotones lamentations, non pas sur des malheurs réels, mais sur les lois générales de la nature, sur la vieillesse. Je voudrais, moi homme, ne pas avoir à supporter les dépits d'une femme que la jeunesse abandonne. Je voudrais qu'on ne me demande pas de l'amour, après dix ans de liaison, lorsque nous avons tout près de quarante ans, et que j'ai déclaré deux cents fois, depuis longtemps, que de l'amour je n'en avais plus. Déclaration que je n'ai jamais rétractée que pour calmer des convulsions de douleur et de rage qui me faisaient peur. Je voudrais enfin, si mes sentiments ne répondent pas à mes actions, qu'on ne me demande plus ces actions dont on fait si peu de cas. Il faudra cependant détacher ma vie de la sienne, en restant son ami ou en disparaissant de la terre.

*** Le commencement de l'avant-propos de mon ouvrage est à refaire. J'entre trop brusquement en matière et en indignation. A propos d'indignation, je suis touché de celle du *Journal des Débats* du 12 messidor sur la nouvelle édition de la *Philosophie de la nature* : « Si, dit cette feuille, on recommence à publier des ouvrages pareils, la France est perdue, perdue à jamais ! » C'est un sot que l'auteur de cette philosophie, et son livre est une ennuyeuse rapsodie, mais je lui sais bon gré de l'effroi et de la fureur qu'il excite dans l'armée dévote. Cependant il y a dans son livre de quoi se raccommoder avec les dévots. Il voue les athées au dernier supplice. Un bon autodafé servira de bouquet pour la réconciliation. Quel imbécile que ce théiste qui ne sent pas que si les théistes brûlent les athées, les chrétiens brûleront les théistes ! Mais l'homme est ainsi fait : égalité, jusqu'à lui exclusivement ; tolérance, jusqu'à lui inclusivement ; c'est tout ce qu'il veut.

Je renvoie mon serviteur et copiste Finter. C'est un essai que je ne veux plus faire que de m'attacher un être amphibie qui n'est ni mon égal ni mon domestique, et que les prétentions d'un état empêchent de remplir les devoirs de l'autre.

J'ai relu mes réflexions sur le mariage. Je persiste, et je me marierai cet hiver.

Je lis le premier volume de l'*Histoire des voyages*, abrégée, par de la Harpe. Il n'était pas encore chrétien alors, mais il était déjà plein de prétentions, d'emphase et d'idées communes. Il y a là un étalage de pensées philosophiques, une ironie avec des phrases contre la religion et les rois, finissant toujours les périodes avec une antithèse, ce qui est ce que je connais de plus fatiguant. Dieu sait que je n'aime pas ce qu'on nomme religion, ni les gens qu'on appelle rois, mais il y a trop de monotonie dans les attaques de la Harpe.

Si je considère ma constitution fatiguée, mon goût pour la campagne et la solitude avec travail, le mariage semble m'être nécessaire. Cependant, malgré cette conviction, je préfère la gloire littéraire au bonheur, sans trop me faire illusion sur la valeur de cette gloire. Mais si j'étais heureux à la manière vulgaire, je me mépriserais.

J'approuve beaucoup une pensée heureuse que Schlegel exprimait hier. « Les Français, disait-il, savent si bien tout ce qu'ils diront dans toutes les situations de la vie, que c'est une véritable complaisance de leur part que de continuer à suivre une vie qu'ils connaissent si bien d'avance; cela doit les ennuyer comme un conte répété. »

*** Tous ces temps-ci, j'ai travaillé peu et mal. Depuis que ne suis plus seul je ne fais plus rien qui vaille. Je trouve dans la solitude une plus grande quantité de textes. La certitude de ne pas être interrompu me donne aussi un sentiment d'indépendance qui double mes forces. — Je trouve à dîner le prince Sapieha, Polonais. Quelle nation légère que ces Polonais! Il y a dans presque tous quelque chose d'aventu-

rier qui empêche que leur nom, ou leur richesse, ou
leur vaillance, leur rapporte une considération propor-
tionnée. Mais ils ont aussi des qualités assez recom-
mandables, entre autres cet amour de la liberté, toujours
malheureux, mais que rien ne décourage et ne peut
détruire.

*** Il y a dix-sept ans à cette époque je courais
tout seul les provinces d'Angleterre. C'est dans ce
voyage que j'ai découvert pour la première fois l'immense bonheur de la solitude. Aujourd'hui j'en suis bien
loin. — J'ai travaillé toute la matinée à extraire Euripide
(*Alceste*, *les Troyens*, *Andromaque*, *Iphigénie en Tauride*).
De toutes les pièces d'Euripide, *Andromaque* est évidemment la meilleure comme exposition et même comme
peinture de caractères.

Je reçois une lettre de Mme Talma qui arrive à
Soleure. J'irai la voir, quel bonheur ! — J'ai fait des
extraits du *Prométhée* d'Eschyle. Cette pièce est évidemment d'origine barbare, c'est-à-dire étrangère à la
Grèce, et a un sens allégorique. Mais je ne dois pas
m'occuper de ce côté de la pièce. C'est de l'impression
que cette pièce devait produire sur la masse des spectateurs et de l'idée qu'elle devait donner du caractère
des dieux que j'ai à traiter. Or, cette pièce prise sous ce
point de vue est tout à fait homérique.

Je fais une promenade avec Bonstetten. C'est un
homme de beaucoup d'esprit, mais qui a commencé à
penser trop tard et qui, par conséquent, a de grandes
lacunes dans les idées. Il prend aussi des idées déjà
depuis longtemps connues pour des découvertes. C'est
comme les jeunes provinciaux arrivant à Paris et prenant
pour des princesses toutes les filles qui se promènent
au Palais-Royal. Il m'a cependant exprimé une idée
assez piquante sur l'origine des idées religieuses.
L'homme actif rencontre au dehors des résistances et
se fait des dieux ; l'homme contemplatif éprouve au
dedans un besoin vague et se fait un Dieu.

*** J'ai fait beaucoup d'extraits d'Eschyle, puis j'ai lu un ouvrage sur le culte des dieux fétiches qui mérite plus de réputation qu'il n'en a. Toutes les idées vraies sur l'origine des religions y sont contenues.

J'ai achevé Eschyle et commencé Thucydide. C'est une chose curieuse que l'absence totale d'idées religieuses de la part de cet écrivain entre Hérodote et Xénophon, l'un si crédule et l'autre si religieux !

Ma situation est insoluble pour arranger ma vie. Il faut donc vivre au jour le jour, mais travailler le plus possible, car il n'y a que cela qui reste.

*** J'ai vu la jeune Laure d'Arlens. Si j'avais à me marier, j'épouserais une fille de seize ans. Il y aurait profit clair de trois à quatre ans pendant lesquels une femme de cet âge ne peut prendre une existence indépendante. Ensuite cela revient peut-être au même, mais on a joui de ce moment de répit. Gain positif ! Puis on a la chance d'influer sur le caractère qui se forme en lui donnant la direction qu'on désire. Je ne donne pas cette dernière chance comme très probable, mais en épousant un caractère formé il n'existe plus de doute. Car ce caractère qui existe déjà, vous ne le connaissez même pas. Dans une fille de seize ans on voit le caractère se former, et l'ennemi étant vu à son arrivée, vous pouvez d'autant mieux prendre vos précautions. Tout ceci ne peut s'appliquer qu'à un homme qui ayant déjà beaucoup vécu a tristement appris que, dans toutes les relations, la vie est une lutte, plus ou moins déguisée, où le plus habile est celui qui sait lutter en ressentant le moins de peine, et le meilleur celui qui en cause le moins à son adversaire.

Je travaille à mon Introduction. J'aurai un chapitre intéressant à faire sur la libre carrière que s'est donnée la spiritualité après l'établissement du théisme.

*** Il y a aujourd'hui dix ans que j'étais en Allemagne, seul, plaidant contre ma femme, traité par la plus grande partie de mes amis d'une manière injuste et blâmé par ceux qui me reprochaient la faiblesse avec laquelle je me laissais opprimer. Et cependant au milieu de cela j'étais parfaitement heureux. Mes moyens de bonheur étaient bien simples. J'étais seul et je travaillais. Chaque jour se levait me promettant une suite d'heures calmes et que rien ne pouvait troubler. Chaque soir je me couchais avec un plaisir en pensant que le lendemain je recommencerais une journée semblable. C'est à présent le temps de ma vie dont je me souviens avec le plus de plaisir. Dès lors j'ai eu tantôt des succès, tantôt des revers, mais le calme, la solitude, l'indépendance, jamais!

Entraîné par mon entourage j'avais eu la faiblesse de prendre une femme laide, sans fortune et plus âgée que moi et, pour comble d'agrément, violente, capricieuse [1]. Les torts qu'elle eut à mon égard sont de ceux qu'on ne pardonne pas. Mais au lieu d'une punition ou d'une vengeance, je ne demandai que ma liberté. De là vinrent toutes les colères contre moi. Je ne voulais pas permettre aux ennemis de ma femme de la déshonorer à leur gré sous prétexte de me prouver leur amitié. J'en ai conclu que la devise des amis qui nous servent est toujours : « Si vous ne permettez pas que nous vous défendions aux dépens des autres et que nous nous dédommagions du bien que nous vous faisons en faisant encore plus de mal à vos ennemis, nous ne vous défendrons point. »

Et faute d'avoir connu cette condition que l'amitié met à ses services, je me fis beaucoup de tort.

*** J'apprends que M. de Germany [2] est malade. Comme la nature est rude envers les vieillards qui se replient de tous côtés pour la désarmer! Énigme du monde! J'ai peur qu'elle n'ait que deux mots : propagation pour les espèces et douleurs pour les individus.

1. Mlle de Cram.
2. M. Rilliet Necker.

J'ai fait une nouvelle division de mon ouvrage. Il y a là une difficulté. On ne peut travailler à un ouvrage qu'après en avoir fait le plan, et un plan ne peut être bien fait qu'après que toutes les parties de l'ouvrage sont achevées. Car ce n'est que lorsqu'on connaît ses matériaux qu'on peut voir comment il faut les arranger.

Mme de Staël est aujourd'hui à Genève. Bonstetten, Schlegel, Sismondi et moi nous avons dîné comme des écoliers dont le régent est absent. Singulière femme! Sa domination est inexplicable, mais très réelle sur tout ce qui l'entoure. Si elle savait se gouverner elle-même, elle gouvernerait le monde!

*** Je pars pour voir Mme Talma à Soleure. En chemin je rencontre un Français dont je ne connais pas le nom, mais qui avait l'air fort content de connaître le mien. C'est un petit plaisir de vanité, mais en resterai-je à ramasser des restes de réputation? J'espère que non.

*** J'arrive à Berne. Un être d'une espèce étrangère à la nôtre qui ne la connaîtrait pas plus que nous ne connaissons celle des animaux, pourrait bien prendre pour des beuglements inarticulés le langage qu'on entend à Berne. Aux cris que poussaient plusieurs de mes cousins dans leurs gaietés et leurs disputes, je me serais cru facilement transporté au milieu d'un troupeau de buffles. En traversant le marché où les femmes vendent légumes et fleurs, je retrouve un bruit que j'avais entendu en Allemagne quand les troupeaux d'oies allaient au pâturage.

*** Le plaisir de trouver Mme Talma à Soleure est gâté par le grave état de son fils. Je crois qu'elle cherche à se faire des illusions, comme c'est le cas de beaucoup de gens. Cela met la sensibilité plus à l'aise. Cette femme a besoin de s'agiter et de s'étourdir. Heureux qui se replie sur lui-même, qui ne demande point de bonheur, qui vit avec sa pensée et attend la mort sans s'épuiser en vaines tentatives pour adoucir ou embellir sa vie!

Le souvenir de ma dernière visite à Mme de Nassau me suggère une singulière question. Pourquoi les vieilles femmes vertueuses sont-elles souvent beaucoup plus cyniques que les hommes? Certes Mme de Nassau a toujours été parfaitement sage, jamais courtisée, jamais elle n'a ressenti ombre d'amour; cependant elle dit souvent devant sa nièce des choses qui m'embarrassent. Peut-être que les vieilles femmes ayant eu pendant leur jeunesse la décence pour loi ont un certain plaisir à transgresser une loi qui les a ennuyées toute leur vie. Les filles d'esprit qui ont été coquettes ont bien moins de cynisme en vieillissant que les femmes très vertueuses, parce qu'il n'y a rien de piquant pour elles à parler de ce qu'elles ont fait si longtemps sans y attacher d'importance.

*** *Genève* [1]. — J'ai achevé l'arrangement des extraits d'Eschyle, Sophocle, Euripide, Hésiode et Pindare. — J'ai pris des notes dans une dissertation de Lévesque sur ce qu'il appelle le *chamanisme*. C'est en entier le système de De Brosses qu'il ne cite même pas. J'y ai trouvé du reste des détails intéressants sur le sacerdoce des sauvages, détails qui ont confirmé mon assertion que les prêtres des Pélasges n'étaient autre chose que des jongleurs. — J'ajoute à mon livre le plan d'un chapitre sur le théisme philosophique dans lequel je traiterai et du théisme qui regarde Dieu s'occupant de l'homme avec bienveillance et lui servant de guide, et du théisme qui ne reconnaît qu'une première cause gouvernant l'univers par des lois immuables. Il faudra prouver qu'en prenant ce dernier théisme à la lettre, il rompt toute relation entre la religion et la morale ou tout autre intérêt des hommes, argument qui n'a pas

---

1. Cette partie du journal de Benjamin Constant se rapporte à un séjour qu'il fit à Genève à l'époque où, subissant encore la domination de Mme de Staël, il vivait entre deux courants contraires : d'un côté la satiété complète de cette liaison ; de l'autre tout ce que lui imposaient l'habitude, un sentiment de devoir et un reste d'amour, qui ne voulait pas mourir.

encore été développé dans toute sa force. Mais, en
même temps, il faudra expliquer comment des philosophes anciens, partisans de ce pur théisme, ont pourtant combiné avec cette doctrine des relations entre la
divinité et l'homme, et prouver que cette hypothèse,
quoique reposant en principe sur une inconséquence, a
toutefois quelque chose de noble, de fier et de calme qui
la distingue avantageusement de toutes les hypothèses
religieuses.

*** Je ne cesse de songer à ma position. Je m'agite
dans le tiraillement d'une misérable faiblesse de caractère. Jamais il n'y eut rien de plus ridicule que mon
indécision : tantôt le mariage, tantôt la solitude, tantôt
l'Allemagne, tantôt la France, hésitant surtout parce
qu'au fond je ne puis me passer de rien [1]. Si dans six
mois je ne suis pas hors de tous ces embarras qui, en
réalité, n'existent que dans ma tête, je ne suis qu'un
imbécile et je ne me donnerai plus la peine de
m'écouter.

Je reçois une lettre de Mme Dutertre [2]. En voilà une
autre qui, avec un amour vif pour l'indépendance, ayant
réussi à vingt-cinq ans à la reconquérir et possédant
avec cela une fortune considérable, s'empresse de
regâter sa vie par un lien qui lui pèse aujourd'hui tout
autant et plus que le premier. On ne voit que des gens
qui ne savent pas tirer parti de leur situation. C'est que
l'ennemi de l'homme est en lui plus que partout ailleurs.

J'ai travaillé peu et mal, devant assister au convoi
funèbre de M. de G... Visité ensuite sa veuve et son fils.
Ce dernier a peine à cacher sa satisfaction au milieu de
sa tristesse. Ce n'est pas qu'il ne se croie affligé, mais

1. Les projets les plus extraordinaires s'entrecroisaient à ce moment
dans l'esprit de Benjamin Constant. C'était tantôt la fuite, tantôt un
mariage secret avec Mme de Staël, tantôt un brusque mariage avec la
première venue. Tout cela finissait toujours par une réconciliation
avec la châtelaine de Coppet.

2. Charlotte de Hardenberg,

tout ce qu'il a gagné à la mort de son père est déjà
dans sa tête. Et il ne se croit qu'un homme d'ordre en se
livrant en pensée à tous les arrangements de commo-
dité et de fortune dont chacun est pour lui une jouissance. Il prend ce plaisir comme un devoir.

*** Je passe la soirée avec Mlle Contat en représentation au théâtre de Genève. Elle a moins de grâce dans
un salon que sur la scène. Il y a chez elle une légère
trace de mauvais ton très adoucie par la société dans
laquelle elle a vécu.

*** Reçu une lettre de Mme Talma. C'est la personne
que j'aime, non pas le plus vivement, mais le plus sans
mélange et sans regret de l'aimer. Son fils va mieux.
Quand il était si malade à Soleure, Mme Talma m'a fourni
un singulier exemple de l'attachement fanatique qu'on
conserve pour les opinions de sa jeunesse. Élevée dans
l'incrédulité, cette mère mettait un désir ardent à ce
que son fils ne crût pas à l'immortalité de l'âme, et je
suis sûr qu'elle aurait discuté avec lui à l'agonie s'il
avait réclamé des consolations dans ce sens. Cependant
Mme Talma est une femme bonne, spirituelle et dont
toutes les affections sont concentrées sur cet enfant.
Oh! inexplicable nature humaine!

Je vois par les journaux qu'Andrieux a été nommé
censeur impérial. S'il approuve dans les ouvrages des
autres ce qu'il a mis encore récemment dans les siens,
la censure ne sera pas rigoureuse.

Aujourd'hui j'ai travaillé comme un imbécile à faire
des vers au lieu de m'occuper utilement. J'ai cependant
continué les extraits d'Hérodote. Quand je pense que
j'ai encore à extraire trois ouvrages considérables après
Hérodote, je me jette parfois dans le découragement. Il
ne faut pas me laisser aller. — J'ai été au spectacle. On
donnait la *Mère coupable* de Beaumarchais. C'est de
tous ses Figaro le moins amusant, donc le plus mauvais. Il y a une seule belle scène; mais le style est lourd
et le dénouement ridicule. Il est presque impossible de

faire paraître un époux trompé dans le genre noble, à moins que ce ne soit dans la tragédie, parce qu'il peut tuer l'infidèle et que la mort relève tout. Mais dans la comédie sérieuse, comme la victime finit par pardonner, le résultat est toujours : « Je ne t'en aime que davantage! » Et ce résultat ridicule arrive au moment où tout le monde est content. Comme petite pièce on donnait le *Cercle*. Mais les mœurs ont tellement changé que cette comédie, piquante autrefois, a perdu de son intérêt.

*** J'ai été entendre les leçons préliminaires des professeurs Prévost et Pictet —. philosophie et chimie. La leçon de M. Prévost lourde, commune et superficielle. Celle de M. Pictet lucide, claire, agréable. Cependant M. Prévost a plus d'esprit réel que M. Pictet. Mais il a des idées vieilles, de l'humeur contre les idées nouvelles, du désordre dans la tête. Il lutte comme un vieillard contre les écoles qui se sont élevées depuis que ses idées sont arrêtées; et quoique, à beaucoup d'égards, il ait raison, ces écoles ont contre lui l'avantage de la nouveauté des formes et des aperçus plus étendus sur les facultés de l'esprit humain. La seule thèse qui établit que ces facultés sont des formes que l'esprit applique aux objets et que, par conséquent, nous ne pouvons connaître les objets qu'à travers ces formes, donne à la nouvelle philosophie une immense supériorité. Elle s'égare ensuite, c'est vrai, mais ses erreurs passeront et le principe fécond restera. — J'ai lu Stäudlin. On y trouve de curieux détails sur la religion des Indiens qui sont d'accord avec mon système. Leur religion défend la plupart des crimes, avec cette restriction : à moins que Dieu ne l'ordonne.

J'ai fait visite à Mlle Bontemps. Je crains d'avoir mal répondu à son intérêt affectueux. Si je savais ce que je veux, je saurais mieux ce que je fais.

*** J'ai travaillé peu et mal; les fragments qui me restent de mon ancien ouvrage nuisent à ma composition actuelle. Il y a des idées que je n'ai plus, et quand je les retrouve, j'oublie quelquefois que j'en ai changé. C'est une mauvaise méthode que de travailler sur des pièces rapportées à diverses époques. — Je vais au spectacle voir la *Gouvernante* et les *Femmes* de la Chaussée. Je ne puis m'empêcher de me dire combien la difficulté ajoute au désir, car à Paris je ne vais jamais au spectacle, et ici j'ai passé cinq heures debout pour voir deux mauvaises pièces beaucoup plus mal jouées qu'elles ne le sont jamais où je passe ma vie.

J'ai fini le cinquième livre d'Hérodote. — Les chimistes anciens appelaient les esprits aériformes ou gaz, qu'ils n'avaient pas encore trouvé moyen de recueillir et de fixer, *spiritus sylvestres*, et ils dédaignaient dé s'en occuper. Or ces gaz sont devenus la partie la plus importante de la chimie moderne. C'est ainsi que les sots et les gouvernants appellent mauvaises têtes les esprits indépendants dont ils ne savent que faire et qui sont cependant la partie la plus importante de l'espèce humaine.

*** Il y a vingt ans qu'aujourd'hui, 9 août, j'étais en Écosse assez heureux, vivant alternativement avec des amis et dans une excellente famille, à la campagne, à trois lieues d'Édimbourg. Plusieurs de ces amis sont morts; le plus cher est devenu fou, la famille dont je parle est entièrement renouvelée, et la nouvelle génération ne me connaît pas. Voilà la vie !

Mon brave petit chien, Mou, a été mordu par un chien inconnu; il faudra attendre quarante jours pour être tranquille sur son sort.

*** Mme de Staël est dans une bonne phase, douce et aimable. Néanmoins il y a dans son caractère un coin que je n'aime pas. C'est un manque absolu de fierté et un besoin d'être bien avec le pouvoir, besoin qui forme un contraste bizarre avec son peu d'empire sur elle-même et son impossibilité de se contraindre, et qui jette une inconséquence perpétuelle dans sa conduite en la faisant soupçonner d'intrigue et de mauvaise foi par tous les partis. Cela la rend coupable d'une espèce de duplicité qui nuit à la dignité et au succès, non seulement d'elle, mais aussi de ses amis.

J'ai lu la traduction d'un dialogue de Platon sur la poésie. Evidemment le traducteur est un sot. Il n'a pas compris son auteur. Au reste, le but de ce dialogue me paraît bien frivole et l'exécution très médiocre. C'est, il est vrai, un des ouvrages les moins importants de Platon, mais la méthode en est la même que pour les autres. Ce sont deux interlocuteurs dont l'un consent toujours et dont l'autre, pour prouver une assertion tantôt commune et tantôt sophistique, commence à établir une foule de choses évidentes. La plupart du temps, cette longue suite de raisonnements qui ne sont interrompus que par les *oui* et les *sans doute* du confrère, aboutissent à un abus de mots dont la finesse ne peut nous tromper un instant.

*** Minette [1] est de mauvaise humeur, parce que je ne veux pas veiller le soir. Il est clair que je serai forcé de me marier pour pouvoir me coucher de bonne heure.

J'ai eu aujourd'hui la visite d'Henriette Monachon [2] qui m'a retracé vivement les années passées auprès de Mme de Charrière.

Il y a sept ans que je ne l'ai vue; il y en a dix que toute relation est finie entre nous. Avec quelle facilité je brisais alors toutes les relations qui me fatiguaient! Comme je me croyais sûr d'en reformer d'autres à ma volonté! Comme je me sentais en pleine propriété de la vie et quelle différence dix ans ont apportée dans mes impressions! Tout me semble précaire et prêt à m'échapper. Ce que j'ai ne me rend pas même heureux. Mais j'ai passé l'âge où les vides se remplissent et je tremble de renoncer à quoi que ce soit, ne me sentant pas la puissance de rien remplacer.

1. Mme de Staël.
2. Ancienne femme de chambre de Mme de Charrière.

*** J'ai commencé un chapitre sur les vertus que la superstition peut produire dans le cœur de l'homme. Je continue les extraits d'Hérodote et je lis une leçon de Schlegel sur la philosophie de Kant. Celle de Schelling est certainement plus conséquente et je l'adopte volontiers dans tout ce qui regarde la métaphysique et la morale, mais pourquoi y mêle-t-il de la religion?

Je viens de terminer le huitième livre de mon ouvrage, mais il y a beaucoup à y ajouter. Il faut adoucir un blâme direct contre le christianisme et dire la même chose avec moins d'âpreté. Ensuite, mettre quelque chose de plus posé dans le style ; il a une allure essoufflée qui me fatigue moi-même.

Je vais au spectacle où on joue le *Jaloux sans amour :* pièce froide, caractère faux ; puis les *Deux Pages.* Là l'image du grand Frédéric produit encore une émotion profonde. Cela sert d'éloge.

*** J'ai travaillé très bien aujourd'hui et réduit deux livres en un seul. Tout dépend de la manière dont on présente les idées. Je veux prouver que, malgré ses avantages individuels, la religion a de tels inconvénients qu'il n'en faut pas faire la base de la morale. Si je commence par les inconvénients, je mettrai les gens religieux de mauvaise humeur, et quand j'arriverai aux avantages, l'impression étant déjà faite, ils ne me liront plus qu'avec prévention, pendant que les incrédules de leur côté, auxquels j'aurai plu dans l'exposé des inconvénients, me sauront mauvais gré de revenir en arrière et d'affaiblir mes raisonnements antérieurs. Si, au contraire, je commence par les avantages, les incrédules n'en prendront pas d'humeur, les dévots m'en sauront bon gré, et quand j'arriverai aux inconvénients, je paraîtrai les exposer malgré moi. Et l'on nommera impartialité ce qui dans l'ordre inverse aurait paru une attaque.

Les journaux donnent la proclamation de Dessalines. Il y a quelque chose de sauvage dans ce style nègre qui

nous saisit d'une particulière terreur, nous autres, habitués que nous sommes aux formes et à l'hypocrisie de
l'état social! Que d'horreur dans les deux sens, mais la
faute en est à qui commença. La réaction devait suivre.
— J'ai rendu visite à Mlle Contat. Il y a toujours de la
princesse de sa part dans les moindres choses. — J'ai
vu Amélie; elle est décidément laide et noire. Sa sœur
est charmante et fort instruite.

***   Mme Du Deffand disait à M. de Pont-de-Veyle :
« Il y a quarante ans que nous sommes amis; cela ne
viendrait-il pas de ce que nous ne nous aimons guère? »
C'est là mon histoire.

J'ai dîné chez M. de Doria, où j'ai rencontré M. de
Sybourg. Si je lui ai déplu autant qu'il m'a déplu, — et
c'est ordinairement le cas, — il n'aura pas conservé de
moi un agréable souvenir. J'en serai fâché car j'ai plus
parlé qu'à l'ordinaire. Il y avait aussi au nombre des
convives, La Planche, un homme dont on a dit beaucoup
de mal, mais qui paraît un homme d'esprit un peu prétentieux, avec du mouvement dans les idées et des
notions assez justes. La seconde classe à Genève est
beaucoup moins ennuyeuse que la première. Il y avait
aussi là un ancien représentant de soixante-dix-huit ans
encore tout occupé de son ancien rôle politique, n'ayant
pas donné la moindre attention à tout ce qui s'est passé
depuis. J'éprouve néanmoins une espèce de respect pour
cette grande énergie passée, quoiqu'elle ait eu lieu sur
un petit théâtre. — J'ai lu Aristophane. Il est plein d'une
force comique qu'aucune traduction ne peut rendre. Je
l'aime encore parce qu'il attaque Euripide qui est mon
adversaire entre tous les Grecs.

***   Je n'ai encore rien dit de la religion comme
consolation. Il me reste bien des idées à développer. —
J'assiste au cours de M. Pictet. C'est remarquable que
la cause de l'oxydation découverte en 1630 par Jean
Prey, médecin d'un village près de Bergerac, se soit
tellement perdue, que l'on ne soit revenu à cette idée

que vers la fin du siècle dernier. — Sismondi, avec
lequel je fais une promenade, me reproche le peu d'intérêt que je prends à lui et à tout le monde en général. Le
malheureux, il ne connaît pas ma position, qui m'empêche
de disposer librement de ma vie, en sorte que je suis
une ombre courant avec d'autres ombres, mais n'ayant
plus la faculté d'aucun projet d'avenir.

A dîner, j'ai une conversation avec Prévost sur la
littérature grecque, puis sur la philosophie allemande,
spécialement sur le dire de Schelling qu'il y a trois
époques de l'homme : le hasard, la nature, Dieu. Dieu
n'existe pas encore, mais on s'aperçoit qu'il commence
à exister; l'homme le fait: Pensée qui a l'air d'un non-
sens, mais qui est cependant susceptible d'une interprétation juste et profonde. Il faut, en effet, d'abord remarquer que cet exposé de trois époques ne contient que la
considération subjective de ce qui arrive à l'homme.
C'est la gradation, non pas de ce qui est, mais de ce
qu'il conçoit successivement. Or, dans la première
époque, lorsqu'il ignore encore également la loi physique
et la loi morale de cet univers, c'est pour lui le règne du
hasard, — c'est-à-dire des effets dont il ne connaît pas
les causes. Dans la seconde époque, lorsqu'il a découvert les lois physiques, mais que les lois morales lui
sont encore inconnues, c'est le règne de la nature.
Enfin, lorsque les lois morales se découvrent à lui, c'est
le règne de Dieu. Tant que l'homme ne connaît pas
Dieu, Dieu est à son égard comme s'il n'existait pas. Il
est donc possible de dire dans ce sens qu'il crée Dieu
relativement à lui, à mesure qu'il le découvre.

*** L'extrait que Mme de Staël a fait de l'ouvrage de
Bonstetten a tellement éveillé l'amour-propre de celui-
ci, qu'il ne peut plus s'arrêter en parlant de ses ouvrages.
Décidément la jouissance d'amour-propre d'un auteur a
quelque chose de physique. Tous les traits s'épanouis-
sent et toute la personne est atteinte d'une titillation
voluptueuse.

*** Singulier caractère que celui de Schlegel : une occupation constante de lui-même et une excessive poltronnerie. C'est un homme qui est tout en amour-propre et qui en tire toutes ses bonnes et mauvaises qualités, son enthousiasme, son initiative, sa douceur. Quand l'amour-propre l'abandonne, ce qui arrive à l'approche du danger, parce qu'alors la nature physique reprend le dessus, cet amour-propre emmène avec lui tout son entourage, et il ne reste que le caractère d'un homme de lettres qu'une vie de cabinet a rendu faible de corps et d'âme. Je lis un libelle de Fichte contre Nicolaï de Berlin. Je n'ai rien vu de si méchant sans beaucoup d'esprit. Ce sont des formes d'injures usées ; et ce qui est remarquable, c'est la profonde amertume et le manque de toute générosité. A chaque page on reproche à Nicolaï sa vieillesse et sa santé faible ; on lui annonce la mort comme imminente et on cherche à effrayer et à affliger ce vieillard ; et parce qu'il a exposé son opinion, on se fait contre lui une arme des malheurs de la nature. Schlegel a mis à la tête de ce libelle une préface aussi insolente qu'amère dont il est enchanté, et quand on lui en reproche le ton et le manque de générosité, il répond : « Mais que dites-vous du mérite littéraire ? »

Ce libelle m'a mis en bien mauvaise disposition contre la nouvelle philosophie allemande. Elle a deux ou trois grandes idées, mais son esprit de persécution est plus dangereux qu'aucune des vérités qu'elle prétend découvrir, et ne peut être utile, car la manière dont elle établit même la vérité est l'opposé d'une recherche calme et de bonne foi. La *vérité* établie par ces messieurs a tous les inconvénients de l'*erreur*, et ils ont à la fois la morgue des philosophes et la ruse des inquisiteurs. Ainsi Fichte, bien évidemment à tort, accuse Nicolaï d'être irréligieux, parce que celui-ci, dans le véritable esprit du protestantisme, réclame toujours la liberté d'examen dans ce qui tient à la religion.

J'ai lu un traité de Sainte-Croix sur les mystères. Ce

sont des preuves dans le genre français. Il raconte l'histoire de la Grèce primitive et des guerres de religion et des querelles entre les prêtres de Saturne et de Jupiter, comme s'il en avait été témoin oculaire, et il cite à l'essai des auteurs postérieurs de plus de huit cents ans aux sources.

*** J'ai pris un secrétaire, mais j'ai beaucoup de peine à dicter. Je n'ai point la faculté de retenir mes idées sans les écrire, en sorte que je ne sais pas faire mes phrases dans ma tête et les conserver sans y rien changer pendant que mon homme écrit. Je ne serais pas étonné si dans quelques années d'ici mes facultés baissaient tout à coup. Ce que j'apprends à présent ne se grave point. Je voudrais au moins avoir fini deux ouvrages en politique et en religion pour laisser après moi quelques traces. — A dîner il y avait beaucoup de monde; j'étais triste et j'ai beaucoup plaisanté. Cette réunion de deux choses si différentes m'est ordinaire. A souper il y avait encore bien du monde. Triste chose que la conversation ! Même celle qui roule sur des choses intéressantes a si peu de résultat. Il y a à présent *des lieux communs en esprit comme en bêtise.* — L'ouvrage de Sainte-Croix devient intéressant ou plutôt instructif à mesure qu'il s'approche des données historiques, mais l'ennui excessif de ce livre prouve bien que je dois éviter les détails d'érudition.

*** Depuis que j'ai pris un copiste mes yeux vont mieux, mais mon travail plus mal. — J'ai vu la princesse Dolgorouki. C'est un mélange assez agréable de Cosaque et de Circassienne. Quelque chose de très digne dans les manières, une conversation abondante, à laquelle son rang, ses habitudes, sa confiance en elle-même ajoutent sûrement quelque chose. — Je lis des comédies écrites par Mme Necker dans sa jeunesse. Il y a de l'exagération, un goût peu sûr, mais des aperçus fins; par exemple, l'idée de montrer des Parisiens, avec tout leur mépris pour les provinciaux, dupés par un provincial, est une idée plaisante et fine. De plus, la conception fondamentale de toutes ces pièces est neuve.

*** J'ai lu la critique du *Mercure* contre Villers. Il est impossible de se faire une idée de la fureur que Villers inspire à ses antagonistes. Cette fureur a sûrement pris un aliment dans quelque circontance inconnue, car elle n'était pas, à beaucoup près, aussi vive dans la première réfutation. Mais ces hommes à vieilles idées croient gagner du terrain, et ils vont de l'avant en prêchant le despotisme et la superstition, sans plus se donner la peine de déguiser leurs intentions ou d'adoucir leurs couleurs. Ils regardent comme passé le moment où il fallait faire des dupes. La question est de savoir si nous rétrogradons de quatre siècles parce que deux cents misérables ont mis cette reculade dans leur calcul pour obtenir plus d'argent de ceux à qui elle est utile. Ce qui me chagrine surtout c'est que cette fureur contre le protestantisme met la question sur un mauvais terrain. On croirait qu'il s'agit de savoir ce que nous choisirons, du protestantisme ou du catholicisme, tandis qu'il y avait tout lieu de croire que nous nous étions débarrassés de l'un et de l'autre.

C'est un grand avantage dans les affaires de la vie que de savoir prendre l'offensive : l'homme attaqué transige toujours. Quand le gouvernement de la France poursuivait toute religion, les gens religieux regardaient comme leur ami quiconque ne voulait pas de persécution religieuse. Mon livre aurait été reçu par eux avec reconnaissance. Aujourd'hui, ils regardent comme un impie quiconque ne veut pas la domination exclusive de la religion. Et tout ce qui est possible, c'est de défendre contre eux le protestantisme en voilant *même* le libre examen. Il en résulte que la publication de mon livre doit être ajournée ; j'en profiterai pour le rendre meilleur. Il faut que je me borne à rechercher les rapports de la morale avec la religion chez les peuples de l'antiquité, car je ne peux traiter la partie du théisme comme je le voudrais. Je me mettrais à dos non seulement les croyants, mais cette partie nombreuse des philosophes qui, transigeant avec les circonstances, cherchent à faire croire que la philosophie n'est pas destructive de la religion. Les hommes de l'appui desquels on a besoin en attaquant les dévots seraient très en colère contre un auxiliaire indiscret qui fournirait des armes à leurs ennemis et qui démentirait toutes leurs protestations de circonstance.

*** J'ai dicté aujourd'hui un chapitre sur l'union des Romains. Je l'ai trouvé mieux que je ne croyais. Il y a cependant quelque chose de prétentieux dans le style, bien différent de ma manière habituelle. Mais cela me servira comme d'un centre autour duquel se grouperont mes observations ultérieures.

J'ai un souper assez gai avec le prince de Belmonte.

*** J'ai terminé mon chapitre sur l'allégorie, j'en suis content. Il est rempli d'idées. La grande difficulté pour moi sera le livre sur les déviations du polythéisme. Je sens que je devrai me borner aux Grecs et aux Romains que je connais si parfaitement, car il y aurait des lacunes trop frappantes et je regretterais tout ce que j'ai déjà fait. En tout cas mon ouvrage est bien avancé, et c'est heureux, car mes forces baissent ; je suis d'une faiblesse et d'un abattement extraordinaires. La solitude sera mon remède.

Je vais à une soirée où je rencontre quelques femmes aimables, mais le sort me contrarie, car il y a toujours dans la personne que je pourrais et voudrais épouser des côtés qui ne me conviennent pas. Au milieu de tout cela, la vie s'avance. Je conviens que lorsqu'elle sera finie cela reviendra bien au même.

*** Je fais une promenade avec Sismondi qui me reproche de ne jamais parler sérieusement. C'est vrai, je mets trop peu d'intérêt aux personnes et aux choses, dans la disposition où je suis, pour chercher à convaincre. Je me borne donc au silence ou à la plaisan-

terie. Elle m'amuse et m'étourdit. La meilleure qualité
que le ciel m'ait donnée, *c'est celle de m'amuser de moi-
même*. J'ai lu à Sismondi mon introduction. Il en a été
très frappé. C'est un homme sans esprit, mais qui a des
principes très justes et des intentions très pures. Mais il
travaille très peu, et se laisse aller au monde où il est
flatté d'être reçu. Il ne songe pas que c'est son talent
qui lui en a ouvert l'accès et qu'il sacrifie à la jouissance
d'un premier et très petit succès le moyen d'en avoir
d'autres.

   ***   J'ai dîné avec des Italiens, le duc d'Accerenza,
son frère et le prince de Belmonte. Ces Italiens ont tous
quelque chose de *Pantalone*. Et même lorsqu'ils ont de
l'esprit, cela n'amène pas la considération. Une observation très juste du prince de Belmonte sur le roi de
Prusse : « C'est un roi qui fait son métier comme un
commis fait le sien, sans se permettre d'en tirer le
moindre avantage pour son plaisir personnel. » Le prince
ne sentait pas qu'il faisait ainsi le plus bel éloge du roi.
Le duc d'Accerenza a donné de curieux détails sur le
roi de Suède qui prouvent un cœur honnête et une
grande haine de l'insolence et du crime. Le duc voulait le rendre ridicule en ajoutant que, la force lui
manquant pour se faire respecter, il était un sot de
s'occuper de semblables choses. Il oubliait que la faiblesse a la ressource de mépriser les hommes qui
l'insultent.

   Voici un plaisant trait d'amour-propre qui m'a été
fourni par Schlegel. Un jour, il me lut une épître qu'il
avait adressée à un de ses amis. Peu de temps après, je
lus dans une note que cet ami était mort. J'en parlai
à Schlegel qui me répondit : « Oui, il est mort, mais il a
eu pourtant le temps de recevoir mon épître avant de
mourir. » Comme si la destination de cet ami avait été
surtout de lire l'épître de Schlegel et que, l'ayant lue, il
pouvait s'en aller en paix.

   ***   Ma paresse me force à beaucoup plus de travail

que je n'en aurais besoin si j'achevais à mesure chaque partie, mais je renvoie toujours les développements, ce qui jette du décousu dans la composition. Cependant cela a l'avantage de me faire mieux apercevoir les rapports des idées entre elles.

Le *Mercure* se livre à une attaque contre Mirabeau. On ne peut les accuser d'hypocrisie, c'est bien à la liberté que ces messieurs en veulent; il n'y en a pas un, de près ou de loin, qui lui soit favorable. Au reste, qu'attendre d'une réunion d'hommes sans opinions, dont l'un a été le secrétaire et l'apologiste de Collot-d'Herbois; l'autre, l'agent subalterne d'un proconsul de Brest; un troisième, espion en Angleterre, a été chassé de ce pays pour avoir voulu, à prix d'argent, ameuter contre son pays des journalistes qu'il jugeait d'après lui-même.

Dîné avec le prince de Belmonte. Il a du piquant dans l'esprit, mais toujours du bavardage avec un intérêt égal dans tout ce qu'il dit, ce qui produit une monotonie fatigante.

Grande soirée chez la duchesse de Courlande, belle, polie et assez douce. Deuxième soirée chez Mme Butini. Je suis abîmé d'avoir été si longtemps dans le monde; quel étouffoir pour toute espèce de talent!

*** ·Voici la quatrième fois que je refais le plan de mon ouvrage. Il faut ne pas faire ou bien faire. Mon principe dans tout cet ouvrage doit être de mettre des assertions, puis des faits probants, puis des exceptions avec les causes de ces exceptions, puis encore des faits, enfin le tableau de telle ou telle religion, pour présenter la preuve de mes principes réunis et faisant corps.

Ces dispositions m'ont été suggérées quand je me suis fait lire mon ouvrage par Sismondi. J'ai vu qu'aussi longtemps que je ne racontais pas, mais que j'affirmais ou que je peignais, l'impression était satisfaisante; tandis que, sitôt que je racontais, les objections et les doutes se présentaient. Je commencerai donc par exposer les principes, ensuite la marche naturelle des idées religieuses, enfin je rapprocherai chaque religion de ces principes en faisant observer dans chacune en quoi et pourquoi elle s'en est écartée.

Visite du professeur Pictet. Son universalité a l'inconvénient qu'aucun objet, si ce n'est la physique, ne le frappe de préférence. Il a des idées vives, mais communes. J'ai voulu lui parler religion et morale, je l'ai trouvé déplorable sur ce sujet, faisant des calembours pour en sortir.

Je vais voir le prince de Belmonte, le plus infatigable parleur que je connaisse. Il m'a raconté, à moi habitant de Genève, tout ce qu'on y dit et toute l'histoire de Voltaire qu'un Genevois lui avait contée le matin.

*** Je fais visite à F... que je trouve au milieu d'une quantité de cartes de géographie. Singulier goût qui s'est niché à travers sa frivolité sur tous les autres objets, et qui lui a valu sur un sujet particulier des connaissances approfondies qui contrastent avec le reste de sa conversation et de ses idées. — J'ai achevé la rédaction de mon plan. Les derniers chapitres dont il n'y avait pas un mot d'écrit sont passablement esquissés et remplis d'idées. Le temps que j'emploie à remanier le plan n'est donc pas perdu. Sans l'état déplorable de mes yeux, j'aurais fini mon ouvrage cet hiver. Cependant, si je me reporte à dix ans en arrière, les relations qui ont entravé ma vie m'ont empêché d'accomplir toutes les légitimes espérances que j'avais conçues. J'ai acquis quelque réputation, moins que je n'aurais pu le faire et plus que je n'en ai mérité. J'ai rempli mes devoirs publics, et me voilà arrivé à trente-sept ans sans de grands malheurs, mais sans existence fixe et sans projets arrêtés pour l'avenir. Faut-il se confier au hasard? Va pour le hasard !

Mon chien Mou qui avait été mordu n'est pas enragé : voilà le quarantième jour écoulé. Je suis bien aise de conserver ce petit ami qui ne m'a jamais fait de mal depuis que je l'ai et qui est toujours fidèle et dévoué. Je ne peux pas en dire autant d'autres amis.

*** J'ai rédigé un extrait sur les castes de l'Égypte et de l'Inde modernes. Sismondi me continue la lecture de mon ouvrage. Cela m'est fort utile parce qu'il lit mal et que je juge mieux de l'impression produite ; et bien que Sismondi n'ait pas les connaissances nécessaires, il s'aperçoit néanmoins des lacunes que j'ai laissées par inadvertance ou paresse.

J'ai heureusement échappé à une soirée donnée par la duchesse de Courlande au préfet, avec musique sur le lac.

J'ai revu Amélie Fabri. C'est bien dommage qu'elle soit vieille, noire et maigre : avec dix ans de moins je la préférerais à toute autre. J'en aurais fait une personne charmante, à condition que j'eusse déjà été ce que je suis aujourd'hui. Ses défauts tiennent uniquement à l'isolement dans lequel elle a vécu. Tout le monde s'est amusé de son esprit vif, et en voyant rire de ce qu'elle disait, elle a cru que *tout ce qui faisait rire était bon à dire*.

Il y a aujourd'hui un an que Mme de Staël arriva à Paris contre mon vœu et contre les conseils de tous ceux de ses amis qu'elle n'avait pas assez dominés pour les forcer à parler contre leur conscience. Le résultat fut triste.

*** J'ai dîné avec un tas de bêtes. Il n'y a que chez nous où les bêtes sont aussi prétentieux et aussi bêtes. Il y avait un Russe qui le paraissait ou l'était moins.

Je fais visite à Odier. Vanité modeste, mais désir concentré d'être appelé au couronnement. — Soirée à la Boissière. J'y vois le philosophe Prévost qui a bien peur de la résurrection du catholicisme. — J'ai lu Xénophon ; c'était un homme médiocre que la société de Socrate avait rendu le meilleur et le plus distingué de tous les médiocres.

Dîné chez Mme de Germany. Personne n'a pensé pendant ce dîner à ce pauvre de Germany mort il y a à

peine deux mois et qui, assis à cette même table, en
faisait les honneurs avec tant de bienveillance. Regrets
des hommes, vous êtes froids et passagers comme la
fumée qui traverse l'air ! J'y ai rencontré Billy, il ne sait
ce qu'il dit ni ce qu'il pense, ou plutôt il ignore la faculté
de penser. C'est un sixième sens que la nature ne lui
a pas donné. Quand on considère de quels éléments la
race humaine se compose, on n'est plus étonné de ce
qui lui arrive, et l'on serait tenté de trouver sa destinée
juste, si les êtres qui nous oppriment étaient d'une autre
espèce ; mais comme les oppresseurs sont de la même
pâte que les opprimés, on hait trop les uns pour ne pas
plaindre les autres plus qu'ils ne le méritent.

Je dispute avec Schlegel sur la tragédie française.
C'est un singulier mélange de bizarrerie et de monotonie.
Ses idées sont souvent grotesques comme celles des fous.

***   J'ai été assez malade toute la matinée. J'ai sou-
vent remarqué qu'il y avait derrière nous une puissance
invisible qui avait l'air de se moquer de nous, car toutes
les fois que je me suis trouvé assez bien pour me féli-
citer intérieurement avec une sensation de bien-être,
j'ai éprouvé à l'instant quelque contre-temps inopiné. Je
me souviens qu'il y a sept ans, le vingt-deux vendémiaire an VI, allant à Hérivaux passer quelques jours,
je réfléchissais avec assez de satisfaction sur ma situation. Je me couchais heureux en me disant : pour cette
nuit rien ne m'empêchera de dormir, j'en réponds! Je
n'avais pas dormi depuis une demi-heure qu'il arriva
chez moi une visite domiciliaire, Je n'avais aucune
raison de m'attendre à pareille chose, j'étais bien avec
le Directoire, je croyais le ministre de la police mon
ami, et j'avais donné assez de preuves de mon attachement à la République. Au fait, cette visite domiciliaire,
dirigée contre un individu impliqué dans une affaire qui
ne me regardait pas, n'eut pas de suites pour moi, mais
elle me fit passer une nuit détestable, Némésis ayant
voulu m'apprendre à ne pas dire en me couchant que

Mme DE STAËL

rien ne m'empêcherait de bien dormir. Hier j'étais si
bien que j'en ai eu un petit sentiment de joie. J'en suis
puni aujourd'hui.

J'ai dîné avec Mme Necker. Elle ne voit dans les autres
que le plus ou moins d'attention qu'ils font à elle. C'est
une personne divertissante à oublier par l'étonnement
et la colère que cet oubli lui cause. Elle ne conçoit pas
qu'il soit possible de penser à autre chose qu'à elle.
Néanmoins cela ne la rend pas ridicule, parce qu'elle a
un caractère noble quoique personnel, un esprit fin
quoique alambiqué, et une figure distinguée quoique
flétrie.

*** J'ai continué avec Sismondi la lecture de mon
ouvrage. Bien des assertions l'étonnent parce qu'il est
ignorant, mais comme il ne l'est pas plus que la masse
de ceux qui me liront, il faut que je prenne mes précautions en appuyant mes assertions de faits incontestables.

Ayant eu occasion d'avoir quelques détails intimes
de l'existence des filles du demi-monde, je me suis
convaincu que le roman de *Justine* n'est point une exagération de la vie humaine. Quelle espèce que la nôtre !

J'ai dîné chez La Planche. On a été pour moi d'une
obligeance excessive. Pourquoi la malveillance me fait-
elle tant de peine et la bienveillance si peu de plaisir ?
J'ai passé toute la matinée à ranger mes papiers pour
retourner à Coppet. — En parlant d'un homme qu'il
admire, Billy a la bêtise de dire : Il est à une telle hauteur qu'on ne peut exiger de lui la morale.

*** Le frère de Schlegel vient d'arriver ; c'est un
petit homme rond, gras outre mesure, avec un nez
pointu qui sort de deux joues luisantes, et sous ce nez
pointu une bouche qui sourit assez mielleusement, de
beaux yeux, un air subalterne, surtout quand il ne parle
pas, et un air de glace quand il écoute. Ses principes
sont aussi absurdes que ceux de son frère. Le pays qu'il
préfère en Allemagne c'est Vienne. Est-ce assez fort
pour des gens dont toute la considération est dans leur

plume, et qui, malgré tous leurs principes saugrenus, ne pourraient pas écrire une ligne dans les pays qu'ils préfèrent à ceux où ils sont tolérés! Leurs idées philosophiques sont si absurdes qu'ils deviennent tout à fait bêtes sur ce sujet, bien qu'ils aient de l'esprit sur d'autres points.

J'ai commencé à lire l'expédition des Dix mille de Xénophon et pris la résolution d'aller à Paris dans quinze jours. — Je dîne chez la duchesse de Courlande. J'y ai une conversation avec Schlegel frères. Je vois maintenant que toute leur doctrine est une chose purement personnelle qu'ils décorent du nom de philosophie. Ils se déclarent pour le catholicisme parce que des philosophes protestants se sont moqués d'eux. Ils n'aiment pas les gouvernements où il y a la liberté de la presse, parce que la presse en profite pour écrire contre eux. Ils sont mécontents des princes qui marchent dans le sens des lumières parce que, ces princes ne les affectionnent pas, en quoi certes ils ont bien raison. Et ce qu'il y a de comique, c'est que lorsqu'on ne les effarouche pas et qu'ils se mettent à leur aise, ils conviennent naïvement de leurs motifs. C'est ainsi que Schlegel me disait de l'électeur de Bavière en le critiquant : « Il ne me donnait pas de la place chez lui. » Et sur Berlin : « Jugez, on y écrit tous les jours contre moi. »

*** J'ai continué la retraite des Dix mille de Xénophon. Le morceau sur la mort de Cléarque et la perfidie des Perses est d'un intérêt dramatique. Il y a néanmoins des vanteries dans sa relation de la marche des Dix mille et de l'exagération sur le rôle que Cléarque y a joué, car on remarque, malgré lui, que ce rôle était assez subalterne, le général lacédémonien le traitait fort cavalièrement. La vérité est une chose bien puissante puisqu'elle se fait jour à travers tous les déguisements de l'amour-propre chez un auteur qui a écrit il y a deux mille ans.

Je trouve dans les gazettes le discours de Neufchâteau aux obsèques de Larroque. Il y a dans tout ce que ces

gens font de l'affectation. Et même ne doit-on pas
appeler ridicule sa conclusion : « J'ai dit : ministres
du Seigneur, vous pouvez achever vos pieuses cérémonies. »

*** Mᵐᵉ de Staël m'a donné à lire un morceau de
son ouvrage sur son père. Je n'ai pu m'empêcher de
pleurer! Il y a une sensibilité d'autant plus réelle qu'elle
est tout à fait exempte d'affectation. S'en moqueront-ils
à Paris? Je consigne ici mon impression pour qu'elle ne
puisse être changée.

*** J'ai lu un roman de Châteauvieux. Il a un véri-
table talent d'émotion, de description et de sensibilité.
Comment a-t-il conservé cela dans sa vie habituelle,
entouré de médiocrités? A propos de la vie que l'on
choisit, j'ai pensé qu'il n'y avait dans ce monde que trois
genres de vie à choisir. La première, la vie commune,
avec les devoirs et les plaisirs communs. On y est généralement assez heureux, on échappe à l'arbitraire par
l'obscurité, à la ruine par la prudence, et on arrive à la
fin de la vie entouré de certaines affections domestiques
assez douces quoique prêtes à se consoler de notre
perte. Le second genre de vie est précisément l'opposé.
C'est une vie tout intellectuelle, dans laquelle on ne voit
d'intéressant que ce qui tient à l'étude, à la recherche
de la vérité, et où l'on ne considère l'existence matérielle
que comme une condition nécessaire de l'autre existence
plus relevée. Le bonheur se trouve aussi dans ce genre
de vie. On y est indépendant des hommes, on leur
échappe en planant au-dessus de leurs têtes, — comme
dans la vie commune on le faisait en passant entre leurs
jambes. On vit plein du sentiment de ses forces morales,
de son utilité pour l'espèce humaine et de la perfectibilité de sa nature. Le troisième genre de vie est la
réunion des deux autres. C'est aussi la réunion de leurs
inconvénients à tous les deux. Les facultés intellectuelles
deviennent une funeste lumière qui éclaire la platitude
de la vie commune. Les devoirs et les intérêts de la vie

commune sont un poids douloureux qui étouffe les facultés intellectuelles. Les philosophes anciens l'avaient bien senti, car l'ataraxie qu'ils recommandaient n'était que la séparation des deux genres de vie que de nos jours les hommes s'obstinent à concilier.

En rangeant mes papiers j'ai retrouvé vingt plans différents de mes ouvrages qui m'ont tous paru également bons. Si donc, en rapprochant de diverses manières mes idées, je n'avais pas beaucoup profité, j'aurais perdu bien du temps en esquisses.

*** Il y a aujourd'hui neuf ans que par erreur je fus mis pour douze heures en prison avec M. Depange. Cela suffit pour me donner une idée de ce que l'on doit éprouver en prison. Le bruit que l'on entend de la rue, le pas des gens en liberté, tout ce qui rappelle la différence entre sa propre situation et celle des autres me parut alors la partie la plus désagréable de la détention. Au reste, je n'y passai qu'une nuit, mais j'avais le sentiment que je souffrirais bien plus le lendemain. Je devais mon arrestation à un mouvement de générosité en refusant d'être relâché si on ne laissait pas aussi Depange en liberté. Or, dans les journaux où l'on rendait compte de cet événement, on vanta beaucoup le courage de Depange qui s'était borné à se laisser prendre et à en être très fâché après ; et l'on ne me nomma pas.

J'ai lu dans le *Mercure* une nouvelle attaque contre Villers. Ces injures cessent d'être littéraires et leur auteur mériterait qu'on lui cassât les os.

Mon copiste est allé faire un voyage sans m'en prévenir. La vie se compose de petites contrariétés.

*** J'ai fait des extraits de Villoison et de Schlegel. J'ai lu à Sismondi le dernier chapitre de mon ouvrage. Il n'en est pas content et moi encore moins ; il y a des répétitions fréquentes ; il faudra fondre tout cela.

J'ai dîné chez la duchesse de Courlande ; à la voir, il ne tiendrait qu'à moi de me croire très aimable. Je m'ennuie tant dans le monde et du monde que j'ai peine à croire que je puisse plaire. Je suis malade, chacun s'aperçoit de mon changement; je ne serai pas fâché d'en finir tout d'un temps. Qu'ai-je à attendre de la vie ?

*** Après avoir assez bien travaillé je dîne avec Biot. C'est un jeune homme d'esprit, bon physicien, mathématicien, chimiste et astronome, dit-on, et en conséquence de ses connaissances positives il se croit dispensé d'avoir de la liaison dans ses autres idées. Il dispute pour disputer ou plutôt pour trouver à placer quelque plaisanterie ou des opinions isolées qu'il s'est faites en littérature ou en politique, soit des compliments à ceux avec qui il parle, ce qui, à ses yeux, lui donne une tournure de grâce et de légèreté. En un mot, c'est un véritable Français, homme d'esprit, jeune, avantageux, actif et dans la tête duquel les circonstances ont mis avec des idées fines, neuves, beaucoup d'incohérence ! La justesse d'esprit est impossible à certaines époques sans une abnégation héroïque ou une dégradation complète. Schlegel, qui a moins de grâce, pas plus de cohérence dans les idées et qui a des opinions absurdes, s'est cru une grande supériorité sur Biot parce que celui-ci discutait comme un Français. Et je ne doute pas que Biot ne se soit jugé très supérieur parce que Schlegel discutait comme un Allemand.

Le pauvre Villers a voulu se battre contre un écrivain du *Mercure*, s'étonnant enfin de ce qu'on disait qu'il était un assassin, un laquais et un spoliateur des propriétés parce qu'il a écrit que la réformation avait eu des conséquences utiles. Il s'agite et croit que par des réponses il empêchera de parler des gens qui ne sont pas plus de leur avis que du sien, ou que par des cartels il en imposera à des hommes dont le principe est de ne pas se battre. J'ai éprouvé tout cela et ce n'est qu'après beaucoup de souffrances et de soubresauts que je me suis réfugié dans le silence et le mépris.

*** J'ai passé la journée avec Biot. C'est un meilleur

homme que je ne l'avais jugé d'abord. Il a de l'élévation, de l'activité et de la raison.

Je lis le soir l'ouvrage de Bonstetten. Il y a du désordre, des répétitions, mais beaucoup d'idées justes et d'observations fines. Que de jeunesse il y a encore dans la tête de cet homme de soixante ans ! Il va se mettre à apprendre le grec. S'il continue ainsi, il mourra très instruit.

*** Je trouve une bonne raison pour ne pas parler avec détails dans mon livre de la mythologie indienne. C'est qu'on la défriche seulement à présent, et qu'un ouvrage sur cette matière publié actuellement serait surpassé et oublié dans vingt ans. Il faut d'ailleurs que l'engouement des navigateurs sur cette mer nouvelle s'apaise un peu. Car il est à observer que lorsqu'un homme croit avoir fait une découverte nouvelle sur un point de science quelconque, il aime à tout rapporter à cette découverte. Les Anglais, maîtres de l'Inde, prétendent que tout vient de là. Schlegel, qui a consacré quatre ans de sa vie à apprendre l'indien, dit la même chose. Les Français revenant d'Égypte y voient l'origine de tout. Lévesque, qui a composé une histoire de Russie, place la source de toute religion dans la Tartarie russe. Chacun veut que ce qu'il sait de mieux soit le principe de ce que les autres savent. Il faut se garder d'adopter pareille hypothèse, mais il est bon avant d'écrire sur un sujet de connaître ce qu'on en sait.

J'ai un grand dîner chez le prince de Belmonte ; le monde me fatigue les yeux et la tête, mais je ne puis dissimuler que j'y ai du succès.

*** Je range toute la journée mes livres. Cette bibliothèque, trimbalée de Genève en Allemagne, puis de l'Allemagne à Genève, de Paris en Suisse, et puis de la Suisse à Paris, m'a coûté par ces voyages plus qu'elle ne vaut, la moitié des livres étant usés par le transport avant d'être coupés. Cette bibliothèque est bien l'emblème de la vie d'un homme qui n'a jamais su ce qu'il voulait faire de sa vie présente; tâchons au moins d'en bien employer le reste. Schlegel donne un cours de philosophie qui est curieux par le soin qu'il prend de ne pas parler de ses propres opinions.

J'ai lu un roman allemand de F. Tieck, ami de Schlegel. Il a une imagination d'un genre très singulier et attachant. Son tableau de l'affection qu'inspirent les animaux, affection mêlée de pitié et d'une sorte de crainte pour des êtres dont la nature nous est si inconnue, a de la nouveauté et de la vérité. Ces hommes, malgré leurs préjugés, leur catholicisme et leur aigreur, voient la nature avec d'autres yeux que les écrivains simplement philosophes.

*** C'est aujourd'hui, 3 octobre, que je suis né, il y a de cela trente-sept ans. La meilleure partie de ma vie s'est écoulée. En supposant que la nature me soit favorable, je n'ai plus à parcourir sans infirmités que la moitié du temps que j'ai vécu. Ma vie ne m'a laissé que des souvenirs assez confus. Je ne m'intéresse guère plus à moi qu'aux autres. Je sais que jusqu'à l'âge de quatorze ans, objet d'une grande affection de mon père, traité assez sévèrement d'une part, mais excité de l'autre à la vanité la plus exaltée, j'ai vécu remplissant tout ce qui m'entourait d'admiration pour mes facultés précoces et de défiance pour mon caractère violent, querelleur et malin. Je n'avais plus de mère. On m'a cru méchant, je n'étais que plein d'amour-propre. De quatorze à seize ans j'ai été dans une université d'Allemagne beaucoup trop livré à moi-même, ayant de grands succès qui me faisaient tourner la tête, puis faisant d'énormes sottises. De seize à dix-huit ans j'étudiai à Édimbourg et j'y pris pour la première fois le goût réel de l'étude qu'on avait cherché à m'inspirer jusqu'alors. Mais après un an de vie réglée et passablement heureuse, je me livrai à la passion du jeu et je vécus d'une manière très agitée et, je dirai, misérable. J'allai ensuite passer à Paris quelques mois abandonné à ma propre sagesse, ce qui réussit

assez mal. De dix-huit à vingt ans je fus toujours amoureux, quelquefois aimé, souvent maladroit et me livrant
à des violences théâtrales qui devaient bien amuser
ceux qui avaient du plaisir à me critiquer. Je retournai
alors une seconde fois à Paris où je connus ce que la
jeunesse peut suggérer de folies, avec les tentations
qu'offre Paris. Cependant, je vivais en même temps dans
la société des gens de lettres et je me distingais assez.
Je partis ensuite pour l'Angleterre. Ce fut alors que je
goûtai pour la première fois l'inexprimable bonheur de
la solitude. De vingt à vingt-six ans je vécus en Allemagne, menant une vie ennuyeuse mais sans malheur
réel, perdant mon temps et mes facultés, et sans une
révolution dans ma vie je me serais certainement hébété
tout doucement. A vingt-sept ans je fus divorcé d'un
premier mariage fait en Allemagne — j'en ai déjà parlé.
A vingt-sept ans je commençai un attachement qui
devait durer dix ans, puis vinrent les passions politiques.
Aujourd'hui je crois être arrivé à une nouvelle époque,
car tout ce que je désire c'est le repos. L'obtiendrai-je ?
Il paraît toujours facile d'obtenir ce qu'on ne veut pas,
mais cette même chose qui paraissait si facile à obtenir,
quand on se met à la vouloir, les difficultés se présentent.

*** Je continue à ranger ma bibliothèque. J'ai une
conversation avec Prévost ; c'est un homme très décidé
dans ses opinions intérieures, mais dont le caractère
timide lui fait une loi de ne pas les manifester. J'ai une
lettre de Bötticher qui me prouve que si je retourne en
Allemagne j'y serai très bien accueilli.

Je suis chaque jour plus convaincu qu'il faut ruser
avec la vie et les hommes presque autant quand on veut
échapper aux autres que lorsqu'on veut en faire des
instruments. L'ambition est bien moins insensée qu'on
ne le croit, car pour vivre en repos il faut se donner
presque autant de peine que pour gouverner le monde.
Néanmoins pour ce qui me concerne mon parti est pris ;

je veux trouver un pays où l'on dorme tranquille : l'Allemagne est mon affaire.

*** J'ai lu l'*Histoire philosophique de la religion*. Livre pitoyable; il n'y a ni faits ni idées. — J'ai achevé un roman de Châteauvieux dans lequel il y a du talent et de la sensibilité, ce qui est extraordinaire lorsqu'on connaît l'auteur : petit homme spirituel, mais arrondi, personnel et résigné à une vie oisive au milieu de gens médiocres, et ne pouvant dans cette société trouver de bonheur que dans une sorte de laisser-aller, sans affections ni tendres ni vives. Il est donc bizarre qu'il ait fait un roman dans lequel il y a des descriptions touchantes et mélancoliques, des situations pleines d'intérêt, une teinte douce et sensible et plusieurs lettres passionnées.

J'ai des lettres pénibles de la seconde femme de mon père[1]; mais celui-ci m'a témoigné de tout temps une affection qui m'a pénétré d'une reconnaissance que rien ne diminuera. Je ne dois donc considérer que ce qui peut lui être agréable dans ses nouvelles relations, et je continuerai à me conduire, quoiqu'il puisse m'en coûter, avec les mêmes intentions bienveillantes et généreuses, en me disant que j'ai bien agi et fait ce qui dépendait de moi en ce monde.

*** Ma tante m'insinue que si je me marie elle en sera reconnaissante. C'est me promettre une fortune quadruple de la mienne. Je me repentirai peut-être de ne pas avoir dit oui. Mais « oui » ferait trop de peine; j'y renonce donc.

*** J'ai dîné avec des inspecteurs de la douane. Certainement la créature la plus complète dans son espèce, c'est un sot français. Avec ces inspecteurs était un petit homme spirituel, se mettant fort en avant et ayant des opinions excellentes. Il m'a pris tout de suite un accès de défiance basée sur sa franchise

1. M. Juste de Constant avait épousé en secondes noces une personne attachée à son service.

apparente. En effet, j'ai appris que c'était un juif aventurier qui avait fait trois fois banqueroute. Il n'y a plus
que cette espèce d'hommes qui se mette en avant; tout
ce qui a quelque valeur se tient en arrière. Ce qu'il y a
de triste c'est que ce petit homme, par ses discours et
l'énergie qu'il y mettait, m'avait ému au point de me
faire venir les larmes aux yeux. Enfin il se trouva, par
une rencontre bizarre, que ce juif était le beau-frère de
Frédéric Schlegel que cette entrevue amusa médiocrement. — Schlegel veut être le chef d'une religion nouvelle. Rien n'est plus risible que le projet que forme
chaque homme parce qu'il en a vu réussir de semblables
tous les dix siècles. J'ai aussi fait les miens, je ne le
nie pas. Schlegel dit que dans toutes les religions il y a
des mystères. En conséquence il fait semblant de cacher
une partie de sa doctrine. C'est-à-dire qu'il montre tout
et cache le reste.

*** J'ai lu de Schaste (*La religion indienne évidemment
dévoyée par le sacerdoce*). L'histoire de la mythologie
indienne vient à l'appui de mon système sur la marche
de l'espèce humaine. L'Inde civilisée depuis longtemps
a parcouru les trois premières étapes de la religion,
c'est-à-dire le fétichisme, le polythéisme avec égoïsme
et le polythéisme moral, et cela dans un temps dont
l'histoire ne nous est connue que par quelques fragments
que nous étudions à peine. Vers la fin de la troisième
époque, l'impulsion vers le théisme a été très forte; une
foule de prétendues révélations sont venues ébranler les
croyances de la mythologie populaire. On voit dans
l'histoire de l'Inde depuis trois à quatre cents ans les
Indiens passer comme par bandes du polythéisme au
théisme. J'en reviens à l'idée de faire un livre à part des
religions septentrionales et méridionales. Je vois par ce
que je sais maintenant de l'Hindoustan que je trouverai
facilement à faire un tableau également piquant par les
ressemblances et les différences qu'elles présentent avec
la mythologie romaine et grecque. Néanmoins je désire

publier mon premier volume pour prendre enfin ma place dans la littérature.

*** Je ne sais pourquoi j'ai un pressentiment, une sorte d'espérance pour la réussite des affaires de Mme de Staël. Mais j'oublie qu'il n'y a que les pressentiments fâcheux qui se vérifient !

Je lis une description des prisons d'État de Venise. J'en reste pénétré d'horreur. Une seule cruauté pareille l'emporte sur tous les avantages de ce qu'on nomme gouvernement. Malheureuse espèce humaine ! Toujours féroce et toujours misérable ! On est tellement saisi de pitié et de terreur par les réflexions que suggèrent de pareilles cruautés, qu'on se sent impatient de traverser la vie au plus vite pour échapper aux hommes.

*** En rapprochant la religion des Perses, telle qu'on la trouve décrite dans les *Mémoires* de Meiners, on voit qu'elle a suivi quelque temps la même marche que le polythéisme des Grecs et des Romains et n'a guère commencé à dévier qu'à l'époque des guerres des Perses contre les Grecs. Il paraît qu'il n'y a pas eu en Perse une révolution contre le sacerdoce, comme Schlegel affirme qu'elle eut lieu en Grèce. Il se pourrait que ce fût une règle générale dans la marche des religions que la puissance du sacerdoce se fortifiant après le renversement du fétichisme par les guerriers.

F. Schlegel quitte Coppet et retourne en Allemagne. Il laisse peu de regrets. C'est un homme que je crois dissimulé, ambitieux, égoïste et ingrat, mais avec de l'esprit et une certaine grâce dans la gaieté.

Je pense toujours aller à Weimar, qui me serait une douce retraite si en arrivant je leur prouve que je ne viens pas pour eux, mais pour la bibliothèque.

*** J'ai une lettre charmante de Mme Talma et d'autres amis de Paris. Je serais bien aise de les revoir, mais à condition de les quitter au plus tôt.

J'ai un tel besoin physique de repos que si ma situation actuelle se prolongeait j'en mourrais, et autant vaudrait se pendre aujourd'hui. Je sens qu'il faut que je trouve le courage de conquérir mon hiver pour moi tout seul; vivant pour l'étude je serai parfaitement heureux. Mais en formant ce projet je me trouve dur et injuste. Pourquoi froisser l'affection d'une femme qui m'aime si profondément et lui ôter son dernier ami au moment où elle vient de perdre son père?

*** J'ai lu à Mme de Staël le morceau de mon introduction qui a trait au sentiment religieux. Elle en a été très contente et très émue. Mais elle a une telle disposition à l'émotion que cela ne prouve pas la beauté du morceau. Tel qu'il est cependant il est assez beau et surtout très propre à produire l'effet que j'en espère, qui est de dérouter les gens qui se préparent à crier à l'impiété.

*** J'ai lu Schleiermacher : *Discours sur la religion.* C'est un ouvrage d'une éloquence et surtout d'une éloquence impétueuse qui ressemble à un torrent, mais contenant le plus singulier système possible pour un homme qui se prétend inspiré. Son Dieu est l'infini. Son immortalité de l'âme est l'absorption dans l'infini sans conscience individuelle. Avec cela il dit qu'il ne peut résister à l'esprit divin qui l'inspire, qu'il doit remplir sa mission divine. Singulières gens que ces hommes qui veulent être la monnaie de Mahomet et jouer au prophète! Voici quelques-unes de ces idées : La vie n'est ennuyeuse que parce qu'elle finit. Si j'étais éternel je m'amuserais bien de ce monde. Il est piquant d'imaginer que les fous et les coquins nous survivent.

J'ai causé longuement avec Schlegel sur la religion, la législation et la politique. C'est un homme d'esprit, mais décidément il n'a pas de liaison dans les idées. En revanche j'ai été très satisfait de la suite et de la liaison des miennes. Je me loue moi-même, mais je parle à moi tout seul.

*** Je fais visite à Genthoud. Rien ne démontre plus la pesanteur de la vie que le spectacle des gens d'un âge avancé qui prétendent la passer gaiement. Il y a quelque chose de si triste dans cette gaieté et de si souffrant dans cette résignation! Et quand on pense que le terme de cet ennui est la mort!

. Le *Mercure* écrit sur les *Études de l'homme* de de Maistre et sur l'ouvrage de Bonstetten. Les écrivains de ce journal flairent avec une merveilleuse sagacité la moindre idée philosophique. De Maistre est un homme· dont toute la vie s'est passée avec les philosophes du XVIIIᵉ siècle, dont l'esprit en a pris toutes les formes et qui leur doit le petit nombre d'idées qu'il a. Avec cela, la faiblesse de son caractère lui fait désirer de ne pas être en opposition avec le torrent du jour. Il a en conséquence tiré de tous ses principes des résultats directement opposés à ce qu'ils devaient être. Fiévée a su démontrer dans sa critique toutes les inconséquences préméditées de de Maistre, cependant il prend congé de lui avec politesse, parce qu'il sent bien que de Maistre n'a pas assez de valeur pour être philosophe. Bonstetten, qui vaut mieux quoique sautillant et sans profondeur, a aussi été maltraité. Je ne sais que est le nouvel athlète qui débute dans le *Mercure* et le régente tout à son aise. Néanmoins il faut lui savoir gré de ne pas appeler cet auteur un laquais en l'envoyant aux galères, etc., etc.; style ordinaire de ces messieurs du *Mercure*.

J'ai dîné chez Mᵐᵉ Necker. Les gens d'esprit ont presque autant de monotonie dans leur conversation que les bêtes.

*** J'ai passé la soirée chez ma pauvre Amélie et joué au piquet avec elle. Elle n'est vraiment pas si sotte qu'on le dit, et je ne la crois pas non plus aussi douce qu'elle cherche à me le paraître. Mais elle a une sorte de gaieté et de grâce qui, malgré sa laideur toujours croissante, ranime chaque fois que je la regarde mon petit sentiment pour elle.

Je reçois une lettre de ma tante qui m'apprend le mariage d'une de mes cousines. Grand bien en fasse à son mari. Elle est belle, sèche, froide, impérieuse, avare, calculant toutes ses actions et presque toutes ses paroles, ayant de la gaieté dans l'esprit et de l'habileté dans le caractère, très propre en un mot à faire une femme convenable qui enrichira son mari, élèvera bien ses enfants, mènera droit ses domestiques, en un mot, à laquelle il n'y aura jamais le moindre reproche à faire, et avec laquelle on pourra être terriblement malheureux.

***   J'ai eu une visite inattendue de Duvau, ancienne relation de Weimar. A mesure qu'on avance en âge, on aime à revoir les gens qu'on a connus, même quand on n'a eu pour eux aucune affection, mais ils sont comme une espèce de lien entre nous et le passé qui nous échappe et que nous regrettons. Ce charme des anciennes relations est peut-être bien plus en ceci, qu'elles nous rappellent des temps plus jeunes, plus gais, plus vivants de notre passé, que par ce qu'elles valent intrinsèquement.

***   Je dîne chez Mme Rilliet. On m'y donne des détails sur le mariage de Mlle de Sellon avec M. de Turbie. Chacun lui reproche d'avoir épousé un homme qui a trente ans de plus qu'elle et d'avoir tout admis pour avoir une maison à Paris et y jouer un rôle. Et quand cela serait? Je ne vois là qu'un calcul sage chez une personne qui n'a pas une sensibilité profonde, ce qui n'est ni un malheur ni un tort, et qui s'ennuyant ici a voulu se faire ailleurs, suivant ses goûts, une vie qui n'est au détriment de personne. Le dialogue d'ouverture de ce mariage — tel qu'on le raconte — a un certain comique et peint la situation.

DEMANDE. — Mademoiselle, épouseriez-vous volontiers un étranger?

RÉPONSE. — Oui, monsieur.

D. — Un catholique?

R. — Oui, monsieur.

D. — Un homme qui vous emmènerait dans un pays inconnu, loin de votre famille?

R. — Oh oui ! monsieur.

*** J'ai fini la lecture de Schleiermacher. Ces Allemands ont le diable au corps pour dire d'une manière bizarre et scandalisante des idées auxquelles on pourrait accoutumer le lecteur en les revêtant de formes le moins neuves possible quand elles ne le sont que trop par elles-mêmes. Ainsi Schleiermacher dit : « Dieu et l'immortalité de l'âme ne sont pas des idées indispensables à la religion. » Et ailleurs : « Une religion sans Dieu peut être meilleure qu'une religion avec un Dieu. » Ces assertions, ces assurances si absurdes sont vraies dans le sens où il les entend. J'ai dit la même chose en écrivant que le sentiment religieux est très compatible avec le doute et qu'il est même plus compatible avec le doute qu'avec certaines religions.

*** On annonce qu'une espèce de peste se répand dans toute l'Italie. Mme de Staël ne peut plus y aller, et me voilà forcé de rester ici. On dirait vraiment que l'exil, la mort et la peste se donnent le mot pour me retenir enchaîné. Pouvais-je abandonner Mme de Staël il y a deux ans, quand elle était bannie ? Et il y a sept mois lorsqu'elle a perdu son père ? Et à présent quand elle ne part plus ? Que faire contre le sort ?

*** Je fais visite à Garnier et en l'attendant chez lui je parcours un volume du compère Mathieu. Étrange philosophie que celle du xviiie siècle, se jouant d'elle-même et des autres, prenant à tâche de discréditer non seulement les préjugés reçus, non seulement les idées consolantes et morales, — qu'on aurait pu séparer de ces préjugés, — mais se moquant de ses propres principes, trouvant du plaisir à ne rien laisser qui soit exempt de ridicule, à tout dégrader, à tout avilir. Quand on lit avec attention les ouvrages de cette époque, on n'est étonné ni de ce qui a suivi, ni de ce qui en résulte à présent. Ces écrivains, hommes du moment, bornant à ce moment leur existence et leur influence, n'écrivaient que pour encourager à l'égoïsme et à l'avilissement la génération qui devait les suivre et qui certes a bien profité de leurs conseils.

Je dîne avec M. Tronchin et fais ce que je peux pour m'étourdir sur l'espèce humaine en général et sur ma situation particulière.

*** La peste italienne a été fort exagérée. Mme de Staël donne suite à son projet, et je pars de mon côté. Que de temps perdu dans ces préparatifs continuels de départ !

Croirait-on que la bonne Adèle de Sellon a pris de l'impertinence depuis le mariage de sa sœur qu'elle croit en haute faveur. Certes, c'était de tous les défauts celui que j'aurais le moins soupçonné chez Adèle. *Mais je crois que tous les défauts* sont dans toutes les femmes et n'attendent que l'occasion pour se développer.

*** Je suis en route pour Poligny [1]; j'ai trouvé dans l'auberge de Champagnole des gendarmes qui venaient d'arrêter quatorze contrebandiers. On les soupçonne d'avoir assassiné il y a quelque temps un gendarme. Merveilleuse invention que les douanes pour multiplier les crimes ! On commence par faire une loi fiscale. Cette loi n'est pas respectée, on prononce une peine contre sa violation. Ceux qui l'ont violée tâchent de se soustraire à cette peine, on les poursuit, ils résistent et commettent, dans leur résistance, des crimes plus graves que les premiers. Au bout du compte il en résulte la dépravation de la classe inférieure de la société, la ruine de beaucoup d'individus et de familles, d'autres crimes qui sont occasionnés par cette ruine, des enfants qui deviennent voleurs de grands chemins et qui sont pendus. Mais les gouvernements ont de l'argent qu'ils emploient à soudoyer espions, douaniers, gendarmes et à les pervertir suffisamment pour leur donner le zèle nécessaire

---

1. Mme de Staël s'était décidée à partir pour l'Italie. Benjamin Constant quitta la Suisse avant elle et se rendit d'abord chez son père dont il essaya vainement d'arranger les affaires en désordre. De là il partit pour Lyon rejoindre Mme de Staël.

à leur métier. N'est-ce pas là le but de l'ordre social?

*** J'arrive à Brévens, où je trouve mon père, un peu vieilli mais bien portant. Ses affaires me paraissent embrouillées. Comme tous les vieillards qui sont toujours faibles, il agit sans rien dire, fait des sottises et ne les confie que lorsqu'elles sont irréparables, et encore, à ce moment, ne les confie qu'à moitié. Il a quelque chose de théâtral dans le caractère qui l'entraîne à se livrer à des coups d'éclat qu'il croit très dignes, mais que personne ne remarque et dont ses ennemis profitent. Ainsi, dans un procès important, il sort avec ostentation du tribunal, sous prétexte que la partie adverse l'injurie, pensant que tout le monde blâmera le tribunal qui le laissait insulter en sa présence. Mais personne n'y fait attention, pas même le tribunal qui le condamne par défaut.

Je passe ma journée à combiner un plan pour tout arranger. Je crois l'avoir trouvé en me sacrifiant beaucoup. Mais mon père a l'air de regretter le procès dont je veux le débarrasser, et l'idée qu'on veut le diriger développe cette irritabilité qui naît de la faiblesse des vieillards, comme elle est causée chez les enfants par le superflu de la vie. Voilà donc toutes mes bonnes intentions perdues! N'importe, j'aurai essayé de faire mon devoir. En refusant mes offres on m'évite bien des soucis et des embarras.

*** Je repars de Dôle. A Mont-sous-Vaudrey je suis témoin d'un incendie qui me confirme dans l'idée que la nature a voulu que l'homme fût occupé de la subsistance de sa femme et de ses enfants, et que ce but fût l'intérêt habituel de son existence. Les paysans que cet incendie avait gravement atteints s'occupaient à rechercher ce qui leur restait. Et leur joie en retrouvant chaque débris sauvé était plus vive et leur donnait un sentiment de calme plus réel et plus satisfaisant que celui que peuvent éprouver les riches qui, n'ayant pas dans la vie l'intérêt de pourvoir à leurs besoins, ne savent comment y suppléer et s'agitent dans le vide sans suivre aucune route tracée. *Une route tracée* est aussi ce qui manque à ma vie !

*** J'arrive à Lyon où je rejoins Mme de Staël [1]. Cette ville me paraît joindre à l'ennui des petites villes commerçantes d'Allemagne toute l'insipidité des petites villes de province en France. C'est Francfort, moins les relations avec l'étranger et, par conséquent, l'intérêt des nouvelles politiques. C'est Leipzig, moins les relations avec le monde littéraire et la conversation pesante mais instructive des professeurs.

Je passe la soirée chez les Jordan, provinciaux ridicules. Un des invités, M. Delandrire, croit que le prussien est une autre langue que l'allemand. L'ignorance de mes chers compatriotes est pour moi une suite continuelle de surprises. Il y avait aussi un médecin nommé Petit, bel esprit lyonnais, et un M. de Montriel, le seul homme sensé de toute la compagnie. Néanmoins cette soirée a été amusante par la sottise de ceux qui s'y trouvaient. — J'ai vu la bibliothèque publique de Lyon. Elle est très nombreuse et assez belle. On y trouve une foule d'ouvrages de théologie qu'on a pris le parti de nos jours de trouver ridicules et inutiles sur parole, sans réfléchir que cette science, quoique partant de principes faux, nécessitait un grand exercice de l'esprit et lui donnait une habitude de méditation qui le préparait à des recherches plus importantes et plus applicables. Or tout ce qui exerce l'esprit est bon.

*** Je passe la soirée chez Quirin Casenove. C'est moins ennuyeux que chez les Jordan. J'y vois Dubois, préfet de police, homme d'une assez belle figure et de manières assez décidées. Il parle comme s'il était à la tribune, habitude prise durant ses fonctions conventionnelles. Il m'a montré sa bibliothèque, superbe en clas-

1. Mme de Staël se rendait en Italie. Ce fut à Lyon que Benjamin Constant lui fit ses adieux.

siques, en philologues et en antiquaires. Dubois paraît
avoir assez de connaissances en ce genre : au reste,
c'est un esprit ferme, peu étendu, mais d'une bonne
direction, excepté que sa carrière politique lui a fait
retourner contre quelques-unes de ses opinions anciennes l'énergie qu'il déployait autrefois en leur faveur.
Les hommes se vengent ainsi des mauvais succès qui
sont le résultat de leurs fautes sur les principes mêmes
que leurs fautes ont discrédités. Du reste, toujours la
même emphase constitutionnelle. Dubois parle de la
reliure de ses livres comme il aurait parlé de la guerre
contre les coalisés.

J'ai hâte d'aller chercher en Allemagne des hommes
dont les habitudes et les opinions soient plus analogues
aux miennes. J'ai conservé de la fortune, l'amour du travail, la possibilité de me suffire à moi-même. Emportons
tout cela dans un pays où tout ne consiste pas en phrases
prétentieuses et exagérées, tantôt dans un sens, tantôt
dans un autre. Ou je suis un fou, ou je dois être à Weimar dans trois semaines.

*** Après avoir pris toutes mes précautions pour
partir et voyager toute la nuit, ma chambre était chaude,
mon lit bon : je suis resté. C'est l'image de tous mes
projets.

Pour occuper ma soirée je relis mon journal; il
m'a passablement amusé. Peut-être n'eût-il pas fait la
même impression *à ceux* dont je parle, cependant aucun
d'eux n'écrirait autrement sur ses *amis*. En commençant
je m'étais promis de ne parler que pour moi, et cependant telle est l'influence de l'habitude de parler pour la
galerie que quelquefois je me suis oublié. Bizarre espèce
humaine qui ne peut jamais être complètement indépendante! Les autres sont les autres, et l'on ne fera
jamais qu'ils soient « soi ».

*** J'ai commencé l'arrangement de ma bibliothèque;
elle est considérable : trois mille cinq cents volumes,
mais il y en a bien de dépareillés que j'ai traînés d'un

bout de l'Europe à l'autre depuis dix ans sans les avoir
seulement ouverts [1].

J'ai donné à dîner à mon curé. Je ne sais si je vieillis, mais je n'ai plus cette faculté que j'avais autrefois
de m'identifier avec les bêtes et de m'intéresser à leurs
intérêts, et par cela même de leur plaire. Je ne sais plus
parler que de ce qui m'intéresse, moi, c'est-à-dire des
idées ou des faits. Et ces conversations fécondes sur les
commérages de village, que je soutenais encore fort
bien il y a quelques mois, me sont devenues impossibles. Il se peut que tout motif d'ambition ayant cessé,
je ne me sente plus disposé à faire les frais que je faisais quand ces motifs existaient encore. Pour un homme
qui aspire au choix du peuple, les bêtes sont une corpo-
ration respectable, car elles forment *toujours la majorité*.
Sous ce rapport les bêtes seraient aussi intéressées que
les gens d'esprit à l'établissement d'une situation libre.
Car sans ces institutions l'on n'a point d'intérêt à les
ménager.

J'ai travaillé à mon ouvrage et en ai courageusement
refait le plan, et je dois dire que celui-ci est sans contredit le meilleur, car il est complet, didactique et non pas
historique, écartant les discussions trop longues et réa-
lisant, en un mot, ce que j'ai toujours désiré.

· *** Il y a aujourd'hui cinq ans que je devais avoir à
dîner chez moi beaucoup de personnes, toutes groupées
autour du gouvernement qui venait de s'établir, et qui
m'entouraient comme on entoure un candidat de faveur.
Mais j'avais parlé la veille avec indépendance, il n'en

1. Au lieu de partir pour Weimar, Benjamin Constant était, comme
on le voit, resté en France où il passa quelques mois, tantôt dans la
campagne qu'il possédait près d'Hérivaux (Seine-et-Oise), tantôt à
Paris où il fut toléré et où il fit de continuels et inutiles efforts pour
obtenir la fin de l'exil de Mme de Staël. Il vivait dans un cercle d'amis
intimes, travaillant assidûment, ne se mêlant pas de politique et se
consacrant surtout à Mme Talma, fort malade. Il assista à sa mort
qui fut une des grandes douleurs de sa vie. Mme Talma avait toujours
été pour lui l'amie la plus fidèle et la plus sûre.

vint que deux, et encore parce que je les avais rencontrées au tribunat où elles étaient mes collègues et avaient dû me suivre. C'est à cette époque que commencèrent les attaques de mes ennemis et mes grandes tribulations; mais tout cela est passé et la vie passera de même.

*** Je reçois une lettre de Mme de Staël qui trouve les miennes tristes et me demande ce qu'il faut pour mon bonheur. Hélas! ce qu'il me faut, c'est ma liberté : précisément ce qu'on ne veut pas m'accorder. Cela me rappelle ce hussard s'intéressant à un prisonnier qu'il devait mettre à mort et lui disant : « Demandez-moi tout ce que vous voudrez excepté la vie. »

J'ai rencontré à dîner Gallois et O'Conor. Gallois est un homme d'un esprit froid, instruit, aimant la liberté, mais s'aimant encore plus lui-même, ayant acquis de la considération par des qualités négatives et s'étant fait une réputation d'indépendance et de désintéressement en acceptant des places sous tous les gouvernements. Preuve qu'il y a avantage à se tenir en arrière. O'Conor est un esprit fin, ayant dans ses plaisanteries plus de légèreté que les étrangers n'en ont d'ordinaire et, par cela même, ayant un peu du défaut français de plaisanter sur ses propres opinions. Plus ambitieux qu'ami de la liberté, mais ami·de la liberté parce que c'est le refuge des ambitieux sans succès.

Je passe la soirée chez Mme de Condorcet. Il y a seize ans aujourd'hui que je me suis battu à Colombiers, et très bien battu, avec M. Duplessis.

*** J'apprends la mort d'Huber à Ulm. Quelle douleur pour sa femme! Elle avait fait beaucoup de sottises et lutté contre toute sa famille pour s'unir à l'homme qu'elle aimait, et avait eu, même au moment de sa passion, beaucoup de remords. Enfin, après avoir erré longtemps sans fortune, sans asile, au moment où le sort semble s'adoucir et lui promettre l'aisance et le repos, cette pauvre femme perd le compagnon de sa vie et reste seule avec six enfants, sans amis, sans ressources, sans consolation. La vie est rude quand elle s'y met.

*** J'ai la visite de Villers. Je l'ai trouvé plein de zèle pour les lumières, de force physique et d'activité. Il m'a proposé de coopérer à la bibliothèque germanique que l'Institut veut encourager. J'y consens d'autant mieux qu'en repassant dans ma tête ce que j'y pourrais fournir, tout de suite j'ai trouvé cinq morceaux. Les voici :. 1° *De l'influence de Frédéric II et de Joseph II sur la littérature allemande;* 2° *Coup d'œil sur la marche de la théologie allemande dans le dernier siècle;* 3° *De la perfectibilité de l'espèce humaine comme introduction aux idées sur la philosophie de l'histoire, par Herder;* 4° *Des prolégomènes de Wolf sur Homère,* 5° *De l'usage des chœurs dans la tragédie à l'occasion de « Die Braut von Messina » par Schiller.* Ce sera un débouché pour une foule d'idées qui encombrent mon ouvrage et qu'il serait dommage de ne pas publier parce qu'elles ont de la valeur.

Je comptais dîner aujourd'hui chez Allard. L'amour de la solitude m'a pris et j'ai dîné chez moi. Et, au fait, qu'aurais-je fait à ce dîner? J'aurais vu des bougies qui m'auraient fait mal aux yeux; des gens dont je ne me soucie pas et j'aurais dit des choses dont je me serais repenti. J'ai dîné seul, je n'ai rien dit, et j'ai mis des écrans devant les bougies. Cela vaut bien mieux.

*** J'ai fait visite à de Gérando et y ai trouvé Camille Jordan. C'est bien véritablement un esprit français, vif, perçant, gai, circonscrit dans les idées habituelles de sa nation, les saisissant très bien, mais *insusceptible* de saisir de même les idées des littératures et des philosophies étrangères.

J'ai refondu mon introduction; je la crois à présent très bonne. Il y a encore une idée alambiquée sur les rapports des dieux et des hommes, idée qui me tourmente depuis dix ans sans que je puisse l'exprimer clairement. J'y viendrai dans la solitude que je commence à respirer. On peut dire de moi, non comme Juvénal le disait d'un Romain : *Furitur diis iratis*, mais : *furitur hominibus remotis.*

Je trouve un vrai bonheur dans la solitude au milieu de la campagne triste et dépouillée, avec le vent qui siffle, des nuages noirs qui glissent dans le ciel, le gazon gris et les glaciers ; la campagne, quand on la recherche pour la solitude, vaut mieux en hiver qu'en été. En été, la nature est trop vivante et fait trop société. Je crois qu'il faut de la jeunesse et de la force pour éprouver ces impressions, car c'est la vie intérieure qui rend agréable le repos du dehors.

*** Je dîne chez M. Amyot, propriétaire dans mon voisinage. Cette qualité de propriétaire donne au caractère une indépendance tout à fait étrangère à l'individu. Ainsi M. Amyot n'a certainement ni esprit, ni force d'âme. Il a cependant, par sa seule qualité de propriétaire, un mouvement de résistance à l'oppression, susceptible de produire, à l'occasion, des effets qui vaudraient beaucoup mieux que leurs motifs. Observons aussi qu'il reste chez l'homme, tout civilisé qu'il soit, des traces de caractère du sauvage. A propos d'un procès qu'il a avec une de ses voisines, M. Amyot me disait : « Mon fils donnera des coups de pied à son fils si jamais il veut entrer chez lui. » N'est-ce pas là la haine héréditaire des Iroquois.

Je continue à ranger ma bibliothèque. Il y a moins de livres dépareillés que je ne le mériterais.

*** J'ai déjà remarqué que les filles aimaient Rousseau. J'en ai vu une aujourd'hui qui voulait aller en pèlerinage à Ermenonville. C'est que l'état social pèse sur cette classe et que Rousseau en est le plus éloquent défenseur.

*** Une impression que la vie m'a faite et qui ne me quitte pas, c'est une sorte de terreur de la destinée. Je ne finis jamais le récit d'une journée en inscrivant la date du lendemain sans un sentiment d'inquiétude sur ce que le lendemain inconnu doit m'apporter. — Je dîne avec mon curé et un autre voisin. J'ai assez bien supporté cet essai.

*** J'ai reçu une très bonne lettre de Mme de Staël. Elle est toujours trop empressée à se mettre en avant. Agitation et ambition. Elle ne laisse pas aux ailes de la fortune temps de croître, elle en arrache plume après plume pour s'en faire un panache.

*** Étant à dîner dans un restaurant, je me trouve assis dans le voisinage de l'intendant et du cocher de je ne sais quel grand seigneur de l'ancien ou du nouveau régime qui donnait un dîner dans les salles supérieures de cet établissement. Ils s'enivrèrent ensemble, et le vin aidant la confiance, il s'établit une conversation vraiment curieuse sur leurs moyens de déjouer la surveillance de leurs maîtres et de continuer la conspiration sourde des non-propriétaires contre la propriété. Étrange organisation de la société dont l'équilibre se rétablit par le désordre, et où les lois de la nature ont pour exécutrices la fraude et la corruption!

Soirée chez Mme Gay. La conversation était frappée d'insipidité. On aurait dit des morts ayant conservé l'habitude de parler.

*** Je fais visite à Biot. Il a de la gaieté dans l'esprit, une assez grande diversité de connaissances et d'excellentes opinions. C'est la société où je devrais vivre, car c'est celle où m'appellent mes goûts et les occupations de toute ma vie, mais cette diable de politique m'en a séparé.

*** Je pars pour Étampes. En y arrivant je recueille des renseignements qui me prouvent que j'ai été trompé en donnant ma ferme à mille cinq cents francs trop bas, dois-je m'en affliger? Il est certain que c'est ennuyeux d'être trompé et que c'est une perte importante de revenu; mais si ma ferme vaut plus que je ne croyais, il s'ensuit que je suis plus riche. Tout dépend du point de vue auquel on se place. En attendant le dîner je fais une promenade dans la vieille tour près d'Étampes. J'y

suis monté autant que les vieux murs dégradés me l'ont
permis, et j'ai éprouvé à l'aspect de ces ruines désertes
où tout attestait la mort et que nul mortel vivant n'a
vues habitées, un assez vif battement de cœur. Qui sait
dans combien peu de temps je serai plus mort que ces
ruines qui sont au moins encore debout et attirent parfois les regards des vivants? Je mourrai sans avoir rien
fait pour cette gloire tant désirée, doué que j'étais de
facultés universellement reconnues. Les éloges me
deviennent pénibles parce que je sens que je ne les
mérite pas.

***   Comme la société des femmes est funeste par la
difficulté de leur résister! Comme elles sont égoïstes
sans le savoir, comme elles sacrifient tout à leur fantaisie du moment! Et que je ne sais pas prendre une forte
résolution, parce que j'ai le sentiment intime de la brièveté de la vie.

J'ai une visite de Villers. Comme ce bon jeune
homme est en vie, comme il croit à l'influence des livres
et à la possibilité d'améliorer les hommes! Moi aussi je
crois à la perfectibilité, mais ce n'est pas si individuel-
lement. Les siècles l'amènent, mais chaque homme n'y
contribue que d'une manière imperceptible. Au reste, je
ne cherche pas à détromper Villers, car l'illusion est un
avantage et sert au bien public, parce qu'on travaille
avec plus de zèle. On fait moins qu'on n'espère, mais on
fait plus que ceux qui n'espèrent rien.

J'ai un dîner ridicule chez Mme D..., un mari qui commence à être jaloux, des gens qui ne parlaient que des
commérages de leurs villes de province, et moi, timide
au milieu de tout cela, comme si de se trouver au milieu
de gens médiocres était une infériorité. Mais la timidité
a cela de mauvais qu'elle vous ôte tout sentiment de
votre propre valeur.

***   J'ai dîné chez Mme Pourrat et disputé avec je
ne sais quel petit précepteur sur l'originalité de Virgile
et d'Homère. Est-ce ma faute ou celle des autres? je

l'ignore, mais il est certain qu'ils ne me comprennent
pas. Il y a une telle masse d'idées communes, que l'on
rencontre à chaque pas des obstacles pour se faire
entendre. Les prétendus littérateurs français ont des
formes convenues sur chaque auteur, sur chaque époque,
et ne sortent pas de ces formes qui ont un côté vrai, mais
qui demandent à être modifiées dans chaque détail. J'ai
éprouvé, ce soir, qu'il faudrait commencer par expliquer
chaque parole pour discuter une question; sans cela on
ne rencontre que des gens qui répondent à ce qu'on n'a
pas dit. Et l'on se fatigue en pure perte. La nation française est assurément la moins faite pour recevoir des
idées nouvelles; elle veut des choses reçues qu'elle
puisse commodément affirmer sans les avoir examinées.
Quand elle prend des idées nouvelles, c'est-à-dire contraires à ce qui a été dit longtemps, elle ne les embrasse
que sous la condition de ne pas les examiner et, pour
fermer tout accès à l'examen, elle les embrasse avec
fureur. A quoi sert donc la discussion? Aujourd'hui on
m'a toujours contredit de manière à me prouver qu'on ne
saisissait pas une seule des choses que je disais. Il faut
écrire et ne pas disputer.

J'ai rencontré, à ce dîner, Mme Hocquart qui est une
femme assez piquante, rude, brusque, décisive et s'étant
créé une petite puissance, — comme cela arrive d'ordinaire, — *précisément par ses défauts.*

*** Je fais visite à Mme Dutertre[1]. Quelle sottise elle
a faite et dans quel guêpier elle est tombée en épousant
un homme de l'émigration! En effet, quelle société de
forcenés que celle de ces émigrés de province, sortis de
leur pays, après quinze ou vingt ans d'une mauvaise
éducation chez les hobereaux leurs pères, pour aller
l'achever sur les bords du Rhin, chassés de village en
village, n'ayant de la vie militaire que la grossièreté et
la licence, vivant entre eux, c'est-à-dire dans la plus

1. Charlotte de Hardenberg dont il allait redevenir amoureux.

mauvaise compagnie du monde, s'exaltant par leur malheur et encore plus par leurs exagérations réciproques contre toutes les idées raisonnables. Et aujourd'hui, revenus en France plus ignorants, plus fous et plus haineux que jamais. Ce sont, au reste, de fameux soutiens du gouvernement de l'empereur, car on s'y rattache en voyant ce dont il nous préserve. — Je devais dîner chez Régnault, mais il avait gentiment oublié son invitation.

*** Je passe la soirée chez Biot avec Humboldt. Ce dernier est un homme éclairé, plein d'activité et de zèle pour les sciences, n'y ayant pas cherché, comme beaucoup de savants, un moyen de se rendre indifférent sur les instincts de l'humanité et de se dispenser de toute opinion et de tout courage. Je ne le crois pas de force à atteindre à l'universalité à laquelle il aspire, quoique toutes ses idées à cet égard soient justes et vraies, mais il n'a pas les reins assez forts. En somme, c'est un homme qui a fait une superbe entreprise, qui l'a exécutée avec une admirable persévérance, qui en rendra un compte très intéressant et qui aura fait avancer plusieurs sciences et fourni beaucoup de données nouvelles à la philosophie spéculative.

*** J'ai vu jouer *Henri VIII* de Chénier. Quelques beaux vers, beaucoup de mauvais et une pièce détestable; l'intérêt finit au quatrième acte. Il y a des morceaux à effet et d'autres où l'envie d'en produire le détruit. J'ai retenu un vers original :

Laisse entrer le remords! Il entre. Il est entré.

*** Je passe la soirée chez Mme Gay. J'y trouve Mme Pipelet, aujourd'hui Mme de Salm, femme assez belle de formes, hommasse et sans grâce, mais pas trop pédante pour une femme auteur. Ses romances sont assez jolies, surtout plus fortes de pensée et de trait que je ne m'y attendais. Je reste à la fin une heure avec la maîtresse de la maison à causer sur l'amour et la fatuité.

***   J'ai essayé de relever une fille tombée, mais c'est inutile. Il y a là une habitude de dégradation qu'il est impossible d'effacer. Comme cela fait apprécier un mariage pur où le plaisir est sans dégoût, où le devoir s'unit à toutes les jouissances, et où celle des bras de laquelle on sort redevient l'amie, la compagne de la vie et partage vos pensées et vos intérêts.

J'ai assisté à une représentation du *Cid*. Les étrangers ont raison : c'est une singulière chose que la tragédie française. Quelle absence de naturel, quel goût factice! Il y a dans le *Cid* vingt situations et vingt maladresses qui feraient tomber une pièce nouvelle. Au reste, on voit que le parterre n'applaudit que froidement et de tradition. Il y avait cependant derrière moi un vieux procureur qui criait de temps en temps : « Comme c'est chevaleresque! »

Henri VIII est défendu.

***   Le *Journal de Paris* a attaqué les œuvres posthumes que vient de publier Mme de Staël. Cet article est de Carrion Nisas, un vil drôle. Je me mets à y répondre en peu de mots. Les voici :

« Le *Journal de Paris* a des mots heureux. *S'affliger gaiement* appliqué à une fille qui rend un dernier hommage à son père mort, est une expression neuve et piquante. Nous pouvons en espérer beaucoup d'autres dans ce genre. Il n'est pas donné à tout le monde d'accomplir impunément les devoirs les plus sacrés et les plus naturels et, de tout temps, une certaine populace a troublé de ses cris les pompes funèbres.

« La fille de M. Necker devait s'y attendre. Elle reste seule aujourd'hui d'une famille longtemps illustre. Il faut que cette famille paye le prix de sa gloire aux détracteurs de toute gloire, aux ennemis de toute vertu! D'ailleurs l'occasion est belle. Le père est mort, la fille est loin d'ici. Déployez donc toutes vos forces, l'entreprise est digne de votre courage. Il vous convient d'attaquer un tombeau défendu par une femme; allez donc, messieurs, dispersez ces cendres amies de la France, de l'humanité et de la morale, et revenez ensuite en triomphe, *vainqueur de l'ombre d'un homme de bien!* »

*** Soirée chez Mme Gay. J'ai retrouvé un certain petit Lemaire, autrefois riche, actif et dans la politique jusqu'au cou, maintenant ruiné et travaillant dans un petit bureau. Il a été plein de tendresse, et moi aussi, non que je l'estime, mais il est malheureux.

J'ai dîné avec Suard. Je me suis amusé à le faire extravaguer. Il a été si bien pris que cela est devenu fort drôle. Je le répète, la partie bête de notre nation est plus bête que celle de toute autre, comme la partie la plus corrompue est plus corrompue, la partie vile, plus vile. Est-il bien vrai que la partie aimable soit la plus aimable? Et quand cela serait, c'est encore un assez faible dédommagement.

J'ai une visite de Barante qui me donne des détails curieux sur l'école militaire de Fontainebleau. Génération toute guerrière et avide de dangers, et naturellement privée d'opinions et d'idées. C'est l'abrutissement en serre chaude.

*** J'ai commencé un article pour le *Publiciste* sur la littérature allemande. Je le finirai demain. Je disais hier à Hochet une chose que je crois bien vraie. Il me parlait de mon ancienne réputation de méchanceté. J'écrivais — lui disais-je — dans une société d'*amis intimes;* or, chacun d'eux m'engageait à me moquer du reste de la société. J'avais dix-huit ans, je trouvais charmant d'avoir des succès par mes plaisanteries; d'ailleurs je ne faisais que *rédiger mieux* ce qu'ils me disaient les uns des autres. Je *traduisais l'amitié!* Ils l'ont prise pour de la haine.

J'ai fini mon article. Je n'en suis pas très content. Il y a un mélange de plaisanterie et de sérieux qui rend la plaisanterie froide, ôte aux idées sérieuses leur gravité, et désoriente à chaque instant l'impression du lecteur.

***   Je fais visite à Mme Pourrat. Elle me parle du livre de Mme de Staël sur M. Necker qui réussit mieux que je n'espérais. Mme Pourrat me disait : « Comment M. Necker pouvait-il craindre la mort? Il devait se dire : Ou l'âme est immortelle ou elle ne l'est pas. Si elle l'est, je n'ai rien à craindre ; si elle ne l'est pas, je n'ai rien à craindre non plus. » Comme si l'imagination posait de ces dilemmes. C'est comme si je disais à un amant : ou votre maîtresse vous est fidèle, ou elle ne l'est pas. Si elle l'est, elle est digne de vous et vous ne devez pas vous en défier; si elle ne l'est pas, elle est indigne de vous et vous ne devez pas la regretter. Non ! Je le répète, — après l'avoir déjà dit mille fois, — les hommes sont les uns pour les autres d'une espèce différente. Ils ne peuvent pas se juger mutuellement.

Il y a certainement une sorte de mobilité d'imagination, de susceptibilité, d'impression vague et mélancolique qui n'appartient pas au commun des hommes et dans laquelle le commun des hommes ne peut voir que de l'affectation. Je suis d'autant plus partial là-dessus que, doué de ce genre d'imagination, je la cache soigneusement.

***   J'ai refait mon article du *Publiciste;* il est plus sérieux, mais trop fort; je serai deviné et cela m'attirera une foule d'ennemis. Je fais visite à Cabanis, nous causons de mon ouvrage. Il aura l'approbation de tous les hommes de cette opinion. Mais les autres? J'ai dîné avec Hochet, Piscatory, Barante et Villers. Je lis en rentrant chez moi, dans le *Mercure,* un article de Chateaubriand. Il y a dans l'école de Chateaubriand quelque chose qui tient un peu de l'école allemande, quelque chose de moins sec et de plus vague que dans l'école philosophique. Le morceau cité par Chateaubriand sur la génération actuelle a de la profondeur et retentit à l'âme. Ensuite il y a toujours les préjugés religieux. Je ne dis pas le sentiment religieux qui est nécessaire au

talent de cette école. Mais cette école ne prendra pas en
France ; non pas à cause de ce qu'elle a de mauvais, mais
à cause de ce qu'elle a de bon.

*** Je reçois une lettre de Mme de Staël. Elle est
tout enchantée de ses succès à Rome. Grand bien lui
fasse! Elle a fait un sonnet sur la mort de Jésus-Christ
qu'elle a lu à l'Académie des Arcades. Il y a vraiment
du saltimbanque dans cette conduite. Si ce sonnet
parvient en France, ce sera un ridicule nouveau. On
dira qu'elle a voulu essayer de la dévotion comme
moyen. Quel malheur que cette ambition de petits succès
qui lui a valu déjà tant de peines!

Dîner chez Mme Pourrat, ennuyeux. Il s'y trouvait
Dureau de la Malle, homme de lettres de l'ancienne
école, froid, pédant, nain, comme ils l'étaient presque
tous. Il tenait en main son discours de réception à
l'Institut en demandant à chacun combien il pouvait
durer à la lecture. C'était évidemment nous inviter à le
prier de lire. Heureusement on a été inexorable.

*** Je dîne chez Mme Récamier où je rencontre le
général Sébastiani. Fat, froid, plein de ces résultats
généraux que les prétendus machiavélistes du jour
adoptent comme des vérités profondes. C'est une école
particulière moulée par le maître et qui en est une
imitation assez exacte.

*** J'ai acheté des arbres pour ma campagne. Je
plante, mais verrai-je mes arbres grandir et me repo-
serai-je sous leurs ombrages? Je dîne chez M. Amyot
avec une quantité de bêtes. L'amour de cette nation
pour l'arbitrage est quelque chose de curieux. Ces
gens pensaient que le meilleur moyen d'empêcher les
fonds de baisser était de mettre *en prison* les joueurs à
la baisse. Mon étonnement est que dans un pays où
l'on émet cette doctrine, il y ait encore des fonds qui
puissent monter.

*** Il m'est impossible d'entrer dans les détails
relatifs au théisme, sans faire de mon livre un ouvrage

directement irréligieux, ce que je ne veux pas. Il y a dans l'irréligion quelque chose de grossier et d'usé qui me répugne. J'ai ma religion, mais elle est toute en sentiments et en émotions souvent vagues qu'on ne peut réduire en système.

*** Ce matin j'ai rangé mes papiers, ce qui me jette toujours dans une mélancolie profonde. Que de liens j'ai rompus!

Quelle bizarre manie d'indépendance et d'isolement a dominé ma vie, et par quelle faiblesse plus bizarre suis-je encore maintenant l'homme le plus dépendant qui existe! Il faut aller jusqu'à la fin de cette vie que j'ai menée si follement. J'ai du moins toujours eu le bon esprit de la conserver sérieuse et intacte aux yeux des autres; personne ne se doute de l'espèce de folie qui l'inonde et la dévaste. Je reçois une lettre de Mme de Staël. Je n'y répondrai pas, je suis rassasié de ses éternels reproches et de mes éternelles justifications. Les femmes ont beau dire, quand l'amour y a été, elles n'acceptent plus autre chose.

*** Mme Talma est toujours plus mal; les médecins sont divisés, l'art insuffisant et la nature inexorable. Et l'on m'écrit que Blacon vient de se tuer. Je ne saurais peindre l'effet que ces événements produisent sur moi. Je ne sais quoi de sombre et d'affreux se répand sur ma vie. Le monde se dépeuple de ce qui est bon et les monstres vivent. Il me semble que la nature a perdu de son charme et que la campagne que j'aimais ne me dit plus rien. Pour qui vais-je planter des arbres? Qui viendra s'asseoir à leurs pieds? Tous mes amis meurent et je ne me souviens pas d'avoir vu mourir un seul ennemi. Il y a un an, dans ce même journal, je me félicitais de suivre Hüber à Ulm; il n'est plus! J'écrivais que Mme Talma ne m'avait fait que du plaisir, sans jamais me causer aucune peine; elle va mourir! J'ai souvent loué la douceur, la société de Blacon; il s'est tué! Je marche sur des tombeaux. Et si je voulais remonter plus haut : Mauvillon, M. d'Épange, M. Necker morts ; John Weld devenu fou. Je reste comme un débris au milieu des ruines couchées, l'âme flétrie. Je le regrette, tout ce qui est bon périt, tout ce qui est vil et féroce subsiste.

Mme de Blacon était venue à Paris voir le pape et elle a refusé de voir le père de sa fille, celui dont elle porte le nom, un homme malheureux, dissipateur peut-être, mais au fond bon, spirituel. C'est ainsi que la dévotion entend le devoir. Cette inexorable dureté a jeté mon pauvre ami dans un désespoir qui a eu pour résultat le suicide. Étrange destinée! Blacon était l'homme le plus insouciant, le plus gai, le plus heureux, vivant avec plaisir, s'amusant de tout, des moindres niaiseries! Et le chagrin l'a tué! Au reste, il est possible que ces apparences aient été trompeuses et que cette gaieté et cette insouciance ne fussent que de l'étourdissement forcé. Qui est-ce qui ne croirait pas que je suis gai? Pauvre homme!

Le soir, pour me distraire, je vais chez M. Amyot et je n'y trouve qu'un homme d'affaires occupé d'un procès dont il m'a parlé toute la soirée. Quelle âpreté les hommes mettent dans leurs intérêts du moment! Comme leurs prétentions leur paraissent importantes, comme ils attachent du prix aux choses de cette vie si précaire et si vite oubliée! La conversation de cet homme m'a encore suggéré d'autres idées sur l'arrogance de la propriété, mais je n'ai pas la force de les écrire. Le deuil pèse sur moi.

*** Mme Talma est mourante, il n'y a plus aucune ressource. Ses prétendus amis s'agitent autour d'elle pour en avoir quelque dépouille. Et leur triste calcul se déguise sous un air d'espérance et de confiance en son rétablissement! Son caractère est presque entièrement changé par la maladie. Elle est inquiète, minutieuse, *avide*. Elle si *généreuse!* Pauvre nature humaine! Qu'est-ce que cette âme, qui non seulement perd les moyens de se développer lorsque les organes s'affaiblissent, mais qui change d'inclination et comme de nature morale?

Quelle liaison peut-il y avoir entre des qualités ou des défauts comme l'avidité, par exemple, et un mal physique? C'est un phénomène plus étrange que la folie qui, elle, peut s'expliquer par une interruption de la communication de l'àme avec ses organes; mais ici c'est une autre âme, pour ainsi dire, qui se met à la place de l'ancienne. Car quel rapport y a-t-il entre cette avidité qui surgit et la plus grande libéralité qui a toujours régné?

*** J'ai fait visite à Berlin. C'est un bon enfant qui m'aime beaucoup, mais qui s'est gâté avec ses relations actuelles. Je passe la soirée chez Mme Gay.

Les calculs et la capacité des survivants à l'approche d'une mort me font toujours penser à un champ de bataille où les moins blessés dépouillent ceux qui expirent sans penser qu'eux-mêmes portent un germe de mort.

*** Je dîne chez Allard où je trouve un médecin nommé Corona, fort original. Il prétend prévoir à première vue dans les hommes encore bien portants les maladies dont il doivent mourir, les accidents exceptés. Comme les peintres, disait-il, qui s'amusent à classer les figures en se disant : « Voici une figure de traître, voilà une tète de héros, en voici une autre de madone. » je m'amuse, moi, quand je suis dans une société, à me dire tout bas : « Celui-ci mourra d'une fièvre putride, cet autre d'apoplexie, ce troisième de la poitrine. » Voilà, certes, un amusement bien gai!

M. Necker a écrit quelque part que lorsque un homme est généreux sans affectation, ceux-là même qui s'enrichissent de ses générosités trouvent qu'il ne fait que son devoir. Un fait récent qui m'est arrivé m'a prouvé la vérité de cette pènsée.

Je soupe chez Mme Pourrat où l'on joue des proverbes. Je n'ai jamais rien vu de si froid. J'y retrouve une vieille duchesse allemande que j'ai connue autrefois. Je m'empresse de l'esquiver.

*** Je fais visite à Mme Condorcet chez qui je rencontre Baggensen avec qui j'entre en conversation. Quand je cause avec les lettrés allemands, je me retrouve toujours dans mon élément parce qu'ils connaissent ce dont ils parlent. Quand je parle avec des Français, ils me contredisent avec tant d'assurance sur des choses que je sais mieux qu'eux, qu'à la fin c'est moi que je soupçonne de ne rien savoir.

Je crois avoir eu sur la religion perse une idée assez heureuse. C'est celle de l'influence des différents climats sur lesquels l'empire perse étendait sa domination. Il en résulta que la religion perse combina avec le caractère mystique et la hiérarchie sacerdotale du midi les habitudes et les opinions farouches du nord; avec cette observation que, comme toujours, le midi exerça une prédominance.

*** Je dîne chez Mme Lindsay [1] avec quelques amis. Soirée agréable et conversation douce, mais ma vie n'est pas là, ma vie n'est au fond nulle part qu'en moi-même. Je la laisse prendre, j'en livre les dehors à qui veut s'en emparer. J'ai tort, car cela m'enlève du temps et des forces, mais l'intérieur est environné d'une certaine barrière que les autres ne franchissent pas. Ils y font quelquefois pénétrer la douleur, mais jamais ils ne s'en rendent maîtres.

*** J'ai achevé l'étude de la religion égyptienne et de la scandinave qui m'a tant fatigué. Il me reste la tâche difficile des religions indiennes, gauloises et perses, mais je sais déjà ce que j'aurai à dire à leur sujet. J'ai certainement trouvé la véritable manière de travailler, non seulement utilement, mais agréablement, en me sortant de ces infernales discussions d'éruditions.

Je passe la soirée chez Mme Récamier. Il paraît que j'y

1. Voir Introduction, pages XLV, LVIII, LIX.

ai été très aimable, car on m'en a fait compliment. C'est un chef-d'œuvre de mon esprit, car j'étais fort mal disposé.

Mon article paraîtra après-demain dans le *Publiciste*. Gare la colère qu'il déchaînera! — Je dîne chez Mme Talma. Elle est beaucoup mieux et semble avoir reconquis la vie à force d'esprit. Cela prouverait le mot connu qu'on ne meurt que de bêtise. A dîner je me suis mis à faire un conte avec la plus grande sincérité. Je jouais la comédie, mais je me suis aperçu que cela donnait du soupçon sur mon caractère de véracité, ce qui serait injuste, car on ne peut me contester d'être l'homme le plus vrai du monde.

*** J'ai soupé chez Mme Récamier. C'était fort ennuyeux. Les jeunes gens de cette génération sont par trop ricaneurs et vraiment bêtes.

*** Je fais visite à Mme Régnault; elle a de la douceur, de l'esprit et de la finesse. Je dîne avec Hochet et Piscatory[1]. Entre le dîner et la conversation je me suis tellement animé que j'ai dit sur beaucoup de personnes des choses dont jusqu'à présent je m'étais toujours gardé. Heureusement que mes compagnons en oublieront une partie et ne diront que la moitié du reste.

Je veux suspendre tout travail littéraire pour arranger ma vie. Il a fallu moins d'un mois à bien des gens pour s'emparer du pouvoir, m'en faudrait-il plus pour décider de ce qui ne concerne que moi? Je vais y mettre toutes mes forces, mais avant tout, point de Coppet ni de Genève! J'y rencontre un lac qui m'a rendu aveugle et des parents qui ne cessent de me blâmer.

Mme Lindsay m'écrit qu'au fond nous nous ressemblons d'une manière étonnante. C'est peut-être une raison pour nous convenir d'autant moins. C'est parce que les hommes se ressemblent que le ciel a fait pour eux les femmes qui ne leur ressemblent pas.

---

1. Père du ministre de France en Grèce.

***   J'ai fait un assez bon chapitre sur la différence de la marche des religions soumises aux prêtres et celles livrées à elles-mêmes.

***   Je dîne chez Mme Talma mourante, mais plus aimable que jamais. Je passe la soirée chez Mme Pourrat. On lit *Clovis*. Beau vers :

Ce vainqueur, ce héros, ce chrétien n'est qu'un traître.

***   Je passe la journée et la nuit auprès de Mme Talma qui est près de sa fin. J'y étudie la mort. Elle a repris toutes ses facultés : de l'esprit, de la grâce, de la mémoire, de la gaieté et la même vivacité dans ses opinions. Tout cela sera-t-il anéanti? L'on voit clairement que ce qu'elle a conservé de son âme n'est que gêné par la faiblesse du corps, mais point diminué intrinsèquement. Il est certain que si on prenait ce qui la fait penser, parler, son intelligence, en un mot, toutes ses facultés qui font que je l'ai tant aimée, et qu'on transportât tout cela dans une autre corps, tout cela revivrait. *Nothing is impaired.* Ses organes sont détruits, ses yeux n'y voient plus, elle ne respire qu'avec effort, elle ne peut soulever le bras et cependant il n'y a pas d'atteinte portée à la partie intellectuelle. Pourquoi la mort qui n'est que le complément de cette faiblesse y porterait-elle atteinte? L'instrument faussé et demi-brisé la laisse intérieurement telle qu'elle était. Pourquoi l'instrument complètement brisé ne laisserait-il pas cet intérieur intact? Le spectacle de la mort dans cette occasion me fait entrevoir des idées auxquelles je n'étais pas porté.

***   H... dit du mal de moi en prétendant que, puisqu'il est mon ami, il se croit en droit de parler de moi avec franchise. C'est ainsi que sont faits les amis! Heureusement que j'ai une retraite dans mon cœur solitaire et j'y rentre tous les jours plus.

***   Elle est morte. C'en est fait, pour jamais!

Bonne et douce amie ! Je t'ai vue mourir, je t'ai soutenue longtemps. A présent tu n'existes plus. Ma douleur
était suspendue par l'espoir de te sauver encore une
fois. J'ai contemplé la mort sans effroi, car je n'ai rien
vu d'assez violent pour briser cette intelligence qui me
laisse un si vif souvenir. *Immortalité de l'âme* : énigme
inexplicable !

La mort semble une force étrangère qui vient fondre
sur notre pauvre nature et ne lâche prise qu'après l'avoir
étouffée. Mme Talma, au moment de cette dernière crise,
a eu le mouvement de s'enfuir : elle s'est soulevée avec
force. Elle avait toute sa tête, elle entendait tout ce
qu'on proposait autour d'elle et dirigeait elle-même les
secours projetés. Qu'est-ce donc que cette intelligence
qui ressemblait à un général vaincu donnant encore des
ordres à une armée en déroute ?

Si on lisait ce que j'ai écrit quelquefois sur cette
femme si distinguée, on ne croirait pas au regret amer
et à la douleur constante que sa perte me fait éprouver.
Oui, je juge sévèrement mes amis, mais je les aime
mieux que qui que ce soit au monde. Je les sers et les
entoure de plus d'affection vraie que ne le font tous ces
gens qui se disent très sensibles et ne me valent sûrement pas comme compagnon d'adversité ou de douleur.
Je perds la plus désintéressée et la meilleure des amies.

*** J'assiste à l'enterrement de Mme Talma avec un
petit nombre d'amis profondément émus et affectés. J'ai
craint un moment de ne pouvoir supporter cette lugubre
cérémonie doublement triste quand je me retrace la
grâce, la gaieté et la bienveillance de celle qui était ren-
fermée dans cet étroit cercueil. La cérémonie seule était
une vaine pompe où chacun jouait son rôle, où les
prêtres psalmodiaient pour de l'argent et où tout était
mécanique. Bizarre état de choses dans lequel ceux-là
même qui prétendent relever la religion, ceux qui se
disent ses ministres, ne se donnent la peine de paraître
ni recueillis ni convaincus. Une seule partie de la céré-

monie m'a semblé avoir quelque chose de touchant. C'est le salut que font les prêtres en passant devant le corps et l'action de faire bénir le cercueil par chacun des assistants. Ce salut souvent répété est une marque de souvenir et d'adieu qui m'a laissé une impression douce. J'éprouvais un sentiment de reconnaissance pour ces hommes qui donnaient encore un témoignage de respect à celle qui n'était plus.

*** Je déjeune chez Mlle Bourgoing. Conversation agréable. Je dîne chez Mme Récamier. Je rencontre M. de Châteauneuf qui fut toujours bien disposé pour moi. Je vois jouer le soir la *Montansier*. Quel goût et quelle littérature! Cela explique tout.

1805

*** J'arrive en Suisse avec Hochet et Barante. Je vois mes amis à Genève, puis je vais à Lausanne. J'y rencontre Elzéar de Sabran qui me fait lire ses odes. C'est un talent étonnant et pour moi inattendu. Il est vrai que le sujet y aidait. Je fais la connaissance de M. de Golowkin. Réputation littéraire, mais les Russes ne sont que de vieux français.

Je lis les mémoires de Besenval. Singulier siècle! — Je fais une course à Mex; bonheur de Sévery dans sa vie de propriétaire.

Je vois presque chaque jour Mme de Nassau. Elle est excellente pour moi, elle a de la confiance et de l'abandon. J'y rencontre Adrienne et Antoinette. Adrienne est jolie, mais tout cela ne mène à rien. Je dîne à Dorigny et je termine l'achat de la Vallombreuse.

Soirée avec Villers chez d'Arlens; nous causons du passé.

*** Je dîne chez Cerjat où je joue et perds bêtement. La générale de Charrière m'offre ses services pour me marier. Ce serait le mieux pour mon travail, mais je suis repris par Mme de Staël.

Soirée chez Mme de Loÿs. Il est clair que je peux épouser Antoinette ou Adrienne, et que si je ne le veux pas je renonce de gaieté de cœur à trente mille francs de rente.

Lausanne est un séjour désagréable. Il y a toujours de l'aigreur au sein de l'intimité. Dîner et souper chez Mme de Nassau.

*** J'ai fait fait visite à Mme de Fries. Elle est presque moins ennuyeuse que toutes les maigres dames de Lausanne. Je dîne chez d'Arlens et soupe chez Mme de Loÿs. J'y vois Rosette de Seigneux. Ah! si elle n'avait pas de si vilaines dents!

Je travaille peu depuis deux ans. Sur 714 jours, j'en ai passé 259 sans rien faire.

*** Dîné chez Mme de Wildegg. Mariage convenable d'une femme impérieuse avec un mari soumis.

Je sais qu'on dit du bien de moi à Lausanne et je n'en suis guère plus heureux.

Je passe la soirée avec des jeunes gens. Comme la jeunesse est insolente! Il n'y a pas de talent qui tienne, la vieillesse lui paraît un tort inexcusable.

1806

*** Le 22 mars, mariage de Sévery [1].

Je lis une épître de Chénier qui est superbe. Il signe *de* Chénier. Singulier mélange! Les vers sont négligés et il y a des plaisanteries triviales.

En passant à Rolle, je visite le duc de Noailles. Le bonheur de ces deux vieillesses fait plaisir. Soirée chez Mlle de Bottens.

Visite à la générale de Charrière. Elle me parle de mon père et de ses enfants. Je vois que la plupart du temps je ne suis pas assez de mon parti. Je suis tout étonné quand on me démontre combien j'ai raison. Dîner chez d'Arlens. Soirée Nassau. Antoinette est

---

1. Cousin germain de Benjamin et fils d'une des sœurs de sa mère.

bonne et agréable. Je lis la mort de M. de Crillon. Tout
ce qui est bon et honnête s'en va, mais en revanche tout
ce qui est infâme vit et prospère.

Dîné chez Mme de Loÿs avec la nouvelle mariée de
Sévery. Commun! Commun! Soirée chez Rosalie avec
les d'Arlens.

Lausanne est insipide. Cependant si je ne voulais
qu'une vie tranquille je la trouverais ici. Soirée à la
Chaumière. Antoinette est assez aimable.

*** Je me lève à cinq heures du matin; je devrais
toujours en faire autant, j'y gagnerais bien du travail
fait et j'éviterais une série de réflexions tristes qui arrivent toujours avec le réveil et naissent sur l'oreiller.

Je fais visite à la générale. Antoinette m'est offerte.
Je refuse; je m'en repentirai, mais Mme de Staël se
dresse comme un reproche entre moi et tous mes projets.

Dîné chez d'Arlens. Soirée à Dorigny. Je crois
qu'Antoinette a du goût pour moi. Elle est douce et
bonne. Si je pouvais... Quel repos! Pourquoi ne pas
profiter paisiblement de l'amitié qu'on me témoigne ici.
Le bonheur n'est-il réellement que dans les voies communes?

*** Je reçois une lettre de Mme de Staël. C'est
l'ébranlement de l'univers et le mouvement du chaos.
Et cependant, — avec ses défauts, elle est pour moi
supérieure à tout. — Je me décide à la rejoindre à
Auxerre. Je suis dans l'incertitude sur tout, comme un
vaisseau battu par deux tempêtes différentes.

*** Mon père étant tombé malade, je passe par
Dôle et j'y suis retenu quelques jours. Mon père est avec
moi doux et affectueux, cela me fait du bien. Mais une
lettre de Mme de Staël vient m'y chercher. Tous les volcans sont moins flamboyants qu'elle. Qu'y faire? La
lutte me fatigue, couchons-nous dans la barque et dor-
mons au milieu de la tempête.

*** Mon père est mieux et je pars pour Auxerre. —

La plus grande cause de l'agitation de ma vie est le besoin d'aimer. Il faut le satisfaire à tout prix.

   *** Je suis arrivé; mais que va devenir mon rôle impassible? Le feu est à toutes les poudres, les nouvelles de Paris sont mauvaises ; le maître est inexorable. Aussi j'en subis les conséquences. Le soir, scène épouvantable, horrible, insensée ; expressions atroces. Elle est folle ou je suis fou; comment cela finira-t-il? C'est égal, je ne me lasserai pas de la servir.

   *** Je pars pour Paris, où je vois Fouché, Joseph Bonaparte, Lacretelle, en un mot tous ceux qui peuvent approcher le maître. Je m'occupe aussi du procès de mon père. Je rédige deux mémoires à ce sujet. De tous côtés on me donne des espérances, mais je n'y crois pas.

   *** Je retourne à Auxerre accompagné de Mme Récamier. Plus tard Mathieu et Adrien de Montmorency y arrivent.

   *** Mes fâcheux pressentiments se réalisent; on n'a rien obtenu. La contrariété exaspère notre exilée qui se décide à partir pour Spa. Ce sera un moment de repos.

Mme de Staël partie je retourne à Paris [1].

   *** Je vais à Coppet où Mme de Staël est de retour. Le poète Monti y arrive. Il a une superbe figure douce et fière. Ses déclamations en vers sont très remarquables. C'est un véritable poète, fougueux, emporté, faible, timide, mobile, le pendant de Chénier en italien, quoiqu'il vaille mieux que Chénier.

Le soir, j'ai une scène épouvantable avec Mme de Staël. J'annonce une rupture décisive. Deuxième scène. Fureur, réconciliation impossible, départ difficile. Il faut me marier.

---

1. Ici, il y a évidemment interruption dans le Journal de Benjamin Constant. Il ne le reprend qu'à son retour en Suisse, où il était allé retrouver Mme de Staël.

*** J'apprends la banqueroute de M. Récamier. Encore une de mes amies qui souffre! Le malheur ne tombe-t-il donc jamais que sur ce qu'il y a de bon au monde? — *Mme de Staël m'a reconquis.*

*** Je retourne à Genève et m'y établis pour travailler avec un peu de suite. Je relis quelques parties de mon livre sur la philosophie. J'en suis content, mais combien il y a encore de chemin à parcourir, et la vie à la ville ne permet pas d'avancer. On ne peut abandonner ses amis et bouder tout le monde. Et cependant, je suis abîmé de ces commérages de société; j'en ai la fièvre aujourd'hui. Je passe la soirée chez Amélie Fabri. Elle a du mouvement dans l'esprit.

*** Il y a des représentations de tragédies en train [1]. On répète *Mérope*, et je me laisse entraîner à jouer Zopyre dans *Mahomet* pour avoir le plaisir de dire des injures à l'imposteur. Néanmoins je suis malade; le genre de vie que je mène m'est contraire au physique et au moral; mes idées sont brisées par cette agitation mondaine, qui est une agitation monotone, car il peut y avoir autant de monotonie dans l'esprit que dans la bêtise.

*** Représentation de *Mérope*, parfaitement bien jouée. Plein succès, quoique point de bienveillance. J'apprends la mort de Mme de Charrière de Tuyll. Encore une amie dévouée que je perds! Le monde se dépeuple pour mon cœur.

*** J'apprends le rôle de Zopyre dont je ferai un mélange superbe de force et de paternité. Néanmoins je suis mécontent de la première répétition; j'ai de mauvais gestes.

---

1. Ce fut à cette époque que se jouèrent à Coppet les tragédies dont il a été si souvent parlé et où figuraient comme acteurs : Mme de Staël, Benjamin Constant, M. de Sabran, M. d'Hermanches, etc. Cependant entre les deux amis les dissentiments devenaient chaque jour plus violents. Mme de Staël proposait un mariage secret; Benjamin le voulait public. Au fond, paraît-il, aucun des deux ne désirait sérieusement aliéner sa liberté. (Voir Introduction, pages xxxvii, xxxviii.)

Je dîne chez Argand. Quelles gens et quelles opinions! J'y vois Butini, satisfaction de l'égoïsme; son amour pour le succès est un sentiment et un calcul.

*** On répète la *Fausse Agnès*, qui va très mal, mais *Mahomet* va beaucoup mieux, je n'ai plus de timidité. J'ai commencé un article sur Mme de Genlis, mais je n'ai aucun courage. Je me décide à publier un extrait de mon grand traité de politique, et je commence ce travail. J'ai l'approbation de mes amis. Malheureusement, l'approbation ne me fait aucun plaisir, le blâme me ferait beaucoup de peine.

*** La représentation publique de *Mahomet* a eu lieu hier. J'ai très bien joué. Le succès a été complet [1]. On jouait aussi les *Plaideurs*, et ne voilà-t-il pas que Schlegel, qui est comique dans la tragédie, n'est pas gai du tout dans la comédie!

*** J'ai dans mon travail actuel le même défaut que dans tous ceux que j'ai entrepris. Je me jette dans des détails qui ne sont pas nécessaires et prêtent à la contestation. Je lis une épître de Chénier qui est superbe. Il y a de très beaux mouvements, de très beaux morceaux, mais des vers négligés et des plaisanteries triviales.

*** Représentation de *Phèdre*. Mme de Staël joue admirablement. — J'ai de vives douleurs dans le côté. La nature me traite cet hiver très cavalièrement. Je fais une course à Ferney et suis touché de l'attachement que la vieille servante de Voltaire conserve à sa mémoire. Elle croit qu'il a été empoisonné. Le peuple aime ces suppositions extraordinaires.

*** Je lis les *Finch* de Mme de Charrière. On y trouve esprit, profondeur, sensibilité et mauvais goût.

Je dîne chez Mme de Germany et soupe chez Argand. Le tout est fort ennuyeux.

Je penche toujours pour rompre avec Mme de Staël,

1. Benjamin Constant se faisait illusion. D'après les lettres de sa cousine Rosalie, il se montra acteur détestable dans le rôle de Zopyre.

mais toutes les fois que j'ai cette impression, je suis
destiné à recevoir le lendemain l'impression contraire.
Cependant son impétuosité et ses imprudences sont
pour moi un tourment et un danger perpétuel. Rompons
donc, si cela est possible, c'est la seule chance d'une
vie tranquille.

***   C'est un triste comique que celui qui repose en
entier sur la bassesse humaine : n'en avons-nous pas
assez dans la vie? Pourquoi nous poursuivre de notre
honte? Cela m est suggéré par une comédie de Picard,
les *Marionnettes*, à laquelle j'assiste. On donnait aussi
La grande et la petite ville du même auteur. Il y a dans
le talent de Picard quelque chose de celui de Beaumarchais.

***   Schlegel est très malade; sa peur est ridicule.
Il demande des médecins partout. Il en arrive un
Allemand, qui a de l'esprit et de l'instruction. Décidément, il y a plus de fonds dans cette nation que dans
la nôtre.

Je reçois une lettre de Mme Lindsay qui m'écrit
toujours comme si je la persécutais pour la voir. C'est
un singulier système, car je n'y songe pas. On trouve
parfois des idées bizarres chez cette moitié du genre
humain, témoin la colère de Mme C., parce que je m'étais
permis de lui dire que son fils lui ressemblait.

***   J'entre aujourd'hui, 25 octobre 1806, dans ma
quarantième année. J'ai eu toute une vie agitée, mais à
aucun moment je n'ai vécu d'angoisses et d'incertitudes
comme à présent.

***   Je repars pour Paris, voulant travailler pour
Mme de Staël [1].

***   Course à ma ferme près d'Étampes. Quelle vie
d'huître que celle d'un fermier! mais c'est peut-être la
meilleure. J'ai lu le soir quelques chapitres de mon

---

1. Mme de Staël faisait, à ce moment, des démarches pour rentrer
en France.

nouvel ouvrage, — extrait d'un traité de politique. On en a été très content. Aura-t-il réellement le succès que je crois qu'il mérite?

1807

*** *Paris*. J'assiste à la pièce de *Gaston et Bayard*. Talma y est superbe. Mais la pièce est décidément mauvaise. Le public a été froid. Visite à Mme de Coigny. Elle est pleine d'esprit.

J'ai vu plusieurs fois Fouché. Je ne me lasserai pas de servir Mme de Staël, mais je rencontre bien de l'opposition. Je vais commencer un roman qui sera mon histoire. Tout travail sérieux m'est devenu impossible au milieu de ma vie tourmentée.

Je passe une soirée très douce chez Mme Condorcet, avec Cabanis et Fauriel.

*** J'ai fini mon roman en quinze jours [1]. Je le lis à Hochet qui en est très content. Je passe la soirée chez Mme Pourrat. Drôle de pays que celui-ci! Tout naturel, toute vérité, tout sentiment réel en paraît banni. Quel sot que M. Dutertre! comme il y en a des millions dans cette chère France. En comparant mes impressions auprès de Mme de Staël et de Mme Dutertre [2], je m'aperçois que le sentiment est bien plus détruit par la gêne que par la violence.

*** J'ai lu mon roman à M. de Boufflers, qui en a fort bien saisi le sens; il est vrai que ce n'est pas d'imagination que j'ai écrit : *non ignora mali*. Cette lecture m'a prouvé que je ne devais pas mêler un autre épisode de femme à ce que j'ai déjà fait. Ellénore cesserait d'intéresser, et si le héros contractait des devoirs envers une autre et ne les remplissait pas, sa faiblesse deviendrait odieuse.

---

1. *Adolphe*, qui ne fut publié que plusieurs années plus tard.
2. Voir Introduction, pages XLII et suivantes.

*** Je suis maintenant à ma campagne des Herbages, plus tranquille. J'ai repris mon grand ouvrage sur la religion et j'y travaille fort bien. Il est très avancé, mais me voici de nouveau en route pour rejoindre Mme de Staël à Acosta. Elle a besoin de moi pour ses affaires, qui semblent prendre meilleure tournure. Encore des déplacements et des paquets à faire. Toujours des paquets! des paquets! J'espère faire bientôt le mien.

*** J'ai une lettre de mon père qui me réclame. Il veut me faire aller à Besançon et *m'enfourner* toujours plus dans sa nouvelle famille. Je n'y consentirai pas. Je dîne avec M. de Wimont. Je ne conçois pas qu'on trouve un homme plus ennuyeux qu'un autre. J'ai vu Garat pour la tolérance accordée à Mme de Staël. J'espère qu'elle aura le temps de finir l'impression de *Corinne*. Les articles que je viens de publier sur cet ouvrage ont eu un grand succès.

*** Je vais souvent chez Mme Dutertre. Elle a pour moi un grand charme, du piquant dans l'esprit, de la bonté et cette douceur qui agit tout de suite sur moi, de manière à me donner du bonheur. Je sens qu'une union avec elle serait le repos de ma vie. Si M. Dutertre consent à rompre des liens [1] auxquels il tient peu, mon avenir est là, et Charlotte l'accepte!

*** Lettre de Mme de Staël. Quelle furie! Mon Dieu, délivre-nous l'un de l'autre!

Soirée chez Mme Récamier, avec Fauriel. Je leur lis mon roman, qui leur produit un singulier effet. Le caractère du héros les révolte. Décidément on ne sait pas me comprendre. — Je vois Talma dans *Hamlet*, il est superbe.

*** Mes yeux vont au plus mal. J'ai consulté V... C'est un affaiblissement du nerf optique. Je finirai par être aveugle. C'est du repos qu'il me faudrait. On m'a

1. Voir Introduction, page xxv.

posé un séton. La douleur physique n'est rien. Une lettre de Mme de Staël arrive à ce moment, et ses injures sont venues me trouver couvert de sang et évanoui.

*** Visite à Mme Dutertre, qui a beaucoup embelli [1]. Je lui fais des ouvertures qu'elle ne repousse point. Ce soir je serai le maître de la place, une résistance de trois ans est bien suffisante.

*** Je vais à la campagne avec Charlotte. C'est un ange de douceur et de charme. Je l'aime chaque jour davantage. Elle est douce et aimable. Quelle fureur avais-je de la repousser il y a douze ans! Quelle manie d'indépendance me dominait qui a abouti à me mettre sous le joug de l'être le plus impérieux qui existe!

*** Nous revenons à Paris. Journées folles : délices d'amour! Que diable cela veut-il dire? Il y a douze ans que je n'ai rien éprouvé de pareil, c'est par trop fou! Cette femme que j'ai refusée cent fois, qui m'a toujours aimé, que j'ai repoussée sans cesse, que j'ai quittée sans regret il y a dix-huit mois, à qui j'ai écrit cent lettres indifférentes, à qui lundi passé j'ai repris mes lettres, cette même femme me fait aujourd'hui tourner la tête. Évidemment c'est la comparaison avec Mme de Staël qui cause tout cela. Le contraste entre son impétuosité, son égoïsme, sa constante occupation d'elle-même, et la douceur, le calme, l'humble et modeste manière d'être de Charlotte, me rend celle-ci mille fois plus chère. Je suis las de l'*homme femme*, dont la main de fer m'enchaîne depuis dix ans, quand j'ai une femme vraiment femme, qui m'enivre et m'enchante [2]. Si je

---

1. « Quoiqu'elle ne soit ni jeune, ni jolie, ni riche, elle n'est pourtant ni vieille, ni laide, ni pauvre, » dira d'elle Mlle Rosalie de Constant lorsqu'elle fut devenue sa cousine.

2. Six ans plus tard il écrira : « Mme de Staël est en voyage avec Rocca, mais elle ne m'écrit pas. Son souvenir et celui d'Albertine me déchirent... que la vie est triste et que je suis fou!... Je fais le projet d'un voyage à Vienne. Cela m'a rappelé les efforts de Mme de Staël pour m'y entraîner avec elle. Donc ce que je n'ai pas voulu faire avec la plus spirituelle des femmes, je pense à le faire aujourd'hui avec Charlotte. Justice de Dieu!

peux l'épouser, je n'hésite plus. Tout dépend du parti que prendra M. Dutertre.

*** Soirée chez Mme Gay. Je m'y suis amusé de mon esprit. J'ai une lettre de Mme de Staël courte et sèche. Ça va bien! Je lis à Hochet une partie de mon roman qui l'intéresse beaucoup. Soirée avec Charlotte. La fièvre passerait-elle, et l'ennui commencerait-il? J'en ai diablement peur. Elle a beaucoup de charme, c'est vrai, mais peu de variété et une grande inquiétude de sentiment.

*** Je dîne chez Mme Gay. Été au Théâtre-Français : Talma est superbe dans *Manlius*. Lettre touchante de Charlotte. Je suis injuste avec elle; c'est un ange! Lettre de Mme de Staël sèche et amère. Mon Dieu, qu'elle m'ennuie! Visite à MM^mes Regnault et de Coigny. Soirée chez Bertin.

*** Lu mon roman à Mme de Coigny. Elle se révolte contre le héros. On s'occupe de moi avec peu de bienveillance. On parle déjà de l'effet du double divorce pour arriver à un but déjà choisi. Peu m'importe! Charlotte est un ange, et ne croyez point, plate société que vous êtes, que votre opinion m'empêchera de l'épouser. Et cependant que d'obstacles! Je frémis à l'idée d'une femme qui ne sera reçue nulle part. Peut-être m'enterrerai-je à Lausanne, sinon je suis sûr que dans six mois je me tuerai.

*** Je déjeune chez de Gérando. Annette est une femme d'esprit. J'emballe mes manuscrits. J'ai douze mille francs disponibles. Cela m'aidera-t-il à amener une rupture et un mariage qui me donne le repos [1]. Mais je devrais partir, mon père me réclame. Mme de Nassau, malade, désire me revoir. C'est mon devoir et mon intérêt. En aurai-je le bon sens?

*** Ma faiblesse me fait retourner auprès de Mme de

---

1. Par son mariage avec Charlotte, Benjamin Constant espérait non seulement échapper à un lien qui lui pesait, mais pouvoir se fixer à Paris.

Staël, sous le prétexte que je me donne de lui être utile
pour ses affaires que je suis parvenu à améliorer[1].
Hélas! comme toujours, mon temps s'y passe en scènes
pénibles et retours de sentiment. Cependant, au fond,
tous deux nous sentons la rupture imminente et nécessaire. Pendant ce temps, M. Dutertre fait semblant
d'être jaloux et de causer de la terreur pour rendre son
consentement au divorce plus difficile avec des conditions
plus dures. Cependant, il paraît céder, mais mon abominable faiblesse me tient toujours en suspens, quoiqu'une
comparaison ne soit pas possible entre Charlotte, —
d'une douceur, d'une raison, d'un désintéressement
adorables, — et cette furie qui me poursuit l'écume à la
bouche et le poignard à la main.

***   Enfin, le papier[2] est obtenu et envoyé en Alle-
magne. Charlotte part et je l'accompagne; elle agira
tout de suite. Dans six semaines tout peut être terminé.

***   Mme de Staël revient en arrière; elle ne veut
plus entendre parler de rupture. Le plus simple est de
ne pas la revoir et d'attendre à Lausanne les ordres de
Charlotte, de cet ange que je bénis puisqu'il me sauve.
Schlegel m'écrit que Mme de Staël affirme qu'elle se tuera
si je l'abandonne. Je n'en crois pas un mot, mais c'est
un bruit importun à mes oreilles. Je sens que je passerai
pour un monstre[3] si je la quitte; je mourrai si je ne la
quitte pas. Je la regrette et je la hais.

***   Malheureux que je suis; la faiblesse me reprend;
je pars pour Coppet. Attendrissement, scène de désespoir, puis le grand moyen : « Je me tuerai. »

***   Plusieurs jours de tiraillements et d'incerti-
tudes. Enfin, je pars pour Lausanne. Mes parents désirent la rupture; ils me soutiendront. Je serai entouré
des miens. Je vois Mme de Nassau; elle désapprouve

---

1. Benjamin Constant était retourné en Suisse.

2. Le papier par lequel M. Dutertre renonçait à ses droits sur Charlotte.

3. Voir Introduction pages XLII et suivantes.

l'idée de Charlotte, mais peu m'importe ; là est mon bonheur.

*** Hélas ! à quoi sert ma retraite ! Mᵐᵉ de Staël arrive, toutes mes combinaisons sont bouleversées. Le soir, scène affreuse qui dure jusqu'à cinq heures du matin. Je suis violent, je me mets dans mes torts. Au lieu de trouver ici de l'appui, je ne rencontre qu'anathème contre une femme capable d'un double divorce. Pauvre et bonne Charlotte, je ne t'abandonnerai pas.

Le plus simple est de partir sans rien dire. J'irai chez mon père, on ne viendra pas m'y chercher.

*** Je ne pars point ; j'ai dîné chez Mᵐᵉ de Staël où l'on a répété la tragédie de *Pyrrhus*. Le rôle est maniéré ; je sens que je ne le jouerai pas avec assez de profondeur.

*** Soirée au Bois de Cery. Pas de lettre de Charlotte. Quel tourment ! On répète *Andromaque*. Ma tête est encombrée de trop de choses pour que ma mémoire ne me fasse pas défaut...

(*De Lausanne, un mois après*). Je passe une singulière soirée chez les mystiques Langallerie[1]. Madame doit avoir de l'esprit, car il en faut certainement pour pouvoir, sans moyens extérieurs, acquérir une telle puissance. Quant au chevalier, c'est, sans aucun doute, un homme d'infiniment d'esprit. Oh ! que je voudrais que Mᵐᵉ de Staël se livre à lui, cela l'occuperait. Elle l'a bien vu, mais cela ne prend pas. Elle n'est pas encore prête à se faire dévote.

*** Le prince Auguste de Prusse est ici pour Mᵐᵉ Récamier. C'est un homme distingué. Comme les Allemands valent mieux que nous !

Enfin, une lettre de Charlotte ! Le divorce n'est pas nécessaire en Allemagne, rien ne m'arrête plus, puisque Dutertre a consenti. Je donne rendez-vous à Charlotte à

---

1. Le chevalier de Langallerie, fils du marquis de Langallerie et d'une fille du général de Constant. Il habitait Lausanne et était chef d'une secte mystique.

Leipzig. Et là, heureux et tranquille, je travaillerai sérieusement à l'œuvre littéraire qui doit m'ouvrir la route de la France.

*** Je déjeune chez le chevalier. Je fais ce que je puis pour que Mme de Staël accepte les consolations qu'il lui offre. Moi-même je me sens assez frappé de cet ordre nouveau d'idées. On répète la pièce; elle n'ira pas mal. — Je déjeune chez Lisette[1]. Les mystiques et Gautier pourront me servir; je les ménage. — Visite à Mme de Loÿs. — Longue lettre de Charlotte. Que de justesse d'esprit, que de raison, que d'amour! Si je l'épouse, je serai trop heureux.

*** Répétition habillée d'*Andromaque*. Mon rôle ira bien, mais comme j'y mets moins d'intérêt que l'année dernière!

Dîné à Dorigny. Tout le monde ici est bien pour moi. La représentation a eu lieu, je n'ai pas mal joué. Mme de Staël bien aimable. Mon Dieu! que faire? Heureusement, elle part avec Mme Récamier. Il faut que j'aille chez mon père, c'est ma seule ressource.

*** Soirée chez Mme de Nassau. Conversation intime. Le double divorce n'est pas un aussi grand scandale que je craignais. Excellente découverte : Mme de Nassau dit qu'elle recevra très bien Charlotte. Et après elle le sera par les autres aussi. Il faut donc agir. Dîner à Epenay. Aujourd'hui, 30 août 1807, — notons ce jour, — mon parti est pris, je pars demain irrévocablement! Voici une lettre. Dernier adieu.

Qu'ai-je dit? Tout est renversé, cet effort m'est impossible! Journée affreuse d'indécision et d'angoisse. Ma lettre est déchirée, une puissance magique me domine. Je vais à Coppet: qu'y faire, grand Dieu?[2]

*** Scène pénible; nuit convulsive. Que suis-je

---

1. Sœur cadette de Mlle Rosalie de Constant.

2. « Benjamin Constant proposa alors à Mme de Staël ou un prompt mariage ou une rupture à l'amiable. » (*Lettre de Mlle Rosalie de Constant à son frère Charles.*)

venu faire ici? Je repars de grand matin pour Lausanne.
Tout est bien rompu. Mme de Nassau et Rosalie en sont
heureuses. Cette joie durera-t-elle, car mon âme, au
fond, est déchirée.

*** *Coppet.* — *Septembre.* — Elle est arrivée, elle
s'est jetée à mes pieds, elle a poussé des cris affreux de
douleur et de désolation. Un cœur de fer n'y aurait pas
résisté. Je suis à Coppet de retour avec elle. J'ai consenti
à un séjour de six semaines, et Charlotte qui m'attend à
la fin de septembre! Que faire, grand Dieu? Je foule
aux pieds mon avenir et mon bonheur.

*** Je vais me mettre à travailler pour tuer le temps
d'ici au 15 octobre. Et immédiatement j'esquisse le plan
d'une tragédie : *Wallenstein* [1]. Mme de Staël m'est fort
utile pour les conseils. Je reçois des lettres sèches de
Mme de Nassau et de Rosalie, ma faiblesse les indigne.
Elles en parlent bien à leur aise. Une intimité de dix
ans, cimentée par des devoirs et une douce habitude,
ne se brise pas facilement.

*** En attendant, je travaille avec rage; j'ai fait
hier deux cent quatre-vingts vers et aujourd'hui trois
cent vingt-huit; et quoiqu'il y en ait de fort beaux, il
faudra me calmer, car ma tragédie, de ce train, aurait
six mille vers.

*** J'écris à Mme de Loÿs, à Mme de Nassau, à Char-
lotte et je finis le premier acte de ma tragédie. Il y a des
vers superbes. Lettre excellente de Charlotte, attendant
ma décision. Il faudrait pouvoir la prendre. Aussi, dans
mon embarras, je lui indique trois partis diamétralement
opposés avec la même insistance. Et le dernier, c'est de
ne pas me rencontrer. Si elle le prend me voilà joli
garçon! Et cependant je suis décidé à rejoindre Charlotte à tout prix.

1. Cette adaptation de la pièce de Schiller à la scène française qu'il
fit précéder d'une étude sur le théâtre allemand ne fut pas heureuse.
Le talent de Benjamin Constant et la qualité de son esprit ne se prêtaient
ni à la versification ni à la tragédie.

*** Hochet se marie, il est fâché de mon silence, je vais le réparer, car je tiens à le ménager. — J'ai cinq mille vers de faits. Il y en a de charmants. Je lis mon premier acte, il est fort applaudi. Passons aux quatre autres. J'aime Charlotte plus que jamais. — Mme Récamier est encore ici, c'est une bizarre personne. Cette vie me fatigue.

*** Lettre de Charlotte plus aimante et plus sûre de moi que jamais. Si elle savait où j'en suis, me pardonnerait-elle? Comme le temps s'écoule lentement. Dans quel gouffre me suis-je précipité? Le soir, scène horrible. En sortirai-je vivant? Je dois passer mon temps à mentir et à tromper pour éviter la fureur qui m'épouvante. Si je n'avais pas l'espoir du prochain départ de Mme de Staël, pour Vienne, cette existence serait insupportable. Pour me consoler, je passe mon temps à m'imaginer comment tout irait, si tout allait bien. Or, voici ce château en Espagne : Charlotte termine ses démarches et prépare tout en secret. Mme de Staël, ne se doutant de rien, part pour Vienne. J'épouse Charlotte et nous passons agréablement l'hiver à Lausanne. Si cela m'est accordé, je saurai profiter de mon bonheur.

*** On redonne ici une représentation d'*Andromaque*[1]. — Je travaille à force à ma tragédie. — C'était hier le quatorzième anniversaire de ce lien funeste que j'essaie si inutilement de rompre[2]. Tout va bien quand on fait exactement ce qu'elle veut. Soumettons-nous et dissimulons, c'est l'art du faible.

*** Je reçois la nouvelle de la mort de Mme de Geghausen qui avait été si bonne pour moi à Weimar. La liste des morts grossit terriblement. C'est là où se trouvent maintenant mes meilleurs amis.

Ma tragédie avance beaucoup; elle m'occupe agréablement. Le temps s'écoule, mais les dangers subsistent.

1. Benjamin Constant joua si mal le rôle de Pyrrhus que sa cousine Rosalie écrivait : « Je ne sais si c'est le roi d'Épire (des pires), mais c'est le pire des rois. »

Mme de Staël m'est fort utile pour ma tragédie, et elle se fait si douce et si bonne que, si ce n'était le souvenir des violences passées , l'attachement reprendrait. Néanmoins , ma position sociale est curieuse. Je suis entre deux femmes dont l'une m'a fait tort en ne m'épousant pas, et dont l'autre va me nuire en m'épousant.

*** Mme de Staël reprend son caractère terrible. Je travaille le cœur furieux pour m'étourdir. Je lis deux actes à Châteauvieux qui en est enchanté. Quel supplice de vivre avec une personne qui tâte perpétuellement le pouls à sa propre sensibilité, et se fâche de ce qu'on ne prend pas assez d'intérêt à cette analyse d'elle-même.

J'ai une lettre de Charlotte; elle sait tout. Elle en est triste et découragée, mais me reste fidèle. Je ne l'abandonnerai pas. Mon Dieu, fais que l'autre parte!

*** Course à Lausanne. Tout le monde me désapprouve du retour à Coppet. On donne de nouveau *Phèdre*; Mme de Staël joue admirablement. Ma tragédie devient un prétexte pour prolonger.

*** J'ai bien avancé ma tragédie et lu, chez le préfet, quatre actes qui ont beaucoup touché; mais deux mille vers déclamés m'ont brisé la poitrine. Le cinquième acte est bien difficile à faire.

Charlotte a un admirable caractère de loyauté et de raison, mais ma conduite vacillante pourrait la pousser à bout, surtout quand, arrivée à Besançon, elle ne m'y trouvera pas. Mon père m'écrit qu'il veut venir ici. Il ne manque plus que cela! Mme de Staël est certainement une personne bien bonne et bien spirituelle. Ma pièce sera superbe. Je n'ai plus que cent quatre-vingts vers à faire pour finir.

*** Charlotte est à Besançon, désespérée, et mon avenir va se perdre. Il n'y a plus à hésiter, mon père servira de prétexte, je pars.

*** *Besançon.* — Je trouve Charlotte très mal[1]. Elle
a le délire, elle a frémi à ma voix et s'est écriée : « C'est
l'homme qui me tue! » Je me jette aux pieds de la
Providence pour demander pardon de mes crimi-
nelles folies et la force de sortir de cette affreuse position.

*** Après quelques jours de souffrance et d'angoisse, Charlotte renaît. Elle a repris courage et confiance en moi, mon bonheur est assuré.

(*27 décembre 1807.*) — J'ai cependant encore écrit
trois fois à Mme de Staël des lettres qui peut-être lui
feront de la peine, mais il le faut, le dernier moment
approche... [2]

---

1. Benjamin Constant s'était décidé à rejoindre Mme Dutertre à
Besançon. Pendant ce temps Mme de Staël, sans se douter de ce qui se
préparait, partait pour Vienne.

2. Malgré cette affirmation, Benjamin Constant revint à Coppet en
1808 et ses indécisions recommencèrent. Il se dit libre encore, et peut-
être n'eût-il jamais épousé Charlotte, si la volonté de son père n'était
intervenue. M. Juste de Constant accueillit Mme de Hardenberg à Brévans où son futur époux devait la rejoindre. Après s'être fait attendre
longtemps, Benjamin avait fini par y arriver vers le 10 décembre 1807.
Le mariage cependant ne se fit que le 8 juin 1808 après de nouvelles
hésitations. Charlotte ne pouvant fournir tous les papiers nécessaires,
un pasteur protestant bénit les deux époux, mais les registres de
Besançon ne contiennent pas leur acte de mariage ; cependant par un
compromis étrange, payé argent comptant, M. Dutertre avait consenti
au divorce. Après la cérémonie qui le liait définitivement à une autre
femme, la situation de Benjamin vis-à-vis de Mme de Staël ne se sim-
plifia pas. D'abord il commença par garder son mariage secret. (Voir
Introduction, page XLIII) ; sa découverte donna lieu aux scènes les plus
violentes, qui pourtant ne déterminent pas une rupture complète. Il
accompagne Mme de Staël à Lyon ; on le voit près d'elle en Suisse. En
1809 seulement il rendit son mariage public ; cependant en juin 1810
nous le retrouvons encore à Coppet. Toute cette partie de la conduite
de Benjamin paraît absolument inexplicable (Voir Introduction). Son
Journal ne contient aucun détail sur les débuts de son mariage, il
interrompit pendant trois ans ce carnet quotidien et ne le recommença
qu'en 1811. Ce fut au mois de mars de cette même année que Benjamin
Constant avait fait à Lausanne ses adieux définitifs à Mme de Staël.
« Nous ne nous reverrons jamais », lui dit-elle. Ils devaient se revoir,
mais dans des termes d'indifférence affectueuse et quelquefois un peu
amère.

1811

Le 15 mai. — Je pars de Lausanne avec Charlotte[1].
Nous dînons à Moudon où nous voyons Mme Bird. Nous
couchons à Payerne. Le lendemain nous arrivons à
Berne où nous faisons un petit séjour. Je profite de tous
les moments d'arrêt et de liberté pour travailler; j'ai
repris mon ancien entrain à l'ouvrage. Nous voyons au
théâtre la comédie de *Fridolin* assez bien jouée. Le
lendemain nous admirons la promenade de l'Enge et
dînons chez Mme de Gingins Kneckt. A Soleure nous
visitons les couvents et l'Ermitage où trône un cordon-
nier en guise d'ermite. A Bâle je vois le champ de
Saint-Jacques. Nous sommes reçus chez Mme Streckheisen et chez Mme Bürckardt qui a un jardin splendide. Je
vois la bibliothèque, la passion d'Holbein.

***   Seconde soirée chez Mme Streckheisen. Ses
filles font de la bonne musique. Je n'ai pas mal travaillé
ici.

***   Nous partons pour Fribourg et allons de là à
Strasbourg en voyageant doucement. Nous voyons les
Renouard de Bussières. Nous visitons la cathédrale et
la petite fille morte depuis trois cents ans. Nous dînons
chez M. François Boerio où je vois M. Breimann. Charlotte est affectueuse et excellente. Dîner chez Renouard
et beaucoup travaillé. Des lettres reçues ont rendu
notre départ pour l'Allemagne incertain, cependant
maintenant c'est décidé. Charlotte est indisposée, ce qui
nous retarde. Je travaille tant que je peux. A force de
refaire on fait mieux.

Route de Strasbourg à Baden. — Nous y séjournons;
et, affriandé par un gain de trois louis, j'y joue pour y
perdre comme un sot.

---

1. Benjamin Constant se rendait en Allemagne, dans la famille de
sa nouvelle femme, au château de Hardenberg, près de Göttingen.

*** Nous partons pour Heidelberg où je passe la journée avec les jeunes de Loys. En arrivant à Francfort nous sommes pris par des orages et des inondations. J'y trouve une foule de lettres et rien de mauvais dedans, chose étonnante!

*** Séjour à Francfort. On m'y assomme de ce maudit titre de baron. A la bibliothèque je trouve des matériaux précieux. Nous voyons Bethmann. Arrivés à Wiesbaden. Bonne troupe de comédie, grand bal et jeu. Cela me distrait trop. J'ai une mauvaise lettre de mon père. Il y a peu d'effet théâtral chez les Allemands, c'est souvent des comédies *à pathos*. Je ne cesse de jouer et ne cesse de perdre. C'est stupide! partons!

*** Nous arrivons à Schwalbach que je trouve plus agréable que Wiesbaden. Mais aussi plus mauvais pour moi. J'y passe dix jours sans travailler, à jouer comme un fou: triste vie! Enfin nous retournons à Francfort et de là à Cassel. Nous y trouvons le fils de Charlotte et son frère. Dîner chez Fürstenstein; excellente réception partout. Dîné chez Hardenberg; quelle singulière position pour moi, troisième mari!

Arrivés à Göttingen.

*** Séjour au château d'Hardenberg. Vie de famille douce et agréable. Je me mets enfin assez bien au travail, mais le besoin d'indépendance me reprend déjà et je médite un établissement à Göttingen où je prends un logement. Je reçois de mauvaises lettres qui m'inquiètent sur le sort de ma fortune. Lettre de Mme de Staël. Sa position ne s'améliore point et m'oppresse. Quelle dureté on a à son égard! Cela me rattache à elle.

Je travaille assez bien. Il y a beaucoup de parties à revoir dans mon livre. Je lis le soir dans mon ouvrage; il est assez bien compris. Sans cet intérêt de travail que deviendrais-je? Charlotte est un peu boudeuse, il faut s'y faire.

*** Aujourd'hui, 25 octobre 1811, j'ai quarante-quatre ans. Ai-je réellement bien employé ces deux tiers de ma vie? Tâchons de mieux finir! J'ai une belle-sœur aigre et sèche. Au fait, cela regarde mon beau-frère. Je n'ai pas mal travaillé. Mon livre avance. Charlotte est douce et bonne. Nous empaquetons pour aller à Göttingen. Déménagement abominable! Que de paquets j'ai déjà faits dans ma vie!

*** J'assiste à une réception académique. La cérémonie est touchante. Je suis assez malade d'un érisypèle. J'ai des inquiétudes sur mon père; ma vie est de nouveau troublée.

*** Ma santé s'est remise. Concert et souper gai chez Mme Rode. Reçois une exécrable lettre de mon père. Je travaille bien lentement. J'écris pour l'affaire de mon père. Les inquiétudes me font mener une vie de fièvre.

*** Bal jusqu'à trois heures du matin. Point de mauvaises lettres aujourd'hui. C'est du temps de gagné! Souper très gai chez moi. Charlotte y est tout aimable. Nous avons la visite de son fils. J'ai lu les pères de l'église. C'est un nouveau champ à parcourir.

Soirée chez Blumenbach.

*** Je me mets à relire mon roman. Comme les impressions passent quand les situations changent! Je ne saurais plus l'écrire aujourd'hui. J'ai revu la fin de mon ouvrage que je trouve superbe! Je suis persécuté d'interruptions, le travail suivi n'est pas possible ici.

Sotte lettre reçue de Mme de Staël. Elle vaut moins que je ne croyais! Soirée chez Stockhausen, gens très aimables.

*** Ce soir il y a grand souper d'étudiants. Hélas! je n'en suis plus! Soupé chez Riperda. Mon père a publié son libelle contre moi. Quelle horrible affaire! Il nous perdra tous. Que d'infamies! Je remets le tout à un avocat et ne m'en mêle plus. Point de lettres! Je n'attends guère que de mauvaises nouvelles, aussi le cœur me bat à chaque courrier.

Fête très agréable chez moi ce soir.

*** Nous nous décidons à passer un mois à Brunswick. Que de souvenirs j'y retrouve, ainsi que d'anciens amis ! Néanmoins tristesse profonde : ma première femme, la France, Coppet... Débris épars d'un passé fini... Et quel état actuel ? Quel avenir ? Mon ouvrage est mon seul intérêt. Querelles assez fréquentes avec Charlotte. Je ne parierais pas que nous finirons notre vie ensemble. Dîner et soirée chez Giersdorf. Excellente lettre de Mme de Staël. Hélas ! qui sait ? Dispute aigre avec Charlotte sur la politique.

Soirée chez Munckhausen. J'ai revu ma première femme !...

1812

***   Mon père est mort, ma tête est troublée et mon sang glacé.

***   Retour à Göttingen. J'y range mes papiers. Chaque jour la perte de mon père m'est plus douloureuse. Il se serait réjoui de mon ouvrage. Ai-je eu des torts envers lui ? Cela m'oppresse.

J'ai la visite du prince de Prusse qui passe la soirée chez moi. Dîné chez Bramann. Soirée chez le préfet. Il y a encore de la confusion dans certaines parties de mon travail.

***   Soirée agréable chez Seckendorf.

***   Ma vie à Göttingen m'ennuie. Je devrais aller en Suisse. Ce soir il y a une comédie chez Stockhausen.

***   Je fais une course à Cassel. Dîner chez Reinard. Le soir comédie. J'y trouve Siméon, Pichon, etc. Je m'y suis beaucoup amusé.

Le caractère de Charlotte change. De généreuse elle devient avare, de douce, exigeante ! Quelle peste que le mariage ! Mon affaire avec les petits bâtards [1] s'embrouille.

***   De Villers dîne chez moi. Journée froide avec

---

1. Les enfants que son père avait eus d'un second mariage avec une personne attachée à son service.

ma femme. C'est assez ce qui me convient : point de mal pour elle, et l'indépendance pour moi. J'irai seul en Suisse. Mme de Staël est malade. Ah! Mon Dieu, que ferai-je?

Diné au Hardenburg. Plus je travaille, plus je vois que le champ que j'ai encore à parcourir est immense. J'ai acquis la désagréable certitude que mes deux beaux-frères sont de fameux fripons.

*** Pourquoi me suis-je remarié? Sotte situation, sotte chaîne! Autrefois j'étais entraîné par un torrent. Aujourd'hui je succombe sous le poids d'un fardeau.

*** J'ai diné avec tous les Hardenberg du monde.

Mme de Staël est en voyage avec Rocca, mais elle ne m'écrit plus. Son souvenir et celui d'Albertine me déchirent. Mon cœur se fatigue de tout ce qu'il a et regrette tout ce qu'il n'a pas. Peut-être la douceur de Charlotte arrivera-t-elle à détruire cette continuelle impression. Que la vie est triste et que je suis fou! Je fais le projet d'un voyage à Vienne. Cela m'a rappelé les efforts de Mme de Staël pour m'y entraîner avec elle. Donc, ce que je n'ai pas voulu faire avec la plus spirituelle des femmes, je pense à le faire aujourd'hui avec Charlotte. Justice de Dieu! Singulière suite de folies qui m'a fait, pour ne pas quitter Paris, contracter un mariage qui me jette à Göttingen !

*** J'ai l'ennui d'un second déménagement. Oh! qu'une femme est incommode! Scène vive avec Charlotte. Elle avait tort au fond, mais moi je l'ai toujours dans la forme. Je reconnais que Charlotte a du bon. Faut-il en faire ce que je voudrais, ou me passer d'elle? Charlotte a la manie de veiller, ce qui me fait passer des nuits détestables. Or, souvenons-nous que je me suis marié pour me coucher de bonne heure. Cela ne peut pas durer.

*** Charlotte est douce et bonne. Je me fais des chimères et je m'en prends aux autres de ma propre folie intérieure. Au fond Charlotte ressemble à toutes les femmes. J'ai accusé les individus, j'aurais dû m'en prendre à l'espèce. Mais, pour mon travail et les bons conseils, je regrette Mme de Staël plus que jamais.

Tristesse profonde, mécontentement de moi et des autres, cela va toujours ensemble.

***   Lettre de Mme de Staël qui me prouve que tout est bien fini entre nous. Soit! je l'ai voulu. Naviguons donc tout seul, mais ne nous laissons pas de nouveau gêner par des liens qui offrent bien moins de charmes.

***   Je travaille peu et mal. Quel temps perdu! Quelle vie *inarrangeable!*

Encore de nouvelles scènes avec Charlotte, mais je sens que je les crée. Au lieu d'être faible et dur, je devrais être ferme et doux. Je sens que je porte l'ennui de ma femme et le mien : c'est pesant. Mme de Staël est perdue pour moi, je ne m'en relèverai pas.

***   Je me suis remis très bien au travail ; une lecture plus attentive de la bible a bouleversé toutes mes idées primitives. Il faut changer mon plan relativement aux juifs. Pour dire ce que je pense il faudrait des volumes, et je blesserais à droite et à gauche, les dévotes et les philosophes.

1813

Le besoin de me distraire me pousse aujourd'hui à faire des vers. Hélas! qui me dira s'ils sont bons? J'ai au fond du cœur une douleur amère de ma vie si mal arrangée. Le moment décisif est venu. Carrière occupée et honorable, ou repos complet, ou mort. Cet été en décidera. En visitant mon magot il me semble qu'il m'y manque vingt louis. Qui diable me les a volés?

***   Charlotte est de retour d'une course à Cassel. Longue conversation sur les inconvénients de diverses choses. Il n'y a pas tant à discuter, le seul inconvénient actuel de ma vie c'est d'être marié. *George Dandin!*

A pareil jour, à onze heures du matin, sur l'escalier de l'hôtel de la Couronne, à Lausanne, je quittais Mme de Staël qui me dit qu'elle pensait que nous ne nous reverrions de notre vie. Cela en prend le chemin. Hélas! Chère Albertine!

Toute la soirée je me suis occupé de souvenirs et de regrets. Je suis aussi occupé de Mme de Staël qu'il y a dix ans! Charlotte m'accable de sa bonté.

***   Je travaille et suis moins mal moralement. Il faut cependant cesser de me dévorer moi-même. Il faut accepter ma situation et en tirer le moins mauvais parti possible. J'ai fait une sottise en rompant, quand il aurait pu me servir, un lien que j'avais conservé et subi quand il me nuisait. Je le regrette, j'ai fait une sottise. Eh bien, après? Il faut en profiter au lieu d'en souffrir, rien n'est tout à fait perdu et beaucoup me reste, plus que je ne mérite. Charlotte fera ce que je voudrai. Employons mon talent, soyons raisonnable, au lieu d'être un sot et un imbécile. Rendons Charlotte heureuse, j'ai fait assez de mal dans ma vie.

***   Charlotte est contente de son fils. Elle pourrait rester ici, si je veux essayer de nouveau de la vie active. C'est le moment. Les nouvelles politiques sont sérieuses, le maître chancelle, mais n'oublions pas la timidité naturelle qui me domine et gardons-nous de faire une folie pour nous consoler d'avoir fait une sottise. Attendons et travaillons[1].

***   Le Béarnais est arrivé. Tout est en rumeur par

---

1. Cette période de calme ne devait pas durer. A ce moment l'abdication de Napoléon étant imminente, une intrigue fut nouée, pour mettre en avant le fils de Bernadotte. Benjamin Constant, qui voulait absolument jouer un rôle politique conforme à ses idées et qui s'enthousiasmait de tout ce qui lui donnait l'espoir d'un gouvernement constitutionnel, fut mêlé à cette naïve candidature, candidature qui n'est rapportée nulle part et qui fut un *fiasco* complet. C'est aux agitations et aux espérances de cette absurde entreprise que Benjamin Constant nous fait assister dans ce récit mystérieux, où le prince prétendant est désigné sous le nom de Béarnais, probablement parce que le Béarn était la patrie de Bernadotte.

la présence du maître. A... est le centre de l'affaire. Je me décide à aller voir s'il y a là quelque chose de sérieux, mais je me sens sur un terrain contre nature. S'il n'aboutit à rien... Au reste, une entrevue décidera tout. L'entourage triomphe déjà, on médite des vengeances. Sotte, méchante, monotone espèce humaine !

*** Je dîne avec le Béarnais. Il a été pour moi d'une amitié extrême. C'est le moment de me décider. Et si je renonce, ne pas le regretter, en me disant que même le succès a des épines. Le prince me montre des lettres très propices. La route paraît un peu tracée. Bodenhausen est placé. Les autres sont toujours choisis et jamais moi !

*** Soirée chez S... Le Béarnais veut décidément de moi, il a l'air de m'aimer. Dois-je m'attacher à lui ? Son terrain me paraît mouvant et ma cabane bâtie là-dessus se trouvera sur du sable.

*** Deux entrevues avec le Béarnais sont ajournées. Enfin j'y dîne et il m'accorde un long tête-à-tête. Grand honneur dont on est déjà jaloux. Mais c'est du bavardage. Cependant je fais une proposition aventureuse. C'est ma dernière tentative, après quoi je rentre dans mon rôle d'écrivain indépendant. J'attends une décision. J'ai vu Auerswald qui est un homme d'esprit.

Je fais le plan d'un ouvrage politique au point de vue constitutionnel. Dîné chez Wangenheim avec Schlegel. Soirée chez Reberg.

*** Le Béarnais part et me donne le moyen de le rejoindre. Les projets se développent. Je fais une brochure sur l'esprit de conquête qu'il faudra publier tout de suite.

*** La première partie de mon ouvrage est prête, je me décide à l'envoyer à l'empereur Alexandre, mais les événements iront si vite que mon livre n'aura plus le mérite de l'audace. Les journaux publient un discours de Napoléon. Quel lâche coquin ! Le temps presse si je peux arriver à l'hallali.

BENJAMIN CONSTANT

A L'AGE DE VINGT-TROIS ANS

(Ce portrait appartenait à Mme de Charrière.)

1814

*** Mon ouvrage est beau [1] ; j'y mets mon nom et vogue la galère ! Soirée chez le duc de Brunswick. Il y a des officiers suédois. Le Béarnais n'arrive que dans deux jours ; j'espère avoir le temps de tout finir, compris une addition qui sera un fier morceau.

*** Le Béarnais est arrivé Pour cette fois tout se décidera. Je l'ai vu, il veut de moi. Tout est convenu. Il me donne l'ordre de l'Étoile polaire qui me fait plaisir. Sa bienveillance est extrême. C'est un homme excellent. Ma visite ne lui aura pas été inutile. Mon ouvrage fait sensation en Angleterre.

*** Tout le monde est parti. Je les suis, car la chose est décidée et j'en suis moi-même étonné.

*** J'arrive à Munden, où je suis logé chez le duc de Rosenbach.

*** Je voyage jour et nuit et j'arrive à Liège, où je trouve le prince qui me reçoit en m'embrassant avec affection. Il était trop souffrant pour que nous puissions causer. Son entourage qui me voit de mauvais œil en a profité pour ne pas m'inviter à dîner. Je subirai beaucoup de luttes sourdes de ce genre. Voyons si nous pouvons vaincre tout cela. Misérables humains ! L'Europe est en danger, l'union se relâche, le monstre se relève, et autour de ceux qui décident de tout, les petites tracasseries s'agitent. Du reste, les nouvelles sont mauvaises, tout le monde est découragé. La paix avec le Corse est probable. Malgré cela, espérons.

*** On me fait des obstacles pour voir le prince et, cependant, il faut que ma situation soit fixée, quelque passagère qu'elle doive être. Enfin j'y suis parvenu, je l'ai vu et ma situation est arrangée momentanément.

1. *De l'esprit de conquête et de l'usurpation dans leurs rapports avec la civilisation européenne.*

*** Le prince me fait un discours devant des officiers français prisonniers. Il sonde le terrain, mais la terre ne répond pas. Je dîne chez le prince. Il semble se rapprocher de mes idées.

Le lendemain je lui ai écrit, nous causons sur ma lettre. Il y a de la ressource. Il prend une résolution décisive.

*** Départ. Tout va s'éclaircir. Mais les bourbonniens parlent bien haut, cela n'ira pas.

*** Grande nouvelle. Le Corse est-il donc à bas? Tout se précipite. Paris est pris, et le Béarnais revient sans y avoir même été. Quelle chute déplorable! Je n'ai pas eu le temps de partir, et Talleyrand s'en tire. Justice divine!

*** Louis XVIII est proclamé. Le prince m'emmène à Bruxelles. Je donne au diable à deviner le pourquoi et le résultat de tout ceci.

*** J'écris à Talleyrand. C'est un essai bizarre.

*** Nous arrivons à Louvain où je trouve Auguste de Staël. C'est un des plus fiers égoïstes que je connaisse. Il fera son chemin. Il me lit une lettre de sa mère. Quelle incorrigible intrigante! Cela m'a soulevé le cœur et a brisé dans ma pensée le dernier des liens.

*** Arrivé à Bruxelles. Bonaparte a abdiqué. Il l'avait toujours dit, mais je ne l'ai jamais cru.

*** Départ du prince. Voilà une histoire vite finie; mais moi que ferai-je? Qu'irai-je faire à Paris? Je n'y ai ni appui ni relations utiles. A présent d'ailleurs la nation est comme de la boue; elle est remuée, il faut la laisser reposer et attendre que l'eau devienne claire.

Tout le monde part. Auguste m'entraîne et je me laisse faire. *Au fait*, en mettant à Paris de la dignité dans ma conduite, je peux me faire désirer. Si cela me déplaît, je repars [1].

---

1. Sa haine bien connue pour Napoléon devait assurer à Benjamin Constant un accueil favorable à Paris, mais le drapeau constitutionnel

*** Je viens d'arriver, j'ai vu Osset. Il y a de la ressource pour la liberté. Mon ouvrage arrive à propos, il fera bon effet, j'espère; mais l'horizon n'est pas encore bien clair.

Pozzo di Borgo est un homme d'esprit. Je vois beaucoup de gens bien disposés. Talleyrand l'est, dit-on. C'est décidé, servons la bonne cause et *servons-nous*.

Néanmoins j'ai peine à revenir de la sotte chute du Béarnais. Il y a cependant encore bien des causes d'agitation. Je dîne chez Raynouard avec Amyot. Il y a dans tous les Français des ressentiments contre l'étranger. C'est un peu tard! Mauvais article du *Journal des Débats* contre moi. Peu importe, mon ouvrage sera en vente demain. Je suis décidé à l'envoyer à l'empereur Alexandre.

*** J'ai vu Talleyrand, il n'est pas mal disposé. Je dîne chez Devaux. Les Français sont toujours les mêmes. Ce pays décidément n'ira pas. *Il sont tous fous et méchants.*

*** J'ai une lettre de Stapfer. De la Harpe est venu, tâchons par lui, pour le bien de la chose, de parvenir jusqu'à Alexandre. Je retrouve dans les alliés, vainqueurs de Paris, de mes relations d'Allemagne.

*** J'ai envoyé tous les exemplaires de mon ouvrage et fait un nouveau plan d'un livre qui sera achevé en moins de rien.

On fait des éloges inouïs de mon premier travail. Cela me mènera-t-il à quelque chose? Patience, nous arriverons peut-être et nous mourrons sûrement. Ce

qu'il ne cessait d'agiter ne répondait pas aux idées réactionnaires des purs légitimistes. Aussi fut-il promptement désillusionné. Cependant il ne se laissa pas décourager et, se fiant aux bonnes paroles de Talleyrand, Regnault, Fouché et autres, il se jeta avec ardeur dans la presse militante. Aidé de la Harpe, il parvint jusqu'à l'empereur Alexandre qui lui fit la meilleure réception et lui donna des encouragements. Du 15 avril 1814 au 19 mars 1815, il publia une série d'articles politiques, rédigés avec un talent remarquable et qui remuèrent l'opinion, malgré l'opposition que rencontraient autour du roi Louis XVIII les doctrines qui y étaient professées.

sera alors tout comme. Le censeur ne veut pas qu'on écrive ni pour, ni contre la constitution.

*** J'adresse une lettre très vive là-dessus. Mes relations à Paris sont brisées. Je ne crois pas qu'il n'y ait rien à faire. La réaction marche en plein et m'oppresse. Nation incorrigible. Je n'en suis plus !

*** J'ai été présenté aujourd'hui à l'empereur Alexandre. Cela s'est bien passé. Il a l'air du meilleur des hommes. Sans le soin que prennent les courtisans de mettre de la distance entre lui et le reste du monde on aurait pleine liberté et pleine confiance. Il m'a répété la promesse d'un ordre.

Dîner chez Raynouard. Quelle déraison dans ces gens ! Mais leur niaiserie n'est pas celle de l'innocence. Soirée chez Suard. On me demande une seconde édition, le succès se soutient.

*** Je dîne avec don Pedro. Soirée chez le grand chancelier. Mme de Staël est arrivée. J'y vais, je la trouve changée, pâle et maigre. Tout s'est passé sans aucune émotion. Albertine est charmante, spirituelle au possible. Que je voudrais passer ma vie avec elle !

*** Dîner chez de Gérando avec Ancillon, homme d'esprit. Soirée chez Mme de Staël. Elle est changée du tout au tout, elle est distraite, presque sèche, pensant à elle, écoutant peu, ne s'intéressant à rien.

*** J'ai travaillé la préface de mon second ouvrage[1] ; tout sera fini demain. L'autre est à la quatrième édition. Je passe la soirée avec Alexandre qui me témoigne une grande bienveillance, mais l'ordre n'arrive pas.

*** Dîner aujourd'hui chez Lacretelle. Les éloges ne me manquent pas et, au milieu de tout cela, je suis laissé dans l'abandon le plus complet.

J'ai dîné chez le jeune de Loÿs. Commencé une brochure sur les journaux. Visite à Talleyrand, Raynouard, Fouché. Soirée chez Mme de Staël avec Wellington.

---

1. *Réflexions sur les institutions, la distinction des pouvoirs*, etc.

***   Ma nouvelle brochure sur la *Liberté des journaux* a du succès : ma considération grandit.

Je dîne chez Raynouard qui est métamorphosé par sa nomination de conseiller datant d'hier.

Dîner intéressant avec Fouché, Garat et autres. Soirée chez Desportes avec Laborie. Je lis mon roman [1] chez Mme Laborie. Les femmes qui étaient là ont toutes fondu en larmes.

***   Dîner chez Raynouard. Mauvaise disposition des meneurs. Peu importe! Prenons bien racine en France et conservons ce que nous avons acquis. On me fait des ouvertures, mais je n'y crois pas. Dîner chez Beugnot. Soirée chez Talleyrand. La *Gazette de France* m'attaque. Répondons.

***   La loi a passé. Adieu la constitution, et au diable la France! Quels fous que les gouvernants qui tuent l'opinion qui était pour eux. Allons-nous-en. Je dîne chez Raynouard et y ai une vive dispute avec Guizot. Le plus petit pouvoir est un grand corrupteur. Soirée chez Suard. Là, tout le monde est de mon avis. La contre-révolution marche bon train. Allons voyager.

Il y a aujourd'hui vingt-sept ans que mon père a fait la grande sottise qui a détruit sa vie.

***   Mon second ouvrage politique est terminé et en partie expédié. C'est déjà un grand succès. Je dîne chez Sébastiani. On me dit que Montesquiou sera furieux. Soirée chez Suard; j'y récolte des éloges prodigieux.

Dîner chez Talleyrand. Mon succès est complet, c'est le quatrième de suite. C'est beaucoup.

Soirée chez lady Holland. Le lendemain, dîner chez Mme Caffarelli; j'y vois Beugnot et Talleyrand. Soirée avec Garat. Je me désintéresse même des patriotes, parce que je n'espère plus rien. Pas même l'ordre russe qui n'est jamais venu.

***   Je passe la soirée chez Mme Récamier, et cette

---

1. *Adolphe* qu'il n'avait pas encore publié.

femme, avec qui j'ai vécu en Suisse, que j'ai vue en maintes occasions et de toutes les manières, qui ne m'a jamais fait aucune impression, — me saisit tout à coup et m'inspire un sentiment violent. Suis-je fou ou bête? Mais cela passera, j'espère.

***   Hélas! cela ne passe point et cette affreuse fièvre de passion qui ne m'est que trop connue m'a envahi et me domine entièrement. Le travail, la politique, la littérature, tout est fini. Le règne de Juliette commence. Il a fallu pour me lancer dans cette tourmente de cœur et d'esprit à laquelle je ne sais pas résister une circonstance futile en apparence. Un service de conseil et de rédaction que les Murat [1] m'ont fait demander par Juliette (qui est leur obligée). Or, son désir de réussir et les séductions qu'elle a cru devoir employer et les conférences confidentielles qui en sont résultées m'ont tourné la tête. Je le sens! Et cependant je sais le danger auquel je m'expose, car j'ai affaire à une franche coquette, mais le charme de la difficulté à vaincre m'entraîne [2].

Septembre. — Je tourmente ma vie dans l'inconcevable agitation où me met cette femme; j'en vieillis.

1. Mme Récamier, très liée avec le roi et la reine de Naples, venait de recevoir une lettre de la reine Caroline, qui la priait de lui indiquer un publiciste renommé auquel confier la rédaction d'un mémoire pour la défense des droits de Murat. On allait discuter au congrès de Vienne le maintien des souverainetés fondées par Napoléon. Mme Récamier pensa immédiatement à Benjamin Constant et l'invita à passer chez elle. Il vint, ils causèrent longtemps. Pour gagner à la cause de ses amis l'appui qu'elle sollicitait, la belle Juliette employa un peu de cette coquetterie qui avait exercé sur ses contemporains une si universelle séduction. Adolphe avait alors quarante-sept ans, ce qui ne l'empêcha pas de devenir amoureux. Il eut grand'peine à réduire à l'amitié le sentiment qui venait de le saisir violemment.

2. Benjamin Constant consignait jour par jour dans son journal les détails de sa vie amoureuse. Il passait par de folles alternatives d'espérance et de désespoir; son amour-propre, qui jouait un si grand rôle dans cette passion, était tour à tour exalté ou écrasé. Nous ne reproduisons ici que quelques fragments des pages où il transcrivait quotidiennement, avec une monotonie désespérante, les rigueurs de Mme Récamier et ses espérances toujours renouvelées et déçues.

Visites à tort et à travers, que sais-je? Tout m'est bon pour tuer le temps. mon sang brûle. Je l'ai vue seule ; jamais il n'y eut plus de coquetterie et c'est là son charme. Il m'est impossible de savoir si j'ai fait le moindre progrès dans son cœur. il n'y a pas même de la pitié. Ce soir. après un rendez-vous qu'elle m'avait donné et qu'elle avait manqué, son peu de regret m'a suffoqué. J'ai dû sortir de chez elle et j'ai eu des convulsions de douleur et de rage de l'aimer.

Paisible vie de Göttingen, où es-tu?

*** Je voulais l'inquiéter par l'absence, mais je n'ai pu résister et j'y suis allé. J'ai vu qu'elle devenait chaque jour plus froide et plus raisonnable. Je l'ai en horreur. Je ne la reverrais plus si cela pouvait la peiner. Je donnerais dix ans de ma vie pour qu'elle souffrît la moitié de ce que je souffre.

*** Elle m'a fixé un rendez-vous, j'y suis couru. Ma douleur l'a émue, elle m'a promis de me voir souvent seul et de m'écouter. Elle m'a parlé avec affection de mes intérêts et de ma carrière. Néanmoins elle a, devant moi, été si gracieuse avec M. de Forbin que j'ai dû revoir celui-ci et amener les choses entre lui et moi au point de nous battre demain.

*** Entre Juliette désolée, qui me fait de tendres promesses si je ne me bats pas, et les efforts des seconds, l'affaire s'est arrangée, chacun de nous se promettant qu'au premier mécontentement on retomberait l'un sur l'autre [1].

*** Je l'ai revue aujourd'hui. A Dieu ne plaise que je me vante, j'ai trop peur de quelque coup de massue, mais il me semble que j'ai fait quelques progrès. Elle croyait que je partais et m'avait écrit pour se plaindre de mon départ. Elle a convenu que j'aimais avec plus d'abandon que personne, et son doute ne portait que sur la durée de mon attachement. Elle a pres-

---

1. Ce duel finit, en effet, par avoir lieu

que avoué qu'elle craignait qu'il ne passât bien vite.

***   Ma foi ! j'y renonce. Elle m'a fait passer une journée diabolique ! C'est une linotte, un nuage, sans mémoire, sans discernement, sans préférence. Sa beauté l'ayant rendue l'objet de continuels hommages, la langue romanesque qu'on lui a parlée l'a dressée à une apparence de sensibilité qui ne va que jusqu'à l'épiderme. Elle n'est jamais le lendemain ce qu'on l'avait quittée la veille. Elle n'a pas assez de souvenir pour que le plaisir qu'elle a pu trouver dans une conversation intime lui donne le mouvement d'en rechercher une autre. Elle est pour tout le monde comme pour moi,

Après cet accès de désespoir et de colère, je me suis bien calmé et, trouvant le soir Forbin chez elle, j'ai parlé à Juliette devant lui à cœur ouvert. Cela établissant de la confiance entre les deux soupirants, nous nous sommes mis tous les deux à lui peindre notre amour, ce qui a produit enfin chez moi un inextinguible fou rire.

Il faut en finir et le plus tôt sera le mieux.

***   Pensant me détacher de Juliette par un froid raisonnement, j'ai raconté tout mon fol amour à Albertine, sans nommer la personne. Je reconnais que cette confidence était absurde et que j'ai eu tort. Cela guérira-t-il ma sottise, et continuerai-je des occupations si honteusement puériles pour un homme comme moi ? Mais hélas ! la griffe est sur mon cœur, jamais folie n'est venue plus mal à propos.

***   J'y suis retourné et je gagne du terrain, je le pense sans m'en enorgueillir, bien au contraire, je me prosterne devant le sort. Journée entière avec elle, promenade, dîner, spectacle. Je sens que je ne lui déplais pas ! Aussi tout mon esprit, tout ce que je puis avoir de charme lui est consacré avec un abandon et une soumission entière.

***   Je dîne chez Fromelin avec Montlosier. Mes écrits ont fait sensation, on me distingue partout. Mais ma malheureuse maladie morale m'empêche d'en profiter. Ma femme [1] ne m'écrit plus, je crains qu'elle ne soit perdue pour moi. On m'offre la nomination de commandeur de l'ordre des deux Siciles, et une belle position si je veux me dévouer aux Murat. Ce départ me sauverait de Juliette, donc je refuse.

*** Je crois que Juliette a du goût pour moi, mais je la crois bien décidée à ne prendre aucun lien, de sorte que je ne gagnerais rien à l'émouvoir que de la mettre en garde et d'être le lendemain victime de ses réflexions. Mais, d'un autre côté, il y a quelque chose de niais à ne rien tenter avec une femme dont on est fort amoureux et avec qui on se trouve souvent en tête à tête à deux heures du matin. Persévérons.

*** J'ai rendez-vous avec Juliette ce soir et prépare une composition écrite pour l'émouvoir. Cela a réussi, elle a eu une véritable émotion et de l'abandon plus que jamais. Et cependant je n'en ai pas profité. Il y a là une barrière que j'entrevois et qui me paralyse.

*** C'est fini, il n'y a là-derrière que l'indifférence la plus complète. Il n'y a rien à faire comme amour! Et comme amitié? Cela n'en vaut guère la peine avec une âme si sèche. Donc partir ou me guérir, mais il y a dix mois que je me crie cela aux oreilles, et je sens que je ne ferai ni l'un ni l'autre.

*** Comme toujours, la contrariété me rend fou. Juliette a été dure pour moi, ne m'a pas écrit, n'a pas répondu à ma lettre. Le paroxysme de la passion est revenu avec les larmes et le désespoir. Mais ayant rencontré chez Juliette Mᵐᵉ de Krüdner [2], mon cœur et mon esprit malades

---

1. Mᵐᵉ de Constant, ne pouvant entrer à Paris à travers les armées coalisées, était restée en Allemagne près du fils né de son premier mariage avec M. de Marenholz.

2. Au milieu de ce drame amoureux l'apparition du mysticisme de Mᵐᵉ de Krüdner est assez curieux. Celle-ci, qui était en bonnes relations avec Mᵐᵉ Récamier, voulut faire tourner au profit de son prosélytisme l'exaltation de Benjamin Constant. Elle y réussit en écoutant avec compassion le récit des chagrins de cœur de son néophyte et en lui promet-

ont été attirés par les consolations qu'elle me promet. Qui sait d'ailleurs si sur ce terrain le cœur de Juliette, attaqué par cette alliée, ne me sera pas plus ouvert?

*** Mᵐᵉ de Krüdner m'a appelé auprès d'elle. Sa conversation m'a fait du bien. Elle a été adorable de compassion pour l'amour qui me tourmente et m'a promis son secours pour établir entre Juliette et moi un lien d'âme. En même temps elle m'a remis pour Juliette un livre manuscrit. Je l'ai lu; il n'y a pas des idées neuves, mais il y a une vérité touchante et des traits qui m'ont pénétré jusqu'au fond de l'âme. C'est là, oui, c'est là qu'est la vérité. Je le sens, tous mes sentiments sont adoucis. Dieu puissant et bon, achève de me guérir!

*** Mᵐᵉ de Krüdner m'a donné à écrire une prière qui m'a fait fondre en larmes. Comme l'influence de cette femme me fait du bien! J'ai revu Juliette avec douceur et calme, mais je la crois bien peu propre aux idées religieuses[1]. Elle se perd dans la petite coquetterie dont elle fait métier et se plaît ou se désole de la peine qu'elle cause aux trois ou quatre soupirants qui l'entourent. Ensuite elle consent à faire un peu de bien, quand cela ne la dérange pas, et met par-dessus tout la messe avec

---

tant d'établir entre lui et son idole un lien d'âme dont l'amoureux espérait peut-être se servir comme moyen transitoire. Voilà, donc Benjamin Constant à genoux, chez Mᵐᵉ de Krüdner, y récitant de touchantes prières. Un jour la duchesse de Bourbon arrivant inopinément à une de ces séances, Benjamin se prosterna si bien que son nez touchait le plancher; malgré cela, se sentant découvert, il se disait tout bas : A coup sûr la princesse se demande : « Que fait là cet hypocrite? »

1. Benjamin Constant ne se trompait pas, Mᵐᵉ Récamier était peu propre aux idées religieuses, elle n'oubliait jamais sa coquetterie en entrant dans le tabernacle; cela obligea le grand-prêtre à donner à Benjamin Constant la mission de rappeler à l'ordre la belle fervente. « Je m'acquitte avec un peu d'embarras, lui écrivit-il, d'une commission que Mᵐᵉ de Krüdner vient de me donner. Elle vous supplie de venir le moins belle que vous pourrez. Elle dit que vous éblouissez tout le monde, que par là toutes les âmes sont troublées et toutes les attentions impossibles. Vous ne pouvez pas déposer votre charme, mais ne le rehaussez pas. »

des soupirs qu'elle croit venir de son âme et qui ne naissent que de son ennui.

*** J'ai revu Juliette et, grand miracle, elle veut de
la religion! Mme de Krüdner triomphe et désire arriver à
nous unir spirituellement. J'ai prié avec Juliette.

*** Soirée chez Mme de Krüdner. Il y a certainement
de bonnes choses dans leurs croyances et leurs idées, mais
ils vont trop loin avec leurs miracles et leurs descriptions du paradis dont ils parlent comme de leur chambre.

*** Hélas! Mme de Krüdner n'a pas été prophète,
car Juliette ne m'a jamais plus indignement traité, elle
m'a donné hier quatre rendez-vous qu'elle a manqués.
Et le soir je l'ai trouvée un chef-d'œuvre de coquetterie,
de perfidie, de mensonge, d'hypocrisie et de minauderie.
Mais Mme de Krüdner m'a donné la force de supporter
cela et de me calmer. C'est beaucoup. Je vais redevenir
un homme sérieux et reprendre mes forces et ma plume.
Je le sens, je le veux [1].

*** Mme de Krüdner a quitté Paris. Cette femme
excellente et bonne me laisse un excellent souvenir. Je
travaille assez bien, je finis ma brochure politique en
adoucissant les considérations sur l'obéissance à la loi
et sur l'opposition constitutionnelle. Je lis le soir mon
roman chez Mme de Vaudemont. Il intéresse. J'ai dîné
aujourd'hui chez la duchesse de Courlande où j'ai eu une
longue conversation avec Jaucourt dont j'espère quelque
chose pour mon avenir. Le soir, bal chez la duchesse de
Raguse. Je reçois de Royer-Collard la permission de
mettre en vente ma brochure. J'en espère du succès,
car la lettre de Royer-Collard est pleine d'éloges. Je suis
présenté pour l'Institut, enfin!

---

1. Cet épisode religieux eut en vérité un bon effet sur Benjamin
Constant, qui trouva dans la doctrine de Mme de Krüdner des idées
qui donnèrent satisfaction à son cœur et à son esprit. Il y puisa des
sentiments plus calmes et plus raisonnables, car Mme de Krüdner étant
partie, en dépit de Juliette qui restait, il se remit aux affaires sérieuses
et retrouva son énergie pour le travail.

Je dîne chez Mme de Staël, on y exprime une grande admiration pour mon livre. Je m'en étonne moi-même, car cette rédaction a eu lieu au milieu d'agitation d'esprit et de cœur qui aurait dû la rendre fort mauvaise. Blacas est fort bien pour moi. Je dîne chez lord Kinnaird avec Exelmans.

L'Institut m'échappera encore cette fois. Soirée chez Mme Lavoisier.

J'ai enfin une lettre de ma femme. Douce, bonne et excellente créature, noble et indulgente! Je lui reste bien attaché. J'ai une querelle avec Mme de Staël. Heureusement ce séjour à Paris m'a bien délivré de tout reste de sentiment envers elle.

Dîné chez Jaucourt. On prend sottement ma brochure pour une personnalité contre Soult. J'achète une maison et du terrain. Cela sera joli. Si j'avais seulement de quoi la payer!

J'avais gagné trente mille francs et j'en ai reperdu vingt mille. Il est clair que le jeu ne m'enrichira pas. De plus, il me nuit, me déconsidère, m'ôte mon temps et mes talents. Il faut y renoncer. Je dîne avec Montlosier et autres. Que d'honneurs on me rend dans un certain cercle politique, et j'ai perdu mon temps à être le jouet d'une misérable femme!

1815

Je vais au bal chez la duchesse de Beauvau. J'ai une entrevue avec Lafayette. L'avenir est bien incertain, et ce qu'il y a de sûr c'est que *les purs* ne veulent pas de nous. Ils se perdront en nous perdant.

*** Je dîne chez Ouvrard et je prépare ma deuxième édition déjà demandée. J'y répondrai à un article amer que la *Gazette de France* a fait contre moi.

Je rédige l'article que j'ai promis à Ballanche; et j'ai terminé le mémoire pour les Murat qui est très bien.

Je dine chez Laîné et j'y vois que décidément l'on me repousse. Je me le tiendrai pour dit, et puisqu'ils me veulent dans l'opposition, je m'y mettrai. Soirée chez Mme de Rumfort. Il y a dans tout le monde bien plus de joie bonapartiste que je ne croyais. Visite de Laîné qui m'assure que le gouvernement veut de nous. Je rédige un article qu'il se charge de faire insérer. La censure le refuse, grand bien leur fasse.

*** Grande nouvelle! Bonaparte revient. La débâcle est affreuse, ma vie est en danger. Vogue la galère, s'il faut périr, périssons bien! Quels lâches que ces royalistes si purs qui pensaient me présenter comme un ennemi de ce gouvernement! Ils tremblent et je suis le seul qui ose écrire et proposer de se défendre. Nous en saurons plus long demain soir.

*** Les nouvelles grossissent, mais tout est encore obscur, sauf la conviction de tout le monde que tout est perdu. Je persiste à croire qu'on pouvait tout sauver, mais le temps se perd. Mme de Staël est partie.

*** Conférence interminable avec Laîné sans rien conclure. C'est désolant, mais, je le répète, tout est perdu par ce seul fait que chacun le dit. Fouché, Sébastiani et les bonapartistes m'adorent. Diné avec Montlosier.

*** Je retourne chez Laîné. Les nouvelles sont affreuses. Je fais une proposition. Si elle réussit, je risque volontiers ma vie pour repousser le tyran. On essaie de mille choses pour organiser la résistance, mais tout faiblit dans la main.

*** Séance des députés. Quelle faiblesse et quelle misère! Diner chez Raynouard. Les bonapartistes continuent à me faire des avances; néanmoins ma tête est en danger et j'ai la bêtise de penser à elle.

*** Il y a une séance royale touchante, mais les nouvelles sont mauvaises. On fait des projets qu'on abandonne. Le danger augmente. Diné chez Mme de Coigny avec Mme de Grammont. On remet tout au len-

demain et *Il* est à Auxerre. Je fais un article pour les
Débats qui est ma condamnation. Si l'on me prend, peu
importe! C'est le moment de me souvenir que la vie est
ennuyeuse. L'ineptie continue à tout diriger. Dans trois
jours une bataille ou une déroute finira tout.

***　Mon article a paru bien mal à propos [1], car on ne
songe plus à se battre, tant la débâcle est complète. Le
roi est parti. Bouleversement et poltronnerie universelle.

Je songe aussi à partir, mais on est est sans chevaux
et je suis forcé de me borner à me mettre en retraite.

***　Après une journée d'inquiétude, je peux enfin
quitter Paris et, voyageant toute la nuit sans m'arrêter,
j'arrive à Angers. Mais là je me trouve en face de nouvelles inquiétantes de la Vendée; je me décide à
rebrousser chemin et retourne sans arrêt jusqu'à Sèvres
pour rentrer le soir à Paris. Le lendemain je vais chez
Sébastiani et Fouché. Tous deux me rassurent, bien
que je ne m'y fie qu'à moitié. Vu Mme de C. de Vaudemont. Mon retour étonne beaucoup. Les choses sont
aussi rétablies que si rien n'avait changé. Sébastiani me
garantit la sécurité. Dîné chez Allard. Visite à Joseph.
Il me donne de bonnes espérances dans mon sens. Y
aurait-il réellement des chances de liberté?

Je fais un mémoire pour la paix. On m'assure que
les intentions sont libérales. On parle de me nommer au
conseil d'État. Bah! acceptons. La pratique restera
despotique, n'importe! Sébastiani a des doutes maintenant. Singulier sort que le mien!

***　Dîné chez Mme Gay. Je demande un passeport.
C'est plus sûr que des promesses vagues. Je commence
un nouvel ouvrage politique. Si je peux aller assez vite
il fera son effet, mais il faudra être fixé ici. Un article
que j'ai remis à Joseph a paru dans le *Journal de Paris*.

Il est excellent et fera de l'effet. Si on me devine, ce
qui est sûr, on en dira de belles. Dîné chez lord Kinnaird,

---

1. Voir Introduction, pages LII et suivantes.

avec Fouché et Bassano, qui me témoignent les meilleures dispositions.

*** Ma position me pèse. Je ferai demain une tentative décisive. Je dîne chez Fouché. Je suis bien attaqué et j'avoue que je le mérite assez. Je partirai et un séjour en Allemagne effacera tout.

Vu Sébastiani, Rovigo, Fouché. De nouveaux décrets paraissent. Il n'y a plus rien à espérer, et à Dieu ne plaise que je me mêle parmi de telles choses.

*** Dîné chez Pontécoulant, tout le monde est indigné. Je suis décidé à partir. Je dîne chez Mme Récamier avec beaucoup de calme. Et c'est elle cependant qui a a mis durant sept mois toutes les douleurs et toutes les folies dans ma vie! J'ai beaucoup travaillé, mais je sens que mon ouvrage est un nouvel exil.

*** Lettre de désapprobation de Lafayette et de Mme de Staël. Ils ont raison, imprimons et partons.

J'ai bien avancé, le sujet est hardi. Dîné chez Sébastiani [1].

*** L'empereur me fixe une entrevue [2]. Que sera-ce?

*** Je l'ai vu, il m'a fort bien accueilli et chargé après une longue conversation de rédiger un projet de constitution. C'est un homme étonnant, je dois en convenir [3]. Tout sera fait demain, mais cela me fera-t-il

---

1. Ce fut Sébastiani qui apprit à Napoléon que Benjamin Constant était encore en France et à sa discrétion : « Ah ! nous le tenons! tant mieux! » fut la réponse de l'empereur, comme s'il allait en sortir une grande vengeance. Puis aussitôt il dit à Sébastiani : « Soyez tranquille, je ne veux faire aucun mal à votre protégé. Envoyez-le moi et il sera content. » Avec cette habileté de coup d'œil qui le caractérisait, Bonaparte avait immédiatement compris que son pardon généreux devait conquérir Benjamin Constant, et que cette plume habile pourrait lui être fort utile pour ses projets de constitution.

2. Voir Introduction, pages LII et LIII.

3. Voici le récit de cette entrevue où Benjamin Constant se trouvait, non sans émotion, en face de l'homme que sa plume violente avait attaqué avec tant d'acharnement : « Au lieu d'être caressant ou dur, Napoléon fut simple, poli et plein de franchise. Ne s'occupant en rien du passé, il ne parla que de l'œuvre pour laquelle Benjamin Constant était appelé. Il dit qu'ayant promis à la France une constitution libé-

arriver enfin, et dois-je le désirer? L'avenir est bien sombre. La volonté de Dieu soit faite.

***　Mon projet de constitution n'a pas eu de succès, car ce n'est pas précisément de la liberté qu'on veut. Je ferai encore demain une démarche définitive en modifiant mon travail, mais pas dans le sens qu'il me demande, car il me déplaît.

***　J'ai bien travaillé. C'est assez bien arrangé. Je le porterai demain. On parle de ma nomination [1].

***　J'ai eu une entrevue de deux heures. Mon projet modifié a mieux réussi. Je le représenterai demain. Mes conférences sont dans la *Gazette*. L'opinion me blâme assez, mais je crois faire du bien, et je veux sortir enfin de ma position.

***　L'empereur m'accorde une longue entrevue, beaucoup de mes idées constitutionnelles sont adoptées. L'empereur m'entretient sur d'autres sujets. Il paraît que ma conversation lui plaît. On m'annonce ma nomination au conseil d'État. Entrevue avec Maret et Regnault. Ma nomination est signée. Le saut est fait, j'y suis tout entier. Lettre reçue de Mme de Staël. Elle voudrait que je ne fisse rien pour ma fortune et que je lui donne le peu que j'ai (charmante combinaison!). J'ai vu Juliette, mais un conseiller d'État doit renoncer au jeu et à l'amour.

rale, il voulait la donner, sans la restriction d'un pouvoir astucieux, accordant tout d'abord plus qu'il ne fallait pour avoir le droit de tout retirer ensuite ; que le gouvernement partagé, mais fortement appuyé d'une monarchie libérale, conviendrait beaucoup mieux à son fils, pour lequel il travaillait bien plus que pour lui-même. » On comprend que ces paroles prononcées d'un ton calme, ferme et convaincu, saisirent vivement l'imagination impressionnable de Benjamin Constant Napoléon lui remit ensuite un amas de projets de constitution signés ou anonymes de toute provenance ; et, quittant alors son visage sérieux, il fit des rapprochements piquants sur la comparaison entre les idées énoncées et l'opinion des auteurs. Car tel projet d'un républicain rétablissait le despotisme, tandis que celui d'un royaliste organisait l'anarchie. Enfin, l'empereur congédia Benjamin Constant, sans l'avoir ni caressé, ni maltraité, mais l'ayant dominé par la simplicité, le charme et la fermeté de son esprit, devant lequel toute question se présentait toujours, non comme étant à résoudre, mais comme résolue.

1. Sa nomination au conseil d'État.

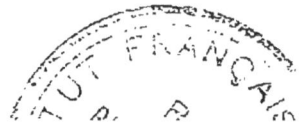

Mme RÉCAMIER

(Reproduction d'un dessin de Gérard, appartenant à Mme Lenormant.)

*** Première séance au conseil d'État avec les présidents de section. Les affaires m'amusent beaucoup, je les discute bien. Séance avec Maret.

*** Deuxième séance au conseil d'État. Si on ne change rien à la constitution elle sera bonne. A une séance chez l'empereur pour la rédaction définitive, on y a bien changé quelque chose, et le public y trouvera à redire. Mais le sort en est jeté et le mien aussi.

Dîné chez Fouché. La constitution est déjà très attaquée; je l'ai vigoureusement défendue. En général je suis content de moi, je suis comme je dois être. Je fais un article que j'envoie à l'empereur.

*** Dîné chez M. de Rumfort. Soirée chez Rovigo et de Coigny. On est mal pour la constitution et pour moi. Comment cela finira-t-il?

*** J'ai prêté serment et tenu séance après. Dîné chez Joseph. L'avenir s'obscurcit, mais au moins je suis nettement dans un parti. L'opinion n'est pas bonne, on ne fait pas ce qu'il faudrait. Soirée chez le duc d'Otrante. Je ne sais quel découragement saisit aussi ces gens-là. Je crois que je porte malheur au parti que j'embrasse.

Rien ne se fait et l'opinion est toujours mauvaise. Je reçois tous les jours des lettres anonymes qui m'attristent.[1] Dîné chez Caulaincourt; soirée Souza.

*** Le sort en est jeté, l'opinion se remettra peut-être. J'ai une assez longue causerie avec l'empereur au conseil d'État. Dîné chez Allard; soirée chez Mᵐᵉ Réca-

---

1. La rapide évolution qui jetait Benjamin Constant dans les bras de l'empereur fut sévèrement blâmée. Il suffit de lire Chateaubriand pour comprendre l'impression que ce revirement avait causée. Depuis ce moment, Benjamin Constant dut porter au cœur une plaie secrète et ne plus aborder avec assurance la postérité. Cependant, à tout prendre, sa conduite à ce moment-là fut celle de beaucoup d'autres. (Voir *Introduction*.) M. Thiers dit à ce propos : « On comprend très bien que Benjamin Constant, mécontent des Bourbons qui avaient si mal répondu à la bonne volonté des constitutionnels, tout plein également des assurances libérales données par Napoléon et convaincu aussi de la nécessité de se rattacher au seul homme qui pût sauver la France de l'invasion, se soit donné à l'empereur. »

mier. Son mari s'est encore ruiné. Pauvre femme ! Je
fais un article pour les *Débats*. On redit chaque mot que
je prononce sur l'empereur. Il faudra devenir muet. On
veut réimprimer un article que j'ai publié contre l'empereur. Gare.

*** Cela est fait et a été envoyé partout. Je me décide
à écrire une lettre directement à l'empereur. Heureusement, le résultat de cette œuvre méchante est fort petit.
C'est une grande montagne passée.

*** Les décrets de convocation sont publiés. Il y
aura donc des Chambres! Dieu veuille qu'elles soient
sages! L'opinion s'améliore. Serai-je député? Je le
désire beaucoup, mais, surtout, je voudrais que tout
ceci durât. Dîné chez Fouché. Soirée chez le duc de
Vicence.

*** Séance du conseil d'État. Je crois que ma lettre
était une sottise. Il faut réparer tout cela par un travail
distingué, fait dans un bref délai, et qui constate mes
principes et fixe ma réputation. La guerre est sûre. La
nation se défendra-t-elle ? J'en doute.

*** Mon travail sera fini demain. Il s'imprime déjà
Cela plaira-t-il? Dîné chez Rovigo avec Fouché.

*** Achevé l'impression en y ajoutant deux excel-
lents chapitres. Dîné avec Tronchin, Montlosier et autres
Je n'entends plus parler de l'empereur. Je vois Réal,
Lucien et m'occupe d'une tentative d'élection.

*** Lafayette est nommé député. Dîné chez Sébastiani. Soirée chez l'empereur. Causé longuement avec
lui. S'il n'a pas pratiqué la liberté il l'entend très bien.
Il se fait une fédération des faubourgs. Cela fera-t-il du
mal? Mon ouvrage est prêt; il formera un bon volume.
Cela vaut mieux qu'une justification. Ces quatre cents
pages en huit jours sont un tour de force. Soirée chez
la reine de Hollande.

*** Arrêté de Moreau. En voilà bien d'un autre!
Comment ose-t-il dire que la liberté existe. Dîné chez
Lucien. Causé avec l'empereur. J'ai recommencé à tra-

vailler. Séance du conseil. Dîné chez Fouché. Spectacle chez l'empereur.

Séance du conseil. Je traite trop légèrement les affaires particulières. Il faut les étudier si on veut pouvoir en rendre compte. Dîné chez Joseph. Il y a de la gaucherie dans tout ce qu'ils font.

*** Projets de Regnault pour réunir les députés. Dîné chez la reine de Hollande. Montlosier me donne un démenti. Je ne saurais qu'y faire, mais il faut que l'un de nous deux tue l'autre.

*** Le duel a eu lieu, et Montlosier déclarant qu'il était trop blessé pour tenir son épée, il a fallu finir. J'aurais voulu quelque chose de plus sérieux. Dîné chez Bertrand. Lafayette, je le crois, se dépopularisera bien vite.

Dîné chez Mollien. Mon nouveau parti me fête assez J'ai une lettre furieuse de Mme de Staël. Je l'attends et je l'écrase. J'ai ce qu'il faut pour cela. Dîné chez Souza avec Carnot. Les affaires s'embrouillent. Lanjuinais est nommé et donne des inquiétudes. J'ai avec lui une conversation qui me rassure,

J'écris à Joseph. Il en résulte une entrevue avec l'empereur. J'en espère du bien. Le serment est une difficulté à résoudre.

*** Mon ouvrage a du succès, mais les journaux se sont donné le mot pour ne pas en parler. Dîné chez de Gérando. Le serment est décrété. La séance impériale a eu lieu aujourd'hui. L'empereur a fait un discours où il y a de bonnes choses, mais pas tout ce que j'y aurais voulu. Il part bientôt. Quel sera l'avenir? On est inquiet de la Vendée. Dîné chez la duchesse de Vicence. Le soir à l'Elysée. On a grand besoin d'une victoire. J'ai un manifeste à faire. Il faut que ce soit un morceau superbe qui fasse sensation en Europe.

*** On veut créer une commission de constitution. J'en suis charmé. Ce soir je vais à l'Élysée. La conversation est générale. L'empereur y prend une part active.

J'ai commencé le manifeste, mais je ne suis pas en train, car je ne vois clair dans rien. Je sens que tout autour de nous il se fait des transactions sans qu'on s'en doute. L'empereur part et emporte avec lui toutes ses destinées; personne au fond n'est sûr du succès. On a renoncé à la commission de constitution parce qu'on craint un comité de salut public. Et il y a encore bien d'autres craintes à avoir.

*** J'ai achevé le manifeste que je montre à Caulaincourt qui le trouve bon. J'ai fait un article sur les discours écrits. Je dîne chez le duc de Vicence, avec Rovigo et Regnault. Découragement et ennui de transiger partout. Je crois qu'il n'y a que moi qui lui soit fidèle. C'est bizarre. Lu les gazettes anglaises, quelle fureur contre nous! On parle d'une grande victoire; si c'est vrai, ce n'est pas tout, si ce n'est pas vrai, c'est pis que tout dans l'autre sens.

*** La victoire ne se confirme pas, la fin approche car la débâcle est complète. Plus d'armée, plus de moyens de résistance. Waterloo a tout détruit. La chambre est froide, elle ne sauvera ses amis ni par son assentiment, ni par son indépendance : ce sera le pendant du 20 mars.

*** L'empereur est de retour, il m'a fait appeler. Il est toujours calme et spirituel. Il abdiquera demain. Les misérables! Ils l'ont servi avec enthousiasme quand il écrasait la liberté et ils l'abandonnent quand il veut l'établir!

*** La chambre est divisée et orageuse. L'empereur abdique. On veut une régence avec les d'Orléans, mais Louis XVIII se glissera entre deux. Dîné chez le duc de Vicence. Le gouvernement provisoire est nommé. Ils ont écarté Lafayette. Je rédige une proclamation et l'on m'envoie au camp des alliés.

*** Je fais encore visite à l'empereur. Il parle de sa situation avec un calme étonnant, et de la position générale avec une liberté d'esprit parfaite.

***   Je suis parti ce matin. Arrivé à Laon j'envoie un parlementaire à Blücher. Celui qu'il m'envoie est Joseph de Wesphalen, que j'ai vu en Allemagne, il y a dix-huit mois, dans de bien autres circonstances. Il porte nos missives; l'insolence des étrangers est grande Je fais une course à cheval aux avant-postes. Après un refus de passage, j'envoie un message à Blücher qui m'envoie trois commissaires. Ils font des propositions de cession absurde pour un armistice que je regrette. Beaucoup de phrases sur l'indépendance qu'on prétend nous laisser, avec protestation contre toute idée de nous laisser un gouvernement. Mais il y a une haine sans bornes contre Napoléon.

***   Je repars de Laon avec le prince de Schœnbourg. Il ne parle que du duc d'Orléans. Notre route est pleine d'incidents. On a des velléités de nous arrêter. Enfin nous arrivons à avoir une conférence avec lord Stuart, Capo d'Istria et Valmoden. A mes déclarations lord Stuart fait des réponses captieuses; il est d'une grande insolence avec les alliés.

***   J'ai la visite des trois commissaires sans lord Stuart. Capo d'Istria me fait des confidences d'où il résulterait que l'empereur de Russie est bien disposé.

***   Je repars de Haguenau. J'ai des difficultés en route avec un général russe. Je rencontre de Saugy (où ne se trouve-t-on pas?).

***   Châlons est pillé. Vexations de tous côtés. J'arrive à Paris et fais tout de suite mon rapport écrit au gouvernement provisoire qui est misérable de faiblesse. Tout est à vau-l'eau. Les étrangers ont prévenu Alexandre. Le gouvernement provisoire est dissous. La chambre proteste, mais il n'y a plus de barrière. Y aura-t-il des exils? Fouché reste ministre, cela me donne de la sécurité personnelle.

Le *Journal général* fait un article favorable sur moi. J'en suis étonné. Dîné chez Caulaincourt avec Fouché. Il sent que lui-même est perdu. Partons! — On annonce des persécutions. Alexandre est comme les autres. Fouché me fait passer un passeport avec une petite note inquiétante. Il y a un ordre, dit-il, contre moi. Ils voudraient faire constitutionellement de l'arbitraire, je ne leur en donnerai pas le plaisir.

*** Je compose un mémoire apologétique que je crois admirable de modération et de noblesse. Je le leur enverrai. Je ne puis croire qu'ils persistent à m'exiler. S'il le faut, je rédige mon apologie plus serrée, je l'imprime et je quitte la France pour longtemps. Je suis épuisé et abîmé par les hommes. Je vais chez Mme Récamier qui se montre pour moi bonne amie. Le déchaînement de la société contre moi l'a émue. En revanche, j'y trouve Nadaillac qui est d'une insolence qu'il me payera, et ce ne sera pas fini avec une égratignure.

*** Mon mémoire a un grand succès. Le préfet de police m'assure que l'exil sera révoqué. Je reçois un message direct du roi. Faut-il en profiter, ou, à présent que mon repos est assuré, en profiter en restant indépendant? On me montre la liste d'exil. Il n'y avait pas de temps à perdre pour n'en pas être.

*** J'ai une bonne lettre de ma femme qui m'encourage. Je me réjouis de la retrouver. Je fais un article pour l'*Indépendant*. Decazes me conseille de faire imprimer mon mémoire. Essayons d'être député. Le journal me propose un arrangement pour rédaction ordinaire. S'il dure c'est six mille francs de rente que j'y gagne. Je commence un article sur les étrangers. Il faut y mettre du soin et de la prudence.

Le duel avec Nadaillac est ajourné à huit jours.

*** Mon article est fini, il est beau et hardi. L'*Indépendant* le publie.

*** Il a du succès partout, mais l'*Indépendant* est supprimé. Je porte malheur aux journaux et aux gouvernements. J'ai dû céder à des sollicitations; le duel Nadaillac n'aura pas lieu. J'ai obtenu un permis pour voir Labédoyère. Il est calme et courageux, il n'échappera pas. Je rédige un petit morceau en sa faveur, c'est peine perdue. Mais sa pauvre femme !

*** J'écris à Decazes pour Labedoyère et me décide à partir. Il n'y a rien à faire au milieu d'une réaction inévitable de cannibales. Je veux encore publier une apologie adressée à l'Europe. J'ai visité Tracy, Rumfort, Coigny.

J'esquisse une comparaison assez piquante du jacobinisme ancien et moderne. Je la publierai sans me nommer.

19 Août. — Le pauvre Labédoyère a été fusillé.

*** Au milieu de la politique je me suis remis à travailler à mon poème. J'ai une lettre de ma femme qui arrive me rejoindre et m'oblige à rester ici. Arrangeons notre vie le mieux possible. Je dîne au Cercle où je rencontre mon cousin Victor.

*** J'ai écrit deux articles dans le *Journal des Arts*. Il est supprimé pour autre chose. Décidément je porte malheur. Fouché a donné sa démission. Je fais un article sur Montlosier.

Il y a quelque espoir ; si les Anglais se brouillent avec la Russie, la France peut être sauvée. Les gens du *Courrier* m'invitent à dîner, je crois sage de m'en dispenser. Je fais un article pour le *Mercure*. S'il est bon c'est un tour de force, car j'ai écrit ces douze grandes pages en cinq heures.

Je fais le projet d'une lettre à Wellington, mais je me décide à partir puisque ma femme n'est pas arrivée.

*** J'arrive à Bruxelles. Je remanie mon apologie pour l'impression : il faut que ce soit une œuvre distinguée. Je retrouve ici de bonnes relations. Ma femme arrive. Ses opinions anti-françaises font qu'elle me juge mal et se refroidit.

Mais j'ai acquis la certitude qu'elle serait mal reçue en Angleterre. Donc finissons mon apologie, faisons imprimer. Je l'envoie directement à Louis XVIII et aux ministres. Et, après m'être justifié, nous verrons si je peux vivre en France. Si ma femme veut retourner en Allemagne je la laisse libre.

*** Mon apologie sera d'un intérêt général. Je veux que ce soit une œuvre nationale. Je dois être en Angleterre le défenseur de la France opprimée. Aussi je me décide à y aller, et par amitié Charlotte veut m'y suivre. Sa société m'est douce et je n'ai pas le courage de l'en empêcher, bien que je prévoie qu'elle aura de pénibles impressions.

1816

*** Je lis la fureur des Chambres pour l'évasion de Lavalette. Bravo, mes amis, vous nous rendez la France ! J'ai obtenu mes passeports pour l'Angleterre non sans peine. On aurait préféré que je n'y aille pas. Mais le sort en est jeté, j'y vais. Je publierai mon ouvrage sous forme de lettres. Il faut qu'il soit européen.

Je dîne chez Mme Bourke et fait plusieurs visites à lady Holland, Caroline Lamb, lady Davis Besborough. Je lis mon roman[1] chez quelques amis, il a beaucoup de succès. Je vais le faire imprimer. On m'en donne septante louis. Je me trouve bien ici, mais mon seul regret c'est la position équivoque de ma femme. C'est un sujet continuel de contrariété et d'humeur dont je pâtis[2]. Mon apologie est terminée. Je l'ai travaillée dans ce sens qu'en 1815 on aurait pu sauver la France en lui donnant la liberté. Cela ne ressemblera plus à une attaque et je pourrai en dire tout autant sans me faire d'ennemis.

*** Je rencontre de Laborde et déjeune avec lui. Ces gens ont des idées absurdes sur la possibilité d'un rapprochement, ou plutôt ils font semblant d'être dupes

---

1. *Adolphe.*
2. Mme de Constant fut mise à l'index en Angleterre comme coupable d'un double divorce.

pour être transfuges. Quoique je sois très bien reçu
dans le meilleur monde, la position de ma femme est
intenable. Et comme les journaux de France parlent de
moi sans m'attaquer, c'est une raison pour m'en rapprocher. Je me décide donc à retourner à Bruxelles.

*** En chemin je retrouve à Liège mon précepteur,
après trente-cinq ans de séparation! Comme il a vieilli!
Mais lui a très bien su arranger sa vie, tandis que moi
très mal la mienne.

Il faut que je m'occupe sérieusement d'arranger ma
fortune et, avant tout. de régler le transfert de... J'en
reçois une lettre déplaisante. Voudrait-on me rescamo-
ter les 75,000 francs du transfert? Je tàcherai de me
défendre.

La Chambre des députés est dissoute. Les nomina-
tions électorales sont tout à fait constitutionnelles. Sans
ma femme qui me gêne, je retournerais en France. Le
ministère marche entre la nation et les exagérés sur
une lame de couteau. Il n'en a pas pour longtemps.
L'ouvrage de Chateaubriand est supprimé. Toujours des
petits moyens et de l'arbitraire. Tout cela me décide.
Nous partons demain (16 septembre 1816) pour Paris,
et je prends avec moi mon ouvrage de politique. C'est
assez hardi[1].

1. Le *Journal Intime* de Benjamin Constant s'arrête ici. Pour les
dernières années de sa vie voir l'Introduction.

LETTRES

DE

BENJAMIN CONSTANT

A SA FAMILLE

---

1. — A Mme DE LOŸS, [1] NÉE DE CHANDIEU.

Date incertaine, 1779 ou 1780.

Ma chère tante Pauline, [2]

J'ai le malheur de ne jamais croire ce qui me flatte, que sur de bonnes preuves ; papa m'a dit que vous vous souveniez encore de moi et que vous m'aimiez toujours. J'ai beaucoup de confiance en lui, cependant il faut que vous soyez son garant et je ne serai persuadé que lorsque vous m'en aurez assuré vous-même, et que je lirai, écrit de votre belle main : Mon cher Benjamin, je vous aime toujours. Papa m'a dit que vous étiez grande, bien faite, aimable, belle, je n'en doute pas et

> J'imagine de Flore la jeunesse,
> La taille et l'air de la nymphe des bois,
> Et de Vénus la grâce enchanteresse,
> Et de l'amour le séduisant minois.
> L'art d'arracher le doux chant des sirènes.
>
> . . . .

C'est beaucoup trop ; il suffit à une tante d'être respectable, et, si le portrait n'est pas flatté, je serai obligé

---

1. Sœur de sa mère, mariée à M. de Loÿs, descendant d'une ancienne famille noble du pays de Vaud.

2. Benjamin Constant n'avait guère plus de douze à treize ans quand il écrivit cette lettre.

de vous aimer comme on aime une cousine. Voulez-vous
mon portrait aussi? Je suis grand, maigre, pâle, mes
cheveux le disputent à ceux d'Apollon ainsi que mes
vers. Je suis étourdi, pétulant au point que la tête de
ma chère grand'maman n'aurait pas beau jeu. Cependant, j'ai si grande envie de la revoir et de lui plaire
que je me corrigerai. Je n'aurai le plaisir de l'embrasser que l'année prochaine, car jusqu'alors nous devons
travailler à notre éducation. Papa m'a fait abandonner
le dessin ; j'en suis fâché, j'aurais aimé avoir les mêmes
talents que vous, ma chère tante Pauline. Je n'aurais
jamais pu vous égaler, mais je n'en aurais aucun chagrin. J'ai su que

> Les muses, filles du Ciel,
> Sont des sœurs sans jalousie;
> Elles vivent d'ambroisie
> Et non d'absinthe et de fiel.

Si je ne suis pas votre émule, je serai du moins
votre admirateur. Je suis passablement heureux; il ne
me manquerait rien, si j'avais des camarades avec qui
sauter et jouer, et un ami de mon âge auquel je pusse
parler de mes plaisirs et de mes peines, mais vous savez
que le bonheur parfait est inconnu; pour l'homme il
n'est pas fait.

Je vous prie, ma chère Pauline, d'embrasser pour
moi mon cher grand-papa ; je lui demande la permission
de lui écrire, j'ai beaucoup de choses à lui dire. Ne
m'oubliez pas auprès de ma chère grand'maman, de ma
tante de Nassau, je les aime toutes les deux de tout mon
cœur. Adieu, ma chère tante Pauline, répondez-moi, je
vous en prie, et ne me traitez pas comme grand'maman.

BENJAMIN DE CONSTANT [1].

1. A cette époque-là, le célèbre publiciste signait encore de Constant, mais, après la Révolution, il renonça au *de* et au titre de baron
auquel il avait droit. Sous la Restauration et dans la vie sociale il
reprit quelquefois la particule que son père n'avait jamais quittée.

2. — A Mme DE CHANDIEU WEUILLENS[1], NÉE DE CHANDIEU[2].

Brunswick, 11 avril 1788.

Ma très chère tante,

Je ne sais si, lorsqu'on est à deux cent cinquante lieues de ses amis, on peut se flatter d'en avoir encore. Je ne sais si ce que je fais à Brunswick peut vous intéresser à Lausanne, au milieu de tant de personnes aimables et aimantes, et de tous ceux qui m'ont comblé de bontés et que je regrette. Mais je sais bien que ce m'est un grand plaisir de vous écrire; et que, même quand je serais sûr que de recevoir ma lettre vous en ferait moins, je ne pourrais me le refuser. Il m'est doux de m'occuper de vous, de me retracer le plaisir que j'ai eu auprès de vous, de me rappeler les bontés que vous avez eues pour moi et de vous en remercier.

Je commence seulement à présent, ma très chère tante, à faire des connaissances. On me reçoit très honnêtement, mais la société étant sur un tout autre pied que partout ailleurs, j'ai quelques heures assez vides. On ne se voit jamais qu'à dîner et on se sépare à cinq heures, Je me trouve quelquefois seul, d'autant plus que mon estomac, — que la maladie qui m'a retenu si longtemps à Colombier[3] a de nouveau affaibli, — me fait assez souffrir. Deux messieurs de Lausanne, ma très chère tante, se sont chargés de tout plein de jolis contes sur la longueur de mon séjour à Colombier. On me les fait parvenir jusqu'ici, et si je n'étais pas si loin, je leur en aurais témoigné toute ma reconnaissance. Mais comme ce serait inutile et ridicule à présent, je me borne à vous assurer, ma chère et bonne tante, dont l'amitié et l'opinion me sont plus importantes que je ne peux

1. Grande tante de Benjamin Constant.
2. Voir Introduction, page XIII.
3. Campagne de Mme de Charrière, située près de Neufchâtel.

dire, que dans les contes de ces deux messieurs il n'y a pas un mot de vrai, que tout est une suite de petits mensonges malins et que mes raisons de séjour chez Mme de Charrière de Tuyll étaient toutes différentes de celles que ces messieurs, qui les savaient fausses, ont eu la bonté de me prêter.

Il y a ici trois cours, ma chère tante, où l'on dîne alternativement et qui sont, surtout à présent que la société est dispersée dans les châteaux et les maisons de campagne, les seuls points de réunion de ceux qui sont restés ici. Mon emploi ne m'appelle qu'à la cour régnante,[1] mais je suis souvent invité aux deux autres. Il y a quelques gens aimables, et une fois accoutumé à passer les soirées seul, — surtout si je puis accoutumer mon estomac à travailler après dîner, — je vivrai ici d'une manière très agréable. Le duc vient de partir pour quelques jours. Cela laisse un grand vide à la cour; c'est un homme bien supérieur au commun des princes : il a des connaissances très étendues, beaucoup d'esprit, un caractère très ferme, une conversation où cette fermeté, adoucie par toutes les formes et par tous les agréments de la plus grande affabilité, jette de la variété et du piquant, et il serait le premier homme de sa cour, sans contredit, quand il ne serait pas le maître. Je me trouve très heureux d'être chez lui. Si vous continuez à me témoigner quelque intérêt, ma très chère tante, rien ne manquera à mon bonheur, et votre amitié obtenue sera un motif bien puissant pour ne rien négliger pour la mériter.

Adieu, ma chère et bonne tante; ma tendresse, mon respect, ma reconnaissance, mon dévouement vous sont connus, et je croirais nous faire tort à tous les deux si je vous en parlais davantage.

B. de Constant.

----

1. Benjamin Constant était chambellan du duc de Brunswick.

3. — A Mme LA COMTESSE DE NASSAU,[1] NÉE DE CHANDIEU.

Brunswick, ce 30 mars 1789.

Si j'ai tardé près de six semaines à répondre à votre charmante lettre, ma très chère et très aimable tante, prenez-vous en à l'hiver qui nous a donné et qui nous donne encore des fluxions de rhume, c'est à dire ce qu'on peut imaginer de plus désagréable et de plus hébétant. J'ai voulu attendre que je fusse un peu moins bête; mais comme cet heureux moment ne vient pas et que j'en suis à mon sixième enchiffrement, je ne veux plus remettre à une autre époque le plaisir de vous remercier. Bête ou non, vous savez que je le fais toujours de bien bon cœur, et je crois pouvoir à votre égard me dire sans vanité la bête la plus aimante du monde. Mlle de Cram[2] qui, j'espère, n'est pas aussi bête, a pris la liberté de vous écrire; je crois pourtant qu'avant que je puisse recevoir une réponse de vous, ma très chère tante, elle ne sera plus Mlle de Cram. Tout se fait dans ce pays avec la lenteur la plus imposante, et ce que dans un autre pays on se croirait sûr de toucher avec la main, il faut une lunette d'approche pour l'apercevoir. Sa lettre que je joins à la mienne vous prouvera qu'elle sait le français, et que vous n'aurez pas besoin pour entendre les assurances de sa respectueuse tendresse d'apprendre notre baroque jargon ou de vous les faire traduire. Ce n'est pas qu'il ne m'eût été doux de m'acquitter de cette fonction et de vous dire en même temps ce que je pense de vous et ce que je pense de celle que j'aime : vous n'auriez jamais pu deviner lequel de nous parlait, et vous nous auriez aimés tous les deux. Cependant, je crois qu'elle ne perdra rien à ne pas m'avoir pour interprète; j'ai assez à vous dire de ma part pour ne pas me charger des commissions d'autrui.

1. Voir Introduction, page XIII.
2. Mlle de Cram, première femme de Benjamin Constant. Elle était dame d'honneur de la duchesse de Brunswick.

Je vous remercie, ma très chère tante, de ce que vous n'avez pas montré ma lettre; je ne l'avais écrite que pour vous, et je crains plus que je ne saurais le dire les partisans de Saint-Athanase. Quant à la prévention dont vous m'accusez, le nom n'y fait rien, prévention ou non, c'est un sentiment très doux pour moi qui l'éprouve et je voudrais bien que l'avoir excité vous fît aussi un peu de plaisir. Si les autres s'en fâchent, tant pis pour eux. C'est leur faute. Je suis tout disposé à les aimer tout autant que vous, ils n'ont pour cela qu'à vous ressembler. Vous voyez que je ne suis pas injuste. A chaque ligne que je vous écris, je me sens forcé de vous parler de mon pauvre père; pourtant, comme la pénible et accablante incertitude où nous languissons depuis six mois subsiste encore, je ne sais que vous en dire. L'idée que votre lettre réveille chez moi, c'est à dire que ma Wilhelmine et moi pourrons contribuer à le dédommager de ses longues peines, est mon unique consolation. Je lui ai fait tant de chagrins, j'ai été si injuste, si prévenu! Je ne puis trouver d'adoucissement à cette idée que dans celle de réparer et de lui voir couler par mes soins une vieillesse heureuse et tranquille.

Adieu, ma chère tante, croyez que votre neveu et votre nièce vous aiment bien sincèrement, et à présent qu'il n'y a plus de neige, ayez la bonté de me répondre. Si vous saviez le plaisir que vos lettres me font, vous en auriez aussi à m'écrire.   BENJAMIN.

---

4. — A Mme.... [1]

Kirckheim, 3 février 1791.

Comment vous rendre, madame, une petite partie du plaisir que m'a causé votre charmante lettre? Aussi

---

1. Aucune indication ne permet de deviner à qui cette lettre est adressée

n'en ai-je pas la présomption, et je me dis qu'en me
proposant votre intéressante correspondance, vous
aviez résolu de faire un acte de générosité. Tous les
frais sont de votre côté; tout le profit, toute la jouissance sont du mien, car, outre que je n'ai pas votre
talent de mettre du sel et des grâces dans mes récits,
je n'ai pas le droit de vous en faire d'un pays qui vous
est inconnu. Le cercle où je vis vous est si étranger
que je n'oserais vous en entretenir, et, quoiqu'il soit
composé d'individus dont la plupart attireraient votre
estime et les autres un éclat de rire, je sens trop bien
que je ne suis pas appelé à triompher ainsi de l'éloignement et des circonstances, pour hasarder de vous
offrir un tableau que vous ne devez avoir aucun désir
d'examiner.

Veuillez donc, aimable dame, vous prêter avec
indulgence à l'insuffisance de mes moyens et me permettre de me tenir exactement à la réponse de votre
charmante lettre. Je ne saurais vous exprimer à quel
point elle m'a intéressé et amusé; la vivacité de vos
descriptions m'a transporté à Lausanne. J'ai été
enchanté des nouvelles de l'aimable famille de Sévery;
ils sont si heureux dans leur petit cercle que je comprends comment ils n'y désirent aucun changement; et
le gendre se présentera et la bru se trouvera dès qu'ils
en auront envie. J'ai la plus haute idée de la création de
Mme de Loÿs dont vous me parlez et je désire que cette
augmentation de famille en soit pour toujours une à son
bonheur. Daignez témoigner à tous ces aimables parents
combien leur souvenir m'a flatté. Vous avez une manière
unique, madame, de présenter les objets et vous m'avez
presque attendri en me faisant le tableau de la solitude.
L'égalité des peines offre une source de consolation et
même, souvent, un point de réunion. Mais quatre-vingt
mille francs de rente sont encore une fortune désirable,
et l'on peut oublier qu'on en avait cent mille de plus
sans être malheureux. Je plains bien davantage ce bon

chevalier de Langallerie, à qui l'on a volé sans retour sa
vaisselle, — et cette Mme d'Hénis, à qui l'on a enlevé un
cœur si longtemps à elle, et sur lequel elle venait
d'acquérir de nouveaux droits. Ah, madame! ces vieilles
prudes auront-elles donc toujours raison, qui nous
peignent les hommes comme des monstres d'ingratitude
et d'inconstance?

L'anecdote de mesdames de Bouillon et d'Aguesseau
a attiré toute mon attention. Ce n'est pas que je n'eusse
jamais ouï parler de pareille aventure ; non, l'Allemagne
nous en a fourni deux, à moi connues. L'une, très réelle,
qui eut lieu du temps de nos anciens chevaliers, et
l'autre qui occupa l'imagination d'un de nos plus célèbres
auteurs ; il en régala, il y a quelques années, le public,
sous la forme d'un drame intéressant. Il est certain,
qu'il y a quelques siècles, un comte saxon ayant fait
une campagne en Turquie tomba dans les fers ; cette
captivité fut adoucie et terminée par les soins d'une
charmante jeune fille. Après cela, comment se séparer
de celle qui l'avait délivré? Sûr du cœur de son épouse,
le comte se dit qu'elle partagerait sa reconnaissance ;
il emmena la jeune fille et la lui présenta. Cette ancienne
Germaine, transportée du bonheur de revoir son époux,
admira l'être à qui elle devait sa conservation. L'union
la plus intime, l'amitié la plus tendre, s'établit entre eux
trois, et l'on voit encore dans leur château la chambre
qu'ils occupaient tous trois ensemble. Un même tombeau
réunit leurs corps ; il existe toujours à Erfurt. L'image
du comte est taillée sur la pierre élevée de la tombe, et,
à ses côtés, celles de ses deux femmes. C'est là, madame,
l'histoire très réelle, arrivée jadis dans ma bonne
Thuringe. L'anecdote française me la rappela d'abord,
mais le dénouement ralentit mon enthousiasme. Et ces
messieurs de Bouillon et d'Aguesseau qui existent, mais
que vous ne savez où loger, ont fait évanouir toute l'analogie que j'avais cru apercevoir. Hélas, chère madame,
m'affligerez-vous toujours et me présenterez-vous

l'illustre Gibbon sur la frontière des deux mondes? Vous m'avez fait trembler par la nouvelle comparaison de son humeur actuelle avec celle d'un agneau, et je n'ai pas le cœur de vous en demander des nouvelles récentes, crainte d'apprendre le retour des anciennes habitudes ou l'annonce d'une prochaine dissolution.

J'ai beaucoup entendu parler de la princesse polonaise que vous possédez à présent et de son époux. Le courage, la bravoure de celui-ci ont des droits à l'admiration du public, et s'il joint à cela des vertus plus douces, ce sera une double raison pour souhaiter que le temple de Janus reste fermé. Je suis bien curieux de savoir l'impression qu'il fera à Lausanne; elle m'aidera à tirer le vrai et le faux de tout ce que j'ai entendu dire.

Nous voilà donc toujours assaillis de Français. Je plains la nation et beaucoup d'individus en particulier. Le Brabant est tranquille, Liège commence à se mettre à la raison, et tous les pays qui avaient fait mine de regimber sont apaisés. C'est à présent que notre constitution germanique si compliquée a fait le salut du corps en général. Plusieurs souverains s'occupent à alléger le poids de leurs sujets; et les maux causés par les Français ont peut-être été un bienfait pour les Allemands. Je suis sûr que Léopold [1] souffre pour sa sœur, [2] mais tant qu'elle ne sera pas en lieu de sûreté, je doute qu'il se hasarde à prendre sa défense haut la main.

Vous voyez, madame, quel risque vous courez en me défendant d'être discret, j'ai lâché la bride, et ma plume est allée au galop. Me voilà presque au bout de mon papier sans vous avoir parlé de mes Altesses qui m'ont cependant ordonné bien expressément de vous dire mille belles choses de leur part; et de la mienne, ce sont les assurances de dévouement, des actions de grâce pour la conversation de votre souvenir, des prières pour sa

1. L'empereur Léopold II.
2. Marie-Antoinette.

durée, et des sollicitations pour nous rappeler à celui
de tous ceux qui ont bien voulu s'intéresser à nous. Je
ne vous fatiguerai pas par une liste de noms, et je
remets avec confiance nos intérêts en vos mains.

B.

_____

5. — A Mme LA COMTESSE DE NASSAU, NÉE DE CHANDIEU.

Brunswick, 1792.

Mille et mille grâces, ma chère tante, de la bonne
lettre que vous avez bien voulu m'écrire ; je vous avouerai
que le long intervalle qui s'était écoulé depuis la mienne
me faisait craindre un oubli qui m'aurait été aussi douloureux qu'il me paraissait probable et naturel.

Je commence par répondre à la question affaires que
vous me faites sur ma maison, pour répondre ensuite à
toutes les parties plus intéressantes de vos cinq charmantes pages.

Ma maison de la rue Saint-Pierre, à Lausanne, me
rapporte l'intérêt de plus de 50,000 livres. Je la vendrai
pour 45,000 francs de Suisse ; Jeanne doit en sortir et
je suis chargé de lui faire une pension, de sorte que cet
article ne fait aucune difficulté. Quant au payement, il
faudrait qu'il se fît en argent comptant. Voilà, ma chère
tante, tout ce que vous désirez savoir quant à cet objet ;
parlons à présent de votre lettre qui m'est aussi chère
que tous les marchés du monde. Elle est arrivée en fort
bonne santé, sans avoir souffert ni du voyage ni des
camps de lecteurs qu'elle a parcourus. Ces camps, qui
valent bien celui de Châlons, ont respecté notre amitié
ou peut-être notre prudence, car rien ne sentait le jacobin dans notre correspondance et jamais fidèles sujets
n'écriront plus loyalement.

Vous ne me parlez presque pas politique, ma chère
tante, et vous avez raison. La politique de nos jours
n'est guère égayante ; mais vous avez un avantage que je

n'ai pas. Tout ce qui vous entoure m'intéresse, au lieu
que moi, ma chère tante, je ne puis parler d'aucun de
mes alentours. Ni nos vestes ni nos ridicules tudesques
ne peuvent vous intéresser. Les uns et les autres d'ailleurs
sont trop pesants pour être transmis par lettres ; ils tri-
pleraient le port.

Parlons donc des affaires actuelles avec toute la
modération qu'on se doit et la prudence qu'on doit aux
autres. Voilà nos armées en France ! Vous sentez, par
mes relations et par la reconnaissance que je dois au
chef de ces armées [1] de quel parti je dois être ! Mais les
difficultés sont bien plus grandes qu'on ne le croyait.

Tout scélérats, pendards, rebelles, insubordonnés,
jacobins, enfin c'est tout..... dire, que soient les soldats
français, ils se battent comme des diables et les gazettes
ont beau faire, ceux qu'ils tuent n'en sont pas moins
morts.

Le duc était près de Châlons le 20, mais il avait
Dumouriez à droite, Luckner devant, Kellermann à
gauche et sur ses derrières. Les émigrés qui n'ont fait
que mentir et violer avaient promis des intelligences
dans toutes les villes, il ne s'en est pas trouvé un mot
de vrai. On les a battus devant Landau, et battus devant
Thionville, et cette dernière place a pensé voir arriver
dans ses murs les augustes et précieux rejetons de la
royale famille des Bourbons dans les hautes personnes
de leurs Altesses les ducs de Berry et d'Angoulême. On
ne peut trop remercier le ciel qu'ils aient échappé à la
fureur de leurs ennemis. Pendant tout ce train, La
Fayette est enfermé à Wesel, seul dans une chambre
grillée, sans livres, plumes, encre ni papiers, avec quatre
factionnaires qui le gardent à vue et qui ont ordre de
ne jamais lui répondre. Il a été livré aux Autrichiens
par les émigrés, aux Prussiens par l'Autriche et il le sera
par les Prussiens à la France, lorsque le rétablissement

1. Le duc de Brunswick.

du calme sera effectué et que la fin des désordres permettra le commencement des vengeances. Les émigrés ont voulu anticiper sur cet heureux moment en forçant la porte de sa prison à Luxembourg, mais on a désapprouvé cette opération comme prématurée.

Vous me rassurez sur le sort de Victor de Constant qui m'avait mis dans de grandes angoisses ; cependant mes inquiétudes subsistent parce que j'ai peur que vous m'ayez parlé du 10 août [1] et non du non moins fameux et exécrable 2 septembre. J'ai vu une liste des malheureux immolés à cette dernière horreur et le nom de Victor y était ! Je n'ose en écrire à la Chablière pour ne pas renouveler un sujet si déchirant, mais je m'adresse à vous, ma chère tante, pour en avoir des nouvelles.

Certes que j'ai lu les lettres de Mirabeau avec plaisir et enthousiasme ; le temps de l'amour est passé pour moi, mais je me souviens de mes erreurs en ce genre comme des seules qui m'aient procuré de vraies délices ; les seules où le jeu valait la chandelle, et tout ce qui y a rapport réchauffe mon vieux cœur, car, vieux ou marié, c'est même chose.

J'ai donc lu Mirabeau et je pense comme vous que cet homme avait une âme et qu'au milieu de ses défauts, ce n'était pas un scélérat. Mais la médiocrité a été bien aise de le peindre comme tel et d'étendre ses vices sur ses talents. Rien de plus injuste par conséquent et de plus naturel. Je suis bien fâché que Mme T. qui n'a point d'âme vieillisse, mais je n'en suis pas surpris, j'ai vu de ces exemples dans le monde et le nombre doit la consoler. Après avoir eu la puissance de se faire remarquer, elle aura la ressource de se confondre dans la foule, et qui sait peut-être si quelque Montrond, Boufflers [2], ou moi ne viendra pas l'en tirer.

1. B. C. fait allusion à la belle défense des Suisses, le 10 août.
2. Le célèbre chevalier de Boufflers qui habitait à Lausanne à cette époque.

Adieu, ma chère tante, je n'ai pas besoin de vous
dire que je vous aime tendrement. Ma femme me charge
de mille choses.

B. DE C.

---

6. — A Mme LA COMTESSE DE NASSAU, NÉE DE CHANDIEU.

Brunswick, ce 6 juillet 1792.

Vous m'accusez d'ingratitude, ma chère tante, et
vraiment vous me faites tort. On peut être ingrat envers
l'amitié, mais on ne l'est jamais envers le plaisir et j'en
ai trop chez vous pour l'oublier ou pour y songer sans
une vive et tendre reconnaissance. Mais si vous pensez
à ma situation et à celle de mes alentours, à la route que
prennent mes lettres *ouvertes* quatre fois au moins avant
de parvenir, à mes circonstances individuelles dans mon
ancien ainsi que dans mon nouveau pays, vous sentirez
combien ma plume doit être gênée, et combien cette
gêne qui n'est rien avec des indifférents, est pénible
avec ceux qu'on aime, avec qui l'on se plaît à causer, à
qui l'on voudrait tout dire. J'ai cent fois résolu de vous
écrire et j'ai toujours été épouvanté de la multitude de
lecteurs dont pas un n'est ma tante ni mon amie. On
m'écrit que mon long silence vous étonne, je surmonte
donc mes terreurs et je vais à tout hasard lancer cette
lettre, au milieu de l'armée « décachetante » que je prie
bien humblement, avec tout le respect que je dois à son
honorable métier, de vous laisser parvenir.

Ma situation[1] ici s'est améliorée depuis mon retour.
Le duc a bien voulu m'accorder divers avantages qui ont
augmenté mon aisance. Sans l'habitude de l'inquiétude.
et du mécontentement, sans celle des grandes villes où
j'ai été élevé et qui me rendent pénible l'uniformité de

---

1. Benjamin Constant occupait, comme on le sait, une place de
chambellin à la cour de Brunswick.

celle que j'habite, sans l'incertitude où je suis de mes
affaires, sans une satiété générale qui m'empêche de
trouver du plaisir à quoi que ce soit, sans la crainte de
différends avec des personnes que j'aime et que je respecte, différends que jusqu'ici j'ai heureusement évités,
sans une défiance excessivement douloureuse de quelques
personnes dans lesquelles je voudrais pouvoir me confier,
sans une santé très faible et une sorte de langueur qui
s'étend jusque sur mon esprit et sur ma tête, je me trouverais très heureux ; et, comme il n'y a rien de si facile
que de remédier à ces bagatelles, j'espère bien dans peu
de temps être parvenu au bonheur que la Providence
nous a destiné et trouver ce monde-ci le meilleur des
mondes.

La guerre présente ne paraît pas propre à en rendre
le séjour agréable, et l'état de la France, qui est sans
doute, comme tous les maux de l'humanité, un juste châtiment et une bienfaisante épreuve, n'est pas consolant
pour qui le considère abstraction faite de la gratitude
théologique. Quand on sait surtout, — ce dont j'ai longtemps voulu douter, mais que des preuves incontestables
m'ont démontré, — que la moitié de l'assemblée est
vendue aux étrangers, et que ces messieurs qui affectent
un zèle si républicain, Guadet, Vergniaud, Chabot, Condorcet, Pétion, etc., tous les dénonciateurs pétitionnaires
clubistes et journalistes, sont les soudoyés des émigrés
et n'égarent l'assemblée, en lui faisant approuver toutes
les horreurs qui se commettent, celles du 20 juin, par
exemple, que pour ajouter du désordre et faciliter la
subversion ; quand on sait que ce Dumouriez, dès le
moment de son ministère, était la créature des ennemis
de la France et n'a fait déclarer la guerre que pour leur
fournir un prétexte plus plausible et plus prompt de
l'attaquer, et que les directions qu'il s'est obstiné à
donner aux généraux avaient pour but de détruire leurs
armées, on conçoit un bien profond mépris pour notre
misérable espèce et on désespère de la voir jamais un

peu libre, un peu heureuse, un peu estimable. Ses lumières sont des feux follets qui disparaissent quand on en a le plus besoin.

Sortir du néant pour souffrir, était-ce la peine de vivre !

L'amitié, l'esprit et la confiance sont mes consolateurs ; ils sèment quelques instants de plaisir et de gaieté dans une longue carrière de douleur ou d'ennui. Mais on est presque toujours séparé de ceux qui nous inspirent ces doux sentiments. On vit solitaire au milieu d'un monde égoïste et bruyant, on est forcé de se défendre sans cesse, de voir des intentions hostiles et cupides partout, et l'on meurt après s'être escrimé plus ou moins long-temps en convenant que c'est un triste métier d'être maître d'armes. Puissé-je, ma chère tante, me désarmer souvent près de vous ; j'ai eu plus de plaisir de nos soupers de l'hiver que je n'en espère d'ici en dix ans. Adieu, chère tante. Si vous continuez dans la disposition d'écrire tant qu'on *veut*, veuillez répondre à votre découragé, mais non ingrat neveu.

B. DE C.

---

7. — A Mme LA COMTESSE DE NASSAU, NÉE DE CHANDIEU.

Brunswick, ce 8 avril 1793.

Il ne m'a pas été possible, ma chère tante, au milieu des armées, qui se sont amusées pendant tout l'hiver à brûler des villages et à s'entre-massacrer, d'écrire un seul mot aux amis qui vivaient au delà des armées ; aussi ai-je pris le parti de me taire. Aujourd'hui, que le sort de la guerre se déclare partout contre les Français et prouve que leur cause est mauvaise, puisqu'ils sont les plus faibles, je reprends la plume pour écrire à la plus aimable des tantes. J'aurais voulu ajouter la plus gaie, mais peut-être que lorsque tant de maux publics et particuliers se réunissent pour écraser notre pauvre, sotte et méchante espèce, et lorsque à tant de crimes et à tant de malheurs qui humilient et navrent, se joint la peu consolante perspective de la banqueroute, ce n'est pas le mot exact. Je ne puis me moquer des contorsions (*sic*) qui se débattent dans la boue et dans le sang. Encore si je pouvais me réjouir, comme bien d'autres, de ce que les armées du Nord, la légion germanique, Croates, etc., rétabliront la monarchie, j'aurais au moins une idée moins sombre. Mais comme le rétablissement de la monarchie, s'il a lieu, ne me paraît pas la même chose que le rétablissement du bonheur, cette consolation n'en est pas une pour moi. Il est vrai qu'on se promet infiniment de la modération avec laquelle les rois useront de leur victoire, et il est certain que tous les exemples que l'histoire nous offre autorisent une pareille espérance.

. Toutes les fois que les souverains ont été maîtres absolus et qu'ils n'ont eu ni résistance, ni obstacles, ni soulèvement à craindre, on sait qu'ils ont agi avec toute la bonté, l'humanité, l'équité et la modération possibles, qu'ils ont eu eux-mêmes toujours soin de réprimer les abus du pouvoir, de limiter leur autorité, de donner une constitution sage et libre aux peuples qui se trouvaient sans défense entre leurs mains, qu'ils ont eu soin enfin de faire tout ce qu'ils promettent de faire en France. Depuis Constantinople jusqu'à Rome, et depuis Alger jusqu'à Pétersbourg, tout fourmille de preuves en faveur de cette éternelle vérité. Espérons donc, ma chère tante, que plus les hommes pourront faire de mal, plus ils feront de bien, et que le sentiment de la toute puissance et de la certitude de l'impunité seront chez les grands et les rois des motifs de vertu sublime et de scrupuleuse délicatesse. Amen.

Quittons ces messieurs et leurs promesses pour parler de nous; j'espère, avant la fin du mois prochain, vous embrasser, ma chère tante, et je me fais une grande fête des soirées que nous passerons ensemble. Je ne sais

encore de quelle durée sera mon séjour, mais à vue
de pays, je le fixe au moins à trois mois. Je me flatte,
autant que dans l'incertitude des choses humaines on
peut se flatter de quelque chose, que durant mon
séjour en Suisse je retrouverai l'esprit et la sensibilité
que je ne connais plus que de nom et par réminiscence
et qu'ils ne seront pas troublés comme la dernière fois
par une foule d'affaires désagréables, grandes et petites.
Je les fais, mes affaires, quand il le faut, mais je les
hais bien et il me paraît bien fol, pour un être qui se
lève, pour se recoucher un moment après, de se cha-
mailler avec d'autres êtres comme lui sur le passage
des habits et sur la toilette qu'il doit faire. Eh! imbécile, ne faudra-t-il pas te déshabiller dans une heure?
tu n'auras pas même le temps de te contempler paré de
ce que tu veux t'approprier. Reste en bonnet de nuit,
aime, jouis et meurs. En attendant que je parvienne
aux deux dernières opérations, ma chère tante, je
m'acquitte de la première avec bien du zèle, je vous
assure. Tout germanisé que je sois et tout glacé par les
frimas tudesques qui m'enveloppent et par l'atmosphère de courtisan qui m'étouffe, je vous aime avec
toute l'ardeur d'un habitant de la zone torride et tout
le respect et la reconnaissance d'un fils. Adieu, ma
chère tante, mille choses à tous ceux qui veulent bien
se souvenir de moi.

B.

8. — A Mme LA COMTESSE DE NASSAU, NÉE DE CHANDIEU.

Colombier, ce 14 décembre 1793.

Je ne recevrai vraisemblablement rien de vous aujourd'hui, ma lettre d'avant-hier vous étant parvenue ce
matin seulement. Je veux vous écrire pour vous mander
que j'ai enfin reçu la proposition de séparation de ma
ci-devant femme. Elle me demande de lui abandonner

tous les meubles et effets qui se trouvent dans la maison (ci-devant nôtre), de lui donner une rente annuelle et de lui laisser pleine et entière liberté dans toutes ses actions, auxquelles conditions elle renonce aux prétentions qu'elle pourrait avoir sur le contrat de mariage qu'elle rend pour être brûlé ; j'ai consenti, mais une difficulté se présente qui peut-être fera échouer le tout. Elle dit dans ses propositions : « Nous occuperons à *tour* (sic) nos appartements. » Or, j'aimerais mieux loger avec cinq cents diables qu'avec elle ; je sens bien que c'est son intérêt, parce que si nous habitons la même maison, nous ne sommes pas censés séparés, mais on ne m'y attrapera certes pas !

J'ai proposé de lui céder autant qu'il était en moi la maison que le duc de Brunswick nous a accordée ; bien entendu que s'il la lui ôte, cela ne me regarde aucunement et elle ne pourra former à cet égard aucune prétention sur moi. J'ai rédigé un plan d'aménagement contenant cette clause avec les autres qu'elle avait demandées et j'envoie le tout à M. de Féronce [1] pour le remettre, s'il l'approuve, à mon homme d'affaires et conclure. La proposition de Mme de Constant me prouve qu'on n'a pas envie de m'exclure de Brunswick ; sans cela elle se serait refusée à un arrangement qui facilite et réassure ma réapparition dans cette cour. Reste à présent l'article de la maison, celui du grade de chambellan que je veux avoir pour opposer aux clabauderies une preuve que le duc n'est pas mécontent de ma conduite. Nous verrons comment tout cela s'emmanchera ! Ceci me retiendra loin de Brunswick pour deux mois vraisemblablement, mais je ne sais si je resterai ici aussi longtemps. Si mon séjour devenait trop étonnant pour mon père, il faudrait bien m'éloigner. J'attends impatiemment de ses nouvelles.

Le guillotinage de Vendenpeer ne jette-t-il pas

---

1. Ami de Benjamin Constant et son protecteur à Brunswick.

beaucoup de désordre dans vos affaires françaises, ma
très chère tante? J'en suis en peine pour vous. Je crois
bien que vous n'y perdrez rien, mais cela fera naître
quelque embarras. Les Anglais ont reçu (*sic*) un bel échec
à Toulon; le général Ottara qui n'y arrive que pour se
faire prendre est une assez bonne plaisanterie. Toutes les
victoires prussiennes paraissent n'aboutir qu'à reculer,
et la campagne d'Alsace fait le pendant de celle de
Champagne.

Voulez-vous, ma chère tante, avoir la bonté de faire
tenir l'incluse à Cavin d'une manière sûre et authen-
tique? Mes lettres de Brunswick ont pris toute ma
journée, j'espère recevoir quelque chose de vous
mercredi. Adieu, ma chère tante. Que fait votre bon
Louis? Je ne suis pas trop bien moi-même, sans être
précisément malade. Je suis faible; il me reste assez de
force pour vous embrasser bien tendrement. Je n'oublie
ni nos charmants soupers, ni celles qui les rendaient si
agréables.

BENJAMIN DE CONSTANT.

---

9. — A Mme LA COMTESSE DE NASSAU, NÉE DE CHANDIEU.

Colombier, ce 8 nivôse, ou 28 décembre 1793.

Le courrier de mercredi m'a apporté votre lettre,
ma chère tante. Mon dessein était d'y répondre encore
ce jour-là, mais j'étais si fatigué d'avoir écrit à plusieurs
personnes tant à Lausanne qu'à Berne pour me plaindre
de la prévarication des postes que j'ai remis de causer
avec vous jusqu'à aujourd'hui. J'ai répondu à Miliquet
par lequel M. Dapples m'a fait écrire touchant la Chablière. Ma réponse a été que Barrat donnerait l'état,
c'est-à-dire l'étendue et les divers genres de rapports
du domaine. Quant à la valeur, j'en demande 160,000 fr.
et ne rabattrai rien de ce prix pour cette campagne, vu

sa proximité de Lausanne et la beauté de son site; qu'en
dites-vous, ma chère tante? Je n'ai aucune envie particulière de vendre la Chablière; et veuillez dire à
M. Dapples que je demande à n'être point fatigué
d'offres au-dessous, étant décidé à ne rien changer à
ma déclaration d'à présent; si, dis-je, il vous disait être
disposé à accepter, il faut encore que j'en sois prévenu,
parce que je dois m'informer des mesures à prendre
pour effectuer cette vente avant le procès que j'ai avec
le conseil de guerre.

J'avais besoin d'assignats, ma chère tante, et je crois
plus aisé d'en avoir à Lausanne qu'ici. Quand je dis
« assignats », je veux dire lettres de change; à combien
de perte est à présent le papier de Paris? MM. Robin à
Froidevaux m'ont appris un peu tard le protêt de la
lettre de change de M. de Charrière...

Je suppose que nos faits conjugaux ne tarderont
guère à être plus ou moins connus. Les princes hérédi-
taires sont à La Haye avec toute leur cour; or, dix ou
douze personnes toutes instruites de cette histoire et
causant avec des gens qui me connaissent plus ou
moins ne peuvent, ce me semble, manquer de la
raconter, surtout n'ayant guère de choses intéressantes
à se dire. Cette relation pourra bien parvenir en Suisse
par tous les Suisses qui sont en Hollande[1], elle y
parviendra sûrement avec variations et changements de
théâtre. Veuillez, ma tutélaire tante, n'opposer à ce que
vous entendrez dire que la copie notariale que je vous
ai remise en partant des billets signés par Mme de Constant le 30 avril 1793; elle répond à tout. Quant aux
détails, ils sont contenus avec d'autres papiers dans le
paquet cacheté qui est en vos mains. Mais le billet de
ma ci-devant femme est suffisant, et vous évitera toutes
les explications qu'on pourrait vous demander. Je ne
suis point sûr que M. de Féronce entende que je loge

---

1. Au service des États généraux.

avec cette femme; il me dit de rester maître de la maison
que le duc m'a donnée, et d'en céder quelques appartements à Mme de Constant. Mais ce peut n'être qu'une
méthode de faire croire au public que cette maison m'a
été donnée à moi et non à cause de mon mariage.
Comme je ne suis pas vain et que le public ne m'intéresse guère, je renonce volontiers à ce petit triomphe
pourvu que je puisse loger seul. Je ferai mon voyage en
poste, car je viens de vendre 20 louis les chevaux que
M. Huber m'avait fait payer 12. C'est le premier marché
qui m'ait été avantageux.

La prise de Toulon, dont je ne doute pas, me paraît
l'une des choses les plus décisives, et je me flatte que
la paix s'en suivra.

Quelles horreurs à Lyon! J'en ai été malade deux
jours. Landau n'est pas pris que je sache. S'il échappe,
les Russes et les Autrichiens quittent l'Alsace; nouvelle
possibilité de paix. J'ai soif de paix.

Je suis en grande correspondance avec les bureaux
de poste de Lausanne et Berne. J'ai écrit à M. Fischer
qui m'a répondu du fait, répondu très poliment; il s'est
perdu six lettres à moi et de moi, en trois semaines, ce
qui passe la raillerie.

Adieu, ma chère tante, vous ne me parlez pas de votre
fils, ce que je trouve très mauvais.

B.

10. — A Mme LA COMTESSE DE NASSAU, NÉE DE CHANDIEU.

Colombier, ce 4 janvier 1794.

Je ne puis, ma chère tant, vous écrire que quelques
mots. J'arrive de Neufchâtel! Ma chère et très chère
bibliothèque est arrivée; mais je tiens à vous dire que
j'ai fixé à 160,000 francs le prix de la Chablière, mais
j'entends que ce n'est pas à moi, mais à l'acheteur à
payer les droits, ainsi que vous me dites sur les

12,000 francs à ôter si je la vendais, ne me semble pas juste. Donc, 160,000 francs sans droits, mais clairs et nets; j'ai peu envie de la vendre et si on ne me paye pas un prix très élevé, je préfère la garder.

Je ne puis rien vous mander de Brunswick: la semaine prochaine m'apportera, j'espère, quelque décision que je m'empresserai de communiquer à une amie qui est bien mieux qu'une tante et pour laquelle il me serait pénible d'avoir un secret. Je voudrais en conséquence attendre ces nouvelles avant que qui que ce soit fût au fait; ce n'est pas défiance, mais il vaut mieux en racontant le commencement raconter la fin. Cependant, pour ma tante de Loÿs [1] je m'en remets à vous, ma chère tante, mais pour personne d'autre.

Voilà l'armée autrichienne battue à plate couture, Landau délivré et la campagne d'Alsace aussi terriblement finie que celle de la Champagne. Oh, tactique! Oh discipline! Oh, roi! Oh! oh! oh! Quel coup pour M. Pitt que Toulon! Quel coup pour la coalition que l'Alsace! Vous savez que les Anglais ont emmené tous les habitants de Toulon. J'en ai été bien content; je frémissais de voir se répéter les horribles scènes de Lyon. J'ai vu quelqu'un venant de Paris qui dit que Robespierre est presque culbuté, et que Collot d'Herbois à la tête des Jacobins le renverse! Voilà Lebrun expédié! Pauvre Lebrun! Il avait de la dignité et des talents; des six ministres qui ont jugé le roi deux ont été guillotinés, un s'est tué, et un est en prison, attendant le supplice.

Je bavarde et la poste va partir. L'Angleterre est, dit-on, très agitée. Adieu, ma chère tante, ne m'écrivez jamais par Berne; votre lettre n'est pas arrivée plus tôt. Je vous embrasse tendrement.

                                        B.

---

1. Sœur de la mère de Benjamin Constant et de la comtesse de Nassau.

11. — A Mme LA COMTESSE DE NASSAU, NÉE DE CHANDIEU.

Colombier, 8 janvier 1794.

Ce que j'avais prévu, ma chère tante, est arrivé.
Voici ce que Villars[1] m'écrit de la Haye : « A quoi en
êtes-vous avec le vôtre d'état, où vous aurez de longs
congés ? Le prince de Brunswick, que nous avons ici,
a paru extrêmement surpris de ce que je lui ai dit que
vous étiez sur le point de retourner à Brunswick. Il m'a
parlé de Prussiens, de jacobinisme et de je ne sais
quoi..., j'ai très peu et mal compris. Dites-moi, de grâce,
pourquoi vous vous êtes brouillé avec le prince héréditaire ? etc. » Il faut donc que je me mette en défense. Ce
que dit ce petit crétin ne signifie chose au monde, mais
on sera peut-être bien aise à Berne, pour mon procès,
de saisir cette occasion de me représenter comme un
homme suspect, dangereux, exilé, etc. Les méchants
font parler les sots pour leur servir ensuite d'écho, et
mon principicule est un des meilleurs instruments de ce
genre d'opération. Je ne sais encore quel parti je
prendrai pour le faire taire : si j'écrirai à M. de Féronce,
au duc ou au principicule en haute personne, mais cette
bêtise me fera plutôt du bien que du mal, et je suis
décidé à en profiter.

Mon père est, dans ce moment-ci, en route pour
Paris ; j'ai reçu de ses nouvelles avant-hier et il se proposait de partir le 6, c'est-à-dire le jour même de la
réception de sa lettre. Il a pris tant de précautions, de
certificats de civisme, résidence, etc., etc., qu'il m'assure
que je n'ai aucune inquiétude à avoir et j'aime à le croire.
Ce voyage lui prendra trois semaines pendant lesquelles
mes conjugatico-tedesco-jacobiniques affaires s'arran-
geront. J'espère tirer parti des bavardages de mon

---

1. Le général de Constant de Villars, qui se distingua au service de
a Hollande et fut gouverneur de Bruxelles jusqu'en 1830.

prince pour faire revenir ceux qui me croient enragé et dire de bonnes vérités à ce futur duc.

Je suis bien affligé de ce que vous me mandez de Louis [1], mais je ne désespère pas ; je ne me suis jamais flatté que la guérison fût prompte, et mon avis est celui de Tissot [2]. J'espère le retrouver mieux l'été prochain, car je vous prie de ne point le laisser partir pour l'armée s'il y a encore une guerre l'année prochaine. Il ne sera pas encore assez fort et il ne faut pas qu'il coure un danger avant d'avoir complètement surmonté sa maladie.

Je ne sais vraiment que dire touchant la paix. J'ai vu des gens de Paris qui ont un peu renversé mes idées. Robespierre paraît se soutenir avec peine et les Jacobins mangent, boivent, égorgent, se marient tous les huit jours, vivent, enfin, comme les maîtres d'un grand empire qui ne l'ont que pour quelques instants. M..... m'est connu ; c'est un enragé de la première force qui veut tout remettre comme autrefois, depuis Sainte-Geneviève jusqu'à M. de Calonne ; et qui veut surtout..... depuis l'homme qui a voulu la révolution du 14 juillet 1769 jusqu'aux massacres du 2 septembre 1792 ; enfin, un endiablé aristocrate qui écrit bien avec feu et amertume. Je crois qu'il est un peu loin de son compte.

Adieu, ma chère et excellente tante, c'est bien tendrement que je vous embrasse ; je voulais écrire à Victor pour lui proposer de faire le voyage ensemble ; mais, puisqu'il est parti, je me borne à faire des vœux pour lui. Sa pauvre mère aura bien pleuré ! Je ne sais, au reste, quand je pars, si je pars cet hiver... Tous ces échecs auront peut-être mis mon duc de mauvaise humeur. Adieu, ma très chère tante.

B.

---

1. Louis, comte de Nassau, son cousin germain du côté maternel.
2. Célèbre médecin de Lausanne.

12. — A Mme LA COMTESSE DE NASSAU, NÉE DE CHANDIEU.

Ce 31 janvier 1794.

Je viens de recevoir, ma chère tante, une lettre de
M. de Féronce qui m'annonce que l'affaire est terminée
et que j'en recevrai incessamment la nouvelle par un
avocat avec ce qu'il appelle le *document libératoire*. Il ne
donne aucun autre détail; il faut donc attendre une
autre nouvelle qui ne me fait pas le moindre plaisir; c'est
que le duc a quitté absolument son commandement et
rebrousse chez lui. Vous sentez que ce n'est pas un petit
avantage pour ceux qui ont souhaité et prêché la paix,
et que particulièrement moi je dois en être bien aise.
M. de Féronce pourra entretenir le duc sur mon compte,
lui montrer mes lettres, et agir en ma faveur, comme je
l'y crois disposé, bien mieux que par lettres. En tous
les cas, si je retourne à Brunswick, c'est que le duc a
approuvé mon retour, et je serai à l'abri de toute mauvaise réception, quitte, si cela ne va pas bien ensuite, à
prendre mes arrangements pour revenir ici. Je sens
bien que je finirai par là, sans même tarder longtemps.
J'ai fait une perte à Brunswick qui en change absolument
le séjour pour moi. Le gentilhomme de lettres¹, qui
possédait toutes les qualités qui me convenaient, celui
qui, pendant cinq années d'ennui et d'humeur, m'avait
consolé, soutenu, encouragé, celui sans lequel, en un
mot, je serais mort ou devenu aussi brute que mes alentours, l'ami de la liberté des lumières, cet homme dont
les hautes opinions, sans exception, en morale, politique,
religion, s'accordaient en tous les points avec les
miennes, cet homme qui m'avait écrit il y a cinq
semaines et dont j'attendais la réponse, cet ami qui
entrait pour la moitié dans la possibilité que je me figurais encore de passer quelque temps à Brunswick, cet

1. M. de Mauvillon, l'ami et le collaborateur de Mirabeau.

homme est mort ! Il avait à peine quarante-neuf ans. Je suis atterré de cette perte et le serai bien plus encore si je me retrouve à Brunswick entre un tas de fous, de bêtes et de méchants.

Le duc et M. de Féronce sont, il est vrai, bons à approcher et doux à voir, mais qui me rendra cette intimité, cette conformité de principes, cette rapidité de compréhension mutuelle d'idées qui se réunissaient, se confondaient, se fortifiaient, s'expliquaient l'une par l'autre ? Je sortais toujours plus instruit, plus actif, plus vif de chez cet ami. Si j'ai conservé un peu d'amour pour les lettres, pour la vérité, pour l'étude, ma seule ressource ! c'est à lui que je le dois. Et il est mort ! et tant de bêtes vivent ! Et cette tête si lumineuse et si forte, cette âme libre et courageuse, et cette persistance d'application et de raisonnement, tout cela n'est plus, tout cela est brisé ! Oh ! que je voudrais croire ce que je ne crois pas ! Pardon, ma chère tante, de vous ennuyer de mes complaintes, mais je n'ai jamais été aussi affligé de la perte de quelqu'un. C'est la première fois que la mort m'a enlevé quelque chose qui me fût personnellement cher.

On me fait trop d'honneur de me faire le coopérateur de Mme de Charrière [1] ; je ne suis pas pour un côté dans sa comédie.

Je reçois à l'instant votre seconde lettre, ma chère tante, et je vous en remercie beaucoup. La nouvelle de M. Gibbon me fait de la peine, non que j'eusse une grande affection pour lui, mais je regrette les têtes bien organisées qui se détruisent, comme je regrette une machine bien faite qui se casse ou un bel édifice qui est englouti. Quant à ce que vous me dites sur la croyance, je sais plus que personne combien il est fâcheux de ne pas croire, et je me laisserais volontiers couper le nez

---

1. Mme de Charrière de Tuyll, auteur de *Caliste* et de plusieurs autres romans remarquables.

et les oreilles pour être bien convaincu, mais je crains que toutes les amputations n'y feraient rien et que sans oreilles et sans nez je serais incrédule malgré moi, comme à présent. Il faut subir mon sort.

Je voudrais que Gibbon [1] m'eût laissé la bibliothèque qu'il a léguée à Wilhelm de Sévery [2] qui, j'en suis sûr, à votre recommandation, me la donnerait de grand cœur. J'ai été un peu paresseux sur le rangement de mes livres, mais je ne tarderai pas à achever la copie et vous l'enverrai, j'espère, d'après ce que je vous ai mandé à la page précédente, dès que j'y pourrai joindre l'arrangement définitif.

Je suis fort indécis sur mon voyage à Brunswick. Si M. de Féronce me conseille d'arranger la chose de loin avec le duc, ou de demander une pension, je le ferai volontiers. — La mort de mon ami me rend ce séjour odieux, — je n'ai littéralement personne à qui parler et j'ai mille gens à qui il est difficile de ne pas parler sans attirer leur inimitié.

C'est une piètre chose que la vie. C'est pourtant curieux qu'à mon départ de Brunswick j'y ai laissé deux personnes dont l'une, qui m'aimait plus que je ne l'aimais, — une vieille dame d'honneur de la duchesse, — me rendait pourtant par son esprit, son amitié, son support, qui m'était bien nécessaire au milieu de la haine aristocratique dont on m'honorait, le séjour de la cour quelquefois agréable et toujours supportable. L'autre, mon ami, m'offrait toutes les ressources de l'esprit, des connaissances, du courage, de la philosophie et de la plus parfaite conformité de principes. Eh bien, l'une est morte deux mois après mon départ, et l'autre à présent! Et tant de sots, plus vieux qu'eux, plus maladifs, vivent à qui mieux mieux! Dieu veuille au moins que M. de Féronce vive encore longtemps.

1. Le célèbre historien anglais venait de mourir à Lausanne.
2. Cousin germain de Benjamin Constant.

Je souffre beaucoup de la mort de cet homme; j'en souffre pour sa famille, pour ses enfants en bas âge, pour la liberté qu'il idolâtrait, pour la vérité qu'il défendait. Je compte à Brunswick écrire un ouvrage sur toutes les particularités de cette vie d'ennui. J'y ferai connaître, et la littérature allemande si mal connue, et cette classe d'hommes respectables qui en imposent même aux princes sous la griffe desquels ils sont, et les ouvrages de mon ami qui sont bien dignes d'être traduits au moins en partie. Ce seront mes occupations de l'été prochain.

Je suis bien aise que Louis se remette; je l'ai toujours dit et je le répète, nous le verrons rétabli avant qu'il ne soit longtemps, moi, en revanche, je me détraque. J'ai une faiblesse inouïe, des maux de cœur, des évanouissements, etc., cependant je crois que je me rétablirai. J'ai des nouvelles de mon père, il est de retour, ce qui me fait grand plaisir. Les Français déclarent qu'il ne veulent pas la paix. Il faut la paix aux monarchies, dit Bacon, et la guerre aux républiques. Il faut que les tyrans réparent le mal qu'ils ont voulu faire, alors, *peut-être*, la République accordera-t-elle la paix aux nations. — Que la peste l'étouffe! — Adieu, ma chère tante, vous savez que je vous aime.

B.

---

13. — A Mme LA COMTESSE DE NASSAU, NÉE DE CHANDIEU.

Colombier, près Neuchâtel, 5 février 1794.

A Dieu ne plaise, ma chère tante, que je combatte aucun de vos raisonnements; ils sont certainement les meilleurs qu'on puisse faire sur ce sujet, et si je ne puis les trouver absolument convaincants, ce n'est la faute que de la matière même.

Je donnerais, je vous l'ai déjà marqué, plus que je ne puis dire pour être intimement convaincu. Mais j'avoue que les mots âme, esprit, substance, matière, Dieu, me paraissent les négations d'idées et que tous les efforts que j'ai faits, ou vu faire pour tirer de ces abstractions des moyens d'argument, m'ont mené au sentiment toujours croissant de la profonde ignorance où nous sommes, pauvres condamnés ! Quoi qu'il en soit, si je me trompe (car n'ayant aucune opinion je ne puis me tromper), si je fais mal en doutant, ma faute est bien pardonnable, car elle est forcée.

Je vous le répète, ma chère tante, que c'est beaucoup qu'au milieu de l'hiver, et d'un hiver pendant lequel tant de gens vigoureux tombent malades, Louis se soutienne et même ne souffre pas. Attendons le printemps et vous le verrez aussi sage, aussi chaste, aussi anachorète que moi. Je ne me porte pas très bien. Cependant, la vie que je mène est exemplaire. Ne me dites jamais que vos lettres m'ennuient. On m'assure qu'il n'est pas d'usage d'écrire à sa tante : « Vous en avez menti. » Cependant quand une tante ment ainsi, que doit-on lui répondre ?

On m'écrit de toutes parts d'Allemagne qu'on songe à la paix. Je parie pour la paix au printemps prochain. Les Français sont invincibles et la manière qu'ils adoptent actuellement de faire la guerre est aussi sage que cruelle : — je les hais et je les admire. On ne criera pas plus qu'auparavant, mais on les craindra cent fois davantage. Une chose bien curieuse, c'est que le discours barbare et sensé du maire de Thionville est l'extrait du livre de Mallet Du Pan qui se trouve avoir donné des conseils à ses plus mortels ennemis.

Adieu, mon excellente tante, vous savez que je vous aime tendrement.

B.

14. — A Mme LA COMTESSE DE NASSAU, NÉE DE CHANDIEU.

Colombier, ce 19 février 1794.

Votre silence depuis huit jours m'inquiète beaucoup, les dernières nouvelles que vous me donniez de votre bon Louis n'étaient point rassurantes. Je crains que son état ne soit la cause de l'interruption de notre correspondance. Veuillez, je vous en conjure, m'éclairer sur ce point, et si cela n'est pas, me rassurer. Vous ne trouverez nulle part un cœur plus dévoué à vous et prêt à prendre part à tous vos sentiments de peine et de plaisir.

J'ai reçu des lettres de Brunswick et l'arrangement signé par ma femme est précisément tel que je le désirais. Voilà donc une affaire finie. Il ne me manque plus que de recevoir la réponse du duc à qui j'ai écrit d'après le conseil de M. de Féronce pour savoir s'il approuve que je retourne à Brunswick pour quelques mois et si, comme je n'ai aucune raison d'en douter, elle est affirmative, je me mettrai tout de suite en route. La perte d'un ami enlève à ce séjour le plus grand charme qu'il avait. Adieu, ma chère tante, dans l'incertitude où je suis sur votre situation je n'ai pas le courage de causer plus longtemps avec vous. Les choses indifférentes sont si déplacées quand on souffre et pourtant je ne puis me résoudre à croire mes craintes fondées. Je vous conjure de me tirer de ce doute et je vous embrasse tendrement.

BENJAMIN CONSTANT.

---

15. — A Mme LA COMTESSE DE NASSAU DE CHANDIEU.

Colombier, ce... février 1794.

Votre lettre m'a fait bien plaisir, ma chère tante, en me rassurant sur la santé de Louis. Ma santé paraît se

remettre, je prends toujours deux bains froids par jour
(et mes forces reviennent), du quinquina, de l'esprit de
vitriol dulcifié, rien que de la viande noire et du vin
rouge pour toute boisson, voilà mes remèdes et mon
régime; je reprends de l'embonpoint, mais je ne sais si
c'est l'effet de cette manière de vivre ou celui de la
blaserie de mes sens et de mon âme, ou celui enfin de
la perte que j'ai faite, mais je suis d'une mélancolie
noire et rien ne m'en tire que par instants.

Je vous le disais bien que votre fils se remettrait, il
m'a toujours paru impossible qu'à son âge toutes les
ressources échouassent. Le printemps approche, j'espère
le retrouver vigoureux comme Hercule et surtout plus
gai que moi.

Mme de Charrière a tant de ruches, à ce que j'ai
appris d'elle-même, qu'avant de lui en donner de nouvelles il faut que je sache si elle saurait qu'en faire.
Elle a trois maisons au village de Colombier qui servent
de dépôt à celles qu'elle ne peut placer chez elle.

La bibliothèque de Gibbon sera-t-elle vendue à
Lausanne? Qui est chargé de la vendre? Se vendra-t-elle
en bloc au plus offrant? Voilà bien des questions que je
me reproche, mais sur lesquelles vous me ferez un plaisir
infini de me répondre. Je suis tellement bête, sombre,
abattu, sans force et sans esprit que je ne puis continuer
à causer avec vous; il faut que je sois bien malade pour
que je ne reprenne pas un peu de gaieté en vous écrivant. Mme de Charrière prétend que mon apathie vient d'un
côté du régime et de l'autre de la fin de mon affaire avec
Mme de Constant qui m'avait occupé pendant dix mois
et qui me laisse un vide, maintenant qu'elle ne m'occupe
plus. Il n'y a point de divorce, une pension très modique,
un logement séparé, une séparation de bien et d'intérêts
et à la fin une promesse que mon avocat a trouvé bon
de revêtir de la solennité du serment par laquelle nous
nous engageons à ne jamais revenir sur cet arrangement
sous aucun prétexte. Voilà le contenu de l'acte que j'ai

signé en double et dont j'ai renvoyé une copie à Mme de Constant.

Je ne puis, ma chère tante, partager votre désir de me voir tout à fait libre de corps et d'âme. J'ai besoin de célibat, le corps pourrait se remettre, l'âme non. La solitude est mon élément. Ma tristesse ici vient peut-être de trop de société, et certes si celle de la femme que j'aime [1] et qui m'aime tendrement m'est de trop, qui peut nier que je sois fait pour vivre seul? C'est aussi à quoi tendent tous mes vœux.

Dès que j'aurai vu à Brunswick comment je peux concilier mes devoirs avec ce désir, je le réaliserai. Quand je dis seul, ce n'est pas que quelquefois, je n'espère voir ceux que j'aime, vous par exemple, mais je veux et j'ai besoin de pouvoir me retirer sans que personne s'en étonne et s'en formalise et même sans qu'on le remarque, car avec mon étrange faiblesse de caractère qui me rend intolérable la physionomie de désapprobation, quand je vois quelqu'un qui se tait, mais qui me trouve ou capricieux ou ingrat, je ne puis le supporter.

Je bavarde ici comme une pie. Adieu, ma chère tante, mes questions sur la bibliothèque de Gibbon me tiennent excessivement à cœur; je passerai ici jusqu'au milieu ou la fin de mars. Dans le moment où vous recevrez cette lettre le sort de la France sera décidé. Si la Convention sait se faire respecter et obéir, la république est sauvé! Adieu encore, je vous aime bien autrement qu'un neveu, vous le savez.   B.

---

16. — A Mme LA COMTESSE DE NASSAU, NÉE DE CHANDIEU.

Ce 5 mars 1794.

Sans doute, ma chère tante, cette nouvelle me fait grand plaisir et la part que vous y prenez ne m'en fait

---

1. Mme de Charrière, chez laquelle il séjournait à Colombier.

pas peu. Je souhaite plus que je ne l'espère **que ces**
messieurs se dégoûtent du métier de persécuteur et me
fassent la grâce de l'oublier. Ceci doit leur avoir coûté
cinquante à soixante louis, au moins. J'attends toujours
la réponse du duc qui, à toute rigueur, pourra être ici
de demain en huit. Je ne pense pas qu'elle arrive avant
le 16. Je suis donc ici probablement encore pour trois
semaines.

J'ai reçu de nouveau, depuis l'arrivée du duc, des
lettres de M. de Féronce qui sont on ne peut plus ami-
cales. Ma santé aussi se remet. Mon médecin est de
Neufchâtel et les remèdes qu'il m'a ordonnés sont ceux
qu'on donne en pareil cas. Ma mélancolie, puisque vous
honorez de ce nom l'état où j'étais, diminue aussi, je ne
suis triste que lorsque je pense à mon ami de la perte
duquel je ne puis me consoler. Cette perte a été une
des grandes causes de ma maladie. Votre M. M..., s'il a
passé près de nous, ne s'est pas fait voir. Je doute
qu'il s'arrête ici, les auberges consistent en deux gargotes des plus détestables. J'ai vu passer, deux heures
avant l'arrivée de votre lettre, une voiture où étaient
deux messieurs et trois dames. J'envoie à l'instant à
nos deux gargotes prendre à tout hasard des informations. Si je n'ai pas vu votre monsieur, j'ai dîné en
revanche avec un jeune émigré qui me serrait la main
en disant : « Ah monsieur ! Si j'étais grand prévôt en
France, je ferais exécuter 800 mille âmes. » Des chevaliers français tel est le caractère ! On égorge à force à
Francfort. Des commissaires français y sont arrivés,
coiffés du bonnet rouge et le drapeau tricolore flottant
devant eux. Un domestique russe a arraché le drapeau,
les commissaires se sont plaints, le domestique a été
puni, et les commissaires ont dîné chez le général prussien de Kahlkreuth. J'ai vu des billets imprimés à Francfort par ordre des magistrats, à propos d'une perte que
ces messieurs avaient faite d'un sac d'argent, et ils y
sont qualifiés : « Messieurs les commissaires de la Répu-

blique française. » Tout cela est de toute certitude ;
n'est-ce pas plaisant? Ici aussi on avait eu force sans-
culottes, achetant des draps et des toiles. Les émigrés
ont fait la grimace, mais n'ont plus osé les insulter.
Est-il vrai qu'on chasse du pays de Vaud tous ces pauvres diables? Ils me font une extrême pitié et je voudrais
de tout mon cœur les souhaiter plus heureux.

Mon duc a absolument quitté le service de Prusse et
plusieurs princes d'Allemagne des plus considérés en
font autant. J'en suis fort aise. La coalition se désunit
de plus en plus, et cette désunion amènera peut-être la
paix. Savez-vous que ceci est la lettre la plus décousue
que j'ai écrite depuis longtemps. Si vous alliez me croire
fou, ma chère tante, m'en aimeriez-vous moins. Adieu,
ma bonne tante, je me réjouis fort des belles actions de
Mme de Chandieu [1]. J'attends pour lui écrire d'avoir la
réponse du duc. Je vous embrasse tendrement. Parlez-
moi de Louis, je vous prie, et dites-lui de se bien porter
pour me faire plaisir.

B.

---

17. — A Mme LA COMTESSE DE NASSAU, NÉE DE CHANDIEU.

Colombier, ce 7 mars 1794.

Mille grâces, chère tante, de l'information que vous
me donnez. Je vous envoie toutes les pièces justificatives
de mes affaires avec Mme de Constant [2] en vous priant
pour toute réponse de les montrer à quiconque vous en
parlera; ce sont les meilleurs arguments en ma faveur.
Ceci me décide à hâter mon départ, d'autant plus que
mon père m'écrit pour me proposer un rendez-vous que
je désire bien, mais avant lequel je voudrais avoir remis

---

1. Qui s'était brillamment défendue au château de Perroy (Vaud)
contre des révolutionnaires vaudois.
2. Sa première femme, Mlle de Cram, dont il venait de se séparer.

à flot mes affaires de Brunswick, pour pouvoir dissiper toute inquiétude à cet égard. J'irai me nicher, pendant quelques jours, je ne sais où, pour y attendre la réponse du duc qui ne peut tarder. Je ne sais encore le jour de mon départ ; je m'étais arrangé pour séjourner ici encore trois semaines, mais la publicité de mon aventure, que les gens de la Ch... n'auront pas manqué d'écrire à Dôle[1], me fait désirer d'en être loin le plus tôt possible.

Répondez-moi cependant toujours ici. On me fera tenir votre lettre.

Je n'ai pas le temps d'en ajouter davantage, je veux écrire à ma tante de Chandieu et encore six autres lettres, et il est sept heures !

Adieu, ma bien-aimée tante.

B.

18. — A Mme LA COMTESSE DE NASSAU, NÉE DE CHANDIEU.

Colombier, ce 8 mars 1794.

Voici, ma chère tante, encore une fois une seconde lettre. J'avais écrit d'après vos conseils à Mme de Chandieu, mai j'ai éprouvé tant de répugnance à devenir le délateur de ma femme, d'une femme qui ne peut se défendre, que j'ai déchiré mes lettres et renoncé pour jamais à l'idée d'en parler ou d'en écrire. Vous aurez reçu par Barrat un gros paquet contenant toutes les pièces relatives à cette affaire ; je m'en remets à votre amitié pour en faire l'usage strictement nécessaire ; je ne puis, ma chère tante, rien vous prescrire à ce sujet. Si je m'en croyais, je vous dirais de n'en rien dire du tout. Mais, encore une fois, je m'en remets à vous. Seulement, que ceux qui n'ont rien à voir dans ceci ne soient pas instruits des fautes d'une femme que j'aurais

1. Dôle, ville du Jura (France), où le père de Benjamin Constant s'était établi.

dû garantir de sa faiblesse, et que ceux que vous croirez
absolument et pour mon honneur devoir mettre au fait
n'en fassent pas de bruit. Faites-lui le moins de tort
possible, et qu'on me rende plutôt un peu moins justice
que de la condamner trop sévèrement. Je voudrais que
mon oncle de Constant de La Chablière fût un peu au
fait pour qu'il ne me jugeât pas tout à fait à faux ; mais
je vous recommande encore d'épargner une femme qui
ne peut pas répondre, et dont j'aurais dû empêcher les
fautes.

Adieu, chère tante.   B.

---

19. — A Mme LA COMTESSE DE NASSAU, NÉE DE CHANDIEU.

Colombier, ce 15 mars 1794.

Mille grâces, ma chère tante, et de ce que vous faites
pour moi et de la manière dont vous le faites ; j'ai souvent pensé que le *Mémoire* me présentait comme une
franche bête à cornes et je suis fort aise que vous ne le
croyiez pas nécessaire puisque vous ne faites usage que
du billet de mon ex-femme. Je joins l'original de la
lettre de M. de Münchhausen dont vous avez copie de
ma main. J'ai pensé que je n'en avais aucun besoin à
Brunswick et que cette lettre ferait plus d'effet qu'une
copie de moi qui suis trop intéressé pour être absolument
cru !

Le duc est à Berlin, à ce que m'écrit M. de Féronce,
toujours amical et bienveillant pour moi (c'est de
M. de Féronce dont je parle). Ce voyage du duc retar-
dera la réponse, la réponse qui me déplaît. Je resterai
ici encore la semaine prochaine : si je ne reçois rien, je
m'acheminerai vers Berne, où je voudrais conférer avec
Secretan. Mme de Charrière, en cas de départ, me fera
tenir mes lettres.

Ma santé continue à bien aller ; le quinquina me fait

grand bien; ce que vous me dites de la santé de Louis
me fait aussi grand plaisir. Le printemps vient et la saison avec peu de remèdes le remettra, j'espère, comme
moi! Tous les retards jettent bien du vague dans mes
projets. Il est possible que, sans être mécontent de moi,
le duc n'ait aucune envie de me revoir à la cour; s'il a
remarqué que mes différends m'aient fait trop d'ennemis et qu'il veuille éviter des tracasseries possibles, dans
ce cas il ne pourrait me refuser et même il serait obligé
de m'offrir une pension. Si cela est, je ferai pourtant
un voyage en Allemagne; j'ai besoin de mouvement.
J'avoue que j'aime autant cette tournure qu'une autre et
elle m'épargnerait l'ennui de la cour, et me permettrait
de consulter mes intérêts et mes goûts. A cela encore je
dis : faut attendre.

Vous savez que Paris est sens dessus dessous. Hébert, les Cordeliers, enfin les partisans de Collot d'Herbois ont attaqué ouvertement Robespierre. Hébert a été
arrêté, mais c'est la troisième fois que cela lui arrive et
il sort victorieux; il a été la cause de la chute des Brisso-
tins. Si Collot d'Herbois triomphe nous aurons la guerre.
Son plan est de faire attaquer la Suisse par trois points:
Genève, Neufchâtel et le Valais; je sais cela d'une manière assez sûre!

Adieu, ma chère tante, je vous embrasse mille et
mille fois.   B. C.

---

20. — A Mme LA COMTESSE DE NASSAU, NÉE DE CHANDIEU.

Colombier, ce 26 mars 1794.

Je n'ai rien de Brunswick, ma chère tante, mais j'ai
un gros rhume. Bien mal à la gorge, à la tête avec un
peu de fièvre. Je l'attribue au temps et je regarde mes
maux comme des avant-coureurs du tremblement de
terre que vous avez la bonté de me promettre. Je me
serais bien dispensé de ce préliminaire, puisque après

avoir souffert seul il faudra encore que je sois englouti avec d'autres; mais il faut se soumettre à sa destinée, surtout quand celle du globe en dépend.

Le silence du duc de Brunswick me laisse, vous le jugez bien, dans une grande incertitude. Je vous assure que s'il m'éconduisait honnêtement avec la moitié de mes appointements (car il ne peut pas faire moins) j'en serais ou ne peut plus content; mes voyages et les frais de deux établissements me coûtent presque ce que la pension entière me vaudrait de plus. Je compte avec quelque certitude sur une réponse demain, parce que M. de Féronce doit avoir reçu il y a trois semaines une seconde lettre de moi qui pressait sur la détermination du duc.

Si je n'avais pas horriblement mal à la tête, je politiquerais avec grand plaisir. Le discours de Robespierre sur le rapport concernant Chabot et Bazire est sublime; je crois la conspiration parfaitement déjouée parce que Robespierre est pauvre et par là même a la plus grande popularité, parce que la Convention est tout entière de son parti, pas une âme, Collot lui-même, n'ayant osé souffler; parce que les Jacobins, les maîtres de la Convention, sont les mannequins de Robespierre et que Collot a été prié de parler en faveur de mesures prises par le Comité de Salut public; parce qu'enfin le peuple croit que le parti des conspirateurs est cause de la famine et que l'estomac est la raison du peuple.

J'ai les plus grandes espérances qu'on s'occupe partout de paix, surtout à Berlin d'où je sais qu'on y négocie. Cette année sera la dernière, j'aime à le croire, de cette désastreuse guerre et de tant de malheurs individuels. J'ai voulu tourner la tête par malheur en écrivant, et mon cou s'en ressent. Adieu, ma tante aimée.

Votre invalide neveu

B. C.

21. A Mme LA COMTESSE DE NASSAU, NÉE DE CHANDIEU.

Colombier, près Neufchâtel, 1794.

En attendant le courrier de ce soir, ma chère tante, je me mets à vous écrire. Je ne suis point parti, comme je vous l'avais annoncé, et j'attendrai ici que la réponse du duc m'y parvienne. Ainsi veuillez me mander l'effet que cette tardive nouvelle de ma séparation a produit. Je veux à l'avenir, ma chère tante, vous faire grâce de mes affaires de location. Je vous dis donc, pour la dernière fois, qu'il est impossible de vous aimer plus tendrement et de mieux sentir et le mérite et l'utilité des soins que vous voulez bien prendre de mes petite affaires; il est bien heureux que vous soyez aussi aimable que bonne, car si vous m'ennuyiez, — et il y a des tantes qui, toutes tantes qu'elles sont, n'en sont guère plus amusantes, — les obligations que je vous ai me pèseraient horriblement. C'est la première fois que j'ai cette idée, il ne m'était encore jamais venu dans l'esprit de me demander ce que je ferais si amitié, protection, prudence ne se trouvaient pas réunies à plaisir et agrément.

J'écris par ce courrier à Mme de Chandieu. J'espère qu'elle sera contente de ma lettre; je ne lui parle pas de la grande affaire, je ne puis prendre sur moi d'en parler; mais je lui parle beaucoup d'elle et du bien qu'elle fait; j'espère que cet article me fera pardonner de ne pas m'étendre sur l'autre.

Je ne parle pas de nouvelles. Il sort tous les jours des bœufs d'ici, et il y entre tous les jours des émigrés, ce qui, pour l'abondance, n'est pas exactement la même chose. On parle de les éloigner tous, les malheureux! Où iront-ils? On confisque en France les biens des détenus, ce qui ôte la dernière ressource à ceux qui auraient encore des parents en France. J'ai dîné hier à Neufchâtel avec quelques-uns de ces pauvres fugitifs qui ont fait tout ce qu'ils ont pu pour me consoler de leurs malheurs. C'est un secret qu'ils ont tous et dont ils font grand usage.

Parlez-moi de Louis, s'il vous plaît, ma chère tante. Voilà le printemps qui renaît, je veux que mon cousin renaisse avec lui. Mille choses à tous ceux qui voudront bien s'occuper de moi. Je mets en vos mains tous mes intérêts ; ce m'est un plaisir de penser qu'ils y sont.

Adieu, ma bien chère tante.

B.

---

22. — A Mme LA COMTESSE DE NASSAU, NÉE DE CHANDIEU

Colombier, ce 29 mars 1794.

Enfin, ma chère tante, j'ai reçu la réponse si longtemps attendue ; vous la trouverez ci-jointe et vous conviendrez, je pense, d'un côté, que j'ai lieu d'en être content, puisqu'elle est très honnête et me rappelle à Brunswick en me conservant tout ce dont j'y jouissais, et de l'autre qu'elle est fort comique par l'ignorance que l'on y affecte sur toutes mes affaires matrimoniales. Il est vraiment plaisant, qu'après m'avoir accordé un congé illimité, motivé par l'éclat qu'avait produit la conduite de Mme de Constant, après m'avoir écrit depuis, relativement au divorce que je voulais demander, le duc me marque ici que mon éloignement ayant été amené par des occupations essentielles au bonheur de ma famille, — il dépend de moi de revenir dès que ces occupations le permettront. Dans un sens il a raison ; c'était une occupation très essentielle pour mon bonheur que ma séparation d'avec cette femme. Grâce au ciel, c'est fait !

Je pense qu'il ne faut pas montrer cette lettre ; vous pouvez, chère tante, dire en toute vérité que vous en avez vue une du duc très obligeante pour mon père et pour moi.

Je partirai soit la semaine prochaine, celle-ci finissant aujourd'hui, soit au commencement de l'autre. J'ai été obligé de prendre médecine, et cette médecine m'a un peu bouleversé. Du reste, je crois vraiment que je commence à soupçonner que ma santé est un peu meilleure ; je vois avec plaisir que je m'en occupe beaucoup, que j'aime à en parler et à en écrire. La vocation de malade imaginaire est aussi attachante ou même plus qu'aucune autre, et elle offre des dédommagements continuels. Chaque pilule est un espoir, chaque médecine une puissance, chaque drogue une émotion. Qu'importe où nous puisons nos intérêts ?

Je serai donc ici, ma chère tante, encore mercredi, et mon instabilité compte encore sur une lettre. Si vous voyez encore les deux illustres rivaux Barrat et Milliquet [1], et qu'ils aient quelque chose à me faire savoir, qu'ils le fassent. S'ils n'ont rien je les dispense de m'écrire quelque chose.

Les nouvelles de ce soir pourront être intéressantes ; le rapport de Saint-Just sur la grande conspiration doi s'y trouver ; et si à la suite de ce rapport on a arrêté *sonica* [2], Collot, Pache et Bouchotte, les trois chefs du parti, la conduite de Robespierre est d'une profonde habileté. En criant toujours : « Il ne faut pas qu'un seul patriote souffre, » il divise et rassure tous ces coquins dont les uns croient lui en avoir imposé et dont les autres espèrent pouvoir redevenir patriotes, — il les fait coffrer successivement et bientôt nous verrons cette faction écrasée. J'ai plaint jusqu'à présent toutes ces victimes, mais pour ces gueux qui ont été cent fois bourreaux, je les verrais mourir d'un œil sec, fussent-ils cent mille !

Un autre rapport non moins intéressant, et qui a dû être fait mercredi passé, le 21 mars, vieux style, est

1. Ses hommes d'affaires à Lausanne.
2. Mot en dialecte vaudois.

celui de Cambon sur les rentes viagères. Il a annoncé
que la commission s'était occupée à frapper le spéculateur
avide en ménageant le père de famille. J'ai peur, ma
chère tante, que le bout du bâton qui frappe le spéculateur avide ne nous meurtrisse un peu, nous qui n'avons
jamais spéculé.

Qu'est-ce que c'est que l'arrestation d'un M. Pour
talès du Gange, commissaire français, lui, cinquante
cinquième âme avec cinquante-quatre bœufs patriotes
par les ordres du bailli de Nyon ? Cette nouvelle, si elle
est vraie, serait bien fâcheuse. Les Français deviennent
bien forts, ce n'est plus le moment d'*Erlachieser* [1].

On dit que le prince de Cobourg a été vigoureusement
battu par les sans-culottes. Pichegru devant Valen-
ciennes ! voilà un commencement de campagne qui fait
honneur aux talents du colonel Mack ! Vous aurez ouï
parler de ce colonel Mack qui est descendu du ciel pour
opérer la contre-révolution. On l'a reçu à Londres au
bruit du canon. Comment voulez-vous qu'avec de tels
moyens il ne contre-révolutionne pas tant qu'il voudra ?
Le roi de Prusse a fait demander à l'empereur des
secours pécuniaires, la cour de Londres l'a appuyé, l'empereur les a envoyés paître. C'était le prince de Nassau,
le Russe, qui était chargé de la commission. La nouvelle est très sûre, le prince vient d'arriver, de Vienne
à Berlin: Les cercles ont refusé d'entretenir l'armée
prussienne. Le roi, de son côté, proteste contre la levée
en masse comme une mesure délicate et dangereuse
dans tous les temps. Ses réclamations se trouvent un
peu adoucies jusque dans la *Gazette de Berne*. Avouez
que voilà de l'union, de la sagesse, de l'ensemble chez
les dieux de la terre ! Ils sont aussi prudents que forts,
aussi sages que puissants. Cette levée m'a toujours paru
une excellente idée. J'ai cru voir un homme dans une

1. Allusion au régime de M. d'Erlach, dernier bailli de Lausanne sous
la domination bernoise.

ménagerie qui, sur le point de se voir attaqué par un lion, ouvrirait la cage d'un tigre.

Après tout ce bavardage, ma bonne tante, j'attends votre lettre que j'aurai, j'espère, ce soir.

Je reçois votre lettre, ma chère tante, et je suis vivement affligé de la mort de M. de Senarclens[1], pour sa famille qui m'est très chère et pour mon père qui en ressentira la plus vive douleur. Depuis la mort de mon ami de Brunswick, je ne m'abreuve que de réflexions sur la mort, et je ne regarde la vie que comme une longue, ou courte, agonie, mais dans laquelle on doit à chaque instant s'attendre à passer.

J'espère que vos nouvelles d'émigrés sont fausses. Nous le saurons ce soir, les papiers de France devant nous parvenir tout à l'heure. Cette mort de M. de Senarclens m'ôte toute envie de causer. Adieu, ma bonne tante. Vivez, je vous prie, j'ai grand besoin que vous viviez. Vous m'affligez bien aussi sur le compte de Louis. Ce printemps si beau est tuant pour les gens faibles. Je vous embrasse un peu tristement, mais bien tendrement.

Les papiers d'aujourd'hui prouvent la fausseté du massacre prétendu.

B. C.

---

23. — A Mme LA COMTESSE DE NASSAU, NÉE DE CHANDIEU.

Bâle, ce 7 avril 1794.

Quand on a une tante comme vous, ma chère tante, je prétends que ce qu'on peut faire de mieux, c'est de lui écrire, aussi n'y manquerai-je pas.

Malheur à vous surtout, ma chère tante, si les Autrichiens m'arrêtent et me gardent, ce qu'ils font de temps en temps aux voyageurs, car alors je ne cesse de

---

1. Très ancienne famille du pays de Vaud.

vous écrire. Pour me consoler j'espère au reste que vous et moi échapperons à ce sort, grâce à mes qualités allemandes et à mes passeports aristocratiques.

Je n'ai vu de Colombier ici que des émigrés ! Les uns m'ont arraché des larmes, entre autres une famille d'un père et de quatre jeunes filles voyageant à pied dans la boue en habits d'été déchirés. Les filles étaient charmantes, ce qui a contribué peut-être à mon attendrissement. D'autres émigrés moins malheureux et plus insolents ont effacé toute impression de pitié. Je les ai trouvés disséquant la *Gazette de Berne*, comme les corbeaux rongent la carcasse d'un âne mort.

Les paysans suisses s'exercent tant qu'ils peuvent ; si cela n'est qu'une préparation à repousser toute agression injuste de qui qu'elle vienne, je leur en sais bon gré et tous mes vœux sont pour eux.

J'ai reçu de Villars une lettre qui m'a fort déplu ; je lui avais écrit, avec assez de ménagements, des détails touchant Mme de Constant. Il prend ces ménagements pour des *réticences*, et me répond que si j'avais des choses avantageuses à lui confier, je l'aurais fait clairement. Le diable l'emporte ! Ce n'est pas tout d'être général, il faut encore se mêler de ses affaires et ne pas juger comme un bout de chandelle de ce qu'on ne sait pas.

Je voulais lui répondre comme cette algarade le mérite, mais j'ai pensé que cela n'en valait pas la peine et je ne lui répondrai point.

Tout cela m'a fait venir l'idée qu'à force de ménagements je pourrais bien me faire un tort irréparable. En conséquence, ma chère tante, comme il n'est plus temps pour moi d'en *écrire* (sic) et que vous avez bien voulu me promettre de veiller sur mon honneur à cet égard, je rétracte autant de mes recommandations de ménagements qu'il le faudra pour convaincre tout le monde que je n'ai eu aucun tort ; je m'en remets à vous là-dessus, comme de tout le reste.

Dans quelques heures je quitterai la Suisse où tout prospère dans la paix, pour entrer dans un pays dévasté que de longues années de guerre ont rempli de maladies contagieuses. Dans moins d'une heure je verrai toutes les horreurs réunies de la guerre et de la misère. Dans toute la Souabe le paysan fait du pain avec des cosses de haricots, des pêches broyées avec un peu de son ; on lui a tout enlevé pour l'usage des armées. On parle de la famine en France et on croit que les habitants de la Souabe s'élèveront en masse en faveur de ceux qui lui ont tout pris pour perpétuer la tyrannie. On croit les hommes bien bêtes ! Ils le sont beaucoup, mais pas tant, j'espère, qu'on aime à se l'imaginer.

Adieu, ma chère tante, parlez-moi de votre fils, aimez-moi et écrivez-moi.

B.

---

24. — A Mme LA COMTESSE DE NASSAU, NÉE DE CHANDIEU.

Francfort, ce 14 avril 1794.

Je vous l'ai promis, ma chère tante, et je tiens parole, je vous assassine de lettres. Depuis que je vous ai écrit, j'ai cassé deux fois ma misérable chaise, passé une nuit dans la boue, traversé trois ou quatre grandes villes où il y avait les pestes ou une fièvre dont tout le monde mourait, ce qui vaut la peste assurément, et jusqu'à présent je ne m'aperçois pas que je me sois cassé le col, ni que je sois pestiféré. On ne peut cependant répondre de rien et je vous conseille fort de faire faire quarantaine à ma lettre avant de l'ouvrir, car si une fois elle est ouverte, le mal est fait, le danger est là, et il vaut autant la lire jusqu'au bout. Ainsi, ma chère tante, pensez-y bien. Je vous l'envoie bien fermée, il ne tient qu'à vous de la laisser telle.

Outre la peste, j'ai trouvé la guerre, des villages brûlés, des troupes malades, découragées, déguenillées, mécontentes, des paysans pillés par les ennemis, puis dépouillés de ce qui leur restait par leurs défenseurs, enfin tout ce qui peut rendre des pays malheureux en ce genre : enlèvement de pères de familles, d'artisans, de maris, de fils pour en faire des recrues, mendicité, mutilation, désespoir !

Outre la guerre, j'ai trouvé la famine. Dans un village où j'ai couché, je n'ai pas pu avoir de pain, et tous les vivres ont triplé de prix. Le paysan est accablé de corvées, les soldats malades sont logés chez lui et lui communiquent leurs maladies, les soldats bien portants le battent, les officiers l'insultent, les ennemis le tuent et l'estropient. Voilà ce que j'ai vu, et je vous assure que je ne voudrais pas avoir à repasser par là, avant que la paix soit faite.

La paix, tout le monde crie après la paix. Les puissances ne désirent que la paix, les soldats soupirent après la paix ; si cette campagne n'est pas la dernière, je ne sais ce que deviendra l'Allemagne. On ôte au paysan son pain, on lui donne des armes, car la levée en masse s'effectue et les paysans, maltraités et volés, sont armés pour la défense de ceux qui les volent.

Les Français continuent leurs ravages ; ils sont à Spire, à Deux-Ponts, à Harkendol, à Pimasens, à une lieue de Manheim. Jusqu'à présent les masses allemandes n'ont rien fait contre ces dévastateurs. Un général autrichien a pensé être fait prisonnier il y a quelques jours, c'est le général Hoze.

Avez-vous ouï parler de la grande victoire du prince de Cobourg? Oh, sûrement ! Mlle d'Albenas de Sullens vous l'aura contée ! Eh bien ma chère tante, il n'y a pas un mot de vrai là-dedans. Les Prussiens font mine de se retirer ; on négocie et on s'aigrit.

Trêve de tout cela ! Si ma lettre est interceptée on me prendra pour un espion. Mais qui suis-je, messieurs? Encore faut-il m'avoir pour me prendre.

Donnez-moi des nouvelles de Louis, aimez-moi,

écrivez-moi, sans cela vous aurez vingt lettres pour une, et ces deux, si voisines l'une de l'autre, doivent vous prouver que je sais tenir parole. Je vous avertis pourtant que si je prends la fièvre putride, qui règne ici, et que j'en meure, je ne vous écrirai plus.

Adieu, ma bonne tante. Que fait Mme de Chandieu? Mille choses à Mlle Rieu [1]. Avec vous et mon oncle je vous embrasse mille et mille fois.

B.

---

25. — A Mme LA COMTESSE DE NASSAU, NÉE DE CHANDIEU.

Göttingue, ce 19 avril 1794.

Pour cette fois-ci, c'en est trop, direz-vous, ma chère tante. Pardon, cette fois je vous écris pour vous prier de quelque chose, ainsi ce n'est plus simplement un abandon désordonné à mon penchant à vous écrire. Mais je vous avertis qu'ayant un prétexte honnête pour vous écrire, je causerais avec vous tant que je le pourrai. Il est plus facile de résister à une tentation que de s'arrêter lorsqu'on y cède. Ce qui me fait plaisir dans la commission dont je vais vous charger, c'est que, au moins, elle me vaudra une réponse.

Pourriez-vous, ma chère tante, demander à M. de Montagny, si je ne pourrais pas obtenir l'autorisation de porter l'uniforme de la milice et à qui je pourrais la demander; et au cas où je puisse l'obtenir voudriez-vous m'envoyer une description exacte du dit uniforme avec celle de la dragonne et de tout ce qui y a rapport. Je suis tenté de croire qu'il ne faut pour cela que la permission d'un commandant, et peut-être M. de Montagny lui-même pourra-t-il me la donner. S'il fallait s'adresser à B... je laisserais là la chose. Cependant elle me serait très agréable, tant à cause de ma garde-robe qu'elle

---

1. Demoiselle de compagnie de Mme de Nassau.

diminuerait fort, que parce que cet uniforme montrerait
aux gens que j'ai un chez-moi, une patrie, et que ce
n'est pas faute de savoir où aller, que je reviens me
planter parmi eux. Cette idée que je regrette de n'avoir
pas eue il y a six mois ne s'est présentée à mon esprit
qu'à la vue des uniformes que j'ai vus ici, et qui m'ont
rappelé que presque tout le monde à Brunswick porte
l'uniforme, soit de corps, soit d'état, soit de milice.
Ceux de nos courtisans qui sont étrangers portent celui
de leur pays. Je pourrais donc en faire autant, sans inconvénient. Je voudrais savoir si je pourrais de préférence obtenir la permission de porter celui du corps où
est notre cher Wilhelm; ce n'est pas précisément par
tendresse, mais parce qu'il est plus joli. Si j'étais moins
scrupuleux, je me le ferais faire et le mettrais sans façon,
car assurément personne à Brunswick ne vérifierait la
chose. Mais cela aurait à mes propres yeux l'air aventurier et j'aime mieux n'en rien faire. J'attends donc
votre réponse à ce sujet, ma chère tante, avec impatience.

Mon voyage de Francfort ici a très bien été. J'ai
écrit d'ici à M. de Féronce pour lui demander des nouvelles de sa santé; il me parlait dans sa dernière lettre
de maux de tête, je ne suis pas fâché de le prévenir de
mon arrivée pour que, si l'idée lui vient de proposer
que Mme de Constant fasse un voyage durant mon séjour,
il le fasse. Je ne lui en ai du reste pas dit un mot. J'attends sa réponse. Je ne l'aurai que dans six jours, mais
je ne m'ennuierai pas à l'attendre. J'ai fait et je ferai
connaissance avec les professeurs de cette célèbre
université, je verrai la bibliothèque, la plus belle de
toute l'Allemagne, et je passerai, je crois, très bien
mes six jours.

15,000 Polonais, réunis sous le général Matalinsky,
ont levé l'étendard de la liberté, ont battu plusieurs corps
russes et pris Cracovie; toute la nation paraît disposée
à se joindre à eux. Ils ont érigé un tribunal révolution-

naire à l'instar des Français, lequel a déja fait exécuter
plusieurs partisans de sa majesté czarienne. Cet événement fait grande sensation en Allemagne. En Hesse, par
où j'ai passé, la levée en masse a mal réussi. Trois villes
et plusieurs bourgs ont bien accepté les armes qu'on
leur a distribuées, mais ont ensuite refusé de s'en servir
en cas d'attaque, et les ont employées à chasser ceux
qui sont venus les sommer de s'enrôler de par le Land-
grave. La Prusse retire ses troupes et ne laisse que
20,000 hommes; tout paraît tendre à la paix. Nous le
souhaitons assurément, vous et moi plus que personne.

Mon duc a consacré dans ses États la liberté illimitée
de la presse; il met son université sur le meilleur pied
possible; il se distingue enfin par toute la modération,
la sagesse, les principes libéraux et humains qu'on peut
exiger d'un homme; il y a du plaisir à être attaché à lui.

Adieu, ma chère tante, vous savez que je vous aime
bien tendrement.

B. C.

———

26. — A Mme LA COMTESSE DE NASSAU, NÉE DE CHANDIEU.

Brunswick, ce 5 mai 1794.

Je suis consterné, ma chère tante. Je m'étais toujours
flatté que la jeunesse de Louis [1] le sauverait; mon dernier séjour en Suisse m'avait tendrement attaché à lui.
Je sens combien sa douceur, sa gaieté, sa patience ont
dû vous le rendre cher, et sa perte cruelle. On ne pouvait le connaître d'un peu près sans avoir pour lui le
plus vif intérêt. Les témoignages que le public vous en
a donnés vous en ont convaincue; j'ai souvent gémi de
ce que vous en doutiez. J'aurais aimé vous en parler bien
plus que je n'ai fait; mais vous aviez l'air de croire que
c'était complaisance et non sentiment: et cette espèce

1. Louis, comte de Nassau, fils unique de la comtesse de Nassau,
née de Chandieu, venait de mourir à l'âge de vingt-six ans.

de soupçon me glaçait. Si je pouvais penser qu'en effet ma tendresse, dont vous ne pouvez douter, vous est une légère consolation, une distraction du moins dans vos peines, combien cette idée me rendrait heureux, combien elle adoucirait ce que cet événement a de cruel!

Vous le savez, ma chère tante, je n'ai pas besoin de vous le répéter; je vous suis attaché de toutes les manières. La reconnaissance, le plaisir que j'ai goûté dans votre société, celui que ma tendresse a paru vous faire sont autant de biens qui m'unissent à vous pour la vie. Répétez-moi, je vous en conjure, que mes sentiments vous font un peu de plaisir et que la douceur de cette idée vienne se joindre à celle que je trouve à vous aimer.

Comment, ma chère tante, avez-vous pu, au milieu de votre chagrin, vous occuper de mes affaires et en parler à Rosalie de Constant? Je vous en remercie mille et mille fois, mais j'en suis tout honteux. Je voudrais pouvoir croire qu'en effet elles font diversion au sentiment de votre douleur. Rosalie, dites-vous, pense comme tous mes parents que je ne dois pas garder le secret sur cette affaire. Soit, ma chère tante; je consens à tout ce que vous ou ceux qui s'y intéressent trouveront convenable que je fasse pour lui donner la publicité nécessaire. Je le fais d'autant plus volontiers que la conduite actuelle de Mme de Constant est tellement ingrate, insolente, impudente même, que je ne me sens aucune vocation à la ménager; mais que puis-je faire de plus que ce que j'ai fait? Vous avez en main toutes les preuves, je m'en remets à vous.

Combien je voudrais être auprès de vous, ma chère tante, pour vous consoler! Combien je voudrais pouvoir dans ce but avancer le moment de mon retour! J'espère qu'il aura lieu en juillet. Je ne puis que me louer des procédés de tout le monde envers moi. Mme de Constant seule se montre avec une audace qui ne fait tort qu'à elle. La première fois que je l'ai rencontrée, elle a affecté de s'approcher de moi, de me fixer, de tousser, de chan-

ter, de faire du bruit; enfin, elle agi comme la plus
effrontée et la plus insensée des femmes, et tout le
public, même ceux qui n'étaient pas pour moi, ont été
révoltés de cette impudeur. Je me félicite tous les jours
davantage de ne plus tenir à cette femme, mais je voudrais que la séparation fût plus complète et toute tentative de réunion plus impossible. J'espère y parvenir tôt
ou tard.

Je ne vous dirai rien des affaires publiques, ma chère
tante; celle qui vous occupe actuellement est bien plus
cruelle et bien plus intéressante pour vous et pour moi.
Adieu, ayez soin de votre santé, que je vous retrouve
au moins bien portante; vous savez combien vous m'êtes
nécessaire. Je vous embrasse bien tendrement et tristement.

B. C.

27. — A Mme LA COMTESSE DE NASSAU, NÉE DE CHANDIEU.

Brunswick, ce 12 mai 1794.

Mille grâces, ma chère tante, de la bonté avec laquelle
vous voulez bien vous charger de mes petites affaires;
elle m'est encore plus précieuse comme marque de votre
amitié que par l'utilité que j'en retire. Pour pouvoir
ensuite causer à mon aise avec vous, je commencerai
par couler à fond l'article uniforme. Si la demande que
M. de Montagny veut bien faire ne m'engage pas, à mon
retour en Suisse, à remplir des fonctions militaires pendant la paix, dont j'espère que nous jouirons, je désire
beaucoup profiter de son offre obligeante; mais si je me
trouvais par là obligé à faire les fonctions de mon uniforme, j'y renonce. Voilà donc, ma chère tante, la
grande question. Comme attaché à un prince et ayant
un emploi à l'étranger, je suis exempt des charges de
la milice; en demandant à porter l'uniforme, continuerai-je à en être exempt? Si oui, je vous prie d'aller en

avant et de m'en faire obtenir la permission ; mais s'il y a le moindre doute, il faut abandonner cette idée. Dans le premier cas, veuillez dans votre réponse m'envoyer la description des différents uniformes. Voilà bien des indiscrétions, mais vous le voulez, je vous obéis sans peine.

Une sorte de tracasserie vient de renaître entre Mme de Constant et moi. J'avais chargé mon homme d'affaires de la sonder sur des moyens de divorce. Je m'étais bien clairement expliqué, c'est-à-dire que je ne pensais pas à recommencer dans ce moment que je ne voulais que savoir sa manière d'envisager cette affaire pour la suite, et que, me trouvant ici, nous pourrions profiter de mon séjour pour bien nous entendre par le canal de cet homme. Elle a couru à la duchesse, a dit que je voulais tout renouveler, a effrayé tous ceux qui seraient compromis dans cette affaire ; enfin, ça a été un train du diable. Cela a eu le très bon effet que l'on a assez généralement approuvé mon dessein, et qu'à présent je crois que je pourrai agir tout de suite de façon à briser mes liens. C'est une sotte, méchante femme. Elle a voulu cet hiver se faire enlever par un Anglais, nommé Gosport. Le gouverneur l'a emmené de force. Elle est à présent en intrigue ouverte avec un jeune Allemand. Elle tâte de toutes les nations. La duchesse qui l'a si bien protégée contre moi la protège encore, malgré ses folies, et je m'en félicite fort, car l'arrangement qu'on m'a fait faire n'est point légal et ne me met pas à l'abri d'une réunion.

Du reste, ma chère tante, je vis assez heureux ici ; j'étudie beaucoup, je vois très peu de monde ; ma santé est assez passable. J'irai peut-être à Hambourg cet été, cela dépend de mes affaires maritales et des nouvelles que je recevrai de Suisse.

Ce que vous dites de l'incertitude où les convulsions du moment nous mettent tous, et de l'espèce de triste consolation que ce motif fournit lorsque la mort nous enlève ceux qui nous sont chers est bien vrai. Personne n'est sûr de ne pas mourir sur l'échafaud aujourd'hui. Les Français ont essuyé de terribles échecs depuis l'ouverture de la campagne ; dans les affaires du 17 et du 26 on prétend qu'ils ont perdu près de 18,000 hommes et 80 canons. Le commandant de L... s'est rendu comme un gueux. Les Polonais font mieux leurs affaires. Kosciusko a battu 20,000 Russes et leur a pris 20 canons. L'Autriche est assez disposée à aider ou du moins à ne pas nuire aux insurgés. Les Turcs se sont à peu près déclarés pour eux. Si cela pouvait nous amener la paix ! On parle d'une médiation à la tête de laquelle sont la Suède et le Danemarck ; on a sollicité les cantons d'y entrer, mais ils ont refusé ; c'est peut-être un acte de prudence. La Russie est assez disposée, malgré ses promesses, à être médiatrice plutôt que coalisée. L'Angleterre seule est acharnée à la guerre, et Pitt ruine son pays avec une hardiesse qui n'a pas d'égale. Il paye pour un an à la Prusse quarante-trois millions de livres de France.

J'ai eu un moment de grande inquiétude pour Victor[1] ; on l'a dit tué, mais un examen de la liste des morts de l'armée hollandaise m'a rassuré. Hélas ! d'après votre trop juste réflexion, personne n'est sûr de n'avoir pas à regretter une mort si prompte et si douce. Cependant, cette réflexion ne me console pas de notre perte[2]. Jamais je n'oublierai la douceur, la bonté et la patience du pauvre Louis et son amitié pour moi. Puissé-je adoucir un peu par la mienne le sentiment de votre douleur !

Ne me dites pas, chère tante, que vous êtes prête à nous quitter ; il faut que vous viviez pour vos amis, surtout pour moi. Vous savez combien vous m'êtes nécessaire, ce n'est pas un compliment. Si vous voulez bien

---

1. Victor de Constant faisait partie des régiments suisses, et échappa heureusement au massacre du 10 août. Il prit ensuite du service en Hollande, y devint général et fit une fort belle carrière.

2. Mort de son cousin, le comte Louis de Nassau.

vous le rappeler, cet été, cet automne, qu'aurais-je fait
en Suisse sans vous?

Adieu, ma chère tante, aimez-moi beaucoup, je vous
prie ; je vous embrasse mille fois comme vous savez que
je vous aime.   B. C.

---

28. — A Mme LA COMTESSE DE NASSAU, NÉE DE CHANDIEU

Brunswick, ce 24 mai.

Certes, ma chère tante, je voudrais avoir vingt-cinq
maisons à vendre si elles me procuraient toutes d'aussi
charmantes lettres que la vôtre !...

Mais trève de finances et passons aux articles de votre
lettre qui m'intéressent bien plus, puisqu'ils nous
regardent. Sans doute une de mes plus douces espérances
est de passer cet été auprès de vous, de voir revenir ces
charmantes soirées où nous nous entendions si bien et
de vous prouver que mon cœur vous chérit autant que
mon esprit. Croyez-moi, ma chère tante, vous me faites
tort de me soupçonner d'insensibilité!

Revoyez mon éducation, cette vie errante et décousue,
ces objets de vanité dont on a allaité mon enfance, ce
ton d'ironie qui est le style de ma famille, cette affectation de persifler le sentiment, de n'attacher du prix
qu'à l'esprit et à la gloire, et demandez si c'est étonnant
que ma jeune tête se soit montée à ce genre. J'en ai
trop souffert pour ne pas l'abjurer. J'ai trop senti qu'on
a beau se piquer de se mettre au-dessus des côtés tou-
chants pour ne voir que les côtés ridicules, on ne sonde
pas les profondeurs ; le plaisir d'amour-propre que cette
manie donne n'équivaut pas à une minute où l'on sent.
Je suis fatigué de mon propre persiflage, je suis fatigué
d'entourer mon cœur d'une triste atmosphère d'indifférence qui me prive des sensations les plus douces.
Puisque ce faste de dédain ne m'a pas rendu heureux,
au diable la gloire d'être supérieur à ceux qui sentent ;

Mᵐᵉ DE CHANDIEU

GRAND'MÈRE MATERNELLE DE BENJAMIN CONSTANT

(D'après un portrait appartenant à la famille de Linden)

j'aime mieux la folie de l'enthousiasme, si ce qui rend
heureux est folie, que cette funeste sagesse, et quand ce
ne serait que par égoïsme et par calcul, je veux cesser
d'être calculateur et égoïste. Reviens donc, confiance
que je m'applaudissais de ne pas avoir, revenez donc
passions que j'ai amorties, plaisirs simples et doux que
j'ai repoussés, vertus obscures et journalières que je me
suis fait un mérite de mépriser; sentiments d'amour,
d'amitié, de bienveillance, heureuse crédulité qu'on
m'a arrachée pour de précoces et fastueuses leçons,
revenez !

Je pense comme vous sur Dumouriez. Vous voyez
que le plan n'a pas réussi, et que les Autrichiens qui se
croient déjà à Paris ont à peine trois lieues dans le territoire de la République française, et n'ont pas encore,
que je sache, une forteresse. Dumouriez, je pense, se
trouvera mal de son opération ; on ne peut avoir aucune
confiance en lui, et quand son caractère le permettrait on
n'en aurait pas; devinez pourquoi? C'est qu'il a de l'esprit ! Vous ne sauriez croire à quel point, surtout depuis
la Révolution française, nos bons Allemands détestent
l'esprit, ils le croient jacobin par sa nature; il est vrai
que c'est un diable d'être. On achète le courage, l'adresse,
le travail, la raison des gens. Mais l'esprit, jamais! Il
est toujours indépendant, et lors même que l'intérêt le
fait céder ou seconder ce qu'il désapprouve, il a toujours
l'air de protester contre : aussi répétera-t-on sans cesse
comme le père Canago : « Point d'esprit, monseigneur,
point d'esprit. »

Mᵐᵉ de Charrière m'a envoyé ses lettres [1] qui m'ont
fait un grand plaisir et à cause de leur mérite intrinsèque,
et à cause de l'auteur que j'aime beaucoup, comme vous
savez.

C'est une femme qu'on méconnaît et qui, j'en conviens, mérite d'être méconnue; mais elle a de bonnes,

---

1. Probablement ses *Lettres politiques sur la Hollande.*

de grandes, de chaudes et de loyales qualités, et plus
d'esprit qu'il n'en faudrait pour faire trembler la moitié
de la Germanie.

Ce que vous me dites de l'effet de la guerre en Suisse
est bien vrai. Nous sommes plus heureux en Allemagne,
on tuerait 10,000 hommes qu'il n'en serait pas question. Dans toutes les gazettes nous voyons : on a rem-
porté une grande victoire contre les rebelles et nous
n'avons fait aucune perte; il y a eu des nôtres 500 ou
1,000 hommes de tués! Mme de Sévigné écrivait à la
prise de je ne sais quelle grande ville : « Quelle heureuse
victoire ! Pas un homme de marque, rien *que* des soldats
de tués! »

J'ai fait une petite course, dans un petit pays voisin,
qui offre un spectacle assez singulier; les hommes sont
vendus et partis, les femmes labourent, les enfants de
six ans travaillent aux grands chemins. L'heureuse dis-
tribution! On vient de donner au quartier général un
grand exemple de justice qui j'espère produira les effets
les plus heureux. Un vieux médecin de soixante-dix ans
soupçonné de jacobisme et livré par son maître a reçu
au camp 30 coups sur les fesses, a été exposé 24 heures
aux postes avancés de 50,000 héros à 5 sols par jour,
a reçu en sortant 30 autres coups et est mort des suites
de ce châtiment, dit la *Gazette*, châtiment d'autant plus
louable qu'il n'avait été précédé ni de preuves, ni de
procès, ni même d'accusation; le tout pour la plus grande
gloire de Dieu et des rois. Celui de Prusse y était ! Quant
à vos émigrés, je respecte trop leur sensibilité pour
qu'ils ne soient jamais affligés du spectacle des ruines
de leur patrie. Les Anglais me paraissent des gens qui
se saignent à extinction de peur d'une apoplexie et qui
se coupent bras et jambes pour ne pas faire de sauts
périlleux. Grand bien leur fasse; j'aimerais autant me
rendre cul-de-jatte dans le but de modérer ma marche.
Les médecines de précaution peuvent être fort bonnes,
mais jamais je n'ai vu tuer un homme sain pour l'em-

pêcher d'être malade ; au reste on ne peut disconvenir
que la recette ne soit infaillible.

Adieu, ma chère tante, je vous embrasse tendrement ;
portez-vous bien, je vous prie.

B. C.

---

29. — A Mme LA COMTESSE DE NASSAU, NÉE DE CHANDIEU.

Brunswick, ce 7 juin 1794.

J'ai reçu à la fois, ma chère tante, vos deux lettres
du 16 et du 23 mai avec une quantité d'autres de différentes dates, retardées je ne sais par quel accident. Je
m'affligeais un peu de votre silence et me trouve très
heureux de ce que ce n'est que la faute de la poste. Mes
affaires conjugales n'ont pas avancé d'un iota. J'ai un
avocat qui ne se laisse émouvoir par rien et ne met la
main à la plume qu'à la dernière extrémité. Cette dernière extrémité arrivera aujourd'hui, car je suis las
d'attendre.

Mme de Constant continue à se conduire d'une façon
digne d'elle. Pendant le temps du procès de mon père,
je lui avais écrit de la Haye sur le compte du prince
d'Orange qui nous faisait tant de mal. Elle a eu la délicatesse de montrer mes lettres à la princesse héréditaire
sa fille et de devenir ainsi ma délatrice. Vous conviene-
drez que le procédé est fort, mais rien ne m'étonne de
la part de cette femme. Cette infamie n'a pas eu de
conséquences manifestes, mais elle a dû augmenter
l'aversion de la princesse pour moi, et c'était le but.
J'espère être tout à fait débarrassé de cette mégère, mais
par quelques sacrifices et peut-être par celui de la place
à Brunswick.

Ce n'est pas que j'aie aucune raison de me plaindre
du duc, mais la phalange ennemie est trop nombreuse,
et le séjour n'est guère agréable. J'aime bien mieux
être près de vous, ma chère tante, et tâcher de vous faire

« réaimer » la vie à laquelle votre amitié m'attache beaucoup.

Je n'irai pas à Hambourg, je pense. J'attends que mes affaires soient commencées pour faire une course à Göttingen où la bibliothèque m'intéresse. Dans la retraite où je vis, car je vais peu à la cour, comme je crois vous l'avoir marqué, ma chère tante, l'étude est ma grande ressource et mon grand plaisir. Elle me fait oublier ma femme et tout ce qui y a rapport, ce qui est un grand bien.

En même temps que vos lettres j'en ai une de mon père. Il paraît bien portant et assez tranquille. J'espère le revoir en automne, car mes projets de juillet ne sont plus exécutables. Après demain commence mon affaire (je viens de parler à ma tortue d'avocat); elle sera vraisemblablement finie dans trois mois. Au commencement de septembre, je me flatte de vous embrasser.

Voilà donc encore un petit succès sur ce misérable conseil de guerre. Puissent ses échecs le rebuter. Vous êtes bien bonne de tant vous y intéresser. Je vous assure qu'une de mes grandes raisons de désirer d'être assez riche pour vivre indépendant est l'espoir de me fixer près de vous. J'ai si peu de personnes dans ce monde qui satisfassent également mon cœur et ma tête que je ne voudrais pas être forcé par le besoin de m'éloigner de ce petit nombre. Ma philosophie me donne bien la force de supporter une séparation momentanée, en m'occupant d'objets littéraires : mais il me faut la perspective de la réunion et le gain de mon procès.

J'ai reçu une réponse très amicale et très obligeante de Mme de Chandieu. Je suis touché de la part que chacun prend à mes tribulations domestiques, Rosalie m'écrit aussi bien tendrement. Toutes ces marques d'amitié sont arrivées ensemble et m'ont fait sentir vivement ma solitude actuelle. Il ne faut pas seulement s'impatienter, parce qu'en voulant aller trop vite je pourrais bien gâter mes affaires ; et je suis déterminé à ne pas bouger d'ici jusqu'à ce qu'elles soient terminées.

Les affaires en Flandre prennent une terrible mine pour nous (j'entends pour les Allemands). L'empereur a quitté l'armée, le colonel Mack, cet ange tutélaire des coalisés, se retire, les généraux se chamaillent, les troupes sont très découragées, on s'attend en un mot aux plus grands malheurs pour ces superbes Pays-Bas. Les Français montrent un courage plus qu'humain. Ils foncent, la baïonnette au bout du fusil, sur la cavalerie ennemie ; et à force d'indiscipline, d'ivresse et de manque de tactique, ils battent les disciplinés, les sobres et les *tactiqués autrichiens*. L'empereur s'en dédommage en s'emparant du comté d'Alexandrie, pour payement des avances qu'il a faites au roi de Sardaigne. Amis et ennemis se réunissent contre ce pauvre diable de roi. De cette manière il est douteux que la coalition continue, plus douteux encore qu'elle ait des succès, et les espérances de vos émigrés[1] pourraient bien aller rejoindre tant d'autres espérances *défunctes*.

Comme je ne vais presque pas dans le monde et rarement à la cour et que lorsque mes affaires seront entamées, je n'irai pas du tout en société pour n'avoir pas à être persécuté de demi-propositions ou de propositions entières auxquelles mon caractère cédant me rend pénible de résister, l'affaire de l'uniforme m'est devenue indifférente.

Je souhaite bien que Victor de Constant fasse un bon mariage. Il est très bien fait pour plaire : figure, talents, douceur, il a tout ce qui fait aimer et rien de ce qui offusque, Je le crois très propre aussi à être heureux dans le monde ; il en a les goûts et les qualités. On dit qu'il se distingue dans cette dangereuse et malheureuse campagne.

---

1. Beaucoup d'émigrés français s'étaient réfugiés en Suisse et surtout dans le pays de Vaud.

J'ai reçu de Villars une excellente lettre où il fait semblant d'oublier ce qu'il m'avait écrit précédemment et qui m'avait fait de la peine ; c'est une espèce de rétractation que j'aime mieux qu'une explication quelconque.

Adieu, ma chère tante, je crois me porter passablement ; pour le mariage j'en ai encore par-dessus les yeux et jusqu'à présent je ne me sens aucunement tenté de m'engager après être sorti de ma cage actuelle en y laissant quelques plumes. Je suis bien de votre avis sur l'ambition, je ne conçois pas qu'on estime assez les hommes pour vouloir les gouverner !

Puisse, ma chère tante, ma tendresse vous faire non oublier celui que nous pleurons tous deux, mais au moins distraire votre solitude et adoucir votre douleur ; j'espère retrouver cet hiver auprès de vous les longues soirées dont je jouissais avec tant de plaisir dans mon dernier séjour à Lausanne. •   BENJAMIN.

---

30. — A Mme LA COMTESSE DE NASSAU, NÉE DE CHANDIEU.

Brunswick, ce 3 juillet 1794.

Je vous envoie, ma chère tante, ma requête relative à l'uniforme, avec mille et mille remerciements de votre inépuisable bonté. J'ai bien du regret d'en abuser si souvent, mais mes regrets n'empêchent pas la récidive. Si peu de temps avant le départ de la poste, il fait si cruellement chaud que j'ai à peine le temps d'écrire quatre mots qui aient le sens commun.

Il faut cependant que je vous raconte que, depuis que je vous ai écrit, nos affaires se sont arrangées et que, malgré toutes les cabales et les tracasseries de mon ex-femme et de ses protecteurs et protectrices, je conserve mon emploi ici et que le duc m'a même assuré pour ma vie (en cas que je voulusse quitter, ou que dans la suite son successeur m'éloignât) la moitié de mes appointements ; c'est toujours à M. de Féronce que

je dois tout ce qui m'arrive de bon ici; il n'y a si grand
bien qui ne traîne un petit inconvénient. Celui-ci m'empêchera de faire usage de l'uniforme que je sollicite. En
cette tournure d'affaires, M. de Féronce m'a représenté
que je ne devais pas porter un uniforme étranger qui
donnât l'air de vouloir afficher que je suis dans un autre
service que celui du duc.

La chose est ennuyeuse, mais là où tant de gens
sont intéressés et désireux de chercher noise il faut
éviter toute tracasserie. Si vous ne me mandiez pas que
le conseil de guerre est prévenu, je renoncerais à cette
idée, mais je ne veux pas vous avoir donné de la peine
pour rien, ni compromettre M. de Montagny que je
remercie très humblement.

Faites-moi le plaisir de me dire tout ce qui a rapport
aux rentes; je vois par les papiers que le décret est sus-
pendu. Si je pouvais me dispenser d'aller en Suisse
pour cette affaire, cela m'arrangerait prodigieusement.
Je suis en pleine activité *divortielle* et si je puis rester
ici, dans trois mois la chose est faite. Si je suis obligé
de partir, cette femme, qui file doux parce que je suis sur
les lieux et qui même est à la campagne, reprendra
courage et me fera quelques nouvelles diableries.
Veuillez donc, ma bonne tante, m'informer si, comme
je le désire, la représentation des cantons suisses ont
fait suspendre cette opération.

Je n'ai que le temps de fermer ma lettre; quand il fera
moins chaud et sera moins tard, je serai peut-être plus
long et moins sot, mais il est impossible de vous aimer
plus tendrement.   B.

---

31. — A Mme LA COMTESSE DE NASSAU, NÉE DE CHANDIEU.

Brunswick, ce 7 juillet 1794.

Si je calcule bien, ma chère tante, mes lettres du 9
et du 23 doivent vous être parvenues, et le courrier de

demain peut m'apporter votre réponse à la première.
Vous me répétez, ma chère tante, que vous me laissez
abuser de vos bontés avec plaisir; je le crois et bientôt
je m'imaginerai avoir du mérite de ce que je vous procure ce plaisir si souvent.

Mme Frazer m'a écrit de la part de M. Cullum qu'il
veut quitter ma maison au 1er novembre; pour les
arrangements j'ai répondu à Mme Frazer de s'adresser à
vous, ma chère tante, à qui je m'en remettrai totalement.

Les Polonais sont au diable, Varsovie est prise; nous
ignorons encore les détails. Je suppose que l'impératrice
va traiter les insurgés comme s'ils étaient ses maris ou
ses enfants.

La scène n'est pas la même en Flandre. Clerfayt [1] et
Cobourg battus trois ou quatre fois; Bruges, Oudernarde,
Charleroi, Ypres pris, Ostende menacé ainsi que Gand.
Le pays de Liège en insurrection. Voilà assurément ce
qui ne facilite pas la conquête de la France et le rétablissement de l'ordre. Nous n'avons pas d'émigrés ici,
de sorte que je ne puis vous dire quel effet ces revers
font sur eux; mais cette race fugitive doit être au
désespoir.

On parle de paix, mais dans ce moment ce seront les
Français qui la dicteront, et je crois que leurs conditions
ne seront pas douces. Nous ne savons rien de Turin
pour lequel on est inquiet ici, je pense, à tort.

J'attends avec impatience des nouvelles du décret
relatif aux rentes et la réponse de mes banquiers. Si je
puis tenir bon jusqu'à la fin de ma « dématrimoniali-
sation », je le ferai. En ce cas, je ne vous reverrai, ma
chère tante, que dans le courant d'octobre; sinon j'aurai
le plaisir de vous embrasser plus tôt, mais il faudra que
je revienne ici terminer cette interminable affaire. [2].

Comment vous portez-vous? Voyez-vous Mlle d'Al-

---

1. Feld-maréchal autrichien.
2 Son divorce.

benas de Sullens[1]? Que dit cette majestueuse petite héroïne de la contre-révolution? Elle ressemble à ces nains qui, du haut des tours, sonnaient du cor pendant que les chevaliers se disputaient le passage du pont et l'entrée d'un château.

Adieu, ma chère tante, vous savez combien je vous aime.

B.

---

32. — A Mme LA COMTESSE DE NASSAU, NÉE DE CHANDIEU.

Brunswick, ce 21 juillet 1794.

Je viens, ma chère tante, vous remercier d'avoir arrangé l'affaire de la location de ma maison. Je m'en remets tout à fait à vous. Puis, il me faut avoir avant le 21 septembre un certificat de vie, chose que je ne puis me procurer sans être en Suisse; comme mon divorce ne pourra être obtenu que d'ici à quatre mois, il m'est impossible de l'attendre. Je compte donc me mettre en route pour la Suisse; j'y resterai peu parce que la tournure de mes affaires ici exige ma présence. Je compte même m'arranger de façon à y passer un an au moins sans nouveaux voyages, car je suis excédé de ma vie errante. Ne me répondez pas, ma chère tante, je ne serais plus à même de recevoir votre lettre.

Si j'ai jamais eu l'idée de loger à la Chablière[2], elle n'a pas duré; mon oncle m'a fait dire il y a longtemps par Barrat qu'il trouvait le loyer trop bas et qu'il voulait me payer dix louis de plus si les affaires de France se remettaient. C'est là-dessus, pour mettre en repos une conscience que je croyais très timorée, que je lui ai fait proposer par Rosalie de Constant de me céder une pièce. Elle m'a agréablement répondu par l'offre de

1. Ancienne famille vaudoise, d'origine française.
2. Maison de campagne près de Lausanne.

cinq chambres de maîtres et deux de domestiques, et
par une énumération des améliorations exécutées qui
faisaient, disait-elle, que le loyer était au moins à son
prix. J'ai marqué beaucoup de reconnaissance et j'ai
renoncé à tout plan de réunion.

Mes affaires ici vont assez couramment. Après-
demain, nous devons comparaître personnellement,
Mme de Constant et moi, pour donner au consistoire
l'amusement de faire d'inutiles tentatives de raccommodement. Cette entrevue sera désagréable, mais elle mettra la chose en train, et j'espère qu'alors il n'y aura plus
d'accrocs ni de retards et que l'affaire suivra son cours
légal, sans interruption. Je suis bien ennuyé de mes
fers et je suis aujourd'hui à ne pas comprendre l'obsti-
nation de ma pitié pour une aussi sotte et méchante
femme.

Je crois, d'après un passage de votre lettre, ma
bonne tante, que je me suis mal exprimé dans l'une des
miennes; je me souviens de m'être plaint de mon avocat, mais c'était, autant que je me le rappelle, de celui
qui était ici. Vous me répondez que M. Necker l'a pris
pour un procès qu'il a. Il faut que vous ayez appliqué
mon mécontentement à l'un de ceux que j'ai en Suisse,
dont je ne pense pas à me plaindre, car l'un m'a fait
jusqu'à présent gagner partout, et l'autre, tout en me
faisant perdre, me promet toujours que je gagnerai. On
me dit que tout chemin mène à Rome, vous voyez donc
que j'ai tout lieu d'être content. Ma colère était dirigée
contre l'homme que j'ai chargé ici de me démarier. Il
réunit une lenteur rare à la noble insouciance de vos
messieurs; il ne m'écoute jamais, ne fait que la moitié
de ce que je veux et trouve très mauvais quand je l'empêche de faire ce que je ne veux pas.

Voilà non seulement Charleroi pris, mais tout le
Brabant, le Hainaut, et puis les Autrichiens courant à
toutes jambes et les Hollandais les suivant; ceux-ci, si
on les en croit, se battent comme des lions et soutien-

nent seuls tout le poids de la retraite. Barrère est d'une grande insolence dans ses rapports. Point de paix, tout exterminer ; les morts ne reviennent plus ; voilà leur ton. J'espère qu'ils gasconnent un peu. Les gazettes allemandes donnent une liste des prétentions françaises présentées à la diète qui va s'assembler à Frauenfeld [1]. Il y en a quelques-unes qui sont controuvées visiblement, et je crois que pour les autres le gouvernement aura la sagesse de céder. Ce n'est pas assurément le moment de se brouiller avec la France.

J'ai reçu des lettres d'Amérique. On me fait une description vraiment tentante de ce pays-là. Mais vous avez raison, ma chère tante, une vie simple n'est pas encore ce qu'il me faut ! Je sens à ma honte que je n'aime pas encore le bonheur.

Je vous félicite de votre acquisition ; j'espère que ni grêle ni autres fléaux n'en diminueront les agréments et les avantages.

Votre prince d'Aremberg, que j'ai vu, est un assez mauvais sujet.

Vos émigrés ont beau dire, on fera la paix du moins avec l'Autriche, la Prusse et l'Espagne. L'empereur la veut coûte que coûte, au prix même d'une renonciation formelle aux Pays-Bas. Gare pour l'Angleterre qui le mérite bien et gare aussi à monsieur le stathouder ; je ne donnerais pas deux sols de sa place, ni de celle de M. Pitt ! La Prusse est absolument brouillée avec l'Angleterre, et après avoir pris 900 mille livres sterling, le roi a refusé d'envoyer un seul homme au secours des paysans ; en revanche, les Polonais sont perdus sans ressource. Varsovie doit être prise actuellement. L'Autriche s'est déclarée contre eux et fait marcher 40,000 hommes, et emprunte au 7 1/2 pour cent. Avez-vous envie d'y mettre ?

---

1. Ville du canton de Thurgovie, où la diète helvétique se réunissait jadis.

La description que vous faites de Mlle Thomasset est charmante et d'un vrai frappant! Hélas, derrière les rideaux qui vont s'entr'ouvrir, elle ne trouvera qu'un lit, qui aura bien son prix pendant quelque temps, un mari en bonnet de nuit qui s'ennuiera bientôt d'elle, puis la monotonie, le vide, le commérage et le manque de but qui distingue le meilleur des mondes.

Un des membres du conseil de guerre est mort; cela produit une difficulté de plus contre mes adversaires. Villars et Victor de Constant sont à Paris, m'a-t-on assuré. Adieu, mon excellente et aimable tante.

B. C.

---

33. — A Mme LA COMTESSE DE NASSAU, NÉE DE CHANDIEU.

Brunswick, ce... juillet 1794.

Votre lettre sans date, ma chère tante, mais vraisemblablement du 6, aura rencontré en chemin une lettre de moi pour vous. Je lui en ai demandé des nouvelles, mais elle n'a pas pu m'en dire; j'espère que vous m'en direz bientôt. Depuis ma dernière, mes affaires n'ont avancé qu'en ce que ma requête pour mon divorce a été présentée au consistoire. On n'a pas encore trouvé bon de répondre; mais j'espère cependant que la réponse viendra cette semaine. Alors je penserai tout de bon à déguerpir, car la décision finale ne peut avoir lieu que dans six mois; et je n'ai ni la possibilité, ni l'envie de rester ici tout ce temps. J'ai bien sottement agi de ménager cette femme et j'en sens aujourd'hui toutes les fâcheuses et embarrassantes conséquences; il faut les réparer si l'on peut et les supporter si on ne peut les réparer entièrement. Je souhaite bien que vos conjectures sur le succès de mon procès avec ce diable de conseil de guerre se réalisent. Le redoutable May[1], à ce

---

1. Officier bernois au service de la Hollande.

que me mande Villars, vient de partir pour la Suisse, il
donnera peut-être à l'affaire une autre tournure; je
crains surtout qu'il ne prenne un autre avocat. Ferot me
paraît précisément un adversaire comme il en faut pour
le battre. Je ne conçois pas comment May peut planter
là l'armée hollandaise qui a si besoin de conseil; il ferait
bien mieux d'aider à chasser les républicains de Flandre
qu'à me dépouiller de mon bien. Mais d'un côté il n'y a
que des coups à gagner, de l'autre de l'argent et *entre
ces deux objets son choix n'est pas douteux.* Cette campagne de Flandre qui n'a pas eu assez d'attrait pour le
retenir est pourtant bien intéressante. Les événements se
succèdent avec une rapidité qu'on a peine à suivre. Les
Français se battent avec un courage qu'on ne peut com-
parer à rien. Nous attendons demain la confirmation de
deux nouvelles contradictoires. La défaite des républicains sur la Sambre et celle de Clerfsayt sur la Lys, elles
peuvent bien être vraies toutes les deux, comme il est
fort possible qu'elles soient toutes les deux fausses. Pour
moi je voudrais seulement en voir une moitié se confirmer. Devinez-vous laquelle? Depuis quinze jours, les
gazettes allemandes parlent tant qu'elles peuvent des
succès des royalistes, de la prise de Nantes, de Caen, de
toute la Normandie. A beau mentir qui vient de loin, il
me paraît que de pareils événements ne pourraient se
déguiser.

Les pauvres Polonais sont très mal dans leurs affaires. Le roi de Prusse les a battus, les Russes s'avancent
et les insurgés n'ont ni forteresses, ni munitions; il
faut pour les sauver un miracle de la liberté, ou un revirement politique; l'un et l'autre est possible; je crois
surtout au dernier.

J'espère, ma chère tante, que ce que vous me dites
de votre faiblesse est exagéré et que mon amitié vous
rendra des forces: si je le croyais, je partirais tout de
suite pour oublier mes chagrins en vous faisant quelque
plaisir. Mais ma santé n'est pas bien bonne, je viens de

découvrir que j'ai le ver solitaire. Cet hôte n'est pas dangereux, mais fort désagréable, dit-on : je ne puis me plaindre, car jusqu'à présent, il s'était tenu tellement tranquille que je ne soupçonnais pas son existence, et ne ressens aucune douleur. Cependant j'aimerais bien faire divorce avec lui. Mais je ne suis pas heureux en divorces et je n'ose tenter d'en mener deux de front. Celui qui doit me séparer de mon ennemie extérieure est beaucoup plus important.

Le roi de Prusse travaille toujours à la restauration de la religion dans ses États; il envoie des inquisiteurs équestres examiner la doctrine enseignée dans toutes les écoles et les universités. Le diable, qui a un trop grand intérêt à ce que les vues pieuses de S. M. ne réussissent pas, pour ne pas les troubler de son mieux a suscité contre les inquisiteurs les étudiants d'une des universités prussiennes qui leur a notifié qu'on les lapiderait, s'ils ne se retiraient pas au plus vite: ils n'ont pas cru que dans ce siècle le sang des martyrs fût nécessaire à l'affermissement de la religion, et ils se sont éloignés au plus vite de cette ville profane ! Comme l'impiété et l'insubordination sont filles de la liberté de la presse, le roi a résolu d'étouffer la mère; il a publié un bel édit par lequel il défend, sous des peines très graves, à tous les libraires de ses États, de rien acheter en pays étranger, c'est-à-dire dans le reste de l'Allemagne, qui traite de la religion ou de l'État. Les libraires ont fait des représentations qui seront inutiles, et ils partiront pour le Danemark, où l'on pense, écrit et publie ce que l'on veut.

Adieu, ma chère tante, je suis au bout de mes nouvelles ; vous dire que je vous aime beaucoup n'en est pas sûrement une pour vous, mais j'aime à vous le répéter.

B.

34. — A Mᵐᵉ LA COMTESSE DE NASSAU, NÉE DE CHANDIEU.

Berne, ce 24 février 1795.

Quoique je me flatte de vous revoir incessamment, ma chère tante, je vous écris pour vous dire que, la tournure de mon procès avec Piot devenant très douteuse et les subtilités paraissant embrouiller prodigieusement les juges, j'ai pris le parti de m'accommoder de manière à ce que la *fatale porte fût cancellée*.

Je suis ennuyé de Berne, comme il est difficile de ne pas l'être, et je compte repartir demain. Je me fais une grande fête de vous embrasser et de faire fermer la maudite porte qui m'a séparé de vous. Du reste, comme je n'ai vu personne, pas même un papier français, je ne sais rien de rien et je finirais ainsi ma lettre si je ne voulais pas y ajouter ce que vous savez bien, c'est que je vous aime tendrement.

A qui comparerai-je Sévery? Au pieux Énée, au brave Thésée, à l'aventurier Jason? Je crois qu'il faut s'en tenir à Énée, c'est le plus ennuyeux des trois! Je suis bien aise que la Didon de Wilhelm ne se soit pas tuée. Adieu, chère tante. Je vous écris par un orage épouvantable; nous en avons tous les jours qui tuent à droite et à gauche. Une jeune personne a été tuée il y a trois semaines à côté de sa mère en tenant dans ses bras un enfant. La mère est parfaitement consolée, et moi aussi, vous pensez bien. Si l'orage actuel me tue, je rouvrirai ma lettre pour vous le dire.

B. C.

---

35. — A Mᵐᵉ LA COMTESSE DE NASSAU, NÉE DE CHANDIEU.

(Sans date.)

Je trouve en arrivant, ma chère tante, la lettre ci-jointe qui me décide à partir tout de suite. Si je puis trouver mon père à Dôle, j'espère le convaincre mieux qu'à Paris. Il aura moins de peine à se déterminer à rester chez lui, y étant, qu'à y retourner. Faites-moi le plaisir, ma chère tante, de garder cette lettre avec les autres papiers que vous m'avez permis de vous remettre. Je vous aurais été dire adieu, sans la répugnance que j'ai à prendre congé de ceux que j'aime tendrement. C'est d'ailleurs pour peu de temps et j'espère à mon retour me vouer plus entièrement à mériter mieux une affection que je regarde comme un des grands bonheurs de ma vie. Je vous demande vos vœux, votre souvenir et de vos nouvelles. Il est impossible d'être plus pénétré que je ne le suis de votre tendre et inaltérable douceur envers moi, et je vous assure qu'au milieu de tout ce qui m'occupe et m'attire je reviens me reposer sur l'idée chérie d'avoir une amie comme vous. Je vous prie de m'écrire le plus tôt possible à Paris, à l'adresse suivante : Au citoyen Benjamin Constant, chez les citoyens Charles Fontanes et Cᵒ, Paris.

Mon premier soin sera d'aller chez vos banquiers et de prendre une connaissance exacte de l'état de vos affaires. Si vous vouliez m'écrire tout de suite, je pourrais me présenter avec plus d'autorité. Donnez-moi, je vous prie, l'occasion de vous être utile, de me rendre mon voyage agréable et de le justifier complètement à mes yeux.

Adieu, mon excellente tante, je pars demain à cinq heures du matin. Si je m'en croyais je vous écrirais toute la nuit, mais il faut se coucher pour soutenir le voyage. Adieu, encore une fois, mon amie plus que ma tante, croyez que jamais on ne vous aimera plus que je ne vous aime, et que de tous les torts comme de tous les malheurs, le seul à l'abri duquel je me croie pour la vie, c'est celui de cesser de vous aimer.

B. C.

Ce soir, samedi, 10 heures.

36. — A LA CITOYENNE NASSAU.

Paris, ce 6 prairial, l'an III de la république une,
indivisible et impérissable (1795).

J'arrive, ma chère tante, et je me hâte de vous écrire. Vous aurez vu par les journaux les événements du 1er au 4 prairial. Le triomphe de la Convention a été aussi complet que son courage a été sublime. Les hommes de sang sont écrasés, les faubourgs insurgés sont désarmés, les membres coupables incarcérés et traduits en jugement. Pour la disette, je ne puis rien vous en dire, n'étant pas encore sorti de ma chambre ; je n'ai pas aperçu un seul visage pâle, ni vu un seul mendiant. On déteste les jacobins, on rit des royalistes et on les méprise, on veut l'ordre, la paix et la république et on l'aura !

J'irai demain chez vos banquiers. Pour me mettre en état de faire quelque chose, il faut tout de suite m'écrire en détail, et à eux aussi ; mon adresse est : chez le citoyen Charles Fontanes et Cie, négociant à Paris. Je n'ai que le temps de vous embrasser devant remplir les formalités légales pour assurer mon séjour ici. Incessamment, je serai plus long, mais je ne puis vous aimer plus que je vous aime.

B. C.

---

37. — A LA CITOYENNE NASSAU.

Paris, ce décadi 10 prairïal de l'an III de la république
une, indivisible (1795).

J'ai trouvé chez vos banquiers, ma chère tante, votre petite lettre avec son incluse. Les Mallet,[1] qui m'ont reçu avec assez d'humeur, prétendent avoir écrit à Houst tout ce que vous me dites ne pas savoir. Comme dans

1. Banquiers genevois, établis à Paris.

votre lettre vous ne leur parliez pas de moi, et que vous ne m'autorisiez pas à leur demander compte de vos affaires, ils se sont bornés à répondre à toutes mes instances qu'ils avaient reçu de vous l'ordre de correspondre avec le citoyen Houst seul et qu'ils ne pouvaient entrer dans aucun détail avec aucun autre. En somme, j'ai trouvé les Mallet assez malhonnêtes. Si vous voulez, après avoir pris d'Houst les informations nécessaires, m'autoriser à leur parler plus vertement en votre nom, je ferai ce qui dépendra de moi pour éclairer et terminer vos affaires. Les miennes ici ne sont pas encore commencées. Je ne puis me décider entre les trois différents partis qu'il m'est permis de prendre sur mes rentes. J'hésiterai ainsi jusqu'au dernier moment, je suis sûr qu'après avoir été forcé de choisir, je trouverai que j'ai choisi le plus mauvais parti. J'ai ainsi dans ce moment le tourment de l'indécision avec l'incertitude du repentir.

Tout est tranquille ici, et tout permet une très prompte et très complète victoire sur les débris des anarchistes et des buveurs de sang. On désarme les sections, la garde nationale ne sera plus composée désormais que de gens sûrs, et qui auront quelque chose à perdre dans un bouleversement, au lieu que ceux qui en formaient une grande partie jusqu'ici avait tout à y gagner. Les députés qui ont profité de la violation de la représentation nationale le 1er prairial, pour faire passer des décrets atroces, vont êtres jugés par la commission militaire; je ne crois pas qu'une voix s'élève pour eux! On a aussi arrêté plusieurs députés complices de la tyrannie de l'ancien Comité du salut public. Enfin l'opinion se forme, l'ordre s'établit, l'assemblée s'épure, et nous pouvons attendre incessamment la promulgation d'un gouvernement fort, solide, libre de ces exagérations insensées et qui depuis cinq ans ont fait ruisseler le sang et tomber les têtes de tant d'hommes honnêtes.

La propriété et les talents, ces deux raisons raisonnables d'inégalités parmi les hommes, vont reprendre leurs droits, et l'humanité aura gagné à tous les malheurs qui ont pesé sur le monde par cette révolution. C'est une consolation pour nous, ma chère tante, qui, étrangers et tranquilles, n'avons pas à pleurer la perte de ce que nous aimions. Mais ceux qui ne peuvent jamais voir la liberté assise que sur le cadavre de leurs parents, de leurs amis, ceux qui ont vu couler sur cette terre, où l'on parle de bonheur, le sang de leurs maîtresses, de leurs femmes, de leurs enfants, que je les plains! Sans doute, il s'abstiendront de troubler par leur vengeance la tranquillité publique, ils auront même le ménagement de ne pas mêler les cris de leur douleur aux chants d'allégresse; mais ils n'en seront que plus malheureux. Isolés par leur effort même, se nourrissant de douleurs non partagées, ils ne peuvent qu'invoquer la mort. Chaque rue, chaque place, chaque époque leur rappelle une calamité ou une perte. Je vois autour de moi ceux auxquels on a arraché père, mari, frère, mère, fils, fille et moi qui n'ai que trois objets chers et sacrés dans ce monde, mais qui sens que la perte de mon père faite de cette manière horrible, la vôtre, mon amie plus que ma tante, ou celle d'une personne [1] dont tous les jours le cœur, l'esprit, les qualités étonnantes et sublimes m'entraînent et m'attachent davantage, suffiraient pour me rendre insupportable une existence si remplie de maux, je ne les comprends pas quand ils pleurent, et je suis prêt à les mépriser quand ils sourient!

La baisse des assignats vous a-t-elle fait essuyer quelques pertes? J'en ai pour mille livres, dans mon portefeuille, et je cherche à les échanger. J'ignore si je réussirai.

Nous célébrons quartidi prochain, c'est-à-dire mardi 13 juin, la fête du courageux et infortuné député assassiné le 1er prairial. N'avez-vous pas eu quelque inquiétude pour votre pauvre neveu poussé dans cette

1. Mme de Staël.

bagarre? Vous voyez qu'il n'y a rien à craindre et que j'écris assez librement.

La disette diminue, on entend encore des plaintes, et l'espérance est dans tous les cœurs.

Benjamin Constant.

---

38. — A Mme la comtesse de Nassau, née de Chandieu.

Paris, ce 19 messidor (7 juillet 1795).

J'ai été quelque temps sans vous écrire, ma chère tante. Mon père a passé quinze jours avec moi; j'ai un peu changé d'opinion sur son affaire. Il ne veut point renouveler ses anciennes querelles avec le conseil de guerre et le canton, mais présenter un mémoire et en attendre l'effet. Or, nous avons fait connaissance avec cinq ou six ambassadeurs hollandais ici, qui l'ont exhorté de tout leur pouvoir à suivre cette idée. Ce sont des gens très influents et ils assurent que sans mêler le canton dans cette affaire on lui rendra le rang qu'il avait à l'armée, ou on lui donnera un dédommagement comme à un homme apprécié par le stathouder.

Tout ceci entre nous, ma chère tante. En conséquence de ces nouvelles données, j'ai changé en recours toutes les oppositions que j'avais méditées. J'ai composé des mémoires dans le sens qu'il fallait et c'est aujourd'hui que je les ai achevés. Ces occupations m'ont empêché de vous écrire.

Mon père part demain. Mme de Staël l'a comblé de politesses, il les a reçues avec beaucoup de reconnaissance, mais sans paraître y prendre plaisir. La société semble le fatiguer, et dès qu'il y a trois personnes dans une chambre il n'ouvre plus la bouche; et à tout moment il m'échappait pour aller passer, — ou seul ou en tête à tête avec quelques amis que je ne connais pas, — le reste de sa journée. Cette disposition jointe à ce qu'ayant quitté Dôle, il n'a plus ni domicile ni intérêt qui le fixent nulle part, a beaucoup contribué à mon empressement à adopter toutes les mesures et à me prêter toutes les tentatives qui pourront lui rendre, soit de l'activité, soit seulement de l'espérance. Je ne veux pas qu'il consume, dans l'ennui d'une agitation oisive, les dernières années de sa vie, et je consacrerais volontiers une partie de ma fortune à lui créer des projets et des illusions qui le distraient et lui dérobent l'inactivité et l'isolement auxquels il s'est abandonné. C'est d'autant plus un devoir pour moi que je ne puis personnellement que très peu de chose pour son bonheur ; nos idées et nos opinions diffèrent d'un demi-siècle ! Il est silencieux, et je suis froid, — nous sommes tous deux éteints à notre manière, et, tout en nous aimant beaucoup, nous ne savons souvent que nous dire. En conséquence, ce que je ne fais pas par moi-même, je dois le faire par quelque autre, et j'achète à mon père des espérances, comme j'achèterais des hochets à mes enfants.

Je n'ai point encore fixé l'époque de mon retour en Suisse. Paris est dans ce moment, où l'on s'occupe de la Constitution, trop intéressant pour que je n'y prolonge pas un peu mon séjour. La liberté de la parole et de la presse y est extrême ; c'est une chose inouïe que la réunion d'une puissance plus arbitraire qu'il n'en exista jamais sur la terre avec une licence complète sous tous les rapports. Le gouvernement peut tout et craint tout ; il ne prend jamais aucune mesure complète, il ne sait ni adopter des principes de liberté, ni faire respecter ses velléités de despotisme, et tout cela produit un composé de contradictions qui a pour la société presque l'effet d'un bon gouvernement : c'est-à-dire que chacun y fait ou y dit ce qu'il veut, sans qu'il en résulte de graves désordres. La descente des Anglais ne nous effraye pas du tout, ils ne peuvent tarder à être chassés ; leur conduite a déjà été abominable et les hommes même les moins affectionnés à la République la préfèrent au triomphe de ces insolents étrangers. Vous savez que cette malheureuse Vendée recommence ; mais aujourd'hui que les chefs du gouvernement n'ont plus d'intérêt à prolonger la lutte, elle ne peut manquer de finir les quelques secours que les émigrés ou les Anglais tentent d'y porter. Je parie plus que jamais contre tout renversement du système actuel.

Adieu, ma chère tante. je vous aime comme la meilleure des tantes et des amies.   B. C.

---

39. — A Mme LA COMTESSE DE NASSAU, NÉE DE CHANDIEU.

Paris, ce 7 août 1795 (vieux style).

Je viens, ma chère tante, de faire un marché tel qu'il est difficile d'en imaginer un. J'ai acheté ici un fonds de terre pour 30,000 francs de France, et il m'assure 8,000 francs de rente. Vous avouerez qu'il est difficile de mieux placer son argent ! Que de choses quelqu'un ayant 200,000 francs comptant pourrait faire ici ! Il s'assurerait 55,000 francs de rentes, et avec cela il vivrait presque pour rien, quoique tout paraisse excessivement cher en raison de la valeur supposée de l'assignat. Qu'un dîner, par exemple, coûte 100 francs, un habit 3,000 francs, malgré cela on n'a jamais vécu si bon marché qu'à Paris. Mon logement consistant en quatre très belles pièces, me coûte un écu neuf par mois en argent, et le reste à l'avenant ; or, par un décret de la Convention, les fermiers étant obligés de payer la moitié de leurs baux en nature, la vente des biens est prodigieuse.

La seule objection à faire à cela est le peu de solidité qu'on peut attribuer aux affaires de la France. J'avoue que je suis d'une opinion bien différente. Je crois que tous les jours, malgré quelques petites tentatives jacobines, quelques divisions dans l'assemblée et d'autres petits mouvements, la République s'affermit.

Voilà la paix avec l'Espagne, la défaite totale des émigrés, toutes les îles reprises, 180 navires anglais détruits, la récolte à la porte, le peuple fatigué de convulsions et ne demandant que l'ordre, la liberté de la presse établie, la Constitution sur le point d'être achevée et fondée sur les bases de la propriété et de la division des pouvoirs, l'opinion fortement prononcée contre tous les extrêmes royalistes ou terroristes, et les honnêtes gens fermement décidés à sacrifier leur vie avant de laisser se rétablir un système tel que celui sous lequel ils ont souffert tant d'horreurs. Tout cela me rassure tellement que, si j'osais espérer de vous persuader, je vous conjurerais de venir en France avec 15,000 francs de fonds, et vous achèteriez un superbe domaine, soit près de Paris, soit dans les plus beaux cantons de France. Cette possession rapporterait 4,800 francs de rente, payable actuellement moitié en nature moitié en assignats. Lorsque les assignats seront annulés, ces 4,800 francs seront effectifs. Vous vivrez presque pour rien, parce que le louis vaut ici de 800 à 1,000 francs, et que les denrées ne sont pas en proportion, de sorte qu'une petite partie de vos revenus de Suisse serait un Pérou ici, et ensuite parce que vous jouiriez de vos rentes en assignats et que, malgré leur perte, les assignats rapportent plus de denrées ici que ce qu'ils valent en Suisse n'en peut procurer. Ainsi, ma chère tante, venez vivre sous les lois de la République, alors vous m'ôterez le dernier motif de rester en Suisse. Je me ferai ici, avec ce que je possède là, 50,000 francs de rentes et nous vivrons très heureux ensemble.

En attendant, chère tante, je suis revenu sur cette acquisition à l'idée de vendre ma maison. On ne m'en a fait offrir que 36,000 livres, mais je la donnerai pour 42,000 et comme je ne suis pas tout à fait sûr de Milliquet et que je suis accoutumé à vos bontés, je vous envoie une procuration à cet effet, et je vous embrasse. Mille choses à Mlle Rieu.   B. C.

40. — A Mme LA COMTESSE DE NASSAU, NÉE DE CHANDIEU.

Paris, ce 18 fructidor, an III (2 septembre 1795, vieux style).

J'ai toujours, ma chère tante, de nouveaux sujets de remerciements à vous faire ; l'intérêt que vous voulez bien prendre à mes affaires me charme autant qu'il est utile et je le chéris plus encore comme preuve de votre sentiment pour moi que comme facilitant mes opérations. Je vais, dans deux ou trois jours, passer quelques moments dans ma nouvelle acquisition que je ne connais que par son rapport, mais dont j'ignore les agréments. Je sens toute la force de vos raisons pour ne pas placer toute ma fortune ici, et je suis bien décidé à ne pas le faire. Je garderai la Chablière. J'ai placé environ 28,000 francs de Suisse ici qui me rapporteront 4 à 500 louis de revenu, si les choses ne tournent pas contre la République ; car il est bien certain que si la contre-révolution se faisait, toutes mes acquisitions seraient annulées et moi-même forcé de m'enfuir pour ne pas être pris comme acquéreur de biens nationaux. Mais il y a si peu de chances de bouleversements de ce genre que je n'en suis, en vérité, pas du tout en peine. Ce n'est pas qu'on travaille de mille manières à l'amener.

Depuis que j'ai commencé cette lettre, — que des affaires m'ont forcé d'interrompre pendant trois jours, — les sections de Paris ont pris les mesures les plus violentes, et si la sagesse et la fermeté du gouvernement ne parviennent pas à les déjouer, il est impossible de prévoir jusqu'où le délire contre-révolutionnaire de quelques intrigants pourrait nous conduire. Il y a une réflexion bien pénible à faire, mais que tout nous dicte, c'est que les gouvernements ne sont jamais respectés qu'en se faisant craindre et que le pouvoir n'inspire jamais la reconnaissance. Après trois ans de faiblesses et de malheurs, la Convention a rétabli les principes de liberté les plus étendus. Elle a, autant qu'il était en elle, réparé les maux causés par une tyrannie dont elle a été autant la victime et qu'elle n'a pas été plus coupable de souffrir que tout le reste du peuple. Elle a ouvert les prisons, supprimé les anarchistes, rendu aux parents des condamnés leurs biens, rappelé ceux des fugitifs de France qui, forcés d'en sortir pour échapper à la mort, ne devaient pas être confondus avec les émigrés.

L'état de ce pays est encore déplorable sous quelques rapports, par exemple, sous celui de commerce et des finances. Mais ce n'est pas la faute de la Convention. Les plaies faites à l'ordre social ne peuvent être guéries que par un long repos. Eh bien! malgré tant de maux adoucis et de biens commencés, les hommes qui se disaient modérés, les hommes qui ne demandaient pour aimer la République qu'une véritable liberté, profitent aujourd'hui de cette liberté pour préparer de nouvelles insurrections et une révolution nouvelle. Depuis huit jours, les assemblées primaires réunies pour accepter la Constitution retentissent des motions les plus incendiaires. Les unes décrètent que, le souverain étant assemblé, les pouvoirs de la Convention ont cessé et organisent ainsi l'anarchie; d'autres prétendent former un comité central d'insurrection. Enfin, si la Convention faiblit, un nouveau bouleversement est inévitable. Heureusement elle ne faiblira pas; l'armée est toujours dans les meilleures dispositions, l'acception de la Constitution par les différents corps militaires arrive de toutes parts et beaucoup de communes suivent cet exemple. Mais les grandes villes et le Midi offrent une perspective inquiétante, le Midi où l'on assassine les patriotes, où les émigrés rentrent, où les prêtres s'agitent, où les acquéreurs des biens nationaux sont persécutés. Le génie de la liberté qui a présidé à tant de grandes journées veillera-t-il sur la République? Ou ne restera-t-il à l'homme libre qu'à se faire tuer avec les derniers républicains?

B. C.

41. — A Mme LA COMTESSE DE NASSAU, NÉE DE CHANDIEU.

Paris, ce 16 octobre (vieux style).

Nous sommes ici sens dessus dessous, ma chère tante, et je ne puis vous écrire que quelques mots. Le premier de ces mots c'est que je vous aime passionnément; le second, que j'ai failli être égorgé dans la rue, mais que je m'en suis très bien tiré; le troisième, que j'ai obtenu des acquéreurs de ma maison 200 louis de plus, et qu'il ne faut pas le dire, parce que, pour prévenir la rétraction, ils ont fait mettre dans l'acte que le prix avait été de 70,000 francs; enfin, le quatrième, qui a rapport à mes malheureuses affaires, est que Milliquet, pour me donner plus douloureusement la preuve qu'il est un fripon, m'offre 110 francs de mon vin, et que j'en demande 126. Je vous supplie en rougissant de vous occuper de ces détails, de l'y amener ou de conclure à moins.

Mon Dieu, que j'ai été affligé de la perte qu'a faite ma pauvre tante de Loÿs! Je ne veux pas lui écrire, parce que je ne sais si au moment où ma lettre arriverait la blessure ne se rouvrirait pas. Aussi, ma chère tante, qui n'avez que trop cette sensibilité qui fait deviner celle des autres, voyez si vous pouvez lui parler de mes regrets sans l'affliger de nouveau. En ce cas, exprimezlui tous mes sentiments.

Ma chère et aimable tante, quand on écrit presque au milieu d'une guerre civile, on ne peut être ni long ni éloquent. Au reste, la Convention est femme, elle décide les intérêts de l'Europe. Adieu; au courrier prochain.

B. C.

42. — A Mme LA COMTESSE DE NASSAU, NÉE DE CHANDIEU.

Paris, ce 29 vendémiaire (21 octobre 1795, vieux style).

Je vous ai écrit, il y a trois ou quatre jours, ma chère tante, une bien insignifiante lettre ; j'étais excessivement pressé. Le loisir que j'ai ce soir ne peut être plus doucement employé qu'à vous écrire. Je voudrais pouvoir vous donner des nouvelles un peu détaillées et un peu claires sur ce qui se passe, mais tous les événements sont si informes que rien ne se décide, on n'est même pas prêt à se décider, et c'est dans cette incertitude que nous vivons péniblement et convulsivement. Y parviendrons-nous le 5 brumaire [1], ce jour qu'un si petit espace sépare de nous, ou bien échouerons-nous encore au port ?

Chaque jour quelque orage s'écoule, nous heurtons contre quelque écueil, mais jusqu'ici le vaisseau n'est pas brisé ! Cependant, l'homme du monde le plus doué de la faculté d'espérer, l'optimiste le plus enragé ne pourrait nier que nous sommes dans une situation beaucoup plus critique que celle où nous nous trouvions il y a un mois. La frénésie des sections, qui se sont laissées mener par quelques misérables intrigants, a pensé jeter la Convention dans les excès du jacobinisme et peu s'en est fallu que le régime de la Terreur ne fût rétabli. Pendant quelques jours, une anarchie militaire a régné de la manière la plus horrible, mais elle commence à s'apaiser. Le gouvernement *paraît* sentir le danger ; mais si nous parvenons à esquiver, peut-être avec bien de l'adresse et plus de bonheur encore, les deux extrêmes du royalisme et du terrorisme, nous aurons encore pourtant quelques jours terribles à passer. Chaque heure qui s'écoule sans révolution est un bienfait, et chaque jour où rien n'arrive est un pas de gagné.

1. Jour de l'établissement de la nouvelle Constitution.

Au milieu de tout cela, je viens de terminer mes petites affaires ; il est difficile de dire si j'ai bien fait. Le vaisseau peut couler bas et engloutir la moitié de ma fortune, comme il peut résister à la tempête et m'assurer une aisance plus considérable que celle dont j'aurais joui. J'ai acheté pour 9,800 francs de Suisse un bien avec un château rapportant, — indépendamment de l'habitation du parc très considérable et des fruits, — 1,200 francs de Suisse. J'ai ensuite acheté pour 10,440 francs de Suisse un bien rapportant 2,600 francs de Suisse; et, enfin, j'ai acheté pour 13,800 francs de Suisse, un bien rapportant 3,000 francs de Suisse, de sorte que j'ai environ 7,000 francs de Suisse de rente en fonds de terre pour environ 35,000 francs de capital. Voilà, ma chère tante, des détails dans lesquels je n'entre que pour vous mettre au fait de tout ce qui me regarde, connaissant l'intérêt que vous voulez bien en prendre et qui est une des grandes douceurs de ma vie.

Je ne serai, j'espère, plus longtemps sans vous revoir. Je pars demain pour faire une tournée dans mes possessions. Cela fait, — cette course me prendra environ quinze jours, — je reviens ici mettre quelques affaires en ordre, et je prends la poste pour la Suisse, où je compte être dans le courant de novembre; ce sera un bien grand plaisir de parler avec vous de ce que j'ai vu avec plus de détails que n'en comportent les lettres. Mon père est revenu de Hollande. Son affaire n'est pas encore terminée; on lui a donné les plus grandes espérances et il retournera dans ce pays lorsque le moment de la décision approchera. Il va l'attendre à Dôle, où il veut vendre ce qu'il a. Je lui ai offert de prendre la direction de mes biens qui l'amuseraient à administrer, et je pense qu'il n'est point impossible qu'il accepte l'année prochaine. Je le désire et je crois que mes intérêts même s'en trouveront bien. Ce qui m'importe plus que mes intérêts, c'est l'idée de fournir à mon père une occupation douce et agréable pour sa vieillesse.

Je comprends bien, ma chère tante, que la mort de M. de Nassau [1] a dû vous affecter, en vous rappelant un objet bien cher [2]. Je voudrais que mon tendre attachement, que le prix que je mets au vôtre, puisse, non pas vous consoler, mais adoucir vos regrets. Il est impossible d'aimer une mère ni une amie plus que je vous vous aime ; il est impossible de réunir plus que je ne le fais pour vous tous les sentiments : la confiance, l'amitié, la reconnaissance, et même cet abandon qui est le charme de l'amitié et sans lequel les esprits ne peuvent se livrer l'un à l'autre, se comprendre, ni s'apprécier. C'est là surtout ce qui fait le charme de notre liaison. Je sens que si vous étiez pour moi une étrangère, je vous chercherais, et je jouis de l'idée que les relations naturelles se joignent à l'attrait qui m'entraîne vers vous.

L'on dit que Lausanne sera très brillant. Tant mieux pour ceux qui aiment le bruit ; tant mieux encore pour ceux qui comme moi ne l'aiment pas ; ils auront le très grand plaisir de s'y dérober. Vous devriez bien, si nous n'avons pas l'année prochaine de guerre civile, venir habiter ma maison de campagne, que je compte faire arranger au printemps, et qui sera un endroit charmant dans très peu de temps. Je compte y vivre quand je serai en France ; je puis aller de là à Paris en cinq heures, et la situation est charmante !

Il n'y a absolument que la chance de la guerre civile, du jacobinisme, de la royauté ou de la terreur qui puisse gâter mon acquisition. Prions pour que la liberté s'établisse avec le calme, pour que les nouveaux et les anciens législateurs s'accordent à sentir le besoin du repos et pour que la France se remette enfin de ces longues secousses qui ont fait tant de malheureux et tant de coupables. Adieu, ma chère tante, je vous aime beaucoup, beaucoup. Vous le savez bien.   B. C.

---

1. Le comte de Nassau, son mari, dont elle était séparée à l'amiable.
2. Son fils, Louis de Nassau, mort à 26 ans.

43. — A Mme LA COMTESSE DE NASSAU, NÉE DE CHANDIEU.

Forges-les-Bains, 7 brumaire, l'an IV
(29 octobre 1795, vieux style).

Le grand jour est passé, ma chère tante; la Convention a cessé d'être, et le Corps législatif est installé. Nous avons été menacés de bien des orages, et ce n'est pas la faute d'un parti puissant encore si nous avons atteint le port; il n'y a sorte de manœuvres qu'on n'ait essayées, de lois vexatrices qu'on n'ait proposées, de tentatives qu'on n'ait **faites** pour retarder la convocation du Corps législatif et replonger la France dans l'anarchie. Enfin, voilà une barrière établie contre les entreprises des nouveaux factieux, et quelques instants de repos paraissent nous être assurés! — Demain, le Corps législatif, composé de 500 anciens membres de la Convention et des 250 nouveaux élus, doit se réunir pour commencer ses fonctions. Dans trois jours, le pouvoir exécutif sera nommé : Sieyès, Merlin de Douay ou Treilhard, la Reveillère-Lepaux et Cambacérès le composeront vraisemblablement, et ce sera le premier qui dirigera tout. Dieu veuille que cette Constitution dure plus que celle de 1791. Celle-ci lui était fort inférieure en valeur intrinsèque et la division du Corps législatif en deux chambres, prévenant les décrets d'enthousiasme, est un garant de sa stabilité. Les assignats achèvent d'aller au diable. Le louis valait, avant-hier, 260 livres, c'est-à-dire cent fois sa valeur. J'espère que le Corps législatif apportera bientôt un remède efficace à cette plaie de l'État qui le ruine jusque dans ses fondements.

J'ai reçu de Milliquet, ma chère tante, une lettre pareille à celle qu'il vous avait écrite; il prétend que je l'ai traité comme un scélérat, quoique je ne lui eusse pas même dit qu'il fût un fripon. J'espère que deux lettres que je lui ai écrites avant la réception de la sienne l'auront calmé. Dans la dernière, informé par vous, ma

chère tante, qui êtes toujours mon guide et mon ange
tutélaire, de sa guerroyante disposition, je l'ai assuré
qu'il s'était trompé et je lui ai réitéré ma promesse de le
récompenser de ses soins à mon retour. Il a été tellement en colère de ce que je lui ai marqué que le vin se
vendait 130 francs, qu'au lieu de vendre le mien il l'a
fait encaver, ce qui est assez embarrassant, parce que
cela retarde la rentrée des fonds **qui m'auraient été**
nécessaires pour subvenir au voyage que mon père fera
sous peu en Hollande. Seriez-vous assez bonne pour lui
ordonner d'en disposer au meilleur prix possible, à moins
que vous ne pensiez que les vins monteront. Mille et
mille pardons, ma chère tante, de tous ces ennuyeux
détails. Autant qu'il m'en souvient, dans mes lettres à
Milliquet, je ne lui ai rien écrit d'injurieux et je suis
encore plus sûr de ne rien lui avoir écrit qui pût vous
causer des désagréments.

                                             B. C.

---

44. — A Mme LA COMTESSE DE NASSAU, NÉE DE CHANDIEU.

Paris (10 décembre 1795, v. style).

Je me flattais, ma chère tante, d'être dans ce moment
auprès de vous. Plusieurs circonstaances ont retardé
mon voyage d'un jour à l'autre et c'est ce qui m'a
empêché de vous écrire. Enfin, mon départ est fixé au
20 de ce mois; je ne puis vous dépeindre l'impatience
où je suis de me trouver auprès de vous. Cette impatience est de tous les genres. L'hiver rendra Paris un
séjour insupportable; les finances, au lieu de se rétablir,
vont de mal en pis, et tous les emprunts forcés sur la
classe aisée ne les remettront pas. Ces sortes de mesures
révolutionnaires n'ont qu'un effet bien décidé, celui de
démoraliser la classe pauvre en lui représentant l'aisance qui est un effet de l'industrie comme une raison
de taxation et de vexation arbitraires, et la pauvreté

comme un privilège. On crée dans ce pays une caste privilégiée qui ne diffère des castes qui existaient ci-devant que parce que l'éducation n'a pas adouci les formes et que l'opinion ne peut rien sur elle. Je ne doute point cependant que tout ne s'arrange et que cette république que j'ai adorée dès sa naissance, quoique son intérieur dans ses premières années n'ait certes pas été sans taches et que son berceau soit bien ensanglanté, ne s'affermisse en dépit des passions, des projets et surtout du manque de lumières de la majorité de ses agents. La révolution a toujours été malgré les hommes, elle ira encore et nous conduira à la véritable liberté et au repos qui en est inséparable. Le grand point est de concevoir que la liberté est une chose présente et non à venir, que c'est une chose de tous les moments et non une époque particulière à laquelle on puisse parvenir par des secousses, que c'est enfin une route avec un but.

Je vous rends mille et mille grâces, ma bien bonne tante, de ce que vous avez bien voulu faire pour la vente de mon vin. Mon Dieu. que je suis honteux de toute la peine que cette malheureuse affaire vous a donnée et qu'il est ridicule d'employer à des tracasseries d'argent une amitié qui doit faire tout le bonheur de la vie! Il me paraît que j'emploie un canon pour renverser un château de cartes. Heureusement que cette amitié si douce et si tendre ni ne se rebute ni ne s'use, et que je puis me flatter de la trouver toujours la même. Milliquet ne m'a pas écrit un mot depuis la clôture de cette affaire: je ne sais si c'est indignation de sa part, ou si, lui ayant mandé que j'arrivais, il m'attend. Cette question, assez indifférente, ma chère tante, ne l'éclaircissez pas, car dans peu je serai près de vous, et je m'en fais une joie la plus vive que j'ai éprouvée depuis longtemps.

Adieu, je vous aime avec tendresse et vous embrasse avec plaisir.

B. C.

45. — A LA CITOYENNE NASSAU, NÉE CHANDIEU.

Paris, ce 1er février.

Votre aimable lettre, ma chère tante, m'a fait un vif plaisir ; je m'intéresse toujours à Lausanne, malgré mes trop longues et trop fréquentes absences, et vous savez rendre plus intéressants encore tous les détails que vous donnez. Toutes ces morts, quoiqu'elles ne portent que sur des personnes que je connaissais à peine, ont noirci mon imagination. J'ai, comme vous le savez, ce malheur particulier que l'idée de la mort ne me quitte pas. Elle pèse sur ma vie, elle foudroie tous mes projets, de sorte que tous les faits qui viennent confirmer ou pour mieux dire rappeler cette idée, agissent fortement sur moi : ce n'est pas la crainte de la mort que j'éprouve, mais un détachement de la vie contre lequel la raison ne peut rien, parce qu'au bout du compte la raison corrobore ce sentiment au lieu de le combattre. Peut-être, au reste, tout le monde a-t-il au fond du cœur ce même sentiment. Car, à l'extérieur, je vis comme un autre ; j'ai besoin de ma santé, de ma fortune ; je m'intéresse en apparence à mes intérêts ; et si l'on se trompe sur moi, je puis me tromper sur les autres. J'ai souvent pensé que l'on ne connaissait jamais que soi dans le monde ; on ne pénètre au fond du cœur de personne, on ne se touche que par les apparences, et chacun, éprouvant ce qu'il ne dit pas et n'entendant pas dire à d'autres qu'ils éprouvent la même chose, parce qu'ils se taisent comme lui, peut croire qu'il est d'une nature uniquement particulière.

La mort de la bonne Ducloux m'a fait de la peine. Cette femme avait pour moi une sorte d'affection que je regrette, parce que l'affection est chose rare ; j'irai sûrement loger dans la même maison quand je retournerai à Lausanne, pour être plus près de vous, mais il faudra que je me fasse à un nouveau visage et cela m'est devenu pénible. Je regrette aussi la pauvre chienne Aline que je vois encore arrivant tortillant son petit corps et remuant sa petite queue ; elle avait d'ailleurs participé à ces jolis soupers chez vous, il y a douze ou quatorze ans, dans un temps bien différent de celui-ci, dans un temps d'espérance et de bonheur ; elle est allée rejoindre ces illusions qui ne sont plus de ce monde.

Je suis honteux des peines que vous prenez pour Vallombreuse et que je devrais prendre à votre place ; dites-moi, je vous supplie, chère tante, si cela ne vous contrarie en rien que je reste ainsi votre débiteur. J'aime à avoir avec vous tous les genres de relations, mais il ne faudrait pas que j'abusasse outre mesure de votre bonté.

Je me fais une fête d'aller avec vous voir cet été notre domaine ; je le trouverai superbe, si vous êtes bien aise d'y faire une visite avec moi.

Mme de La Fléchère[1] qui est assez belle, m'a paru en même temps assez insignifiante et monsieur m'a semblé fat ; cela n'empêche pas qu'ils puissent avoir tous deux des succès.

J'espère que le bon Wilhelm de Sévery est tout à fait rétabli. Il a trop de moyens d'être heureux pour qu'on ne s'intéresse pas à ce qu'il vive, indépendamment même de l'affection qu'il inspire. Tout le monde est aussi malade ici ; je me défends comme je peux contre des commencements de grippe qui reviennent tous les huit jours et que je repousse adroitement. La vie se passe à faire la guerre, au physique, à la nature, et au moral aux hommes ; et ce qu'il y a de pis, c'est qu'en faisant la guerre au dehors on n'est pas toujours en paix avec soi-même. Chaque individu a au dedans de soi une coalition, c'est-à-dire une guerre civile. La mort est le grand pacificateur.

1. Famille vaudoise.

Adieu, ma chère tante; donnez-moi de vos nouvelles
et de celles de Mlle Rieu [1]. Je vous embrasse bien tendrement.

B.

----

46. — A LA CITOYENNE NASSAU, NÉE CHANDIEU.

Hérivaux près Luzarches, département de Seine-et-Oise.
Ce 22 pluviôse (date très illisible, peut-être 1796).

Je ne reçois, ma chère tante, aucune lettre de vous.
Je ne puis vous dire à quel point votre silence m'afflige.
Seriez-vous fâchée de ce que j'ai passé en Suisse sans
vous voir ? Hélas! j'ai souffert de cette privation plus
que personne; mais les circonstances l'exigaient. Le
voyage que je devais entreprendre demandait un profond secret et si je pouvais causer avec vous, je vous
détaillerais les raisons qui vous satisferaient assurément
sur cette partie de ma conduite.

Mon attachement pour vous est invariable et dussiez-
vous persister à me laisser dans une incertitude bien
douloureuse sur vos dispositions à mon égard, rien ne
me fera changer, Je me souviendrai éternellement de
vos bontés, du plaisir que j'ai trouvé si souvent auprès
de vous et de l'intérêt que vous avez toujours pris à moi;
mais, ma chère tante, je ne veux pas vous remercier de
ces biens, je vous supplie de me les rendre, et pour
joindre les menaces à la prière, je vous avertis que je
vous persécuterai jusqu'à ce que vous m'ayez écrit,
et si vous êtes fâchée, jusqu'à ce que vous m'ayez
pardonné.

Je continue à jouir ici d'une délicieuse solitude dans
une campagne que mon ami et moi arrangeons divine-
ment au milieu de quelques livres en trop petit nombre,
mais qui rejoindront leurs camarades, et m'occupant
d'un ouvrage qui sera imprimé dans trois semaines à
peu près. Si je pouvais avoir la confiance de la durée,

je serais parfaitement content de mon sort et mon bonheur est bien innocent, car il ne fait de mal à personne, et il fait assez de bien en donnant du travail à cinquante ouvriers par jour. C'est ici que j'oublie Paris et la Révolution et les conspirations toujours renaissantes. Il n'y a que vous, ma chère tante, que je n'oublie pas, vous dont l'amitié est absolument nécessaire à mon bonheur, vous à qui je demande en grâce une réponse pour me tirer de l'inquiétude et de la peine dans laquelle votre silence me jette. Ne démentez pas, ma chère tante, votre indulgence, ou si vous vous en lassez, avertissez-moi pour que je ne risque plus un bien pour moi inappréciable et recommencez à m'aimer encore cette fois.

B.

47. — A Mme LA COMTESSE DE NASSAU, NÉE DE CHANDIEU.

Coppet, ce 18 mars 1796.

Je n'ai pu vous écrire mercredi, ma chère tante, pour entrer dans quelques détails sur le changement de situation que vient d'éprouver mon père. Je ne le regarde pas comme aussi important que vous paraissez le penser. D'abord, je crois qu'il existe une grande différence entre le fait qu'on n'est pas en fonds pour payer des officiers renvoyés dont on est très mécontent, qui se sont montrés les ennemis de la révolution actuelle et qui de tous temps ont été les partisans de la maison d'Orange, et celui de se croire obligé de retenir ce qui est dû à un officier, victime de la tyrannie de cette maison, rappelé par l'assemblée des états généraux redevenue libre et qui rentre dans le pays pour consacrer ses forces et ses moyens à l'affermissement de la révolution. Je suis convaincu que ce qu'on doit aux Suisses sera fort mal payé, mais mon père n'est pas considéré comme Suisse ni comme retiré ; il est, au contraire, en activité et il faudra qu'il soit payé comme tous les soldats de l'article du payement; quant à celui de l'annulation d'une sentence qui a l'air légale, quelque illégale ou absurde qu'elle soit, et comme l'assemblée batave vaut mieux assurément qu'un conseil de guerre suisse, la réparation efface absolument la tache et peut avoir pour moi des suites avantageuses. Tout le procès qu'on me fait à Berne est fondé sur des sentences et tombe sur des sentences qui ont toutes été déclarées nulles. En même temps que messieurs de Berne [1] ne reconnaîtraient pas la compétence, j'aurais des moyens de dédommagement qui pourront au moins tellement embarrasser nos partis qu'il y aura plus de chance d'accommodement. Enfin, cette affaire procure à mon père des motifs d'occupation qui empêcheront son désœuvrement de retomber si pesamment sur lui et sur moi. Voilà bien des causes d'être satisfait de la tournure de cet incident, et je vous les développerai, ma chère tante, lorsque j'aurai le plaisir de vous voir. Je compte être lundi à Lausanne. Mes affaires de France sont toujours de même; je ne suis pas encore taxé ; mais la revision de l'emprunt n'est encore achevée dans aucun département. Mon séjour à Lausanne pourra bien se prolonger jusqu'au milieu d'avril.

Adieu, ma chère tante, vous savez combien je vous aime.

B. C.

---

48. — A Mme LA COMTESSE DE NASSAU, NÉE DE CHANDIEU.

Coppet (date illisible).

Je comptais être de retour à Lausanne beaucoup plus tôt que ce moment-ci, mais un commencement de maladie de bile que j'ai fait passer avec de l'ipécacuana m'a arrêté le jour même que j'avais fixé pour mon départ.

---

1. Nom donné au gouvernement patricien bernois.

Je suis assez fatigué de la recette que je m'étais prescrite moi-même, et un rhume horrible que j'ai pris, je crois à force d'éternuer, achève de me retenir dans une chambre bien chaude. Puisque je suis encore si longtemps loin de vous, vous sentez bien qu'il faut que je vous écrive!

J'ai reçu de France d'assez bonnes nouvelles ; les deux tiers de mes biens sont affermés ; ils me rapporteront en grains, dès cette année, 8,500 francs en argent, et ce qui me reste à affermer est précisément ce dont j'ai envie de me défaire et j'y mettrai mes soins dès mon arrivée en France. Les nouvelles publiques sont bonnes aussi ; je suis entièrement rassuré de voir les jacobins reprendre le dessus et je suis aussi convaincu qu'on peut l'être de ce qui est soumis aux hommes que ce gouvernement prendra une assiette solide et stable. La majorité du Directoire est aussi opposée aux jacobins que possible et le courage avec lequel le Conseil des anciens vient de rejeter la loi sur les émigrés prouve une profonde certitude de la liberté et des intentions constitutionnelles du gouvernement. Vous aurez su, ma chère tante, jusqu'à quel point Miweilkain [1] compromet la Suisse en la prenant pour le théâtre de toutes ses manœuvres contre la république française ; j'espère que la sagesse de notre gouvernement en imposera à ce ministre d'Angleterre comme elle en a imposé à lord R. Fitz Gérald. On dit que des mesures fermes ont déjà été prises à cet effet. Je le désire bien vivement. Ceci sera vraisemblablement la dernière campagne de cette guerre (?). Il serait par trop maladroit et par trop malheureux que nous, qui avons si miraculeusement échappé jusqu'à présent, fussions obligés de nous en mêler.

Mme de Chandieu, que j'ai vue en passant, m'a paru très bien, elle a soutenu la perte de Mme de Sévery avec le calme de la vieillesse ; je dînerai chez elle, si je puis partir assez tôt d'ici.

1. Ministre d'Angleterre en Suisse.

Adieu, ma chère tante, vous savez qu'il n'est pas possible de vous aimer plus tendrement que je ne le fais. On me reproche de ne pas aimer assez par devoir, je me dédommage en aimant de tout mon cœur par inclination.   B. C.

Mille choses à Mlle Rieu.

---

49. — A la citoyenne Nassau, née Chandieu.

Paris, ce 19 floréal 1796.

Je vous écris, ma chère tante, de la ville la plus tranquille qui soit sur la surface de la terre ; chaque jour affermit ce gouvernement parce que chaque jour il devient plus juste et trouve dans la Constitution assez de force pour comprimer tous les partis. Je ne dirai pas le même bien de la société depuis que je n'ai plus ici ce qui m'intéressait par-dessus tout, et la maison [1] où je passais ma vie. Je suis profondément fatigué de Paris. J'y ai fait assez de connaissances, l'ouvrage que j'ai publié ayant produit quelque sensation, mais ces connaissances, outre que l'intérêt n'est pas mon défaut, sont tellement difficiles à ménager entre elles, il y a tant de tracasseries personnelles, auxquelles on ne peut pas rester étranger, il est si difficile de ne pas déplaire aux uns pour plaire aux autres, enfin on a si fréquemment l'occasion de se faire un ennemi ardent pour se conserver un ami tiède que je suis harassé de toutes les considérations de détails qui m'ont occupé depuis huit jours ; je partirai dans peu de jours pour ma campagne et j'irai enterrer loin de Paris les honneurs et les fonctions. Une république naissante est une superbe chose considérée pour ses effets, mais il ne faut pas l'observer avec un microscope.

---

1. Celle de Mme de Staël.

Je ne sais point du tout, ma chère tante, ce que je ferai cet été. J'ai trouvé mon père parti pour la Hollande et je n'ai reçu de lui aucune réponse à une lettre que je lui ai écrite dès mon arrivée ici. Cette incertitude sur ce qui m'intéresse et sur mes propres plans contribue à l'ennui de ma vie. J'ai des livres que je ne fais pas dépaqueter, je ne m'arrange pas chez moi, enfin mon temps se consume sans autre intérêt qu'une curiosité qui se fatigue elle-même bien souvent.

C'est une triste chose que d'avoir des goûts aussi resserrés que les miens. Aimer et penser sont mes seules facultés ; ce qu'on appelle amusements, distractions, abandon n'existe pas pour moi ; la nature me rend triste, les honneurs me blessent (*mots illisibles*). Il faut que je croie que j'aie un cœur qui m'aime et une idée qui m'absorbe ! Près de vous, ma chère tante, je trouverai tout cela. Puissé-je le trouver bientôt, c'est une de mes douces espérances que de passer cet été en Suisse, mais il faut avant que j'arrange ma propriété ici pour ne pas me trouver ruiné par les excellentes acquisitions que j'ai faites.

B. C.

---

50. — A Mme LA COMTESSE DE NASSAU, NÉE DE CHANDIEU.

Paris, ce 7 messidor 1796.

Je vous avais bien dit, ma chère tante, que plus vous me pardonneriez mes indiscrétions, plus je les multiplierais. J'aime à vous avoir beaucoup d'obligations. On dit que le bienfait attache le bienfaiteur ; je voudrais que cela eût lieu entre nous ; pardonnez-moi les miens en faveur de l'intention. Je veux donc vous demander, ma chère tante, si je vous incommoderai en vous demandant à dîner après-demain. Je voudrais bien commencer l'année ; j'en ai plus besoin qu'un autre. Je suis, ma

chère tante, avec tous ces sentiments de l'amitié la plus
tendre, non pas votre serviteur simplement, mais votre
enfant et votre neveu   B. DE CONSTANT.

● 51. — A Mme LA COMTESSE DE NASSAU, NÉE DE CHANDIEU.

Coppet, ce 6 août 1796.

J'arrive, ma chère tante, pour le jugement de mon
procès[1] ; je me suis arrêté ici, mais dans peu de jours je
vous embrasserai, vous sentez, avec plaisir. Je retournerai bientôt en France où j'ai assez bien arrangé quelques-unes de mes affaires, et où j'en aurai plusieurs autres
à arranger. L'on fait sur moi bien des contes ridicules,
et l'on a mis à de bien petites choses une bien grande
importance. On voit bien qu'à Lausanne on a moins
d'affaires qu'à Paris ; ce qui se passe sous nos yeux et à
notre insu est ici un événement. C'est un des exercices
les plus fatigants que celui de s'intéresser à tous les
commérages, j'ai bien peur de n'en être plus capable et
par conséquent de paraître fort peu aimable en société.
Pourvu que vous m'aimiez, ma chère tante, je me consolerai aisément. Je ne vous dis rien de ce pays que je
quitte, je vous en parlerai à satiété ; je ne vous dis rien
de mes projets, je vous consulterai sur eux tous ; je ne
vous dis rien de mes sentinents, vous les connaissez ; je
vous embrasse et brûle de vous voir.   ' B. C.

---

52. — A Mme LA COMTESSE DE NASSAU, NÉE DE CHANDIEU.

Coppet, ce 9 août 1796.

Je serai lundi prochain à Lausanne, ma chère tante,
je suis obligé de rester ici tant de temps parce que j'ai

---

1. Benjamin Constant avait toujours de nombreux procès sur des
questions de tout genre.

prié qu'on m'y gardât des lettres très importantes qui pourraient, si je ne les attendais pas, être obligées de courir après moi à Lausanne, et de Lausanne à Berne, et qui peut-être ne manqueraient.

L'on a fait une grande histoire d'une petite chose à laquelle je n'ai sûrement pas tant pensé à Paris qu'on a bien voulu y penser à Lausanne. Je n'en ai eu aucun désagrément ; j'ai forcé un journaliste à la retraite, et je lui ai répondu honnêtement en tombant un peu sur ceux qui veulent encore amener des bouleversements en France. Voilà en deux mots toute l'affaire que j'avais parfaitement oubliée depuis trois semaines et sur laquelle je pourrai vous donner tous les détails possibles, si détails il y a !

Je crois que mon père va revenir en Suisse ; il y a un mois que je l'ai vu à Paris, aussi mécontent d'avoir réussi que s'il eût échoué ; devenu de raison deux fois plus aristocrate depuis qu'il est au sein d'une république révolutionnaire, s'affligeant de ce que mes opinions m'ont jeté dans la révolution, et désirant pourtant, pour l'éclat, que j'y fusse publiquement employé.

J'ai eu dernièrement un grand succès à Paris ; je suis très bien avec la majorité du Directoire et des conseils, et une pétition assez importante que j'ai présentée avant mon départ a été très bien accueillie. J'ignore le moment précis de mon retour en France, mais il ne pourra être éloigné. On ne peut être plus content que je le suis de mon acquisition ; mon habitation est charmante et ma propriété d'un très bon rapport.

Adieu, ma chère tante, à lundi ; je me fais de vous revoir une fête.

B. C.

53. — A Mme LA COMTESSE DE NASSAU, NÉE DE CHANDIEU.

Coppet, ce 4 octobre 1796.

J'avais espéré jusqu'à ce moment, ma chère tante, pouvoir retourner à Lausanne avant mon départ pour Paris. Des lettres m'annoncent que le rapport à faire sur ma pétition doit l'être incessamment; je pars en conséquence d'ici, parce que le chemin pour aller à Dôle est plus court et plus direct et je veux m'y arrêter quelques instants pour voir mon père.

Je vous écrirai bien souvent de France, ma chère tante; vous êtes l'amie que j'aime le mieux au monde, la seule avec qui j'aie, tout à la fois, et toute la confiance, et toute la liberté possibles : chaque voyage en Suisse grave plus profondément ce sentiment dans mon âme.

J'ignore absolument quel sera l'état de Paris au moment de mon arrivée; il paraît que les jacobins s'agitent, que les royalistes espèrent profiter de leurs tentatives, mais que les républicains sont sur leurs gardes, et qu'une grande réunion s'est opérée dans la majorité des deux conseils. Pour cette fois, c'est bien décidément que l'on paie en argent le quart des rentes. C'est un petit commencement dont il faut savoir gré à la nation dans le délabrement des affaires.

Les défaites de l'Allemagne me paraissent terribles, les victoires d'Italie ne les compensent pas, et ce qu'il y a de bien fâcheux, c'est que ces défaites mettent de nouveau la neutralité helvétique en danger; le ministre de l'empereur paraît hausser le ton. Je ne pense pas que l'Autriche veuille se brouiller avec les Russes malgré ses succès d'un jour, mais les rois sont si fous que l'on ne peut répondre de rien.

Adieu, mon excellente tante, il m'est impossible de vous aimer davantage; je vous supplie de m'écrire sans vous fatiguer et le plus souvent que vous pourrez.

B. C.

54. — A la citoyenne Adriane Nassau-Chandieu.

Coppet, ce 30 décembre (sans date d'année).

Je vous remercie bien, ma chère tante, de votre bonne
lettre du 16 juin : ai-je besoin de vous dire combien elle
m'a fait de plaisir? Nous savez que tout ce qui vient de
vous, tout ce qui est une preuve que mon sentiment
pour vous m'a valu quelque amitié de votre part contribue puissamment au bonheur de ma vie.

Je serais assez embarrassé de vous parler de mes
affaires; je ne suis point encore allé à la campagne. Je
l'ai meublée d'ici, et je compte y passer trois semaines
avant de retourner en Suisse. Il m'a été impossible de
vendre; le numéraire est rare et les rachats de biens
nationaux si ridiculement avantageux que personne
n'achète de la seconde main. Pour la même raison je n'ai
pu vendre une forêt que j'ai et je ne sais encore quand
je pourrai m'en défaire. C'est au reste un fonds qui ne
se détériore pas. Mon projet est d'aller dans deux ou
trois jours chez moi, de m'y reposer de la vie agitée de
Paris et d'être en Suisse au milieu d'août, quoique
Secretan s'obstine à regarder ma présence comme
nécessaire. J'ai tardé jusqu'à présent à me faire payer de
mes fermiers, parce que j'espérais un décret plus avantageux sur le mode de payement. Ce décret est venu,
mais il est étrangement embrouillé, et comme le plus
paresseux est toujours la dupe dans la dispute, je crois
bien que sur la partie de mes revenus qui est fixée en
argent je ne tirerai pas grand'chose.

Mon projet est de vivre beaucoup à la campagne; j'ai
voulu un peu m'ancrer dans l'esprit de ceux qui influent
pour avoir des moyens de tranquillité, car c'est la seule
chose à laquelle j'aspire. Mon ouvrage et mes conversations ont rempli mon but et je n'ai plus rien qui me
retienne à Paris. Ma santé n'est pas bonne, non que
je souffre, mais j'ai un grand sentiment de faiblesse

et un état d'assoupissement fréquent; cet état m'est pénible, parce que je vis dans le monde. Ce serait un bonheur si je pouvais dormir à mon aise. C'est une vraie volupté pour moi quand je puis me coucher à sept heures, et une jouissance est toujours un bien. J'aurai bien pleinement celle du sommeil à la campagne.

Pendant un intervalle de force, je travaille à la seconde édition de mon ouvrage que l'on m'a demandé et qui paraîtra dans quelques jours un peu augmenté. J'ai un autre livre en tête que je voudrais bien achever avant mon départ.

Voilà, ma chère tante, tout ce qui m'occupe ; le songe de la vie s'écoule, et je m'incline aussi doucement vers notre commun asile; il y a quelques créatures qui me tracassent un peu (un père, par exemple); mais je ne leur en sais pas mauvais gré : elles me donnent des tendresses; je me rendors, et au bout du compte c'est comme s'il ne s'était rien passé.

Vous devriez sincèrement, ma chère tante, penser à venir faire un tour dans mes possessions; elles sont belles et riantes. J'ai déjà des poules, des vaches, des cochons, un parc, un bois, une rivière ; il ne me manque que d'être en repos; et cela ne me manquera pas long-temps. Je ne sais si je passerai l'hiver à Lausanne. J'ai ici le gouvernement qui est bon pour moi ! Beaucoup de bons républicains qui m'aiment, des intérêts de tous les genres et la douceur de n'être pas complètement inactif dans la grande caisse de la république. En Suisse, il y a vous ! Je crois que c'est pour vous que je me déciderai, si vous ne voulez pas absolument que je parvienne à vous réunir à ma république.

Je ne vous parle pas politique. Les conspirations varient selon (*mots illisibles*). Le gouvernement est fort juste. On commence à faire sa cour au pouvoir ; et le pouvoir s'adoucit, cela est naturel. Les armées sont victorieuses; il n'y a que les rentiers, les employés et un peu les propriétaires qui souffrent; mais ils sentent qu'ils souffriraient bien plus si la république était renversée et ils se consolent par l'espoir.

Adieu, ma chère tante, vous savez combien je vous aime; aimez-moi la moitié autant et je suis heureux.

B. C.

---

55. — A Mme LA COMTESSE DE NASSAU, NÉE DE CHANDIEU.

Coppet, 23 octobre 1796.

J'ai vu mon père à Nyon, ma chère tante, et nous nous sommes séparés très bons amis; vous apprendrez par ce courrier les nouvelles horreurs de la guerre; hier, on a assassiné deux prisonniers, Pradier et Baudry, condamnés au bannissement par les tribunaux. Aujourd'hui tout est tranquille, mais quel pays que celui où l'abîme se referme sans qu'on pense à venger les victimes ni à empêcher qu'il se produise de nouveaux forfaits. Le président se prononce fortement contre les jacobins et le Directoire a fait conseiller énergiquement aux habitués de la Grille de dissoudre leur infâme club! Mon excellente tante, mon amie[1] me dit qu'elle a eu quelquefois le plaisir de vous voir à Lausanne; elle conserve un souvenir bien agréable d'une soirée qu'elle a passée avec vous chez les Huber[2]. Rien n'est plus simple que le goût que trouve dans votre société une personne que j'aime. C'est une sympathie sans laquelle notre amitié ne saurait exister.

Mon père se porte tout à fait bien, mais il est assez incertain sur ses projets ultérieurs. Je l'ai beaucoup pressé de venir vivre chez moi. Sans Marianne[3], je crois qu'il finirait par prendre ce parti. C'est de tout, malgré quelques différences d'opinion et de manière de voir, ce

---

1. Mme de Staël.
2. Famille genevoise.
3. Personne attachée au service de M. Juste de Constant.

qui nous conviendrait le mieux. — C'est vous, ma chère tante, qui me convenez par-dessus tout, c'est avec vous que je voudrais passer ma vie ; je regrette quelquefois beaucoup de m'être empêtré dans cette France, c'est pourtant un charmant pays, et je crois que bientôt on y aura la paix comme partout ailleurs ; alors il faudra que vous y veniez et tous les bonheurs seront réunis. Adieu, ma chère tante, je vous embrasse ; j'espère que ma prochaine lettre sera plus intéressante.

B. C.

---

56. — A Mme LA COMTESSE DE NASSAU, NÉE DE CHANDIEU.

Paris, 1796.

Votre lettre, ma chère tante, m'est parvenue ici, mais elle ne m'a pas moins fait un vif plaisir ; je suis ici depuis dix jours ; j'en partirai dans deux autres pour la campagne, et j'y serai occupé pendant un mois à y faire des courses. Ce n'est pas le moment de vendre ; tous les biens-fonds sont pour rien, les biens patrimoniaux même sont à 12 ou 15 0/0 ; cependant, si comme on l'espère, la paix se fait, je crois que tout haussera subitement.

L'ambassadeur d'Angleterre vient d'arriver ; Dieu veuille qu'il apporte des propositions raisonnables ; j'en doute fort. Nous voici rassurés sur les désastres de l'Allemagne ; la belle retraite de Moreau couvre la France et maintient une partie des conquêtes ; les honnêtes gens se rapprochent tous les jours du gouvernement. Avec la paix tout reprendra une vie nouvelle ; si, comme je voudrais l'espérer, nous l'avons, cette paix, d'ici à un mois, le gouvernement se consolidera d'une manière étonnante, et l'on sera surpris de la prospérité rapide à laquelle nous nous élèverons.

La Suisse doit être parfaitement rassurée depuis la superbe retraite de Moreau ; on pourra renvoyer dans leurs foyers nos pacifiques troupes. Monsieur de Weiss a été ici ; je l'ai vu, se vantant beaucoup et, avec assez d'esprit, étant très ridicule ; il a cependant été reçu comme doit l'être l'envoyé d'un peuple allié et un homme connu par son attachement à la neutralité helvétique.

On a commencé à payer le quart des rentes ; je ne sais si l'on est arrivé aux vôtres, ma chère tante ; je le voudrais bien pour vous convaincre que les républicains peuvent être honnêtes. N'être pas payé détache un peu d'une cause, et je crois que si la paix leur donne les moyens de satisfaire à leurs engagements, le nombre de leurs partisans augmentera considérablement.

Adieu, ma chère tante, je vous aime tendrement ; je vous prie de me répondre, car vos lettres sont pour moi un grand plaisir et un repos au milieu de l'agitation de Paris.

B. C.

---

57. — A Mme LA COMTESSE DE NASSAU, NÉE DE CHANDIEU.

Hérivaux, près Luzarches. Dép. de Seine-et-Oise.
Germinal, an V. (Mars 1797.)

J'ai envoyé pour vous, ma chère tante, un exemplaire de l'ouvrage que je viens de publier à une personne qui n'aura pas manqué, j'espère, de vous le remettre. Votre opinion m'intéresse plus qu'aucune autre et votre suffrage est celui que j'ambitionne le plus. Cette brochure a eu assez de succès, il s'en est vendu 1,000 exemplaires en trois jours, et je vais publier une seconde édition. Elle a resserré mes liaisons avec les hommes qui sont à la tête de la république et, si la contre-révolution ne s'opère pas aussi facilement que la réunion de toutes les circonstances semble le présager,

---

1. Patricien bernois.

ma situation ici sera précisément telle que je la désire :
celle d'un homme indépendant dans ses principes, ami
de la liberté par goût et estimé pour quelques talents.
Mais la contre-révolution pourrait bien apporter quelques changements à mes calculs. Les choix pour le
renouvellement du Corps législatif sont presque tous
royalistes. L'esprit public se précipite dans cette direction avec une impétuosité qui dépasse tous les intérêts,
et les républicains sont insultés partout. L'homme qui
le premier a donné l'impulsion vers la liberté, avant 1789,
Sieyès, a été attaqué chez lui par un assassin. Enfin,
sans nos invincibles armées, je ne sais ce qui s'oppose-
rait au rétablissement de la royauté. La perspective que
tout cela offre n'est gaie ni pour ceux qui ont énoncé
leurs opinions en faveur de la république, ni pour les
acquéreurs de biens nationaux. S'il ne vient pas quelque
événement qui rende au gouvernement de la force, cette
classe, qui est coupable aux yeux de l'aristocratie
d'avoir alimenté le trésor pendant cinq années de guerre,
sera sacrifiée.

Voilà bien de la politique, ma chère tante ! A présent, parlons de nous ; j'ai continué depuis ma dernière
lettre à embellir mon habitation à laquelle je m'attache
tous les jours davantage. Je compte y passer la plus
grande partie de l'été. Les habitants du canton m'ont élu
pour président de leur administration, ce qui me donne
l'occasion dans un petit cercle de faire respecter des lois
que j'aime et de protéger les républicains.

Mes bois se couvrent de feuilles, tout devient charmant dans les environs ; ma bibliothèque s'arrange
peu à peu. Si rien ne renverse mon édifice, je serai
aussi heureux qu'on peut l'être dans ce monde qui
n'est pas, il s'en faut, le meilleur des mondes possibles.

J'y serais bien plus heureux encore, ma chère tante,
si je n'étais pas séparé de vous. Je ne puis vous dire
combien vous me manquez, et je prendrai certainement

22

la première occasion de faire une course en Suisse pour jouir de votre amitié.

Mon père a acheté une petite maison à vingt lieues d'ici. Il paraît très content de son emplette; ses opinions sont plus exagérées dans le sens que vous savez qu'elles n'ont jamais été, ce qui fait que nous ne sommes pas tout à fait en confiance l'un avec l'autre. Cependant nous sommes bien, ce qui est l'important. Il paraît heureux!

Adieu, ma chère tante, je vous aime tendrement et je vous assure que, si vous rassembliez tous les neveux de la terre, vous n'en trouveriez pas un qui pût aimer une tante comme je vous aime.

B. C.

58. — A Mme LA COMTESSE DE NASSAU, NÉE DE CHANDIEU.

Hérivaux, ce 26 floréal, an V de la république.
(18 mai, 1797, vieux style.)

Je vous écris, ma chère tante, du fond de la solitude la plus complète, au milieu de mes forêts et sentant qu'il ne me manque que de la stabilité dans ma situation pour être tolérablement heureux. Je vous écris pour vous demander si vous pouvez m'aider à donner à cette situation ce qui lui manque. Un lien auquel je tiens par devoir, ou si vous voulez par faiblesse, — mais auquel je sens bien que je tiendrai aussi longtemps qu'un devoir plus réel ne m'en affranchira pas, et que je ne pourrai briser qu'en avouant que j'en suis terriblement fatigué, ce que je suis trop poli pour dire, — un lien qui, me précipitant dans un monde que je n'aime plus et m'arrachant à la campagne que j'aime, me rend profondément malheureux et menace du plus grand désordre une fortune qu'au milieu du vagabondage de ma vie je ne me suis acquise que par miracle, un lien, enfin, qui ne peut se rompre que par une secousse qui ne saurait venir de moi, m'enchaîne depuis deux ans [1].

Je suis isolé sans être indépendant; je suis subjugué sans être uni. Je vois s'écouler les dernières années de ma jeunesse sans avoir ni le repos de la solitude ni la légitimité des affections douces. C'est en vain que j'ai tenté de le rompre! Il est impossible à mon caractère de résister aux plaintes d'une autre, auxquelles je n'ai à opposer que ma volonté, lorsque surtout je puis retarder mon affranchissement d'un moment, d'un jour à l'autre sans un inconvénient évident. Je m'use ainsi dans une situation contraire à mes goûts, à mes occupations favorites et à la tranquillité de ma vie. D'ailleurs, ce lien brisé, je me trouverai dans une solitude qui ajoutera à l'image de la peine vraie ou fausse qu'on dira que j'ai causée. Pour m'en consoler, il faut que je donne à quelqu'un un peu de bonheur.

Devinez-vous, ma chère tante, où je veux en venir? A une chose que j'ai projetée depuis un an, pour laquelle je vous ai écrit vingt lettres que j'ai déchirées, enfin, à vous demander une femme. J'en ai besoin pour être heureux. Et pour avoir d'avance pour elle tous les sentiments de l'amitié, je la veux tenir de vous. Je ne la motive pas davantage; je vous demande une femme! Je désire un peu de fortune, quant à la personne, je la voudrais genevoise plutôt que Suisse, parce qu'il m'importe à moi, nouveau Français, d'épouser une Française, âgée de seize ans au plus, d'une figure passable sans aucun défaut prononcé, ayant des habitudes simples, de l'ordre, la possibilité surtout de supporter une retraite profonde, assez de raison pour vivre à huit lieues de Paris en y allant très rarement. Quant au caractère, je m'en remets à vous; pour de l'esprit, j'en ai par-dessus la tête.

Voilà, ma chère tante, mon nouveau roman; ce n'est pas d'aujourd'hui que je le roule dans ma tête, mais,

---

1. Sa liaison avec Mme de Staël.

poussé par mes alentours vers les élections, j'ai attendu
que cette chance fût passée; elle l'est, grâce au ciel, et
à présent que j'ai fait pour la liberté plus que je n'étais
appelé à faire, à présent que les choses prennent une
tournure plus tranquille et que le gouvernement, com-
primant tous les partis, veut se charger à lui tout seul
du sort de la république, je songe à moi.

B. C.

---

59. — A Mme LA COMTESSE DE NASSAU, NÉE DE CHANDIEU.

Hérivaux, ce 10 messidor, an V (1er juillet 1797, vieux style).

Vous voulez donc, la plus aimable des tantes, que
votre neveu demeure dans le célibat! Que votre volonté
soit faite! Je m'y résigne d'autant plus facilement que
mon légitime souverain est de retour, et que tout projet
d'insurrection est abandonné. Pour parler sérieusement,
je vous dirai que j'ai reçu de nouvelles et si grandes
marques de dévouement de la personne [1], — à laquelle
j'ai cru un moment plus avantageux pour elle et pour
moi de paraître moins attaché, — que je ne pourrais,
sans la plus vive ingratitude et sans me préparer des
regrets très amers, penser à faire quoique ce soit qui lui
soit pénible. Je vous prie donc instamment, ma chère
tante, d'oublier la partie de ma lettre qui a rapport à
cela, et surtout de ne la montrer à personne et de n'en
conserver dans votre souvenir que ce qui s'y rapporte à
mon sentiment pour vous. Pour cette partie, dites-vous
bien qu'elle n'exprime qu'imparfaitement ce que
j'éprouve. Il est impossible de vous aimer plus que je
vous aime, parce qu'il est impossible de trouver plus de
convenances et de sympathie dans les opinions et plus
d'indulgence dans le cœur. Je ne crois pas que j'aie cet

---

1. Mme de Staël.

été le plaisir de vous voir. Les affaires de Suisse me
paraissent prendre une tournure très affligeante ; elle le
serait plus encore s'il ne paraissait prouvé que la
mauvaise conduite de quelques subalternes commence
à déplaire ici et qu'on y apportera bientôt remède ;
malgré cela, tout ce qu'il y a d'amis de la république
sont profondément attristés.

L'arrivée de mon amie ne change rien à mes habitudes ; je me partage entre sa campagne et la mienne.
Plus on a de raisons de s'affliger, plus la solitude est une
ressource nécessaire. Je vais essayer d'y joindre l'étude
dont j'ai pris l'habitude depuis quelque temps. La révolution dévore toutes les facultés ; je veux rassembler
mes débris et tâcher d'en faire encore quelque chose.
Vous devriez venir à Hérivaux, ma chère tante ; vous y
trouveriez une petite maison, reste d'un immense édifice
que j'ai fait abattre, de jeunes acacias qui ne donnent
pas d'ombre, de jeunes arbres fruitiers qui ne donnent
points de fruits, des prairies nouvellement semées où il
n'y a point d'herbe, une pièce d'eau qui n'est pas encore
remplie, enfin, tout y est en espérance et l'on y est à
l'abri de ce grand fléau de la vie humaine, la satiété.
Vous m'accorderez qu'il y a de l'adresse chez un homme
blasé à s'arranger de la sorte.

Pendant que je pensais à me marier, avec quelqu'un
qui aurait voulu m'épouser, mon père, qui a conservé
de son affection paternelle le besoin de faire des projets
pour moi, a aussi conçu celui de mon mariage avec une
personne qui ne me voulait pas. Il m'a écrit un beau
panégyrique de Mlle de Sévery et de sa fortune. Je lui ai
répondu que le mariage d'Arlequin était deux fois plus
facile à combiner, puisqu'il avait au moins un consentement. Que moi je ne pensais pas à me marier à présent et
que, si j'y pensais, je voudrais une femme que je connusse
mieux que ma cousine. Qu'elle, de son côté, a annoncé
qu'elle ne voulait pas de l'hyménée ni qu'on voulût
d'elle, et qu'en tous cas elle ne prendrait pas pour mari

un homme d'un caractère assez *niasse* [1] et d'un cœur très
fatigué.

Du reste, mon père vit tranquillement et, je crois,
assez ennuyé ; mais dans l'état actuel du monde, il n'y
a plus de place pour les projets. La Hollande vient
d'être régénérée et se ressent de ce bouleversement.
Votre Suisse est loin d'être calme ; ce que chacun peut
faire, c'est de se tapir dans son coin et de cacher sa vie
comme le conseillait Pythagore.

Au milieu de mes campagnes, je ne crois pas que
l'on déterre la mienne, surtout quand mes arbres seront
venus. J'y laisserai tout au plus un petit chemin pour
que je puisse vous y conduire, ma chère tante, quand
vous voudrez partager mon ermitage. Il n'y manque
que des crucifix et des têtes de mort, mais, si vous
l'ordonnez, ces embellissements s'y trouveront bientôt.

Adieu, ma chère tante ; si mes lettres sont si insipides,
ce n'est pas ma faute ; mon but et mon besoin sont de
vous dire que je vous aime, et, pour que cette assurance
vous parvienne, il ne faut pas lui associer autre chose,
car je vous aime de toute mon âme.

                                           B. C.

---

60. — A LA CITOYENNE ADRIANE NASSAU-CHANDIEU.

                                      Octobre 1797.

Je vois avec grand plaisir, ma chère tante, arriver le
moment où je pourrai avoir le bonheur de vous embrasser. Il est probable que je partirai pour la Suisse vers le
5 du mois prochain de brumaire et je passerai en Suisse
environ trois mois. De ces trois mois, je serai obligé d'en
consacrer un à tenter de faire valoir de quelque manière
les réclamations de mon père, qui, je pense, ne produi-

---

1. Mot en patois vaudois signifiant mou, sans énergie.

ront pas grand'chose, vu l'état des finances de votre république qui, sous ce rapport, est digne sœur de la nôtre. Les deux mois, je les partagerai entre Coppet et Lausanne. Que de changements je m'attends à trouver dans un pays que j'ai quitté si éloigné de toute idée révolutionnaire! Cependant la Suisse est le seul pays qui ait conservé un caractère et une dignité nationale, et l'opinion que la conduite des Suisses a produite est toute autre que celle que nous avons de nos confrères les Liguriens, les Cisalpins et les Romains. Malgré les maux individuels et momentanés de la révolution suisse, elle est un grand pas fait vers l'affermissement du système représentatif, et comme la lutte de ce système ne peut finir que lorsqu'il remplace le système héréditaire, tout ce qui lui donne une portion de terre et en enlève une à l'autre est un bonheur pour l'humanité.

Ce en quoi j'espère, ma chère tante, ne trouver aucun changement, c'est en votre bonté pour moi; j'y compte tellement, que si vous cessiez de m'aimer, je regarderais cela comme une véritable banqueroute; votre indulgence est une propriété dont je suis habitué à jouir, et à ce titre votre amitié doit m'appartenir, car je suis certainement celui au bonheur duquel elle est le plus nécessaire.

Nous sommes assez tranquilles, quoique menacés de quelques oscillations intérieures que peut-être on préviendra. La guerre paraît très probable.

Le succès des Anglais a ranimé les espérances de l'Autriche et il faudra détrôner au moins le roi de Naples pour prouver que nous pouvons nous relever d'une défaite. Il la sollicite de toute façon et la mérite à tous les titres.

Mon père est toujours à la campagne, très indécis de ce qu'il fera, mais bien décidé à faire quelque chose. Je crains qu'il ne s'ennuie beaucoup, et à cet âge et dans sa situation c'est un mal difficile à guérir.

Il avait quelque idée de se fixer en Suisse si sa pension ne l'oblige pas à aller en Hollande. Je le crois excédé de sa compagne[1] et je voudrais bien pouvoir faire quelque chose pour son bonhenr.

Adieu, ma chère tante. Vous prenez de tels accès de silence que je n'ose vous proposer de me répondre avant mon départ, mais si vous ne le faites pas j'aurai une bien mauvaise opinion de vous.

B.

---

61. — A Mme LA COMTESSE DE NASSAU, NÉE DE CHANDIEU.

Paris, ce 13 nivôse, an VI. (3 janvier 1798.)

J'ai trouvé ici, ma bonne et chère tante, votre lettre qui m'a pénétré de reconnaissance ; j'ai réfléchi il y a longtemps sur les considérations que vous me retracez. La pétition que j'ai présentée est devenue une affaire générale ; ce n'est que le principe général que les conseils décréteront et je serai toujours à même d'en faire usage d'après la résolution qu'ils prendront à mon égard. Ainsi vos inquiétudes, qui me sont si précieuses comme une preuve de votre intérêt, doivent cesser entièrement. Je ne ferai rien qui bouleverse ma vie, surtout qui m'empêche d'en passer une partie près de vous. J'ai voulu seulement n'être pas dans la classe des étrangers, classe privée dans ce pays de la protection des lois et exposée à ces arbitraires dont il est difficile de se faire une juste idée. Parvenu à ce but, je ne renoncerai pas légèrement à mes autres avantages et je ne prendrai, je vous assure, aucune mesure précipitée.

Vous savez actuellement, ma chère tante, sans que je vous le détaille dans une lettre, quel a été le but de mon très court voyage en Suisse ; la nécessité d'un secret momentané et de beaucoup de rapidité dans l'exécution serviront d'excuse à mon silence et à la privation que je

---

1. Une personne attachée à son service qu'il devait épouser plus tard.

me suis imposée en me refusant le plaisir de vous embrasser. — Je craindrais d'avoir blessé toute autre que vous, mais vous ne pouvez méconnaître mon sentiment, et ce que j'ai fait pour l'amitié ne peut que vous convaincre de ce que je désirerais faire pour vous. Vous savez qu'il est impossible de vous aimer plus profondément que je vous aime, ma chère tante. Ce n'est pas, je vous l'ai dit cent fois, par devoir que mes liens avec vous me sont précieux; c'est que je trouve en vous tout ce qui me ferait chérir une étrangère, et que la convenance des idées, la confiance, tout ce qui unit et attache est combiné pour augmenter chaque jour ma reconnaissance et ma tendresse. Je ne vous dirai rien de ce pays qui est toujours dans l'état douteux qui devient son état habituel. L'opinion se détériore tous les jours; quoique tous les jours les intérêts deviennent plus étroitement liés à la république et que le peuple soit infiniment plus heureux, plus riche et plus mécontent qu'il ne l'a jamais été; il achète les biens des émigrés et il désire leur rentrée. Il voudrait jouir des fruits de la révolution, et il regrette tous les usages contre-révolutionnaires. Cependant, le goût des places reprend, les élections seront plus courues que l'an passé et beaucoup d'hommes commencent à sentir qu'il vaut mieux être ambitieux que frondeurs et intriguer pour gouverner qu'intriguer pour détruire. Je vis assez éloigné des affaires, et lorsque j'aurai achevé celle qui m'intéresse le plus, je compte m'en éloigner toujours davantage.

Mon père est toujours dans une incertitude pénible, il a vendu à la manière de notre famille, c'est-à-dire avec une extrême précipitation, sa possession près de Dôle et il ne sait maintenant où se fixer, et je le vois avec peine recommençant, à cette époque, une vie vagabonde. Je le presse toujours de venir s'établir avec moi, mais je ne doute pas que Marianne n'y mette éternellement obstacle.

Adieu, ma chère tante, je vous aime tendrement;

faites-moi le plaisir de m'écrire bientôt et d'adresser vos
lettres chez le citoyen Le Comte, rue des Fossés-Mont-
martre, 333.

B. C.

62. — A Mme LA COMTESSE DE NASSAU, NÉE DE CHANDIEU.

Hérivaux, ce 1er ventôse an VI (**22** février 1798, vieux style).

Il me semble, ma chère tante, que tout a changé
depuis que vous m'avez écrit ; le style de vos deux lettres
était gêné ; je n'y trouve ni l'expression d'une amitié que
je suis bien sûr de n'avoir pas déméritée, ni l'abandon
ordinaire de votre esprit. J'attribue cette différence à
l'incertitude des circonstances d'alors qui n'étaient pas
de nature à favoriser une grande liberté de correspondance. Elle paraît dissipée, cette incertitude, et d'une
manière satisfaisante. Si le renversement de ce qui n'est
fondé que sur les préjugés était inévitable, tout ce qu'on
peut désirer, c'est que le renversement s'opère avec
calme et régularité ; tel est le caractère de votre révolution que l'on pourrait appeler une réforme. Vous ne
serez étonnée si je vous prie instamment de me donner
quelques détails sur tout ce qui a rapport à cette réforme.
Vous sentez combien elle doit m'intéresser sous tous les
rapports, et comme ami de l'humanité et comme partisan
de la liberté, — pour laquelle je me déclarai lorsqu'il y
avait quelque danger à le faire, — et comme né en Suisse
où habitent encore toutes mes relations d'attachement.
Je voudrais surtout savoir comment vous êtes, ma chère
tante, quel est à présent votre genre de vie et si vous
espérez que l'ordre et la liberté continueront à régner
chez vous.

Mes affaires assez multipliées et ma paresse toujours
croissante ont interrompu toutes mes correspondances,
je n'ai conservé que celles qui étaient pour moi d'un
plus grand intérêt que mes affaires et d'une plus grande

jouissance que ma paresse. C'est assez vous dire que je me suis borné à vous seule ; je recours donc à vous pour être un peu au fait de ce qui vous intéresse et de ce qui intéresse la paix en général.

Mon père ira dans peu de temps voir tous ses amis de Suisse, il s'ennuie dans la petite campagne qu'il a achetée, l'activité de son caractère ne se ralentit pas, il voudrait avoir une retraite moins solitaire et je voudrais qu'il eût une occupation qui charmât cette inquiétude qu'on ne peut calmer ; rien au reste n'est moins sûr que ce voyage.

Quant à moi, qui n'ai pas cette même inquiétude dans l'esprit, je vis fort souvent à la campagne, changeant peu à peu les défauts de ma maison, plantant quelques arbres dans mon jardin, et me délassant de la vie assez agitée que je mène de temps en temps à Paris. Là, c'est toute autre chose. Lorsqu'on a énoncé une opinion, on s'est fait mille ennemis ; il faut avoir des amis pour se garantir, il faut agir pour n'être pas le plus faible, il faut être le plus fort.

Nos élections approchent et seront différentes de celles de l'année dernière ; puissent-elles terminer la révolution qui commence à durer plus qu'il ne faudrait pour la liberté. Jusqu'à cette époque (des élections) je crois que tout restera dans la même situation qu'à présent, et ce ne peut être que des élections bonnes et sages qui donneront à la république une marche ferme et régulière au dedans.

Adieu, ma chère tante, je vous demande une lettre avec la confiance avec laquelle je vous ai souvent demandé un plaisir ; adressez-la-moi à Paris, où je la trouverai.

B. C.

63. — A LA CITOYENNE NASSAU, NÉE CHANDIEU.

Hérivaux, ce 9 vendémiaire, an VI.

Il est bien évident, chère tante, que vous ne voulez pas m'écrire. Le changement de dispositions envers moi me force à croire que vos sentiments pour moi sont changés. J'ai pourtant beaucoup repassé ma conduite ; je ne puis rien y trouver qui motive votre indifférence, moins encore un mécontentement quelconque. J'examine mon cœur et n'y trouve que tendresse exclusive, car mon tort a toujours été de ne pas assez tenir compte des liens de parenté, lorsqu'il n'y avait entre mes parents et moi aucun trait de sympathie. Avec vous, ma chère tante, j'ai trouvé au contraire une quantité de motifs de mettre à votre amitié un prix extrême, je vous l'ai témoigné de toute manière. Ni l'absence, ni une subite différence d'opinion, après avoir été du même avis pendant de longues années, ni votre refroidissement, enfin, que j'aurais accepté dans toute autre personne que vous, incapable que je suis de redemander deux fois l'amitié qu'on me refuse ; rien, ma chère tante, n'a pu, je ne dirai pas me détacher de vous, mais me suggérer la possibilité de supporter votre oubli. Je viens donc, ma tante, comme votre neveu et comme vous ayant aimé depuis ma naissance, et si vous ne voulez pas tenir compte de l'affection machinale des premières années, comme un ami au moins de dix ans, je viens vous demander comment et pourquoi vous m'avez retiré une amitié à laquelle j'attache une si haute valeur. Je me flatte que vous ne refuserez pas à un neveu que vous avez vu naître, à un homme que vous avez aimé, au fils de votre sœur Henriette de Chandieu l'explication qu'il réclame de vous et qui est nécessaire à son repos ! Je ne vous parle d'aucune autre chose parce que aucune autre chose ne m'intéresse autant que celle qui fait le sujet de ma lettre et j'attends,

ma chère tante, de votre cœur ou de votre mémoire,
car si vous avez cessé de m'aimer, vous ne pouvez avoir
oublié que je vous ai tendrement aimée, la réponse que
je demande instamment.

BENJAMIN CONSTANT.

---

64. — A Mme LA COMTESSE DE NASSAU NÉE DE CHANDIEU.

Paris, ce 12 germinal, an VI.

J'ai été dans les petits embarras domestiques jusqu'aux oreilles, ma chère tante. J'ai retrouvé ma campagne dans le beau désordre qui résulte de l'absence ;
mon garde-chasse avait fait le plus joli enfant du monde,
mon vigneron allait à la chasse régulièrement et mon
jardinier montait parfaitement à cheval. Cette foule de
talents nouveaux m'a fait grand plaisir à découvrir,
comme vous pensez bien. Cependant j'ai voulu rendre
ce perfectionnement domestique un peu plus applicable
aux choses réelles, mais j'ai été obligé de me défaire de
la plupart de mes amateurs, desquels je me suis séparé
avec le respect qu'on doit au génie. Tout cela m'avait
rendu si bête que j'ai voulu, pour vous écrire, attendre
que l'esprit me fût un peu revenu. Vous trouverez peut-
être que je n'avais aucune raison de croire le moment de
vous écrire arrivé. Mais la patience m'a manqué et je
n'ai plus résisté au besoin de recevoir de vos lettres.

J'ai passé ces deux mois-ci dans une tranquillité
parfaite, presque toujours à la campagne et ne voyant
pas un chat. Les jours s'enfuyaient avec une rapidité
inconcevable ; dans cet état de solitude absolue, rien ne
trouble les idées, rien n'agite, rien ne contrarie, on sait
gré à la nature de tout ce que ne font pas les hommes.

Je célébrerais encore bien plus le bonheur de ce
printemps si ce n'était pas un hiver. Tout est gelé autour
de nous, il n'y a pas une feuille sur les arbres et pas un

brin d'herbe dans les champs, je crois que la révolution
a épuisé toute la chaleur physique et morale et que nous
sommes à cette époque par laquelle M. de Buffon prétend que tout doit finir.

Nos assemblées primaires se sont ressenties de cette
congélation universelle, il n'y a eu ni concurrents ambitieux, ni partis, ni divisions ; à peine a-t-on recruté de
quoi former les bureaux et nommer les électeurs, et le
peuple souverain a exercé sa souveraineté sans bruit
comme sans pompe. On dit que nos frères de Genève
n'ont pas été si calmes, et qu'il y a eu des scissions entre
les gens honnêtes et les terroristes. Le directoire est
bien prononcé contre ces derniers ; il appelle à lui, contre
eux, tous les hommes qui veulent n'être plus assassinés.
Les nouvelles de la guerre ont été un moment obscures,
mais cela n'a pas duré ; j'espère que cette campagne
mettra fin à cette trop longue guerre et que nous verrons,
à la fin de l'été, la république germanique alliée de la
république française.

En attendant cette grande nouvelle, je voudrais bien
en recevoir de vous, de moins vastes, mais non moins
intéressantes pour moi. Comment soutenez-vous ce
retour d'hiver ? Comment Lausanne supporte-t-il cette
calamité de la nature après tant d'autres secousses ?

Je vois que le citoyen Polier [1] ouvre une souscription
pour le recrutement. L'ouvrir est aisé, la remplir sera
difficile ! Meylan [2] me marque qu'il ne reçoit pas un sol
de tout ce qu'on me doit. J'ai envie d'ouvrir une souscription en ma faveur, mais j'ai peur que mon nom
reste seul. Mon oncle m'a envoyé son livre. Le moment
n'est pas favorable ; ceux qui s'occupent encore de
quelque chose songent aux élections qui décideront si
nous conserverons notre col sur nos épaules et ceux qui
ne se mettent en peine de rien. Je viens cependant de

1. De Polier, ancienne famille vaudoise.
2. Meylan, son homme d'affaires à Lausanne.

nòtifier à un journaliste de mes amis qu'il eût à se louer
sous huit jours.

Parlez-moi de vous, ma chère tante, c'est ce qui
m'intéresse le plus ; adressez-moi rue du Bac, n° 557, et
aimez-moi comme je vous aime.

B. C.

---

65. — A Mme LA COMTESSE DE NASSAU, NÉE DE CHANDIEU.

Hérivaux, ce 9 floréal an VI (1er mai 1798, vieux style).

Votre bonne lettre, ma chère tante, est arrivée au
moment où, sortant de mes courtes fonctions politiques,
je me préparais à venir jeter un coup d'œil sur mes affaires
individuelles, qui n'ont pas laissé que de souffrir de la
manière dont je les ai négligées depuis quelque temps,
pour me livrer tout entier aux grands intérêts de la
liberté. Pour parler avec moins de dignité, j'ai reçu
votre lettre à l'instant même où je montais en voiture
pour venir me reposer ici de la lutte que j'ai, avec
quelques amis de l'ordre, soutenue à Versailles contre
une assemblée électorale menée par des anarchistes.
Cette lutte qui m'a empêché d'être député, ce que je
regrette un peu, m'a donné l'occasion de prouver que
si, dans tous les temps, j'ai voulu imperturbablement la
république dans toutes les circonstances, je veux aussi
le maintien des propriétés et l'éloignement des hommes
qui ont marqué par leurs excès. A présent que j'ai
rempli mon devoir et qu'on ne m'en a pas imposé
d'autres, je ne veux plus m'occuper que de mes affaires
et de mes plaisirs. Vous voyez que je commence par le
dernier point, puisque je débute par vous écrire. Je ne
puis assez vous remercier de votre excellente lettre.
Vous savez que je vous aime tout autrement qu'un neveu
aime sa tante, que la ressemblance de nos opinions,
votre bonté extrême et le charme de votre esprit ont

rendu votre amitié un véritable trésor pour moi, et que, prêt à laisser tomber, assez indécemment quelquefois, les relations du parentage, je vous ai toujours persécutée quand j'ai eu peur que vous ne m'oubliiez.

Je suis retenu ici par des affaires d'argent. Afin qu'une campagne que j'ai payée trop cher me rapporte quelque chose, je veux engager des gens qui me doivent à me payer, ce qui n'est plus du tout d'usage dans ce pays. Cela fait, et j'espère que cela se fera bientôt, je demanderai un passeport et j'irai retrouver en Suisse autre chose que des révolutionnaires. En attendant, je jouis du plus beau printemps que j'aie jamais vu ; les arbres que j'ai plantés commencent à promettre un peu d'ombre, les rossignols chantent, la lune brille, l'eau coule, et il n'y a pas un être humain à une demi-lieue à la ronde ; je goûte avec délices cette profonde paix qui a tous les charmes de la nouveauté.

Je suis bien content des nouvelles que je reçois de votre pays, tant par vous, chère tante, que par d'autres. Votre directoire me paraît parfaitement composé ! Bay est un choix excellent ; je l'ai connu à Berne et nous avons toujours été depuis en relation d'amitié ; c'est un homme éclairé, patriote par principe et prudent par caractère ; je connais moins Glayre, mais ce que vous m'en dites m'inspire une prévention favorable, et l'on m'assure que le choix des autres n'est pas moins bon ; puissent-ils vous mener heureusement au port, consolider une Constitution qui a l'inestimable avantage de mettre fin à toutes ces oscillations et vous préserver des secousses que nous avons éprouvées. J'ignore si nous sommes à l'abri de secousses nouvelles ; les élections sont chaudes et les circonstances pourront ajouter à la fermentation caractéristique des têtes conventionnelles; heureusement que le directoire veut la paix et la saura maintenir.

Si j'en crois les dernières lettres de mon père, je le reverrai dans peu ; ce que vous me marquez de sa dis-

HENRIETTE DE CHANDIEU

MÈRE DE BENJAMIN CONSTANT

(D'après un portrait appartenant à la famille de Lessert)

position ne m'étonne pas. Il a toujours eu des opinions
en opposition avec les circonstances où il se trouvait, et
par une bizarrerie qui augmente chaque jour, il a toujours marché d'un côté et regardé de l'autre. Il est avec
cela beaucoup moins malheureux qu'on ne croirait et
qu'il ne croit lui-même. Son mécontentement est plutôt
une forme qu'un sentiment, et je n'imagine guère
comment, dans une situation différente, il eût été plus
heureux.

Adieu, chère tante, croyez qu'il est impossible d'é-
prouver un sentiment plus profond que le mien pour
vous, votre amitié est une des plus douces jouissances
de ma vie ; je la mérite par le prix que j'y attache, et il
est de votre justice de me la conserver.

BENJAMIN CONSTANT.

---

66. — A Mme LA COMTESSE DE NASSAU, NÉE DE CHANDIEU.

Paris, ce 28 messidor, an VI (17 juillet 1798, vieux style).

Moi fâché contre vous, ma chère tante! Je ne connais pas cette possibilité; je ne sais ce qu'il a pu y avoir
dans ma lettre qui ait pu vous donner cet étrange
soupçon, mais il faut qu'il s'y trouve quelque chose qui
en approche le moins du monde, et que j'aie exprimé
précisément le contraire de tout ce que j'éprouvais. Je
crois cependant deviner ce qui a pu donner un air de
singularité et de contrainte à cette lettre. J'avais quelque
honte de revenir aussi subitement sur ce que je vous
avais écrit ; j'avais quelques regrets d'avoir voulu
relâcher un lien avec une personne qui chaque jour me
donne des preuves du sentiment le plus dévoué, et tout
cela a pu jeter dans mon style je ne sais quoi de gêné
que vous aurez remarqué ; mais être fâché contre vous,
ne pas vous aimer, je ne dis pas avec l'affection d'un
neveu, pour qui vous avez été la bonté même, mais avec

le goût et le plaisir d'un homme qui trouve en vous tout
le charme de la sympathie et d'une indulgence inépuisable, cela n'est pas dans la nature. Vous savez que si
j'ai un tort, c'est celui de négliger un peu les relations
de famille. Vous savez que toutes les considérations
d'intérêt n'ont pu forcer mon indolence à les entretenir
avec des personnes que je respecte beaucoup et que
d'autres courtisent ; ce n'est qu'avec vous que j'ai rempli
ce devoir, parce que ce n'est qu'avec vous que j'ai trouvé
que c'était un de mes plus doux plaisirs.

Je vous aime pour vous, parce que votre esprit me
plaît et que votre bonté m'attache, qu'il y a en vous
cette raison et cette indépendance d'opinion qui sont le
véritable charme de l'amitié. J'ai été reconnaissant de
votre lettre qui contenait des observations très justes ; il
n'y a pas eu un mouvement qui fût autre que celui de la
plus tendre affection, et au milieu de ma retraite, retenu
par des affaires particulières, ce que j'aime, ce que je
regrette, ce que je désire, c'est vous, comme je le faisais
lorsque, lancé dans les affaires publiques, j'étais entraîné
par l'intérêt de la nouveauté du spectacle.

Ce spectacle commence pourtant à s'user ; je ne suis
pas détaché de la cause de la liberté, mais je crois qu'elle
s'établira sans que je sois obligé de quitter mes acacias ;
j'ai payé mon tribut de citoyen et je ne rentrerai dans
la lice que dans le cas d'un appel bien prononcé.

L'étude a repris une partie de ses charmes pour moi,
c'est un plaisir qui se fortifie de l'habitude, et le brouhaha
dans lequel j'ai vécu pendant près d'un an a un peu
dépensé mes facultés de raisonnement ; je travaille à les
rassembler. Une petite partie de ma bibliothèque est
arrangée, une autre petite partie est en chemin et bientôt
j'espère avoir retrouvé à la fois la force et les moyens
du travail.

Je ne vous parle pas des affaires publiques, vous
savez que l'on croit au rétablissement de la Pologne et
que l'Irlande, bien qu'apaisée en apparence, promet une

diversion puissante et qui embarrassera l'Angleterre.

Vous vous moquez de mes arbres sous lesquels je me promène avec un parasol ; je vous parie que dans deux ans je serai à l'abri du soleil et de la pluie sous leur ombre touffue, et, si je gagne, je vous obligerai à venir être témoin de la réussite de mes plantations. C'est mon plan favori, c'est pour vous que je plante, et lorsque je trouve un beau point de vue ou un bel arbre, je fais placer un banc pour vous.

Voici la réponse d'un homme de loi à votre question relative aux testaments.

On ne fait plus en France de testaments ; à défaut de descendance, les neveux et petits-neveux succèdent au préjudice des ascendants lorsqu'ils descendent d'eux ou d'autres ascendances au même degré ; en ce cas, la représentation a lieu à l'infini et chacun des représentants entre dans la place et dans le degré de celui qu'il représente.

On a cependant en France la faculté de disposer du dixième de son bien, si l'on a des héritiers en ligne directe, ou du sixième si l'on n'a que des collatéraux. Cette faculté s'étend au profit d'autres personnes que celles appelées par la loi au partage des successions.

Mari et femme peuvent par leur contrat de mariage disposer en faveur du survivant d'une partie, soit en usufruit, soit en propriété, de leurs biens. Néanmoins, s'il y a des enfants dudit mariage ou même d'un précédent, la direction est réduite à la moitié en usufruit des choses qui en seraient l'objet, sans qu'il soit possible de disposer en ce cas des immeubles au préjudice de l'héritier du sang.

Voilà, je pense, ma chère tante, les éclaircissements que vous désirez ; j'aurais voulu vous répéter que je vous aime, mais la place me manque, et vous le savez.

B. C.

67. — A la citoyenne Adriane Nassau-Chandieu.

Paris, 1798.

Je rends bien sincèrement grâce à la ruse de ceux
qui voudraient m'acheter la Chablière, puisqu'au prix
de quelque inquiétude pour mon homme d'affaire Meylan, il en est résulté pour moi une seconde lettre de
vous. Je commencerai par les affaires.

. . . .

Vous avez repris en finissant la manière d'autrefois,
bien différente de celle d'aujourd'hui. Mais ce n'est que
pour un instant, dites-vous. Je vous assure, ma chère
tante, que je ne puis concevoir pourquoi vous avez
abjuré cette manière d'autrefois qui me rendait si heureux. Votre changement de manière est une des choses
qui me fait le plus de peine réelle. La révolution, les
inquiétudes inséparables d'un état très critique, l'âge
enfin m'ont donné une assez forte dose d'insensibilité
pour les hommes et les choses d'à présent. Mais j'ai
consacré dans mon cœur les sentiments qui existaient
avant que l'expérience l'eût flétri et desséché. Je puis
encore souffrir par ces sentiments, malgré mon impas-
sibilité présente. J'éprouve donc une douleur réelle en
votre refroidissement pour moi et il m'a été impossible
de le motiver.

Un établissement, des acquisitions et par suite des
emplois en France ne peuvent être considérés comme
des torts : quant à ma conduite, depuis que je suis
appelé à en avoir une, je ne puis me reprocher une
seule démarche et je crois même que l'opinion publique
ne peut m'être défavorable.

Je ne m'explique donc pas, ma chère tante, pourquoi vous ne m'aimez plus. Je ne m'explique pas pourquoi
vous rompez volontairement un lien qui ne pouvait vous
être désagréable, pourquoi vous repoussez un sentiment
qui s'offrait à vous aussi vif, aussi tendre, aussi durable,

aussi dévoué et, puisqu'il faut tout dire, plus désintéressé
que bien d'autres parents pour lesquels je n'ai pas d'attrait de cœur, mais avec lesquels les mêmes calculs de
fortune pourraient me commander des démonstrations;
cette conduite lors même qu'on la regarderait comme un
tort est au moins une preuve que ces motifs n'ont pas
d'empire sur moi. Enfin, ma chère tante, ce qui existe,
existe, et l'on ne peut rien y changer. S'il m'est impossible de retrouver en vous cette intimité si douce qui
faisait une grande partie du bonheur de mes souvenirs,
je ne m'en consolerai pas, mais je ne vous en parlerai
plus, car cela deviendrait ennuyeux pour vous sans produire le changement dont (*mots illisibles*). Cependant, je
vous le répète, ma bien-aimée tante, l'amitié est toujours
bonne à accepter, et vous auriez tort à me forcer à ne
plus vous parler de la mienne. Elle sera toujours bien
vive et bien tendre et je ne cesserai jamais de vous chérir, juste ou injuste.

B. C.

---

68. — A Mme LA COMTESSE DE NASSAU, NÉE DE CHANDIEU.

Coppet, ce 6 décembre 1798.

Comme le moment de ma seconde course à Lausanne
n'est pas encore fixé, ma chère tante, je vous écris de
nouveau pour vous demander des nouvelles de votre
santé. Je suis retenu ici par le désir de finir la traduction
que j'ai entreprise et que je voudrais rapporter toute
faite, de peur que le train de Paris ou mes arrangements
à la campagne n'apportent quelque retard. En conséquence, je travaille comme un diable et j'avance beaucoup. Mais le travail, quoique propre à éloigner toutes
les idées qui ne tiennent pas aux affections, ne diminue
rien aux miennes pour ceux que j'aime, et j'ai un véritable désir de savoir si vous êtes tout à fait remise.

Il ne nous est venu de France aucune nouvelle importante. Je ne crois pas que la face des choses éprouve aucune variation avant les élections ou la paix. Les espérances pour cette dernière sont un peu rehaussées. Je la regarde comme la seule chose qui puisse sauver momentanément ce pays-ci. Le commerce n'est pas remis du choc qu'il a éprouvé de l'affaire de la caisse des comptes courants. Plusieurs négociants ont pris de là occasion pour motiver leur faillite et d'autres encore suivront probablement cet exemple.

J'ai lu le nouveau système de finances helvétiques. Je ne crois pas les impôts onéreux, mais la manière dont ils sont présentés est bien maladroite. Les Suisses, en payant quatre fois moins que les Français, crieront quatre fois plus et le rachat des droits féodaux ajoutera à la fermentation. On n'a pas encore l'expérience du point de vue sous lequel il faut présenter les choses au peuple pour les lui faire agréer.

Ce que vous me dites, ma chère tante, de Mlle Rieu ajoute à ma reconnaissance pour elle. Déjà, indépendamment de l'agrément de sa société, je l'aimerais à cause de l'affection qu'elle vous témoigne, mais si elle contribue à vous corriger du seul défaut que je vous connaisse de ne pas croire à l'attachement que vous inspirez, je la trouverai parfaite.

Croyez, ma chère tante, qu'il est impossible de vous aimer plus que je ne le fais.

B.

---

69. — A la citoyenne Nassau-Chandieu.

Genève, ce 29 nivôse (sans date d'année).

Je trouve trop dur, ma chère tante, de voir votre écriture sur une adresse et de trouver dans la lettre toute autre chose que vous; je me hâte de vous écrire pour me préparer ce plaisir, si vous me répondez, ce que vous êtes du reste assez méchante pour ne pas faire!

J'ai reçu de ma tante Chandieu une lettre véritablement charmante ; en général, j'ai trouvé qu'elle avait crû en amabilité depuis deux ans, et si, comme je l'espère, elle vit encore quelques années, elle éclipsera toutes les générations suivantes ; je vous attends à cet âge, ma chère tante, non pour savoir si vous serez toujours aussi aimable, ce dont je ne puis douter, mais pour savoir si vous aimerez encore un peu votre vieux neveu.

Je quitterai Genève avec regret, la société y est agréable ; j'y ai trouvé plus d'hommes d'esprit que je n'en avais rencontré hors de France, et l'on s'y occupe peu de politique, ce qui est un vrai repos après deux ou trois ans de révolution. Si les circonstances ne me retiennent pas à Paris, je crois que je viendrai cet été à Genève et que je m'y domicilierai tout à fait. J'y serai tout près de mes amis de Lausanne, c'est-à-dire de vous, et ce ne sera presque plus un déplacement.

Mon père est beaucoup mieux, à ce qu'on me mande. Il est toujours tourmenté par une petite affaire que j'aurais arrangée il y a longtemps, s'il avait voulu s'en remettre à moi sans humeur, et que j'arrangerai, j'espère, quoique un peu difficilement, à mon retour. Je compte partir le 3 février ; vous voyez que j'ai bien le droit de compter sur une lettre de vous, soit pour vous remercier, soit pour vous gronder de votre silence ; si je vous gronde, ce sera bien sévèrement. Aussi ne vous y exposez pas, je vous prie. En attendant ma grande colère, je vous embrasse bien tendrement.

B. C.

---

70. — A LA CITOYENNE NASSAU-CHANDIEU.

Genève, 1798.

Je vais me mettre en route, ma chère tante, par un temps qui n'est guère fait pour voyager et je m'attends

à des chemins épouvantables. Ce n'est néanmoins rien
de tout cela qui m'afflige. Je regrette plus que tout de
ne pouvoir vous embrasser avant mon départ. Cependant je suis moins triste de vous quitter parce que j'ai
tout à fait l'espérance de vous revoir bientôt. Je suis à
peu près décidé à me domicilier à Genève, et je n'ai pas
besoin de vous dire que l'idée d'être si près de vous et
de vous consacrer une grande partie de ma vie entre
pour beaucoup dans cette décision.

Mon goût pour Genève n'a fait qu'augmenter depuis
ma dernière lettre. Il est vrai que j'ai beaucoup à me-
louer de tous ceux que j'y ai rencontrés, et la société m'y
a témoigné toutes sortes de prévenances. J'ai achevé ma
traduction et je vais y mettre la dernière main à la campagne où je passerai sans interruption trois mois, pendant que tout le monde se remuera pour les élections.

Que dites-vous de la reddition de Mack et de son
état-major? Convenez qu'il est difficile de gouverner
avec plus d'arrogance et de finir avec plus de lâcheté.
Le sort qui poursuit les rois n'est pas à son terme.

Avez-vous lu le catéchisme de mon oncle? Je suis
dans un très grand embarras pour lui en écrire, non
qu'il n'y ait de très bonnes choses dans ce que j'ai parcouru, mais le commun l'emporte de beaucoup sur le
neuf, qui quelquefois est défiguré par le bizarre. Tout
cela m'a empêché jusqu'à présent de lui écrire. S'il est
en colère contre moi, je viens enfin de commencer une
lettre que j'écris simultanément avec celle-ci. J'ai pensé
que le plaisir de vous écrire me soutiendrait dans le
travail de composer l'autre lettre.

Adieu, ma chère tante, écrivez-moi le plus tôt possible à Hérivaux près Luzarches, département de Seine-
et-Oise. D'aujourd'hui en huit, j'espère y être et avoir
recommencé à la fin mes occupations littéraires et mon
apprentissage agricole ; je connais un métier qui a bien
son mérite, c'est de souper avec vous tant qu'on a su
que vous avez de quoi souper et de mendier avec vous

quand on n'a et que vous n'avez plus rien. Je m'offre
pour cette vocation, s'il vous plaît. Adieu, bonne,
aimante, excellente tante. Je vous embrasse comme un
fils, comme un neveu, comme tout ce que vous voudrez
et permettrez.

B. C.

---

70 *bis*. — A LA CITOYENNE NASSAU-CHANDIEU.

Paris, ce 23 prairial 1799.

Je suis sur le point de partir pour la campagne, ma
chère tante, et je m'en réjouis. Paris me fatigue profondément, malgré l'accueil distingué qu'on m'y a fait. Je
ne suis pas destiné à vivre avec la puissance. Le pouvoir
est toujours le pouvoir ; il donne je ne sais quoi d'in-
quiétant. On a l'air de demander quelque chose lorsqu'on
se presse autour de gens qui peuvent donner, quoique
je ne prétende ni ne puisse prétendre à rien. J'ai la conscience d'un ambitieux sans avoir ses illusions ni ses
espérances, c'est assurément une mauvaise division.
Dans mes bois je n'aurai pas peur de flatter mes arbres
ou mes dindons. J'y passerai le plus de temps que je
pourrai, peut-être deux mois. Mon retour en Suisse est
toujours fixé au 17 août.

Mon père a définitivement accepté le grade et la pension qui lui ont été accordés. Il me l'annonce en même
temps que son retour à Dôle pour terminer ses affaires
et se fixer ensuite en Hollande si on lui paye sa pension.
Je désire que cela ait lieu, car je ne sais comment subvenir aux embarras que les déplacements et voyages
ont causés à mon père. J'ai encore fait venir la moitié
de ce que j'avais ici et cette dépense imprévue, jointe à
l'achat de quelques meubles pour ma campagne, m'a
réduit à une extrême pauvreté. Je suis cependant en
négociation pour vendre des arbres : si je réussis, je
serai à flot.

Nous sommes tranquilles ici, quoique menacés. Le gouvernement veille et jusqu'à présent les complots renaissants des anarchistes et des royalistes qui les poussent ont échoué. Je crois vous annoncer une bonne nouvelle en vous disant que l'arrivée de M. Ochs, le tribun de Bâle, venu ici pour examiner les causes de la mésintelligence qui avait paru s'élever entre la France et la Suisse, a fait le meilleur effet ; il a été parfaitement reçu et tout est arrangé de la manière la plus fraternelle. C'est un grand bonheur pour nous : mais n'éloignerez-vous donc jamais cette race d'émigrés, surtout celle de Lameth qui chaque jour met votre pauvre petit pays en danger ? Je suis indigné quand je pense à la dangereuse et opiniâtre tolérance qu'on accorde à ces intrigants. Au moins, j'en ai la conscience pure ; ce n'est pas faute d'en avoir fait sentir les risques.

Charles est ici, ainsi qu'Henry de Crousaz qui part la semaine prochaine. Nous nous voyons assez peu. Je passe (*mots illisibles*) les gouvernants ce qui est plus d'honneur que (*mots illisibles*). Cependant il y en a plusieurs que j'aime et qui m'aiment, et sans le pouvoir qui est un obstacle à l'amitié je les aimerais plus encore ! La Réveillère est l'homme le plus pur, le plus moral, le plus ami de la liberté et le plus spirituel que j'aie vu dans aucun pays du monde.

Vous devriez venir ici, ma chère tante. On dit que mes arbres sont superbes. Venez vous asseoir à l'ombre des chênes de votre neveu. Je vous ramènerai cet été en Suisse. Je vous attends et vous embrasse avec toute la tendresse et l'attachement que jamais neveu a ressentis pour sa tante.

BENJAMIN CONSTANT.

71. — A LA CITOYENNE NASSAU-CHANDIEU.

Je brûle, ma chère tante, de m'entourer de mes livres, de me fixer loin des orages révolutionnaires et de faire oublier le nom dont les journaux sont parvenus à m'ennuyer encore plus que le public. Je ne serai pas un mari bien amoureux, mais je serai un ami assez fidèle, je laisserai ma femme très indépendante. Je respecterai beaucoup son bonheur pourvu qu'elle sache s'en composer un. Si, jeune, et peu formée comme je la désire, elle me permet de l'aider, j'y consacrerai ce que je puis avoir d'esprit et la longue expérience de mes fautes. Nous irions passer au moins tous les deux six mois auprès de vous. Ce n'est pas là le moindre avantage de l'exécution de ce projet. Je ne serai plus le satellite d'un météore brûlant, condamné à retrouver par un autre la triste célébrité dont je voudrais me défaire. Enfin, je ne vivrai plus comme je vis depuis plus longtemps qu'on ne le croit faisant par complaisance ce qu'on croit du délire et demandant tous les jours dans mes prières la solitude pour moi et un amant pour ma maîtresse.

Il me reste à savoir maintenant, ma chère tante, si vous voulez prendre à tout ceci quelque intérêt. J'aurais pu rencontrer à peu près ce que je cherche, mais les malheurs révolutionnaires ont produit cet effet fâcheux, que la classe où se trouve l'éducation a des souvenirs amers, des préjugés fatigants ; et celle où ces souvenirs et ces préjugés n'existent pas n'a pas l'éducation désirable. D'ailleurs ce que je ne veux absolument pas, c'est épouser une famille entière, et surtout une famille française.

Il n'y a qu'une difficulté à ce que vous me proposez, c'est qu'à présent je suis Français. Il me faut un passeport pour aller vous voir et qu'on ne m'en accordera pas, parce qu'on n'en accorde que très difficilement et

que les autorités de mon département étant plus ou
moins terroristes, l'opposition que j'ai marquée aux
projets de cette faction me vaudra toutes les tracasseries
du monde tant que les coquins seront en place, ce qui
heureusement ne sera pas long, je pense. Je ne pourrai
donc aller qu'à Versoix[1] ou dans quelque autre ville
frontière. Versoix ne me conviendrait pas à quelques
égards que vous devinez, ensuite parce qu'il n'est pas
possible que j'y habite longtemps. Au reste, j'essayerai
d'obtenir un passeport, mais j'en doute. Vous allez rire
de ce que je jouis en plein de la peine que je me suis
donnée pour être Français.

Quoi qu'il en soit, chère tante, sans fixer une époque
précise, j'irai sûrement cet été en Suisse ou près de là et
si vous avez trouvé de quoi marier votre neveu j'épou-
serai de confiance. Je me suis trop mal trouvé de mon
choix pour ne pas m'en remettre à vous qui sur mes
affaires avez toujours mieux su que moi. Je ne veux plus
ni maîtresse honnête qui asservisse, ni maîtresse subalterne qui ennuie. Mon père court sans cesse en Suisse,
en Hollande, de sa campagne à Paris pour échapper à
l'ennui d'une union obscure, et moi depuis deux ans je
suis, tout essoufflé, le char d'une femme célèbre[2]. J'en
veux une qui ne soit ni une servante ni un prodige, qui
ne retrouve pas ses parents dans la cuisine et dont surtout je ne trouve pas le nom dans les journaux.

Regardez-vous tout ceci comme une folie? Pensez-
vous que m'étant lancé dans la carrière révolutionnaire
j'épouvanterai toute mère paisible et tout père pré-
voyant? Cela serait assez possible. Mais je suis bien
revenu de cette carrière; le hasard m'ayant offert la
possibilié de m'en retirer sans me brouiller avec mes
compagnons d'armes, je ne suis pas tenté de laisser

1. Petite ville de Suisse près de Coppet. Elle appartenait à la France
avant 1816.

2. Mᵐᵉ de Staël.

échapper cette heureuse chance. Enfin, chère tante, je
m'en remets à vous ; depuis plus de six mois, j'ai le
projet de vous confier mon bonheur et je n'ai attendu
que l'époque où je pouvais, sans avoir l'air d'un fou,
renoncer à la carrière politique dans laquelle les circonstances m'avaient poussé. M'en éloigner plus tôt, après
avoir fait beaucoup de démarches, aurait eu une apparence d'inconséquence que j'ai voulu éviter.

Mais aujourd'hui je ne pense pas qu'on me rat-
trape à quitter mon indépendance, mes livres et mes
acacias.

Adieu, ma chère tante, je vous confie une grave et
grande négociation. Je vous demande le secret pour
mille raisons. C'est une espèce de conspiration contre
mon maître [1], et tout en la formant j'ai peur ! Mais
vous savez comme les poltrons poussés à bout sont
braves.

Si vous pouviez épouser votre neveu, je ne vous
aimerais pas plus que je vous aime, car c'est impossible,
mais je vous aimerais plus que je n'aimerai jamais la
femme que vous me donnerez. En conséquence, je vous
embrasse le plus tendrement possible.

Répondez-moi à Paris : les lettres adressées à la
campagne se perdent quelquefois.

                                           B.

_____

72. — A LA CITOYENNE NASSAU-CHANDIEU.

                    Paris, ce 23 messidor 1799.

Pourquoi donc ne me répondez-vous pas, ma chère
tante ? Pourquoi ce silence sévère ? Je conçois qu'au
milieu de la guerre, il est difficile d'écrire avec une
grande liberté d'esprit, mais une lettre qui ne contien-

_____
1. Mme de Staël.

drait que des assurances que vous ne m'avez pas tout à fait oublié et que vous êtes sensible à l'attachement que je vous ai voué traverserait, je pense, en sécurité les armées. Votre silence m'a fait d'autant plus de peine que j'ai bien souffert et que je souffre encore de l'état où est la Suisse. Il est affreux de penser que ce pays qui était depuis si longtemps le siège de la paix et du bonheur est dévasté maintenant et subit toutes les horreurs de la guerre la plus obstinée et la plus sanglante qui fût jamais. Vous aurez vu que l'un des motifs principaux du renversement de notre directoire a été le sentiment profond du crime commis en Suisse, entraîné (sic) sur nous-mêmes. Le gouvernement actuel est dans de toutes autres dispositions. Mais il pourra tout au plus arrêter le mal, et non pas réparer celui qui est fait. Encore pour arrêter le mal faudrait-il la paix, et elle devient tous les jours plus difficile par les échecs que nous avons reçus; il n'y a que nos victoires qui puissent nous mettre en état de la donner, et pour l'obtenir des puissances, il faut pouvoir la leur imposer. Je vous parle longtemps politique, mais c'est que le sort de tous les individus est lié aujourd'hui à cette grande question et l'on ne peut pas comme autrefois se mettre en dehors de ces intérêts.

Mandez-moi comment vous vivez au milieu de toutes ces tribulations. Je ne reçois aucune lettre de Lausanne, ce n'est que par les journaux que j'apprends ce qui se passe dans ce pays; celui-ci est agité, mais je crois qu'il y a beaucoup moins de danger qu'il n'y paraît au premier coup d'œil. Tout le monde est si fatigué qu'il n'y a pas moyen de recommencer l'agitation. Je vais passer six mois à la campagne pour achever ma traduction promise depuis si longtemps. J'ai publié un petit ouvrage historique dont on vous portera bientôt un exemplaire, cela ne vaut pas la peine d'être envoyé par la poste. En échange de hautes productions littéraires, dites-moi, ma chère tante, que vous n'avez pas

renoncé à votre neveu et que vous vous repentez de vos
mauvais procédés pour lui.

Je vous embrasse.

Mes hommages à Mlle Rieu.

B.

---

73. — A LA CITOYENNE NASSAU-CHANDIEU.

Genève, an VIII (1799).

La grippe continue toujours ici, ma chère tante; la
mienne est une des moins violentes, quoiqu'elle m'in
commode beaucoup et me rende très stupide. La fièvre
rouge, que je n'ai pas, ajoute dans beaucoup de maisons
à l'incommodité de la grippe. On ne voit que des malades, et la société est assez désorganisée. Je parle de la
mienne, quoiqu'il y en ait trente autres à Genève. On
fait toujours du lieu où l'on vit le centre de l'univers.

J'aurais pu vous parler avec plus de détails que personne du bal des demoiselles de Sellon et de plusieurs
autres, car je me suis jeté dans la frivolité tant que j'ai
pu. Mes matinées se passent au lit, mes après-dîners
dans le monde et mes nuits en partie au bal. Mais le
plaisir ne dure guère qu'aussi longtemps que le bruit.
Je lutte avec effort contre le sentiment de dégradation
que je me trouve partager avec le reste de l'espèce
humaine. Malgré cette association nombreuse qui devrait
en diminuer le poids, je trouve ma part tellement lourde
que j'ai de la peine à la porter. Quand je suis à côté
d'une personne assez jeune et assez gaie, la nécessité
de causer et la petite émotion que ce voisinage produit
font circuler mon sang. Mais, à peine rendu à moi-
même, je me retrouve accablé, comme si j'étais le représentant du genre humain et comme si j'étais responsable de toutes les bassesses qu'il fait et de toutes les
avanies qu'il supporte, et même dont il remercie. Mon

voyage me tirera peut-être de cette mauvaise disposition.

Le premier consul a eu une conférence de sept heures avec les députés suisses depuis la première qui en avait duré douze. Cette fois, il ne leur a rien donné à boire; mais pour leur faire plaisir, après avoir bien discuté, il leur a dit en les congédiant : « Au reste, tout ceci ne sert à rien ; j'aurais beau faire, nous ne nous entendrons pas mieux qu'auparavant. » Il y a des gens qui voient dans ces paroles la probabilité que tout ce qui s'est décidé n'est que provisoire. Le premier consul a donné de grands éloges à Monod et à sa conduite dans les dernières circonstances. Vous savez que les Avoyers du canton de Vaud seront Monod et Glayre [1].

Bonaparte a dit à ce dernier : « Vous vous êtes parfaitement conduit, je me serais conduit comme vous. » Du reste, on envoie beaucoup de troupes en Italie, et quelques personnes présument que l'intention est de reprendre l'Égypte.

Les deux vers que je vous ai cités, ma chère tante, sont de Racine dans *Athalie*. C'est Joas qui les dit du Dieu des Juifs. Il y a bien quelque ressemblance, à voir les choses du côté profane, entre le Dieu des Juifs et celui à qui j'appliquais ces vers. Jéhovah était assez bizarre, jaloux de son pouvoir, et aimait à se montrer au milieu du tonnerre et des éclairs.

Voilà donc M. de la Harpe, l'académicien, bien et dûment mort et enterré. Je ne puis dire que cela ne me

1. Maurice Glayre, de Romainmôtier (Vaud), fut lecteur du roi Stanislas de Pologne, devint son secrétaire et fut envoyé par lui, comme ministre en Russie. Il représenta aussi la Pologne à Paris et se retira en 1789 à Romainmôtier. La révolution vaudoise de 1798 le ramena à la vie publique; il fut élu cette même année au directoire helvétique, dont il fut président, alla en 1799 à Paris pour y dénoncer les abus que les généraux et commissaires français commettaient en Suisse, et y conféra avec le général Bonaparte. Son collègue Monod, de Morges (Vaud), l'accompagnait; ce dernier prit une plus grande part aux affaires politiques après la retraite de Glayre.

fasse quelque plaisir, comme délivrant le public d'un animal dégradé, hargneux et incommode. Je me sentirais une grande vocation pour faire la liste des morts, c'est-à-dire de ceux qui devraient mourir chaque jour; cette idée a une apparence de cruauté, mais quand on pense à tout le bien qu'on ferait, aux bonnes gens que l'on conserverait à leurs amis, aux êtres aimés qu'on ferait vivre pour ceux qui les aiment, et qu'on réfléchit que, puisqu'il faut qu'il meure un certain nombre d'hommes, on ne ferait que rendre les pertes moins grandes et moins douloureuses, on trouve cette vocation tout à fait séduisante. J'en ai tant d'envie que je ne désespère pas de l'obtenir, et je vous promets d'avance mon crédit pour tout ce qui vous intéresse dans ce monde.

---

74. — A la citoyenne Nassau-Chandieu.

Genève, an VIII (1800)

Je ne veux pas partir de ce pays, ma chère tante, sans prendre congé de vous et sans essayer si mes lettres écrites de douze lieues de chez vous seront plus heureuses que celles que je vous écris de cent vingt lieues.

J'ai passé un mois ici assez agréablement, ne m'occupant point de politique, mais occupé de faire un ouvrage que vous ne lirez pas. quoique je sois déterminé à vous l'envoyer. Je pars dans quelques jours pour reprendre mes occupations parisiennes, sauf l'intervalle de séance que je passerai bien régulièrement à la campagne.

Il est difficile de se défaire plus prestement d'un corps législatif que ne le fait l'Helvétie. Je souhaite qu'elle se trouve bien de ce changement. La paix, que je crois sûre, est une chance de bonheur; mais il y a encore bien des choses à faire, et la première condition est de débar-

rasser ce pauvre pays des 30,000 hommes qui le mangent; il est impossible que ce ne soit pas l'un des premiers résultats de cette paix dont les conditions ne tarderont pas à être connues.

J'ai vu, en vous quittant, ma tante de Chandieu. On
n'a jamais eu cette santé, cette présence d'esprit, cette
gaieté à cet âge ! Elle est véritablement aimable comme
une personne de vingt-cinq ans. Vous serez de même à
quatre-vingt-sept, ma chère tante, mais malheureusement, je serai trop décrépit pour être digne alors de vous
tenir compagnie. Serez-vous assez sévère pour me laisser
partir d'ici sans un mot d'amitié de vous? Vous êtes
capable de cette dureté-là ! Je la trouverai inexcusable et
je vous avertis qu'au lieu de vous débarrasser de mes
lettres, elle fera qu'à chaque courrier, je vous en écrirai
deux remplies de plaintes.

Adieu, ma chère tante. Jamais tante ingrate ne fut
plus aimée par son neveu.

B. C.

---

75. — A LA COMTESSE DE NASSAU-CHANDIEU.

Paris, ce 30 nivôse, an VIII (1800).

Les journaux vous auront appris, ma chère tante, ce
qui est advenu de moi. Je l'ai beaucoup désiré, non
comme bonheur, — en est-il dans la vie? — mais comme
occupation, comme occasion de remplir un devoir, ce
qui est la seule façon de repousser le poids de l'incertitude, des souvenirs et des inquiétudes, partage éternel
de notre triste et passagère nature. Ceux pour qui le
plaisir a de l'attrait, pour qui la nouveauté existe encore
et qui ont conservé l'heureuse faculté de s'intéresser
n'ont pas besoin des affaires, mais à ceux que la jeunesse
physique et morale a abandonnés, il faut avoir reçu la
mission formelle de faire le bien pour ne pas s'aban-

donner au découragement et à l'apathie. Je l'ai reçue,
cette mission, et je tâcherai de la remplir.

La face des affaires a beaucoup changé, mais il est
encore impossible de prévoir un résultat. La guerre s'allu-
mera probablement avec force, à moins que les négociations dont on parle ne réussissent d'ici à deux mois. Si la
guerre se rallume, je crains que votre pays n'en souffre
encore ; quant à nous, je pose en fait que nous ne pouvons
qu'en sortir victorieux plus tôt ou plus tard. La nation
républicaine, toute fatiguée qu'elle soit, est la plus décidée
de toutes celles qui composent la France, et toutes les
fois qu'elle ne sera pas divisée, toutes les fois qu'il ne
s'agira que des ennemis étrangers sur lesquels il ne peut
y avoir de doute, son triomphe sera certain.

Mon père vit ici très occupé de sa nouvelle famille [1].
Je suis convaincu que les enfants sont la consolation la
plus efficace des vieillards ; j'entends les enfants *enfants*,
car, pour les enfants devenus hommes, c'est peut-être le
contraire. Aussi, quelque étrange qu'on puisse trouver
le nouveau mariage de mon père, je m'en réjouis comme
ayant pour résultat, entre autres, une petite fille de
sept ans qui peut beaucoup plus pour son bonheur que
je ne pourrais, moi, avec la meilleure volonté du monde
que j'ai, et tout le loisir possible que je n'ai pas.

Me répondrez-vous, chère tante ? Ma dignité [2] nouvelle
vous inspire-t-elle un peu de respect ? Je vous demande
du respect à défaut d'amitié, car vous avez beau dire,
vous ne m'aimez pas la moitié autant que vous faisiez,
ni le quart autant que je le mérite ; tâchez de m'aimer un
peu plus vivement et de m'écrire un peu plus souvent.
Mille choses à Mlle Rieu ; mon collègue Pictet se joint
à moi pour lui offrir ainsi qu'à vous ses hommages.

BENJAMIN CONSTANT.

---

1. Le père de Benjamin Constant venait de se remarier avec la
personne désignée dans ces lettres sous le nom de Marianne. .
2. B. Constant avait été nommé membre du Tribunat.

76. — A LA CITOYENNE ADRIENNE NASSAU-CHANDIEU.

Paris, ce 4 vendémiaire, an IX (1801).

Je remercie bien, ma chère tante, mes prétendus
rhumes de cerveau et mes prétendues saignées de
m'avoir valu votre excellence lettre, je consentirais bien
à en acheter quelques-unes de pareilles, en me faisant
saigner; mais je viens vous rassurer, puisque vous
voulez bien vous inquiéter sur ma santé, en vous disant
que je n'ai plus de rhumes de cerveau depuis très longtemps. En vieillissant, cette incommodité m'a tout à fait
quitté, mais j'ai des rhumes de poitrine avec une toux
continuelle et convulsive, que rien ne calme que l'application de sangsues qui, en vingt-quatre heures, la font
cesser; au reste, je ne recours pas fréquemment à ce
remède. Ces attaques, qui ne viennent jamais que quand
je suis refroidi, sont d'ordinaire distantes de six mois
l'une de l'autre. Voilà, ma chère tante, en peu de mots,
l'état de ma santé, vous voyez qu'il n'est pas bien inquié-
tant; mais je me réjouis qu'il vous ait paru tel, parce
que l'on ne s'inquiète que des gens qu'on aime.

Les beaux jours dont vous me parlez dans votre
lettre sont bien vite passés! Nous sommes ici complètement en hiver, obligés de faire du feu continuellement
et inondés de pluie. Cela n'embellira pas un séjour de
six semaines à peu près que je vais faire à la campagne;
mais, comme c'est pour y travailler, je m'enfermerai
avec un bon feu dans une petite chambre et je braverai
les aquilons. C'est dans l'espoir que vous me lirez, ma
chère tante, que j'écris ; je vous enverrai un beau volume
dans le courant de l'hiver. Nous vous enverrons aussi
un traité de paix, qui empêchera nos soldats de ven-
danger vos vignes, qui fera payer les rentiers, qui rendra
l'indépendance à nos alliés et la tranquillité à la Suisse;
nous nous en flattons au moins beaucoup, et les promesses que l'empereur nous a faites rendent cet événe-

ment très probable. Alors vous deviendrez un peu plus
indulgente pour ·nous et vous nous pardonnerez nos
longues sottises.

Vous me faites, ma chère tante, une véritable peine
en me marquant que la santé de ma tante de Chandieu
est mauvaise. Je trouve qu'on ne doit pas mourir après
avoir été si longtemps aimable, et je désespérerais, si
nous la perdons, de trouver une personne aussi gaie
et aussi vive. Je me suis attaché à elle à mon dernier
voyage comme à quelque chose de vraiment admirable
pour la conservation de ses facultés et l'égalité de son
humeur ; j'ai trouvé que je n'avais pas pour elle comme
pour vous une passion malheureuse : car elle a répondu
à toutes mes lettres, et elle n'a jamais eu la méchanceté de
me dire, après m'avoir laissé attendre pendant six mois
qu'elle m'avait écrit, mais qu'elle avait brûlé sa réponse.

Vous me trouverez bien rancunier, ma chère tante,
et je ne devrais pas l'être, à présent que vous avez bien
voulu recommencer notre pauvre correspondance que
vous aviez si rudement rebutée ; mais je vous assure que je
suis encore moins rancunier que reconnaissant. Il y a longtemps que je n'avais éprouvé un plaisir aussi vif qu'en recevant votre lettre, et si vous avez quelque conscience vous
me ne le gâterez pas par une nouvelle interruption.

Adieu, ma chère et excellente tante ! je vous remercie,
je vous embrasse et j'attends une réponse de vous ; car,
puisque vous ne voulez pas que je me saigne à mort, que
vous voulez que je vive, il faut me rendre la vie douce.

B. C.

77. — A LA CITOYENNE NASSAU-CHANDIEU.

Paris, ce 3 brumaire, an IX (1801).

J'ai vu, ma chère tante, le citoyen Pérignon ; votre
affaire n'est pas si désespérée, il y a même actuellement
un petit dividende à retirer...

... Quelque parti que vous preniez, je vous préviens qu'il me faut une réponse, c'est mon payement, et je vous crois trop honnête pour me faire banqueroute.

J'ai retrouvé Paris tel que je l'avais laissé : très fatigué, très inoccupé des affaires publiques, et attendant une religion comme une chose dans laquelle le gouvernement seul est intéressé.

Je suis plongé dans l'état d'ennui où Paris me jette toujours lorsque j'y rentre après en avoir été longtemps éloigné. Ce fracas, ces hommes si plongés dans leurs intérêts personnels qu'ils n'ont pas le temps de donner un quart d'heure aux intérêts les plus voisins : tout cela me lasse et me dégoûte. Je pars pour la campagne, où malheureusement je ne pourrai pas rester aussi longtemps que je le désirerais, mais au moins on respire au milieu des bois. Je sens s'avancer rapidement l'époque où je serai tellement désintéressé de tout, que je ne pourrai plus suffire, même aux mouvements d'habitude.

La seule chose à laquelle je ne renoncerai jamais sera de vous aimer et de vous prier de m'aimer aussi; c'est par là que j'ai commencé, c'est par là que je finis.

B. C.

---

78. — A LA CITOYENNE NASSAU-CHANDIEU.

Paris, ce 30 pluviôse an IX (1802).

Je ne comptais vous écrire, ma chère tante, qu'en vous rendant compte de la commission dont vous avez bien voulu me charger; cependant je ne veux pas renvoyer à cette époque à vous remercier de ce que vous avez bien voulu penser que j'étais bon à quelque chose.

Cela m'a procuré une de ces lettres si rares, auxquelles vous savez que j'attache un si grand prix et sur lesquelles vous me tenez rigueur. Je sens bien que je ne suis pas un correspondant bien amusant, j'ai trop d'expé-

rience pour rien écrire qui soit d'un grand intérêt, et
cette expérience, très utile pour la santé des écrivains,
n'ajoute guère à l'agrément de leurs lettres. Vous redire
que je vous aime, c'est vous fatiguer d'une répétition
qui, je l'espère, est inutile. Vous parler de la paix, c'est
vous raconter de vieilles nouvelles ; vous demander si
vous avez lu le discours que je vous ai envoyé, c'est
faire une question indiscrète de la part d'un auteur.
Enfin, vous parler de moi, de Paris, de l'esprit du
moment, c'est un moyen sûr pour que ma missive reste
en route.

Ce dont je puis vous entretenir sans m'attirer de
grandes haines et sans compromettre de grands intérêts, c'est du roman en traduction que nous devons
à Mme de Montolieu [1]. Ce roman a un grand succès ici.
Nous raffolons de M. de Waldenbourg, autrement dit « le
Vaurien », et moi surtout lui suis tendrement attaché,
parce que j'aime que le héros d'un roman qui inspire
de grandes passions ait les cheveux roux [2] ; ce devrait
être une chose nécessaire, et je maintiens que c'est une
grande marque d'esprit et de sensibilité. J'avais pris
cet hiver une perruque blonde, mais je la quitterai cet
été pour me présenter devant vous avec toute ma beauté.

Il y a longtemps que j'ai pour vous, ma chère tante,
une passion malheureuse, et puisque mes lettres ne
peuvent vous attendrir, l'or de mes cheveux réussira
peut-être mieux ; je le devrai à Mme de Montolieu, je
l'aimerai plus pour cela que tous ses romans passés ou
à venir.

Nous sommes ici dans les fêtes et dans la boue ; il
gèle toutes les nuits, il dégèle tous les jours. On ne peut
aller en cabriolet parce que les chevaux tombent, ni à
pied parce qu'il y a un pied d'eau ; je regrette vos rues

---

1. Auteur de différentes nouvelles qui eurent de la vogue à cette
époque, entre autres *les Châteaux suisses*.
2. Benjamin Constant avait les cheveux d'un blond rouge.

de Lausanne d'où l'eau descend si rapidement et je vois
que les montagnes sont bonnes à quelque chose. Je n'en
suis pas à me repentir de les avoir quittées pour nos
plaines, surtout depuis que vous m'oubliez des hauteurs
où vous êtes restée.

J'espère que la paix fera un bon effet pour la Suisse.
Glayre est ici; je le vois peu, il est très réservé, et
comme je crois qu'il ne sait pas grand'chose sur ce
qu'on lui fera vouloir, il observe une grande discrétion
sur les projets relatifs à son pays. Je voudrais bien que
ce pauvre pays se remît de ses temps malheureux. Je
voudrais bien que vous fussiez heureuse et contente, et
je voudrais bien que le bonheur vous disposât en faveur
de votre neveu; en attendant, ma chère tante, écrivez-
moi sous peine d'une horrible ingratitude.

                                                    B. C.

79. — A Mᵐᵉ LA COMTESSE DE NASSAU, NÉE CHANDIEU.

Genève, 1801.

Je vous envoie, ma chère tante, la brochure dont je
vous ai parlé. Quand vous l'aurez lue, même prêtée si
vous le voulez, je vous prierai de me la renvoyer, à
moins que je n'aille la chercher moi-même; je pourrai
alors vous raconter quelques anecdotes assez curieuses
que j'ai apprises d'un voyageur qui arrive de cette capitale du moderne bas-empire; mais elles ne sont pas de
nature à être écrites. On a redoublé, m'est-il dit, de
sévérité devant les derniers changements faits à la constitution, et cette impression n'est pas encore arrêtée. Il
est difficile que des ressorts aussi tendus, et qui se
tendent tous les jours plus, ne finissent pas comme tous
les ressorts qu'on force finissent; mais la prévoyance
est chose dangereuse. Souvent de ce qu'un homme qui
voit une maison en flamme dit qu'elle brûle, on l'accuse
d'y avoir mis le feu.

Je ne sais, ma chère tante, si nous serons (*mot illi-sible*); ce que je sais, c'est que je me trouve parfaitement de cette chaleur, et aujourd'hui que la bise a un peu rafraîchi le temps, je me suis sincèrement affligé. Pour la première fois de ma vie, j'ai découvert le bonheur des pays chauds, et je compte bien, quand nous en aurons fini des descendants d'Almanzor, postuler une maison de campagne en Afrique. Vous aurez vu que l'Afrique était en Europe et qu'on nous avait trompés jusqu'à ce jour là-dessus. D'ailleurs nous avons prouvé évidemment qu'elle devait appartenir à la France par cet axiome fondé sur la justice et l'équité naturelles que les terres qui nourrissent les Français doivent apparte-nir aux Français. En conséquence, je vous invite à déjeuner sur les ruines de Carthage.

Avez-vous comme ici une foule d'Anglais? Je les cultive tant que je peux, parce que tous les jours je prends plus l'idée d'aller faire une course en Angleterre; j'ai la singulière fantaisie de goûter encore une fois dans ma vie ce qu'on appelle la sécurité, et de me coucher, bien sûr que je ne me réveillerai pas en prison.

Je vous féliciterai du changement de préfet, si Monod [1] tient parole et je n'en serais pas étonné. Il est du parti dont les insurgés sont l'avant-garde; il a leur confiance; le gouvernement va mettre en place tous les hommes de cette opinion. Le rachat des droits féodaux se fera d'une manière très avantageuse pour les paysans.

Je ne vois donc pas ce que les démocrates gagne-raient à une insurrection qui fournirait à la France un prétexte de rentrer en Suisse, d'ôter aux démocrates le pouvoir qu'ils ont et, soit de réunir ce pays, soit en le traitant comme la Cisalpine, d'enlever à ses habitants toute influence sur leurs propres affaires; j'espère donc pour vous que vous resterez tranquille. L'essentiel dans

---

1. Monod de Morges prit une grande part aux affaires politiques du pays de Vaud.

les circonstances actuelles me semble être de gagner du temps.

Adieu, ma bien chère tante, je vous aime tendrement et me réjouis bien de vous voir. Tous les jours je sens plus que c'est près de vous que je devrais vivre.

B. C.

Je lis dans ce moment la proclamation de Monod; je la trouve d'un style assez ferme, et je lui sais surtout bon gré de n'avoir pas dit un mot d'éloge pour un homme qu'on loue partout.

---

80. — A Mme LA COMTESSE DE NASSAU, NÉE DE CHANDIEU.

Paris, ce 29 nivôse an X (1802).

Je vous écris, ma chère tante, tout honteux du peu de succès de mes négociations et très mécontent de MM. Pérignon, Dangirod, Mallet et compagnie.

. . . .

Je récrirai à tous ces citoyens, mais comme ils sont des décades sans répondre dans ce pays, j'ai voulu vous écrire à vous-même, car une des raisons de ma grande colère c'est que, me faisant attendre de jour en jour et me renvoyant ainsi de l'un à l'autre, ils ont causé dans notre correspondance une telle interruption que vous aurez repris l'habitude de ne pas m'écrire et que j'aurai toute la peine du monde à vous en corriger. Je veux aujourd'hui un peu causer avec vous, si tant est qu'on puisse causer en public. Je vous dirai donc que nous sommes dans un grand désœuvrement, que l'on a trouvé que nous traitions le Code civil avec trop peu de déférence et qu'on nous a punis en nous laissant dans l'inaction. Il est possible que, de plus, on renouvelle en partie les deux assemblées dans deux mois d'ici et que l'on éloigne ceux qui ne sont pas assez dociles. Je m'en mets peu en peine personnellement. Un ouvrage

que j'ai commencé, et qui m'offre une occupation très
agréable, me consolera de m'occuper moins des affaires
publiques ; je profiterai de mon loisir pour lui donner
plus de perfection ; je passerai mon hiver à Genève ;
j'irai vous voir et je ne me trouverai point malheureux.
En attendant, je vous envoie, ma chère tante, les deux
dernières opinions que j'ai prononcées. Je ne sais si
vous aurez la patience de les lire, mais j'ai besoin de
vous soumettre ce que j'écris.

Il a paru, il y a quelques jours, un joli roman par
l'auteur d'*Adèle de Sénanges*. Il y a des mots charmants ;
celui-ci, entre autres, sur des gens qui, en parlant du
malheur de quelqu'un, chercheraient à trouver toutes
les raisons qu'il aurait de ne pas se plaindre : « Les
gens heureux sont bien difficiles en malheur. » J'avais
eu envie de vous l'envoyer, mais l'auteur, qui a vécu
en Suisse, aura pris ses mesures pour qu'il soit chez
vous aussi promptement qu'ici.

Adieu, ma chère tante, je ne vous dis plus que je
vous aime, quoique ce sentiment ne fasse que gagner
en vieillissant.

                                        B. C.

———

81. — A Mme LA COMTESSE DE NASSAU, NÉE DE CHANDIEU.

Paris, ce 19 germinal an X (1802).

Je suis bien honteux, ma chère tante, d'avoir tardé
si longtemps à vous écrire dans l'espérance d'avoir à
vous transmettre des explications satisfaisantes sur
l'association Pérignon et Cie...

Nous sommes ici dans la haute nouveauté d'une religion. La bulle du pape a paru aujourd'hui. Les évêques
se nomment à force ; cet événement fait le sujet de
toutes les conversations. Puissent les relations du gouvernement et des prêtres tourner au profit du bonheur
public.

Mon père, que je croyais avoir satisfait par quelques sacrifices cet hiver, sacrifices qui m'ont été assez onéreux, m'en demande d'autres que je ne puis faire. Il m'écrit avec toute l'amertume de son caractère et de son âge; il a des projets de voyage, d'établissement, d'agriculture, mais un secret mécontentement le tourmente; la triste chose de n'avoir pas su arranger sa vie et de n'être content ni de soi, ni des autres, ni de sa situation; ceci entre nous. Il m'est doux de vous parler de mes peines et toutes ces discussions éternellement renaissantes m'en causent beaucoup; mais je me croirais coupable de les confier à qui que ce soit d'autre au monde. J'ai été aussi embarrassé que vous pour deviner ce que signifiait l'histoire du carré de 12 dans les mélanges de M. Necker, mais ayant reçu de vous l'ordre de le savoir, je n'ai pas voulu y manquer. Un géomètre était à l'agonie; un de mes amis lui demanda en ce moment-là quel était le carré de 12! il répondit : 144, et mourut. Preuve que notre idée dominante ne nous quitte pas même à la mort. Mme Geoffrin avait pour idée dominante la vanité de vivre avec des grands et des souverains. Vous voyez, ma tante, que si je ne suis pas un interprète rapide, j'en suis un exact. Si à mon dernier soupir on me demande où est le bonheur, je sais bien ce que je répondrai et vous le savez aussi, quoique vous fassiez semblant de ne pas le croire.

Adieu, ma chère tante, j'espère vous voir dans six semaines et alors je serai plus content de la vie que je ne l'ai été depuis longtemps.

B. C.

---

82. — A Mme LA COMTESSE DE NASSAU, NÉE CHANDIEU.

Ce 26 thermidor an X (1802).

C'est bien le moins du monde qu'on s'écrive à chaque constitution nouvelle. Je viens, en conséquence, vous faire mon compliment sur celle qu'on vient de me donner avec si peu de bruit. Je ne sais si vous l'avez lue ; comme cela m'intéresse plus que vous, puisque je vis sous ce code noir, je l'ai étudié avec soin et je vois que je commence à la comprendre. J'y vois que le consul nomme le sénat, que le sénat casse les jugements des tribunaux, sanctionne les actes arbitraires, suspend la constitution. Je crois que nous allons détruire Alger, nous en avons volé la constitution par droit de conquête. Ces changements n'excitent pas beaucoup de satisfaction, mais tous les sentiments sont éteints, on s'en occupe à peine. Avez-vous entendu parler d'une brochure de Camille Jordan, ex-législateur fructidorisé ? Il en est arrivé quelques exemplaires ici et, si vous ne l'avez pas lue, je pourrai vous l'envoyer ; elle est courte et écrite avec talent et courage.

La visite que je comptais vous faire a été retardée, toujours par mon malheureux travail qui s'enfle et se prolonge sous mes mains et que je m'obstine à achever avant de bouger d'ici. Toutes les fois que je fais une course de deux jours, il y a un retard de huit. Cela prouverait bien de la faiblesse dans ma tête, si je n'avais un peu pour excuse le désordre de mes passions.

Que dites-vous de la nécessité où nous sommes de nous venger des descendants du farouche Almanzor ? J'ai cru en lisant ces articles que c'était le commencement d'un opéra ! Mais cela ressemble plutôt aux mauvaises tragédies anglaises, où il y a des meurtres, des fous, des voleurs et des soldats ivres ; seulement je trouve que nous donnons une trop longue représentation. Est-il décrété qu'aucun genre de folie ne nous sera épargné ? On a fait une révolution pour la liberté, Dieu sait avec quel succès ! Aujourd'hui qu'on a ôté la liberté pour nous donner la paix, on ne songe qu'à recommencer la guerre. C'est peut-être par jalousie de métier que nous voulons détruire les empires barbaresques. Un certain homme paraît avoir contre le mahométisme la fureur d'un apostat ; en effet, il a été musulman pendant quelques mois.

J'espère vous voir, ma chère tante, dans le courant de la semaine prochaine ; je renais en causant avec vous, en retrouvant un peu de cette pauvre raison qui est bannie de tout ce qui s'imprime.

B. C.

_____

83. — A Mme LA COMTESSE DE NASSAU, NÉE DE CHANDIEU.

Coppet, ce 1er novembre 1802.

Vous êtes bien bonne, ma chère tante, de me demander des nouvelles de l'opération qu'on m'avait conseillée. J., que j'ai consulté après M., m'a donné un conseil tout à fait contraire ; il m'a dit avoir vu souvent des loupes de cette espèce disparaître d'elles-mêmes sans opération, et regarde toute opération comme inutile, à moins qu'on ne veuille être débarrassé de cette incommodité à jour fixe comme les femmes pour aller au bal. Or, comme je n'ai pas cette prétention, je me suis résigné d'après son avis à ne rien faire ; il me répond que la loupe n'existera plus dans trois mois. Si sa prédiction se trouve fausse je ferai faire l'opération à Paris.

Les nouvelles qui nous parviennent de la Suisse semblent annoncer que tout se calme ; le désarmement a lieu sans résistance. Il n'y a pas de doute que, si l'on veut, tout ne soit bientôt dans l'ordre le plus parfait, mais je ne puis croire qu'on le veuille et je ne m'explique pas pourquoi on se serait donné tant de peine pour ne parvenir à aucun résultat.

Vous parlez, ma chère tante, des éloges qui sont à la mode ; vous ne voyez rien dans ce genre. C'est le _Moniteur_ qu'il faut lire. Quatre colonnes in-folio pleines d'adresse. Dans l'une, la Providence a créé un homme pour consoler la terre ; dans l'autre on ne peut mécon-

naître une puissance monanuelle (*sic*) dans les actions
de ce héros[1] ; dans la troisième nous pleurerons sur
nos neveux qui tôt ou tard cesseront d'être gouvernés
par lui, etc., etc. C'est le siècle de Tibère, et les éloges
sont ceux de Boileau et d'Horace moins la poésie et le
bon goût.

Je projette toujours une course à Lausanne. Je suis
bien fâché que ma tante de Chandieu y ait fait un si
petit séjour. J'irai la revoir à Perroy et me prosterner
devant l'autre siècle. Cependant j'ai moins de considération non pas pour ma tante, mais pour son âge,
depuis que j'ai appris qu'il y avait à Dullit[2] une femme
de quatre-vingt-dix-huit ans qui faisait souvent un
quart de lieue à pied pour aller souper en ville. Il y a
à Nyon[3] un malheureux médecin de quatre-vingts ans
qui vient de tomber de cheval sur la tête et qu'on va tré-
paner. Vous conviendrez qu'à cet âge il devait se croire
à l'abri d'une chute pareille et d'une pareille opération.

Vous me plaignez de n'avoir plus ni plans ni projets
comme s'il y avait quelqu'un qui pût en former dans
l'état où se trouve le monde ; quant à moi je déclare
qu'il m'est impossible de *voir* à deux jours de distance.
Nous sommes à la merci d'une puissance aveugle, car
les gens ou pour mieux dire l'homme qui dispose de nous
me paraît bien plus dirigé par son caractère que le
dirigeant. Il était bien impossible dans le bas-empire
de s'arranger un avenir. Une personne de mes amis
m'écrivait dernièrement : « Il ne s'agit plus que d'ennui
et d'obscurité. » On a retranché le repos et conservé
seulement les chances de malheurs. C'est bien le plus
mauvais marché que l'on pût faire. J'oubliais cependant
la bassesse, carrière ouverte à tout le monde et qui la
remplit tous les jours mieux.

1. Bonaparte.
2. Canton de Vaud.
3. Idem.

Puisse, ma chère tante, l'autre monde où vous me
donnez rendez-vous être mieux arrangé que celui-ci.
Je voudrais bien que nous nous y revissions, car je
trouve que nous nous voyons beaucoup trop rarement
ici-bas.

Merci encore mille fois de vos lettres qui sont un
vrai plaisir dans ma solitude et de vos questions sur la
petite opération dont je suis menacé. Si le Dr J. n'est
pas un faux prophète, j'aurai les plus beaux yeux du
monde quand je vous reverrai, et cela sans opération.
Quoi qu'il en arrive, ce que je désire c'est de vous voir,
et n'importe avec quels yeux.

Je vous embrasse tendrement, mais moins tendrement encore que je ne vous aime.

Benjamin Constant.

---

84. — A Mme la comtesse de Nassau, née de Chandieu

Coppet, ce vendredi 1802.

Mille et mille grâces, ma chère tante, de votre bien
aimable lettre ; puisque c'est la chaleur qui me l'a
value, je voudrais que nous vécussions sous la zone
torride. Il n'est point vrai du tout que je ne fasse attention à l'amitié que quand je suis en présence de l'objet
qui me l'inspire. Ce n'est assurément pas vous, ma
chère tante, qui devriez m'accuser ainsi : vous, que je
persécute pour m'écrire quand je suis séparé de vous ;
vous, qui n'avez pas réussi à me décourager par votre
silence. Quand vous vous plaignez de moi, je pense à
ce millionnaire qui disait : « Nous autres pauvres
riches, » car je vous assure qu'on n'a jamais été plus
vivement, plus tendrement et plus profondément aimée
que je ne vous aime.

Vous avez bien fait de persuader à ma tante que son

séjour à Perroy [1] devait être interrompu pour laisser les affaires se débrouiller, car elles sont loin d'être satisfaisantes. J'ai eu aujourd'hui une lettre de Lausanne d'un officier français qui annonce un choc et même une bataille prochaine; il parle d'un rassemblement de six mille hommes dans les plus mauvaises intentions possibles et annonçant des projets d'incendie et de massacre. On assure que le général Serraz a demandé à notre département trois demi-brigades, et qu'une partie de ces troupes sont déjà en route.

Je désire bien saisir le moment du séjour de ma tante de Chandieu pour aller à Lausanne, pourvu toutefois que l'on ne me demande pas de cartes de sûreté que je n'ai point. Je désire publier un maudit ouvrage dont je parle depuis trois ans et que je n'achève pas, ce qui me fait rester ici encore quelque temps sans interruption. Ce n'est pas que je pense à le publier, mais je voudrais l'avoir terminé pour être complètement libre.

Les nouvelles de France sont nulles; il paraît que le Premier Consul a un peu d'humeur contre l'Angleterre; il y a des gens à Paris, m'écrit-on, qui font des paris pour la guerre; ce serait fâcheux. La grande popularité du gouvernement vient de ce qu'on lui sait gré de la paix. Les registres pour les votes sur le consulat à vie doivent être fermés partout. On a pris un moyen simple de compter les voix; on prend les états de la population et l'on en soustrait les votants en non; le reste est censé avoir voté pour l'affirmation, explicitement ou implicitement. C'est la meilleure manière, car il y a des endroits où sur 200 votants il y a eu 4 votes. On a fait voter les mourants dans les hôpitaux et les femmes dont les maris étaient absents.

Adieu, ma chère tante; dites, je vous prie, à ma tante de Chandieu combien je lui suis aise qu'elle ne

1. Village du pays de Vaud.

soit plus dans son dangereux Perroy [1], et étant une fois
à Lausanne il serait imprudent d'y retourner; certes,
elle doit se trouver très bien avec vous et je ne verrais
pas comment elle ne prendrait pas le goût de la ville.

Adieu, ma chère tante, mille tendresses et embrasse-
ments.   B. C.

---

85. — A Mme LA COMTESSE DE NASSAU.

Coppet, 1802.

J'ai appris, ma chère tante, que vous aviez été très
indisposée et je suis parti quelques jours plus tôt pour
vous voir et savoir positivement de vos nouvelles. En
arrivant, j'ai vu les troubles de Suisse et l'arrivée à
Lausanne de l'ambassadeur et du général français et
comme il ne me convient aucunement d'avoir à parler
sur les affaires, je désire éviter la rencontre de tous ces
grands personnages; en conséquence, je retarde le
voyage que je comptais faire. Mais je vous prie de me
mander comment vous êtes; je crains que l'émotion que
toutes les agitations politiques vous auront causée n'ait
été pénible dans un état de santé déjà dérangé. Il me
tarde d'être près de vous pour que l'assurance de ma
vive et inaltérable tendresse vous fasse oublier pour
quelques moments le triste état du pays que vous habitez.

J'ai bien peur que celui de toute l'Europe ne soit également triste; tout annonce partout de l'agitation et je ne
pense pas que les tentatives de perpétuité soient propres
à l'apaiser.

Je n'ai aucune nouvelle de Paris depuis deux jours
que je suis ici que celles que les papiers publics m'ont
apportées. Il me semble que le Sénat n'a pas répondu à
l'attente du Consul et que la question sur laquelle le

---

1. Mme de Chandieu s'était vaillamment défendue dans son château
de Perroy contre des révolutionnaires vaudois.

peuple va être appelé à se prononcer n'est pas précisément celle que le Sénat avait posée. Je me trouve bien
heureux d'être sorti des affaires avant que l'on pût me
consulter et d'avoir recouvré la liberté de me taire.

J'ai vu mon père à mon passage ; sa santé est remise,
et son humeur pendant le peu de temps que nous avons
été réunis a été très bonne. Il a fait l'acquisition d'une
petite campagne voisine de la sienne et m'a su bon gré
de lui en avoir fourni les moyens. Cette campagne
occupe momentanément toute son activité qui est aussi
infatigable qu'elle a pu l'être il y a trente ans.

Je compte, ma chère tante, vous embrasser la
semaine prochaine, mais j'ai besoin d'avoir de vos nouvelles auparavant. Mille choses à Mlle Rieu.

B. C.

---

86. — A Mme LA COMTESSE DE NASSAU, NÉE CHANDIEU.

Coppet, ce 5 juillet (sans date d'année).

J'ai donné, ma chère tante, à MM. Calandrini mes
traites sur Paris et j'ai leur reconnaissance qu'ils tiennent
la somme à ma disposition... Je comptais aller vous voir
ces jours-ci, mais mes yeux qui se ressentent toujours
de la proximité du lac me retiennent dans une chambre
très peu éclairée. La réverbération du chemin par le
soleil ou plutôt du soleil sur le chemin me cause d'assez
vives douleurs. Je suis ici absolument seul, Mme de Staël
étant à Lausanne. Si l'on pouvait vous voir la nuit, je
profiterais pour cette course d'une belle nuit pendant
laquelle le jour ne m'éblouirait pas. En attendant, ma
chère tante, je vous aime de jour et de nuit.

B. C.

87. — A Mme LA COMTESSE DE NASSAU, NÉE DE CHANDIEU.

Genève, ce novembre 1802.

Je vous aurais écrit il y a bien longtemps, ma chère tante, si je n'avais pas éprouvé que rien n'était plus difficile que d'écrire actuellement. Dire son opinion est à la fois dangereux et superflu. Il ne peut exister qu'une opinion sur certaines choses, elle se devine par tous ceux qui la partagent. En douter ou la méconnaître serait une injure à laquelle je ne m'attends pas de votre part, ne parlons donc point sur des objets sur lesquels j'espère que pour nous entendre nous n'avons pas besoin de paroles, j'ajouterai : pour lesquels toutes les paroles doivent être faibles.

J'espère, ma chère tante, avoir bientôt le plaisir de vous embrasser pour quelques moments. J'ai pris un appartement ici pour deux mois que je compte y passer ; mais ces mois seront bien agréablement interrompus par une course à Lausanne ; je l'aurais déjà faite si je n'avais pas été un peu malade. Il y a tant de bons médecins, que l'on ne devrait pas être inquiet sur sa santé dans cette ville, mais il y a en même temps tant de malades qui souffrent et qui meurent, que l'on est encore plus effrayé par la nature que rassuré par les médecins.

J'ai reçu de Paris des nouvelles peu satisfaisantes sur Saint-Domingue ; les nègres paraissent avoir tout à fait repris le dessus ; l'armée qui y était est abîmée par les assassinats et par les maladies plus terribles encore. Le général Leclerc est, suivant les uns, assassiné ; suivant les autres, il s'est retiré ou enfui dans l'île de la Tortue. L'on va envoyer encore 12,000 hommes qui puniront les nègres, mais qui, vraisemblablement, ne résisteront pas mieux que les autres au climat. La nature physique ne se laisse pas commander militairement comme les hommes, c'est dommage pour l'autorité.

Votre général, je veux dire le nôtre, qui commande en Suisse, est probablement mal informé sur ce qui se passe ici; il a écrit dernièrement au préfet et au maire qu'il y avait à Genève deux cents Anglais qui conspiraient contre le Premier Consul; le préfet et le maire ont répondu qu'il y avait effectivement huit Anglais, répartis pour leur éducation chez cinq professeurs.

Écrivez-moi, je vous prie, ma chère tante; vous savez que je ne demande pas plus de nouvelles que je n'en dis, je veux seulement que vous pensiez à moi et que vous me le disiez. Plus on est mécontent de ceux qu'on n'aime pas, plus on a besoin de se serrer contre ceux qu'on aime.

B

---

88. — A Mme LA COMTESSE DE NASSAU, NÉE DE CHANDIEU.

Aux Herbages, près Luzarches, département de Seine-et-Oise.
Ce 5 floréal, an XI (27 avril 1803).

Me voici à ma campagne, ma chère tante, et mon premier soin est de vous écrire; je pourrais dire que c'est mon premier plaisir. Excepté chez vous, où je me trouverais beaucoup mieux, je ne connais pas d'endroit de la terre où j'aime mieux être qu'ici. Le voisinage de Paris a l'avantage de rassurer l'imagination par l'idée que, si l'on s'ennuie, on peut en quatre heures être au plus fort du tourbillon, et ce voisinage n'est pas perceptible d'ailleurs. C'est un tel silence, un tel repos, une quiétude si parfaite, qu'on se croirait dans les forêts d'Amérique. Jusqu'à présent, ma maison n'est pas arrangée, et je ne suis ni nourri, ni logé; mais mes arbres sont verts, mon ruisseau murmure, et s'il ne pleuvait pas j'aurais le plus beau soleil du monde. Une femme dont on serait passionnément amoureux rendrait ce séjour un vrai paradis tant qu'elle ne s'y ennuierait pas. Mais, à la vérité, cela ne pourrait pas être long; il faut avoir usé de la vie, et usé la vie, pour que le repos soit à lui tout seul une jouissance. Or, vous ne me conseillerez pas, je pense, de prendre une femme qui serait devenue raisonnable à ce prix-là.

Je ne vous manderai point de nouvelles, je n'en sais aucune ; je ne me suis arrêté à Paris que quelques heures ; je n'ai pris aucun arrangement même pour recevoir un journal. On parle de guerre, on parle de paix ; les conjectures varient d'une heure à l'autre. Le voyage du Consul paraît être fixé à la semaine prochaine.

J'ai passé une journée chez mon père, sa santé m'a paru bonne et son humeur aussi ; je crains pourtant qu'il ne soit pas satisfait de sa situation ; c'est un grand malheur dans sa vie que d'avoir fait sa situation ; à moins qu'elle ne soit singulièrement heureuse, on trouve toujours qu'on aurait pu mieux faire. Quand on la reçoit de sa naissance et de la nécessité, sans y rien changer, on se trouve bien moins responsable. C'est pour cela que le mariage est si effrayant. Si on naissait marié, on prendrait sa femme comme une partie de la nature des choses et l'on ne se dirait pas qu'on aurait mieux pu choisir. J'ai souvent pensé que si l'on était obligé de choisir ses enfants, l'amour paternel et maternel serait tout à fait gâté. On a dit que nos amis étaient nos parents de choix ; c'est pour cela que l'on retrouve presque toujours ses parents et que l'on perd ses amis. Voilà bien des réflexions de vieillard, ma chère tante ; dans la jeunesse, on se croit si fort, si heureux, qu'on voudrait tout avoir à faire ; en vieillissant, on voudrait trouver tout fait.

Je ne sais rien de votre pays ; en passant à Nyon, j'ai rencontré de Saussure de Morges qui venait de se refuser à je ne sais quelle nomination ; il m'a paru augurer très mal des choix qu'on venait de faire ; les noms m'étant inconnus, je n'ai pu juger de la justesse de ses pressentiments ; mais quand on espère peu, je suis toujours de moitié.

Adieu, ma chère tante, j'espère que cette fois-ci vous

ne me redirez pas encore que vous voulez m'épargner les ports de lettres; je vous avertis que je vis de rien dans ma campagne et que, par conséquent, j'ai de quoi les payer. Je vous aime comme vous savez.

B. C.

---

89. — A Mme LA COMTESSE DE NASSAU, NÉE DE CHANDIEU.

Aux Herbages, près Luzarches, département de Seine-et-Oise.
Ce 3 prairial an XI (23 mai 1803).

Pour cette fois, ma chère tante, j'espère que voilà une date bien lisible! Je vous remercie de votre lettre; vous voyez qu'elle est arrivée à bon port, je voudrais bien que cela vous encourageât. Vous avez tort si c'est pour moi que vous craignez l'ennui, plus que pour la personne quelconque que vous voudriez associer à ma solitude; je ne suis pas capable de m'ennuyer, même à présent, seul que je suis et ayant mérité je ne sais comment la défaveur de la nature qui, pour me faire niche, place l'hiver au milieu du mois de mai. Même à présent je ne m'ennuie pas, et ce n'est pas que la solitude absolue me plaise, car j'ai trois ou quatre voisins qui n'ont rien de distingué et que je vois régulièrement tous les jours à dîner ou depuis dîner chez eux ou chez moi. Nous avons, il est vrai, des rapports particuliers. Nous sommes tous quatre de nouveaux propriétaires du bien que nous habitons : tous quatre nous cherchons à porter les baux plus haut qu'il ne sont à présent; enfin nous arrangeons tous quatre notre maison. Cela fournit trois ou quatre sujets de conversation inépuisables. Nous causons d'abord sur le pays et ses habitants, sur la valeur des terres et le gain excessif de nos fermiers; puis sur les ouvriers que nous employons et dont nous comparons les comptes. Vous voyez, ma chère tante, que nous n'avons besoin ici ni d'esprit ni de connaissance de ce genre de conversations et que nous ne

causons pas d'abstractions ni de théories, mais de faits
très positifs. Il y a peu de femmes qui ne seraient en état
de soutenir une conversation pareille, mais je maintiens
qu'il n'y en a point qui ne mourraient d'ennui d'une
semblable vie, le premier mois, si elles n'avaient point
d'amour, et le troisième si elles en avaient. Voyez si je
puis ainsi me risquer coupable de meurtre. Quant à moi,
je trouve ce mode d'existence assez agréable; c'est-à-dire
assez paisible, car par le mot d'agréable j'entends toujours l'idée de repos. Je vais à Paris tous les quinze
jours; je revois mes connaissances, j'entends vingt ou
trente personnes parler, comme on parle ici, c'est-
à-dire toutes à la fois et je reviens à mes livres et à mes
arbres, les remerciant de leur silence. Cependant je me
fais une fête de quitter ma retraite pour aller vous voir,
je ne sais pas encore à quelle époque. Je mets un ordre
admirable dans mes affaires; comme tous les gens qui
n'ont pas le talent de l'ordre, je le porte jusqu'aux minu-
ties pour n'en pas manquer. Il faut toujours de l'excès
pour faire un peu ce que l'on ne sait pas faire.

Je comprends bien que vous regrettiez notre pauvre
tante, il est toujours triste de perdre ceux qui nous ont
précédés dans la vie ; comme ils en sont toujours plus
détachés que nous, ils ont une bienveillance plus pure et
plus douce. Je ne connais rien de si bon et de si aimable
que la vieillesse quand elle a pris son parti d'avoir
vieilli. Indépendamment de ces généralités, ma tante
était aimable sous mille rapports, et il y avait quelque
chose de touchant et d'attachant dans son désir de plaire.
Il ne nous reste, ma chère tante, qu'à suivre son exemple
et à arriver, vous et moi, à son âge avancé avec autant
de facultés morales et aussi peu de douleurs physiques.

Je ne vous écris rien sur les affaires publiques : je
sais que les ambassadeurs sont de retour chacun chez
eux, ce qui est un signe de guerre ; du reste, je ne cause
jamais politique ; et une circonstance bizarre après la
révolution, mais ce me semble assez caractéristique,

c'est que des quatre voisins qui forment la société de ces
environs et qui ont pris jadis plus ou moins de part aux
affaires, — l'un ayant été général, l'autre tribun, le troisième commis des finances, le quatrième administrateur,
— pas un n'a ouvert la bouche, pas un n'a eu la curiosité
ou l'indiscrétion de chercher à savoir ce qu'en pensait
l'autre; vous conviendrez que c'est remarquable pour
une nation bavarde et curieuse comme nous; mais on se
forme!

Adieu, ma bonne tante, à présent que mon adresse
est lisible, continuez à m'écrire, rien ne peut me faire
plus de plaisir.   B. C.

---

90. — A Mme LA COMTESSE DE NASSAU, NÉE DE CHANDIEU.

Genève, ce mardi.
(Date assez illisible, peut-être 1803.)

Mille grâces, ma chère tante, des détails que vous
me donnez sur les dispositions de notre pauvre tante de
Chandieu. Je suis fâché pour les de Sévery de l'oubli
complet qu'elle a affecté à leur égard. La marque
d'amitié qu'elle m'a donnée m'a fait plaisir, comme un
signe de satisfaction de sa part. L'idée de la mort me
paraît si triste à mêler à l'amitié, que je n'ai jamais
voulu faire entrer dans mes calculs ce qu'elle pouvait
faire pour moi; ainsi, sous le rapport de l'intérêt, je ne
me serais pas trouvé dérangé quand elle n'aurait rien
fait. Ses dispositions relativement à vous me sont bien
agréables comme prouvant de l'affection et comme
pouvant continuer à rendre votre vie plus aisée. Si
j'avais été à sa place j'aurais fait plus pour vous, mais
je me reconnais partial et je ne puis exiger des autres
la même partialité. Vous savez que ce n'est pas comme
neveu que je vous aime; il y a des amis qu'on met au
nombre des parents, mais il y a des parents qu'on met
au-dessus de tous les amis.

Je me propose de partir vendredi pour Lausanne; ma vie ici est remplie de petits arrangements assez paresseux et assez doux qui pèsent sur mes projets de manière à les modifier.

Voilà donc toutes les constitutions arrivées. Je ne sais comment le pays de Vaud envisage la sienne. Je sais de Berne et de Zurich que l'on est horriblement mécontent. Si, comme je le crois, on a pour but de préparer de nouvelles crises pour revenir à un but qu'on a été forcé cette fois de déguiser, il me semble que l'on pouvait mieux s'y prendre. Lisez-vous le *Publiciste*? Si vous ne le lisez pas ordinairement, procurez-vous les numéros du 11 et du 12 ventôse; il y a un article sur le procès de Pelletin qui est à mourir de rire. Le Premier Consul s'aperçoit qu'en poursuivant cet écrivain il n'a fait que donner à ces calomnies plus de publicité; il en est désolé et il a la bonté de me mettre dans la confidence.

Adieu, ma chère tante, je vous embrasse de tout mon cœur et suis bien impatient de vous revoir.

B. C.

---

91. — A Mme DE NASSAU, NÉE DE CHANDIEU.

Coppet, ce samedi 1803.

Je ne comprends rien à votre marche, ma chère tante, et je suis dans une colère effroyable contre vous. Je vous cherche à Rolle et vous êtes à Genève, je m'informe à Genève, personne ne sait où vous demeurez; enfin, hier, j'apprends que vous n'y êtes plus, sans que vous m'ayez donné un signe de vie; j'aimerais mieux garder cent moutons dans un pré. Je suis non pas malade, mais tourmenté d'une ébullition telle que je n'en dors pas depuis trois jours et que je ne puis pas m'occuper pendant la journée. Comme tout

ce qui est violent doit passer, je vis dans l'espérance
d'être débarrassé tôt ou tard de mes démangeaisons
insupportables. Dites-moi donc, enfin, ma chère tante,
ce que l'on vous a conseillé à Genève sur votre santé.
Allez-vous à Plombières et quand? Je suis toujours
quant à moi dans les mêmes incertitudes sur ma marche
ne recevant point de nouvelles de mon père.

Écrivez-moi, ma chère tante, réparez vos torts, je
suis prêt à vous les pardonner.   B. C.

---

92. — A Mᵐᵉ DE NASSAU, NÉE DE CHANDIEU.

Genève, 1803.

En prenant votre lettre, ma chère tante, pour y
répondre, je vois sur l'adresse que vous désirez que
je vous écrive samedi. Je suis au désespoir de ne l'avoir
pas fait, mais après avoir lu les deux très petites pages
qui formaient le corps de la lettre, il ne m'est pas venu
dans la tête de rechercher sur l'adresse s'il y avait
encore quelque chose d'écrit. et vos deux petits mots
m'ont échappé; une autre fois je retournerai en tous
sens ce que vous m'écrirez, et je ne prendrai plus pour
convenu que ce qui est en dehors doit être du papier
blanc. Je suis piqué de ce que mon exactitude a été en
défaut, parce que je prétends faire mes commissions
mieux que personne, surtout celles dont vous me
chargez; la crainte de trouver à Genève les postes
fermées m'a pourtant encore empêché d'en faire une
autre, celle pour Mˡˡᵉ Rieu. Je n'ai pas osé m'arrêter à
Nyon.

Vous réjouissez-vous beaucoup de former à vous
tous seuls, je parle du pays de Vaud, une république
indépendante? Toutes les lettres de Paris annoncent
que cette détermination est prise. Peut-être joindra-t-on
le Valais et Neufchâtel. Les Suisses que j'ai vus ici s'en

affligent. On regarde en général cette mesure comme menant à une réunion avec la France et beaucoup de gens préfèrent cette réunion à un simulacre d'indépendance qui remettrait en place des hommes en horreur à leur pays.

Croyez-vous que la réunion avec la France devienne plus tentante lorsque le Consul s'appellera Majesté? La proposition en a été faite dans le Sénat, mais je ne crois pas que ce soit officiellement; elle a éprouvé une résistance fort inattendue et des propos très insoumis ont été tenus. L'idée pour le moment a été abandonnée; mais il est difficile qu'on ne revienne pas à une pareille proposition, lorsqu'une fois elle a été faite.

Notre nouveau préfet est arrivé hier. Je ne l'ai pas encore vu; les autorités lui donnent de beaux dîners et lui font de beaux compliments, je souhaite bien que nous n'ayons pas à regretter l'ancien; quant à moi je le regretterai comme ami (*mots illisibles*). Je parle comme Genevois et (*mots illisibles*) dans l'intérêt du département.

Les plaisirs de la ville ne se ressentent point du changement d'autorité. Toujours des soirées où l'on boit du thé, où l'on joue. Je ne sais si ces amusements me fatiguent par leur vivacité ou m'engourdissent par leur monotonie. Mais je commence à me blaser sur ce qui est insipide comme je l'étais sur ce qui est vif. J'en suis capot, car je m'étais dit que puisque j'avais pu m'en contenter pendant deux mois, il n'y avait pas de raison pour que je m'en dégoûtasse. On dit qu'on ne se détache pas des femmes laides. Je crois qu'on se détache de tout. En fait de femmes il n'y a laideur, et en fait de plaisir il n'y a insipidité qui tienne.

Adieu, ma chère tante; mille choses à Mlle Rieu et à ma tante de Chandieu, dont M. de Loÿs m'a donné aujourd'hui de bonnes nouvelles. Je vous embrasse de tout mon cœur et je me réjouis d'être bientôt admis dans le petit cabinet dont je fais beaucoup plus de cas que du reste de votre palais.   B. C.

93. — A Mme LA COMTESSE DE NASSAU, NÉE DE CHANDIEU.

Coppet, ce samedi 1803.

Je ne vous ai point écrit depuis ma course à Lausanne, ma chère tante, parce que j'attendais des nouvelles qui m'étaient nécessaires pour me décider sur mon retour dans mes propriétés et que je voulais, en vous écrivant, vous dire quelle serait ma marche. Ces nouvelles sont arrivées; elles ont dissipé, comme je le prévoyais, tous les doutes que mes amis de ce pays-ci avaient bien voulu concevoir sur la parfaite convenance de mon séjour chez moi. Je ne perds donc pas un instant pour y retourner et il ne me reste de l'incertitude que l'intérêt de mes amis avait pu m'inspirer qu'une profonde reconnaissance pour cet intérêt. Ce n'est pas, tout certain que je suis de ma tranquillité complète, que je forme le projet de me rapprocher le plus vite possible du pays que vous habitez. Je n'ai pas besoin, chère tante, de vous dire que vivre avec vous et auprès de vous est mon désir le plus vif; mais toutes mes affaires exigent ma présence au moins pour quelques mois et j'obéis à la nécessité. Je vous prie de ne point dire à Lausanne que je suis retourné chez moi. Je vous écrirai aussitôt que je serai dans ma retraite et j'espère bien que cette fois vous ne m'y tiendrez pas rigueur. Je vous ai dit combien vous risqueriez de me corrompre en craignant de me faire payer des ports de lettres et quel mauvais usage je ferais de l'argent que vous me laisseriez.

Ainsi, par pitié pour mes mœurs, écrivez-moi souvent.

Je ne sais si j'habiterai Paris ou ma campagne; aussi je ne vous donne pas mon adresse et vous l'enverrai à l'instant même de mon arrivée.

Toutes les nouvelles d'aujourd'hui sont à la paix. J'ai lu la belle circulaire de votre Landamann contenant confirmation des impôts existants et promettant de nouveaux impôts. Je ne vois pas comment cela remplit la devise que le grand médiateur avait représentée comme la seule convenable à la Suisse : « Point d'impôts, et que le peuple soit content! » Mais ce n'est pas la première fois que les paroles sont dans un sens et les mesures dans l'autre. Je ne doute pas que tout soit pour le mieux.

Adieu, ma chère tante. J'éprouve en m'éloignant de vous une grande tristesse. Je ne trouverai assurément dans aucun lieu que je vais revoir la moitié du plaisir que je ressens quand j'entre chez vous, et tout ce qui va se présenter à moi est peu propre à égayer l'esprit et à élever l'âme.

J'espère que vous m'écrirez que vous êtes bien et que vous m'aimez ; ce sont certainement les deux choses au monde que j'ai le plus besoin de savoir. Je vous embrasse avec tendresse et avec douleur.

B. C.

---

94. — A Mme LA COMTESSE DE NASSAU, NÉE DE CHANDIEU.

Francfort, ce 30 novembre 1803.

Pour cette fois-ci, ma chère tante, vous ne vous plaindrez pas que je vous aie forcée à m'écrire ! Content de savoir de vos nouvelles par Rosalie de Constant et par M. de Loÿs, je vous ai laissée trois mois sans vous réduire à la dure nécessité de m'en donner vous-même. Je vous avoue pourtant que cela commence à m'ennuyer et que j'aurais un grand plaisir à revoir de votre écriture.

Je suis venu ici passer quelques jours, en accompagnant une personne de mes amies[1] qui a été assez peu heureuse depuis quelque temps et dont j'ai d'autant moins pu me séparer, qu'elle était malheureuse. La maladie de

---

1. Mme de Staël qui venait d'être exilée par Bonaparte.

sa fille, qui l'a fort inquiétée, m'a retenu plus longtemps que je ne croyais. Je ne retournerai guère chez moi que dans quinze jours et ce ne sera pas pour longtemps ; car je veux absolument me dédommager d'avoir passé tout l'été sans aller vous voir, et je compte bien faire un voyage à Genève et auprès de vous dès que j'aurai rangé quelques affaires chez moi. Je ne veux pas me donner le temps de me reposer parce que je m'accoutumerais à la paresse et, comme j'ai l'habitude de le faire, je lui sacrifierai mes plaisirs. Je commence à être une vieille machine qui ne se trouve capable de se remuer que lorsqu'elle est en mouvement. Cette vieille machine n'a qu'un mérite, c'est de vous aimer avec autant de vivacité que si elle était jeune !

Ceci est le centre des nouvelles ; on dit la flotte de Brest sortie et battue ; je ne le crois pas. On dit que la descente ne se fera pas cet hiver ; je le croirais assez. On dit la Russie mal avec la France ; cela serait possible. Les gazettes de toute l'Allemagne ressemblent au *Moniteur*, ou pour mieux dire, ressemblent à tout le monde : — leur objet est de n'être pas supprimées, comme le but de tout le monde est de ne pas être pendu, ce qui fait que gazettes et individus disent le moins possible, et seulement ce qu'il faut pour constater leur existence.

Après trois mois de silence, serez-vous capable de m'écrire ? Si vous avez cette bonté, adressez : « A M. B. Constant, chez MM. les frères Bethmann, à Francfort-sur-le-Mein. »

Je devrais vous remercier d'avoir avec tant de bonté accéléré le legs de ma tante de Chandieu, mais je vous proteste que je ne vous en aime pas davantage qu'auparavant. La reconnaissance ne trouve point de place pour vous dans mon cœur, parce qu'il est déjà tout rempli par l'amitié et par une tendresse que rien ne peut accroître.

B. C.

95. — A Mme LA COMTESSE DE NASSAU, NÉE DE CHANDIEU.

Weimar, ce 23 janvier 1804.

Je ne vous ai pas écrit, ma chère tante, pour que ma lettre ne fût pas mêlée avec toutes les lettres de nouvel an que vous avez sans doute reçues ; j'ai pourtant besoin depuis longtemps de vous remercier de celle que vous m'avez écrite et qui m'a charmé autant que surpris ; je dis surpris, parce que je n'espérais pas obtenir de vous une réponse aussi prompte.

Vous verrez par la date de ma lettre que mon séjour en Allemagne s'est beaucoup prolongé. J'ai trouvé ici un accueil si obligeant que je me suis laissé aller à en profiter. Le duc de Weimar a connu mon père en Hollande, et m'a reçu comme si j'avais été moi-même une ancienne connaissance. Je serais presque tenté de me plaindre de la prévenance qu'il y a mise, parce que, passant ma vie à la cour, j'ai moins de temps que je ne voudrais pour parcourir et lire tout ce que je trouve ici et que je voudrais avoir lu sans être obligé de l'acheter. Mais il ne faut pas rechercher les inconvénients des choses qui sont agréables et des intentions qui sont bienveillantes, ce ne sont pas des choses dont on est tenté de se plaindre en France.

Weimar est de beaucoup la ville d'Allemagne la plus intéressante par la réunion des gens de lettres qui s'y trouvent rassemblés. L'auteur de *Werther* et celui d'*Agathon*, c'est-à-dire Gœthe et Wieland vous sont sûrement connus de réputation et probablement même le dernier par la traduction de son ouvrage. Ce sont des hommes de prodigieusement d'esprit, surtout Gœthe, mais qu'il est impossible de rencontrer dans le monde, et que leur mauvaise santé, qu'un mauvais régime rend encore plus faible, confine souvent chez eux d'une manière impénétrable. J'ai pourtant joui quelquefois de leur société, et je remporterai d'ici des souvenirs assez curieux.

La nouvelle du mariage de ma cousine [1] m'a fait un vif plaisir, quoique cela me rende difficile que je l'épouse moi-même. Mais je n'aurai pu la rendre aussi heureuse et je me contente d'être son cousin; je vous prie de lui dire la part que je prends à son bonheur! Je voudrais que cette occasion pût contribuer à répandre quelque amusement dans votre hiver. A vous, ma chère tante, je suis convaincu qu'une des choses qui vous font le plus de bien, c'est de vous amuser: moi je n'en ai pas besoin, mais je n'en suis pas moins indulgent pour vous autres, gens frivoles!

Pourquoi, je vous prie, m'accusez-vous d'avoir un caractère faible? C'est une accusation à laquelle tous les gens *éclairés* sont exposés, parce qu'ils voient les deux ou, pour mieux dire, les mille côtés des objets, et qu'il leur est impossible de se décider, de sorte qu'ils ont l'air de chanceler tantôt d'un côté, tantôt d'un autre. Mais c'est de la raison et non de la faiblesse, et vous le savez bien, ma chère tante, qui êtes aussi indécise que moi. Je n'ai plus aucune faiblesse dans le caractère; j'ai bien examiné le mien; je le connais, et, au lieu de vouloir faire prendre à un cheval une allure différente de son allure naturelle, je me borne à tirer de la nature le meilleur parti possible. J'ai trouvé cet hiver une occasion de rendre un grand service [2] et de faire un bien véritable; je l'ai saisie avec empressement; j'ai fait une très bonne action et je n'ai point été faible. Vers le temps où vous recevrez cette lettre, ma chère tante, ou peu de temps après, je serai en route pour retourner chez moi; ce ne sera pas sans quelque regret que je quitterai cette ville, où j'ai passé des jours si tranquilles et, j'ajouterai, si bien employés, car je n'ai

1. Mlle de Sévery qui épousait M. d'Effinger de Wildegg, d'une très ancienne famille suisse.
2. Celui d'avoir accompagné en Allemagne Mme de Staël.

jamais tant étudié de ma vie. Si je n'avais pas d'affaires
à la campagne et des amis que je veux revoir, j'aurais
passé ici tout l'été, mais il faut suivre sa carrière, que ce
soit celle qu'on a reçue de la nature, ou celle qu'on s'est
faite, on n'est jamais bien que chez soi et l'on est déplacé
partout ailleurs.

Adieu, ma chère tante; c'est près de vous que je
voudrais être placé, c'est là certainement que je goûte-
rais bien du bonheur; je nourris au moins l'espérance
de passer quelque temps avec vous ce printemps.

B. C.

96. — A Mme LA COMTESSE DE NASSAU, NÉE DE CHANDIEU.

Ulm, ce 1er avril 1804.

Je vous écris fort à la hâte, ma chère tante, pour
vous dire que, parti de Weimar il y a seulement quinze
jours, et comptant voyager beaucoup plus vite que je ne
l'ai fait, j'avais prié M. Necker de m'envoyer à Lausanne
les lettres qu'il pourrait avoir reçues pour moi, ou ce
qu'il voudrait m'écrire. Des affaires, des amis, de mauvais chemins et de la paresse m'ont fait cheminer beaucoup plus longtemps que je ne pensais. Je vous en
préviens, ma chère tante, afin que si vous recevez des
lettres pour moi, vous ne croyiez pas que c'est par
méprise et qu'il faut me les renvoyer à Weimar; j'ai
voulu les trouver au moment où je vous embrasserai,
pour qu'aucune curiosité ou inquiétude, — ce qui dans
la vie est à peu près la même chose, — ne vînt troubler
ce vif plaisir que je me promets. Je vous quitte pour
remonter en voiture, c'est-à-dire, je cesse de vous écrire
pour vous voir plus tôt.

B. C.

97. — A Mme LA COMTESSE DE NASSAU, NÉE DE CHANDIEU.

Château| de Coppet, ce 2 juin 1804.

J'irai dîner avec vous demain à Rolle, ma chère tante, si eela ne vous dérange pas. Vous avez bien mal compris mes précautions dans ma dernière lettre. Je n'ai aucune crainte d'un mauvais dîner, d'autant plus que vous ne m'en avez jamais donné que de très bons ; mais j'ai trouvé que vous n'étiez vous-même jamais satisfaite du dîner que vous donniez, et c'était faute de savoir vous convaincre et vous rassurer sur ce point important, que je voulais prendre une heure pour aller vous voir.

B. C.

---

98. — A Mme LA COMTESSE DE NASSAU, NÉE DE CHANDIEU.

Coppet, 1804.

Je profite de votre offre, ma chère tante, pour vous envoyer finalement un tas de papiers dont j'ai besoin pour mes affaires ; il y en a qui sont assez importants, d'autres qui ne le sont point, je n'ai pas eu le temps de les trier. Il y a, par exemple, mon acte de divorce et mes arrangements relatifs à cette affaire, il y a des titres de propriété et un procès que j'ai gagné contre la nation ; cela est très important pour moi, veuillez les mettre chez vous en sûreté.

Si j'avais pu vous aimer plus que je vous aimais, je l'aurais fait hier pour la manière adorable et indulgente avec laquelle vous êtes entrée dans ma situation [1] et ma manière de sentir. Cela n'ajoute rien à ma tendresse,

---

1. M. Necker venait de mourir, à Coppet, loin de sa fille qui se trouvait en Allemagne.

mais lui a donné encore plus de douceur et l'a rendue un
sentiment qui m'est mille fois plus cher.

Adieu pour quinze jours, à ce que j'espère; je vous
récrirai de Schaffouse.   B. C.

---

99. — A Mme LA COMTESSE DE NASSAU, NÉE DE CHANDIEU.

Schaffouse (Suisse), ce 15 août 1804.

Me voici, ma chère tante, dans les mêmes lieux où
j'étais il y a quinze jours avec des impressions bien différentes[1]. Je vous dois de n'être pas beaucoup plus malheureux, plus malheureux encore que je ne le suis. Si
vous aviez désapprouvé mon voyage j'aurais été cruellement déchiré; quel qu'eût été le parti que j'eusse pu
prendre, j'aurais été dans une contradiction douloureuse
avec moi-même; car je regarde votre approbation, votre
tendresse, ma chère tante, comme une partie de ma
conscience, et je suis aussi malheureux quand je crois
que vous me désapprouvez que lorsque j'ai de véritables
remords. Vous m'avez épargné cette souffrance. Vous
avez senti que je faisais bien en rendant à une personne
excessivement malheureuse le seul service qu'elle soit
susceptible de recevoir dans sa situation, et un service
que moi seul puis lui rendre. Ma peine n'est donc plus
de cette nature agitée et tourmentante, la plus amère
de toutes parce qu'on n'est pas content de soi. Lorsqu'on
est bien convaincu qu'il n'y a dans telle situation qu'une
route à suivre, la raison perd son empire et l'on domine
la douleur. Le devoir est dans toutes les choses de la
vie ce qui donne le plus de repos.

Il m'est doux, ma chère tante, de vous devoir cette
consolation. Au moment où j'ai vu que vous sentiez que

---

1. Il venait de repartir pour l'Allemagne, afin d'y rejoindre Mme de
Staël, de lui apprendre la mort de M. Necker et de la ramener à Coppet.

je devais partir, mon âme s'est apaisée. C'est à vous que je dois de m'avoir mis d'accord avec moi-même.

Je ne puis encore vous mander quand je serai de retour. Mais tout me porte à croire que mon voyage ne sera pas de longue durée. Ce que je puis vous dire, c'est que chaque heure me fortifie dans l'idée de vivre, au moins pour longtemps, loin du pays que j'ai habité depuis quelques années ; et quoique j'y aie formé beaucoup de liens qui me sont chers, quoique tous mes arrangements soient de nature à rendre un déplacement incommode, depuis qu'il m'est évident qu'il n'y a ni bien à faire ni honneurs à acquérir, je n'éprouve de cette résolution qu'un regret très supportable. L'indécision est le grand supplice de la vie. Ai-je besoin d'ajouter, ma chère tante, que ce qui répand le plus de douceur dans mes projets, c'est l'idée de passer près de vous une grande partie de ma vie et de profiter de mon indépendance pour vous consacrer tout ce que vous voudrez bien accepter ?

Je vous écrirai, ma bonne tante, dès que j'aurai rejoint la malheureuse amie qui va être frappée d'un coup si terrible, et je vous dirai ce qu'elle devient. Mon vœu le plus vif est de vous revoir bientôt ; il me semble que nous nous sommes mieux entendus pendant les deux courtes soirées que nous avons passées ensemble, et mon amitié, ma tendresse qui ne pouvait pas augmenter en est en quelque sorte devenue plus vive, parce que mon cœur est plus complètement à son aise avec le vôtre.   B. C.

100. — A Mme LA COMTESSE DE NASSAU, NÉE DE CHANDIEU.

Genève, 21 novembre 1804.

J'ai remis ce matin, ma chère tante, l'argent à un homme qui m'a laissé en échange votre carte ; il avait été à Coppet sans me trouver. Je touche au moment de mon départ; une fois à Dôle, je pousserai jusqu'à Paris; il me tarde de savoir si et comment on peut vivre dans cette capitale. Tant que je ne le saurai pas par moi-même, je serai dans un état de désagréable incertitude.

Est-il vrai que Sévery se marie avec Antoinette [1]? Il aura une bonne et aimable femme.

Nous ne sommes pas occupés ici de mariage, mais de la peste d'Italie sur laquelle on fait les contes les plus extravagants; on avait répandu hier le bruit que la fièvre jaune ou la peste était à Milan; tout se réduit à des on-dit sur Livourne; cependant ou prend beaucoup de précautions en Suisse, car on a renvoyé de Coppet un Italien qui avait quitté son pays depuis six mois.

J'ai toujours prétendu que nous finirions par la peste, ce ne sera pas encore cette année; mais elle revient tous les ans, et chaque fois avec plus de force. On m'écrit de Paris que le roi d'Espagne compte en profiter ainsi que des tremblements de terre et de la révolte, pour se déclarer empereur. Le moment est bien choisi.

Adieu, ma chère tante, aimez-moi la moitié ou seulement le quart comme je vous aime.

Benjamin Constant.

---

101. — A Mme la comtesse de Nassau, née de Chandieu.

Coppet, 1804.

J'allais vous écrire, ma chère tante, en envoyant Audonnin à Lausanne au moment où l'on me remet votre lettre. Je ne saurais vous dire quel sentiment de reconnaissance, de tendresse, de respect elle a fait naître en moi. De toutes les preuves d'amitié que vous avez daigné me donner, celle-ci est celle qui m'a été la plus chère.

---

1 Mlle de Loÿs, sa cousine germaine.

Je commence par vous dire que si j'étais décidé ou si je me décidais au mariage dont vous me parlez, je suivrais en tout vos conseils. Je garde votre lettre pour être certain de m'y conformer de point en point. Il est sûr que l'affection profonde dont Mme de Staël m'a donné tant de preuves et une dernière qui pour être inconsidérée dans sa forme n'en est que plus touchante pour moi, il est sûr, dis-je, que cette affection et le sentiment que de mon côté j'éprouve, sentiment qui va jusqu'à une douleur physique insupportable quand je veux lui résister, rendent toute idée de rupture violente inadmissible désormais.

Mais vous savez que nous sommes convenus de passer six semaines ensemble. Le 15 octobre elle part pour Vienne : elle y passera six mois. Il est possible que l'absence, la distraction, le temps apportent à nos dispositions mutuelles quelque changement. Je sens les inconvénients de ma situation actuelle. Mais ces inconvénients ont duré tant d'années que six semaines de plus ne sont pas un objet, quand elles peuvent être employées à réfléchir sur un parti qui décide de toute la vie. Le 15 octobre j'irai près de vous et je me reposerai dans votre douce et bonne amitié, et s'il m'est prouvé que Mme de Staël sera plus heureuse par le mariage, à son retour, je suivrai littéralement le plan que vous me tracez.

Combien je vous aime, ma chère tante, combien je me sens plus près de votre cœur par le sentiment même que la vue de la douleur d'une personne qui ne cessera jamais de m'être chère a fait naître en vous ! Oui, chère tante, il y a dans Mme de Staël quelque chose de bien plus vrai, de plus profond, de meilleur qu'on ne l'imagine. Croyez-moi, ce n'est pas par pure faiblesse que j'ai cédé si longtemps. C'est qu'au milieu de formes imprudentes il y a une nature profondément bonne. La faiblesse ne supporte pas dix ans de douleur, et le bonheur interrompu, imparfait, mais quelquefois bien grand qu'elle m'a donné est une preuve qu'elle a une valeur véritable.

Enfin, ma chère tante, je vous le jure, vous serez contente de moi, vous m'avez rendu justice. Il n'y a pas dans tout mon être un sentiment intéressé. Mme de Staël vous avait écrit une lettre bien touchante. J'ai voulu vous épargner la nécessité d'une réponse. Mais, quoi qu'il arrive, elle mérite votre intérêt.

Adieu, vous qui me servez de mère et qui m'avez aujourd'hui fait un vrai bien.

B.

---

102. — A Mme LA COMTESSE DE NASSAU, NÉE DE CHANDIEU.

1804.

Je serai jeudi soir chez vous, ma chère tante. J'espère que vous m'obtiendrez la permission de paraître chez vous en bottes, parce que, à moins que le temps ne soit mauvais, je ferai la course à cheval. Vendredi sera très beau pour moi, si vous me donnez à dîner! Mon père ne cesse de m'écrire pour hâter mon arrivée chez lui; cependant dans sa dernière lettre il m'accorde jusqu'au 22 novembre.

Le mariage de ma cousine [1] m'a étonné comme vous, ma chère tante. Je la croyais plus disposée à être sœur que femme; ce mariage décidera celui de Wilhelm de Sévery. Angletine sera une femme essentielle, spirituelle, convenable, qui fera honneur à son mari, élèvera bien ses enfants, recevra bien ses connaissances et gouvernera bien son ménage. Elle a de plus de la grâce et de la dignité dans une partie de l'esprit.

Il n'a tenu qu'à vous, ma chère tante, il y a quelques années, que je ne vous annonce la même nouvelle. Aujourd'hui il faut que la France se calme pour qu'un habitant de la France pense à autre chose qu'à avoir son cheval sellé dans son écurie. S'il fallait que je par-

---

1. Mlle de Sévery, qui épousait M. d'Effinger de Wildegg.

lasse de moi comme d'un autre, je dirais que je ne crois pas que je me marie, mais qu'il ne serait point impossible que je me laissasse marier, et ce n'est pas faiblesse de caractère, quoique cela en ait l'air. C'est qu'avec ma manière de sentir, il y a peu de situations convenables dans lesquelles je puisse être malheureux.

Je ne le serai sûrement pas, ma chère tante, tant que je pourrai dire que vous m'aimez.

B. C.

---

103. — A Mme LA COMTESSE DE NASSAU, NÉE DE CHANDIEU.

Coppet, ce vendredi, 1804.

Je ne crois pas du tout qu'il soit nécessaire, ma chère tante, pour l'usage que je veux faire de cette procuration, de la faire viser à l'ambassade de France; je vais cependant m'en informer à Genève et vous le dirai mercredi prochain, jour où je me propose de vous aller voir pour passer le jeudi avec vous, si cela ne vous dérange pas. Mon père me presse d'une manière incroyable d'avancer mon arrivée à Dôle, de sorte que je ne pourrais guère retarder mon départ que de trois semaines au plus, et une fois ayant passé les montagnes il faudra que j'en profite pour aller jusque chez moi.

Le couronnement est encore renvoyé jusqu'à Noël; je pourrais donc, si je voulais, jouir de ce grand spectacle, mais je doute que mes affaires me le permettent et je passerai cette brillante époque à la campagne.

Adieu, ma chère tante, je vous embrasse.

B. C.

104. — A Mme LA COMTESSE DE NASSAU, NÉE DE CHANDIEU.

1804.

Je vous envoie, ma chère tante, l'autorisation de
Sévery et j'ai laissé au notaire le modèle de la procuration...

Le pape a obtenu un répit d'un mois, en conséquence
duquel le couronnement est renvoyé. S'il allait en profiter pour se faire protestant et se mettre hors d'état de
sacrer Napoléon! Vous savez que M. de la Turbie est
chambellan de la nouvelle cour avec deux autres Pié-
montais. Cette cour tout italienne étudiera les idées de
la France sur les pays étrangers. On accuse les Français
de ne savoir se prêter aux manières d'aucun autre pays
que le leur; ils se lavent bien aujourd'hui de ce reproche.

Vous allez me dire que j'écris des choses qui n'ont
pas le sens commun, en conséquence je finis avec l'espérance d'aller vous voir le plus tôt possible. Je mets
en ordre tout ce que j'ai écrit depuis un an et je me
livre à ce travail avec le double plaisir de l'étude et de
la paresse.   B.

---

105. — A Mme LA COMTESSE DE NASSAU, NÉE DE CHANDIEU.

Coppet, mardi.

Je me suis maladroitement engagé hier à dîner, ma
chère tante, pour demain, mercredi, avec quelques amis
à Genève; cela me rend impossible d'aller à Rolle, mais
j'irai vendredi, si cela ne vous dérange pas.

Votre messager a certainement pris un autre pour
moi, car je n'étais pas levé lorsqu'on est venu m'avertir
qu'on me demandait à Coppet, et je me suis levé en
hâte. Ce n'était pas par coquetterie, mais encore fallait
il des vêtements pour me présenter devant vous.

Adieu, chère tante, à vendredi.   B.

106. — A Mme LA COMTESSE DE NASSAU, NÉE DE CHANDIEU.

Paris, rue du Bac, 560, ce 15 février 1805.

Je n'ai pas répondu tout de suite, ma chère tante, à votre excellente lettre ; je n'ai rien de mieux à faire ici que de vous écrire, mais je veux mettre quelque discrétion dans ma correspondance parce que, ne pouvant renoncer au bonheur de recevoir une réponse, je crains de vous condamner à une chose qui malheureusement vous ennuie autant qu'elle me fait plaisir.

Depuis ma dernière lettre, j'ai partagé mon temps entre la campagne et Paris ; j'ai plus travaillé qu'on ne travaille d'ordinaire dans une aussi bruyante ville, quand on n'y vit pas toujours et qu'on ne s'y fait pas une solitude. Mais j'ai moins travaillé que je n'espérais. Au reste, le but de mon travail est bien plus de m'isoler de toutes les choses auxquelles je ne veux plus penser, que d'être prêt à une époque fixe ; point de public, point d'intérêt pour les idées, beaucoup pour les places et les profits du moment ; un essoufflement continuel dans tous ceux qui courent après la fortune, une indifférence parfaite dans ceux qui n'ont pas besoin de courir après, une fierté dans ceux qui n'obtiennent rien, assez semblables aux victimes dont on dore les cornes avant de les sacrifier, un léger sourire dans ceux qui ont obtenu, comme pour vous prouver qu'ils sont au-dessus de leurs succès : voilà Paris !

La conversation habituelle des dîners, c'est la formation des maisons des différents princes, et comme heureusement elles ne sont pas toutes formées, il y aura encore de quoi fournir aux entretiens de ce mois. J'en entends parler à peu près tous les jours pendant trois heures, parce que j'ai besoin de trois heures de société par jour, c'est-à-dire que j'ai besoin d'une espèce de bruit auquel je ne prenne point de part et qui me distraie. C'est une symphonie moins harmonieuse, mais qui a le

même résultat que celle de Hayden. En conséquence, je
me suis arrangé, et c'est facile, pour dîner à peu près
tous les jours en ville quand je suis à Paris.

Je dois souper aujourd'hui avec M. de Humboldt, le
fameux voyageur du Mexique et du Pérou ; il rapporte
beaucoup d'observations intéressantes, six mille plantes
et la plus belle collection de crânes américains. J'aime
mieux ces crânes que les têtes de certains peuples, et je
compte les examiner beaucoup, d'autant que vous convenez qu'ils se laissent examiner très paisiblement.

Je n'ai pas vu ici Mme de la Turbie ; elle vit non pas
très retirée, car elle va souvent au cercle, mais très ren-
fermée quand elle ne va pas à la cour. Son mari met un
tel prix à elle, qu'il ne permet à personne de l'approcher.
On dit même que, lorsqu'il le faut, il emploie des moyens
d'une nature peu ordinaire pour réconcilier sa femme
avec la solitude ; mais ces moyens, pour être peu communs, n'en sont que plus efficaces.

Mme. d'Effinger de Wildegg ne viendra-t-elle pas faire
un tour à Paris ? C'est l'habitude des nouveaux mariés ;
au reste, vous m'avez marqué, ma chère tante, qu'elle
était très peu nouvelle mariée.

Adieu, ma chère tante, je retournerai bientôt à la
campagne, je l'ai supportée pendant quinze jours au
milieu de janvier, ce qui me fera trouver la fin de février
superbe ; il n'y a dans le monde que bien choisir ses
points de comparaison. Je vous aime et vous demande
de vos nouvelles avec toute l'indiscrétion d'un attachement qui ne sait pas s'imposer de privations.

B. C.

---

107. — A Mme LA COMTESSE DE NASSAU, NÉE DE CHANDIEU.

Paris, ce 24 mars 1805.

Je n'ai pas répondu tout de suite à votre lettre, ma
chère tante, parce que j'ai appris par la réponse des

MM. Mallet que le 20 février ils avaient envoyé à
Mlle Rieu le compte qu'elle désirait. Depuis lors j'ai
été à la campagne quelques jours et suis maintenant
bien tristement occupé. Une personne [1] que je connais
depuis dix ans et à laquelle je suis tendrement attaché,
se meurt de la poitrine. C'est la même personne que
j'ai été voir l'été dernier à Soleure et qui a vu mourir
son fils il y a quelques mois. La douleur et la fatigue
des soins qu'elle lui a donnés l'ont jetée dans un état
sans ressources et les médecins l'ont condamnée, et je
suis le triste spectateur de cette destruction graduelle
et douloureuse. Elle trouve encore quelque plaisir aux
soins que je lui rends et je passe presque la totalité de
ma journée m'entretenant avec elle de projets que je
sais au fond du cœur ne devoir se réaliser jamais et
malheureux également de ses illusions et de ses souffrances. Dans le même temps, c'est-à-dire il y a environ
douze jours, un homme que je connaissais beaucoup
et dont la société m'était très agréable, un homme gai,
spirituel, insouciant, plein de grâce dans l'esprit obser-
vateur et ayant avec moi, ce qui n'est pas commun
aujourd'hui, une analogie parfaite dans les opinions sur
divers sujets, s'est brûlé la cervelle par suite du dérangement de ses affaires. Il devait venir avec moi à la
campagne le jour même où il a pris cette funeste disposition. Je ne l'ai apprise qu'après mon départ, l'ayant
attendu tout le matin et étant parti dans l'après-dîner
dans la supposition qu'il avait renvoyé cette course à
une autre fois. Ces deux circonstances ont jeté sur ma
vie une tristesse dont je ne puis me relever. Si je n'étais
retenu ici par le devoir de l'amitié, j'irais demander à
la campagne un peu de calme ou chercher quelque distraction dans un voyage. Mais il faut remplir jusqu'au
bout la triste fonction qui m'attend et dont le terme n'est
malheureusement que trop rapproché ! En perdant cette

1. Mme Talma.

malheureuse femme je perds ma société la plus habituelle, le lieu de réunion de la plupart de mes amis, la personne en qui, dans Paris, j'avais le plus de confiance, celle qui m'aimait de la manière la plus désintéressée et la plus douce, enfin une femme qui m'a souvent fait du plaisir et qui ne m'a jamais causé de peine. C'est ainsi que ce qu'on aimait disparaît successivement sans qu'aucun vide se remplace, et l'âge s'oppose à ce qu'aucun sentiment nouveau jette des racines dans le cœur. La génération nouvelle voit la vie sous un point de vue trop différent de nous, pour qu'elle puisse nous être autre chose que l'objet d'une bienveillance dont la plupart du temps elle ne veut pas profiter et qui lui paraît importune et incommode. La société muette de mes amis morts devient bien plus nombreuse que celle de ceux qui suivent et l'on erre dans le monde où l'on ne reconnaît la route qu'on a parcourue que par les monuments funèbres dont elle est semée.

Je sais, ma chère tante, que j'ai tort de vous écrire de si tristes réflexions ; il m'est impossible de ne pas le faire, mais tant qu'elles ne sont pas écrites, elles ont quelque chose de plus vague et traversent plus fugitivement la pensée.

Nous avons vu par les journaux l'établissement du royaume d'Italie. Il est possible que cela nous attire la guerre ; tout semble l'annoncer. Je souhaite bien et j'espère qu'elle restera éloignée de la Suisse. L'avenir est sombre et je ne vois guère de points lumineux à l'horizon.

Adieu, chère tante, je vous écrirai quand je serai dans une diposition moins lugubre. Une lettre de vous contribuerait bien à m'y transporter.

Mille et mille tendresses.

BENJAMIN DE CONSTANT.

108. — A Mᵐᵉ DE NASSAU, NÉE DE CHANDIEU.

Genève, ce 10 septembre 1805.

Je n'ai pas répondu à votre petite lettre, ma chère tante, parce que je comptais aller moi-même vous dire que celle qu'elle contenait était partie pour Naples et qu'on m'avait bien solennellement promis qu'elle arriverait à sa destination; mais au moment de monter à cheval, samedi dernier, j'ai été pris d'un mal de tête si violent que j'ai dû renoncer à mon projet.

Que dites-vous, chère tante, des empereurs, qui poussent autour de nous comme des champignons? C'est une grande politesse faite au nôtre que de le prendre ainsi pour modèle ; de la sorte, il ne sera plus le dernier des empereurs, et il y en aura un plus jeune que lui : ce qu'il ne devait pas espérer. Peuples et rois, empereurs anciens, empereurs nouveaux, tout me paraît digne d'un même sentiment. Vous pensez bien que ce sentiment doit être de l'estime.

Que dites-vous aussi des conventions de juifs faites par le cardinal Fesch? Je l'ai connu jadis, fournisseur de vivres et de viande d'une armée qui faisait sous ses fournitures une pénitence beaucoup plus sévère que celle des fidèles. Sous son cardinalat, il était bon vivant, assez fripon, mais complaisant et social, et ses habitudes étaient assez juives; j'espère que depuis qu'il convertit des juifs il a commencé par lui-même.

Je ne vais point en Italie, ma chère tante; nos petites affaires me rappellent chez moi, et, si je n'avais point d'affaires, je passerais l'hiver près de vous et je n'irais pas en Italie.

Je n'aime pas assez l'agriculture pour aller planter des choux à Boulogne avec l'armée des Côtes, qui mange, dit-on, les légumes qu'elle-même a semés. C'est fort touchant; j'espère qu'elle publiera bientôt ses mémoires sur le jardinage; pour peu que cela dure, elle se promènera sous les arbres qu'elle aura plantés, et ce sera plus touchant encore. Au lieu de faire des descentes, on fait des bucoliques ; quel dommage qu'elles coûtent des centaines de millions !

Adieu, ma chère tante, j'espère bien aller vous embrasser samedi.

B. C.

---

109. — A Mme LA COMTESSE DE NASSAU, NÉE DE CHANDIEU.

Genève, ce 18 octobre 1805.

Il y a énormément longtemps, ma chère tante, que je n'ai reçu de vos nouvelles ; je ne suis plus accoutumé, ni par conséquent résigné à votre silence, et je ne veux pas attendre à un autre courrier pour m'en plaindre. J'espère, au reste, n'avoir qu'à m'en plaindre, et pas à m'en affliger, et qu'il vient uniquement de votre paresse. S'il tenait à des raisons de santé, je vous supplie de me le mander de suite.

Les grandes nouvelles se succèdent avec une rapidité inouïe. L'affaire de Cadix est plus décisive qu'aucune affaire le fût jamais. J'ai vu une relation détaillée, vaisseau par vaisseau, de tout le combat et de ses suites ; il n'y a pas un vaisseau français ni espagnol qui soit en état de tenir la mer ; il a péri près de 15,000 hommes et tout ce qui restait de la marine française. Pendant ce temps-là, l'empereur avance vers Vienne où l'on disait hier qu'il était entré le 9. Le courrier d'Allemagne nous apportera ce matin la confirmation de cette nouvelle, si elle est vraie. Il en circulait une tout opposée avant-hier. On prétendait qu'un Allemand avait reçu à Genève une lettre d'un de ses parents, officier autrichien, qui annonçait une victoire des Russes et 30,000 Français tués ; comme je n'en entends plus parler, je n'y crois pas.

Cette guerre, malgré tous ses succès, commence à

produire à Paris de tristes effets. La faillite de M. Récamier est de vingt-sept millions ; elle doit en entraîner plusieurs autres, et il y en a déjà eu deux de cinq à six millions, car on ne compte plus que par millions dans ce moment-ci. J'en suis cruellement affligé pour Récamier, que je connais pour un homme d'une délicatesse admirable, et pour sa femme qui était la douceur, la bonté, la bienfaisance mêmes. Le mécontentement est prodigieux à Paris, à cause du dérangement des finances, et toutes les victoires ne peuvent le calmer. La police a été obligée de faire des règlements contre les attroupements devant la banque, mais la police n'est pas un excellent moyen de crédit !

L'empereur serait, selon les journaux il y a quelque temps, à Vienne avant Noël, à Londres avant Pâques. L'affaire de la flotte renvoie cette dernière partie de la prédiction au moins à la Pentecôte. Adieu, chère tante, je vous enverrai par le courrier prochain 5,000 francs de Suisse à répartir comme vous le jugerez convenable sur la Vallombreuse. Il y a à Paris non seulement défense de sortir du numéraire de la ville, mais d'en rassembler chez soi ; ce qui nécessite, dit-on, des précautions assez peu agréables pour les individus soupçonnés d'y contrevenir.

Je vous embrasse tendrement, écrivez-moi donc.

B. C.

---

110. — A Mme LA COMTESSE DE NASSAU, NÉE DE CHANDIEU.

Coppet, ce 1er novembre 1805.

J'ai reçu, ma chère tante, une nouvelle lettre de mon père m'annonçant qu'il retourne à Besançon le 2 de ce mois ; cette fois, c'est pour des procès qui ne laissent pas que de m'inquiéter, car il ajoute que s'il les perd, il sera forcé de vendre sa maison et ne saura plus alors que faire. J'aime à espérer : mais mon père a un grand talent pour perdre les procès qu'il soutient, même lorsqu'il a raison.

Je vais, en attendant le moment de son retour, passer quelques jours à Genève pour me rapprocher de Butini, pour mes yeux, et de la bibliothèque, pour des livres, quoiqu'une bibliothèque et des yeux malades paraissent deux choses contradictoires.

Vous aurez lu le neuvième bulletin et les 67,000 prisonniers, et la promesse que fait l'empereur à ses soldats que l'on s'occupera d'eux d'âge en âge et dans cinq cents ans de chacun d'eux, et le conseil donné à son frère d'Allemagne. Mais avez-vous vu dans le *Journal du publiciste* un article bien autrement remarquable, bien autrement décisif que tout ce qui a été imprimé jusqu'à présent? Il y est dit que les derniers événements prouvent que l'Europe est dans un état d'anarchie comme la France avant l'arrivée de Bonaparte, que lorsqu'un nombre de nations est dans cet état, il en est comme d'une seule qui est heureuse de trouver un homme qui l'en tire, que l'empereur est donc forcé de soumettre cette Europe anarchique à une seule volonté, et de faire le bonheur, non pas d'un peuple, mais de tous les peuples; c'est clair, cela, et je ne sais ce qu'en diront nos frères de Prusse, etc. On dit, au reste, que le frère de Prusse est très choqué de la liberté que nous avons prise d'emprunter son territoire; cependant, puisque nous voulions prendre le chemin le plus court, il fallait bien que ce fût par ses Etats. Nous avons, à la vérité, fait des réquisitions de vivres et même un peu pillé la ville d'Anspach, mais quand on passe par un pays, ce n'est pas pour y mourir de faim. Nous en serons quittes pour destituer le préfet de Berlin s'il raisonne.

Avez-vous lu *René?* Je suis impatient d'en savoir votre avis. Ecrivez-moi bientôt, ma chère tante, et aimez-moi comme je vous aime.　　　　　　　　B.

111. — A Mme LA COMTESSE DE NASSAU, NÉE DE CHANDIEU.

Coppet, 1805.

Ce n'était pas du tout, ma chère tante, que je n'eusse pas beaucoup à écrire, car j'ai toujours beaucoup à vous écrire ; ce n'était pas du tout ce qui m'a empêché de prolonger ma dernière lettre, mais la bise, l'humidité, tous les fléaux de cet exécrable automne ont fait beaucoup de mal à mes yeux, et je ne puis m'en servir qu'avec assez de difficulté. Le temps, qui paraît se remettre au beau, les rétablira peut-être. Comme le plaisir est le meilleur de tous les remèdes, je vais me donner celui de vous aller voir ; je compte partir lundi pour Lausanne et y passer huit jours, et ensuite j'irai chez mon père, qui m'a donné rendez-vous depuis le 23.

Dans quelque situation que je vous trouve, ma chère tante, en haut, en bas, ou suspendue entre deux, je ne vous en aimerai pas moins. Je suis moi-même très disposé à vous regarder comme mon prophète, et je serai, je vous assure, le plus dévoué, le plus fidèle de vos musulmans. Je voudrais seulement qu'au lieu de fendre la lune en deux, comme Mahomet, et de la faire passer dans votre manche, vous fissiez un petit miracle pour me rendre de bons yeux ; je vous serais un sujet plus utile. Il est vrai que vous y perdriez un peu de la gloire du miracle, car il n'y aurait que moi qui en sentirais le mérite ; mais je vous en écrirais de plus longues lettres, et des lettres plus faciles à lire ; j'ai bien peur que celle-ci ne soit pas dans ce cas, car je suis obligé de l'écrire les yeux fermés et ne puis la relire.

Adieu, chère bonne tante, je vous aime passionnément et vous embrasserai lundi soir.

B.

112. — A Mme LA COMTESSE DE NASSAU, NÉE DE CHANDIEU.

Coppet, ce 12 octobre 1805.

Je ne m'effraye pas du tout, ma chère tante, de ce que les fermiers se montrent si difficultueux ; il me paraît toujours impossible que 48 poses ne rapportent pas plus de 1,000 francs de Suisse, mais je désire (et ce sont mes finances qui m'y portent) que nous ne mettions rien en dehors cette année, car malgré l'emprunt·que j'ai fait pour cet achat..... (*mots illisibles*).

Les hostilités sont commencées, les Français ont attaqué près d'Ulm et je ne sais encore aucun résultat de l'affaire ; je demande au ciel de protéger la cause qui est juste, c'est-à-dire de se déclarer contre les ennemis des bons Français.

Ce n'est point pour un procès que mon père est allé à Besançon, mais pour reconduire une petite fille qui y est en pension.

Adieu, ma chère tante, je rêve une course à Lausanne, car j'ai une vraie soif de vous embrasser.

B. C.

———

113. — A Mme LA COMTESSE DE NASSAU, NÉE DE CHANDIEU.

Ce 6 novembre 1805.

Je ne saurais vous dire, ma chère tante, combien vos lettres me font plaisir ; je voudrais que vous ne vous rassasiez pas de m'écrire, malgré votre paresse, vos yeux qui ne sont pas meilleurs que les miens, et la nécessité de ne parler qu'à demi ou point du tout sur bien des choses.

Nous sommes tout à fait du même avis sur *René*. C'est un sujet, celui-là, qu'on peut traiter librement par la poste. Je regarde cet ouvrage comme une des plus belles choses qui aient été écrites dans la langue française ; mais lorsqu'à la fin du roman je trouve le discours sévère et juste du père, je sais bon gré à l'auteur d'avoir réuni beaucoup de raison à la conception et à la peinture de toute l'exaltation et de tout le vague qui paraissent à la jeunesse au-dessus de la raison ; ce contraste rapide fait un effet extrême et d'autant plus grand que le lecteur ne s'attend pas à trouver l'auteur, qui a si bien décrit la rêverie de René, capable de la juger et de l'apprécier suivant les idées communes.

Au reste, Chateaubriand a mis si peu de raison, ou plutôt tant de folie, dans le reste de ses cinq volumes, qu'il n'est pas étonnant qu'ayant voulu être raisonnable une fois, il ait trouvé une quantité de bon sens disponible.

On dit que le roi de Prusse vacillant est partagé entre la colère et le désir de rester en paix. Il délibérera, je suppose, jusqu'à ce qu'il ne soit plus temps pour lui de délibérer, c'est une partie de la fortune de notre empereur que les délibérations et les délais de ceux qui tôt ou tard doivent devenir ses ennemis. On dit qu'il a fait dire au roi de Prusse que s'il entrait dans la coalition, la France rendrait à l'Autriche la paix de Lunéville et se joindrait à elle pour tomber sur la Prusse.

En attendant, l'enthousiasme est réellement très vif à Paris ; je ne sais pas s'il a augmenté par la promesse contenue dans la dernière proclamation de l'empereur de remplacer les conscrits dans la culture des terres par des prisonniers autrichiens. Est-ce la même chose pour une mère d'avoir chez elle un Autrichien ou son fils ?

Je vais après-demain passer quelques jours à Genève ; je n'ai rien reçu de mon père depuis ma dernière lettre, je suis inquiet de sa santé et de ses procès.

Adieu, ma chère et bien-aimée tante !   B. C.

---

114. — A Mme LA COMTESSE DE NASSAU, NÉE DE CHANDIEU.

Genève, 1805.

Je vous prie, ma chère tante, de me mander par un petit mot quand vous serez précisément à Lausanne ; il me tarde de vous revoir, il y a bien longtemps que je n'ai pas eu ce plaisir. Je ne suis que simple spectateur des tragédies qui font l'occupation de Genève; elles n'auront d'influence pour moi que de fixer mon retour ici au 28 décembre, jour où l'on jouera *Mérope* pour commencer. Indépendamment de mon peu de goût pour apprendre par cœur, j'ai depuis huit jours des rhumatismes au bras que je ne puis faire passer et qui nuiraient beaucoup à l'élégance du geste.

Adieu, ma chère tante, j'attends impatiemment votre réponse. Nous passerons encore quelques bonnes petites soirées ensemble.

B.

---

115. — A Mme LA COMTESSE DE NASSAU, NÉE DE CHANDIEU.

Ce vendredi matin.

Au moment où je fermais mon billet, ma chère tante, je reçois votre lettre d'hier qui dérange un peu mes projets. Je voudrais bien vous voir le plus tôt possible, et si vous aviez voulu que j'aille avec vous quelques jours à Rolle, cela m'aurait fait grand plaisir, j'aurais apporté avec moi quelques livres, j'aurais très bien arrangé ma vie : je suis tellement accoutumé à travailler que la solitude de la matinée et de la soirée ne m'est point pénible, de sorte que je me serais trouvé à Rolle tout aussi bien qu'ici, en ayant le bonheur d'être près de vous; mais voyant que vous vous dérangez pour moi, j'ajourne ma visite vers le 30 décembre, c'est-à-dire pour passer avec vous le jour de l'an. Je suis très tenté de me fâcher contre vous de ce que vous me dites que je n'ai pas plus le temps de lire de longues lettres que d'en écrire; ne sentez-vous pas, ma chère tante, qu'en vous écrivant de Genève, je crois écrire à une foule de lecteurs, et je ne sais causer que dans le tête-à-tête; du reste, je serais bien heureux de longues lettres si je les

écrivais pour vous seule, et je serais plus heureux d'en
lire de longues si vous m'en écriviez.

Adieu, ma bonne tante.

B. C.

----

116. — A Mme LA COMTESSE DE NASSAU, NÉE DE CHANDIEU.

Genève, ce 25 décembre 1805.

Je vous écris, ma chère tante, dans une disposition
d'esprit assez triste, j'apprends que la pauvre Mme de
Charrière de Colombier [1] est mourante ou peut-être
morte à présent. La mort réveille toujours mille souvenirs que l'agitation de la vie rend confus et moins
possibles ; et, quoique nous ne fussions pas depuis longtemps dans une correspondance suivie, je me suis trouvé
reporté par cet événement à l'époque de nos liaisons les
plus intimes. J'avais formé le projet d'aller la revoir ;
mais son danger vient d'une faiblesse excessive qui rend
toute émotion dangereuse, et j'ai craint d'ajouter encore
à son mal, de précipiter le moment qu'on m'annonce
être presque inévitable. Je ne sais quel nuage de mort
plane depuis quelques années. J'ai vu mourir depuis
deux ans une foule de personnes que j'aimais à des
degrés différents, que j'avais connues dans ma jeunesse,
qui avaient toutes pour moi de la bienveillance et qui
toutes étaient dans la force de la vie. Aucune de ces
pertes ne se remplace. Le temps des nouveaux liens est
passé, le monde se dépeuple, et quoique je ne sois pas
vieux encore, je compte plus d'amis dans le tombeau
que sur cette terre.

Pardon, ma chère tante, de ces réflexions si tristes
dont je ne devrais pas vous occuper. Mais il m'est si
doux de vous écrire ce que je pense, et il m'est impossible
en vous écrivant de ne pas me livrer à ce qui m'occupe

----

1. Voir Introduction, pages XVIII et suivantes.

Dites-moi par quelle magie, pendant que tout ce qu'il y
a de bon meurt, il y a des gens qui font le malheur du
monde et qui bravent tous les dangers, toutes les intem-
péries, toutes les fatigues sans être atteints du moindre
rhume.

Adieu, ma chère tante. Si, comme je le pense, on
joue *Mérope* le 30 décembre, je partirai le 31 pour passer
la journée du nouvel an près de vous, cela me portera
bonheur pour tout le reste de l'année.

B. C.

---

117. — A Mme LA COMTESSE DE NASSAU, NÉE DE CHANDIEU.

Genève, ce 18 février 1806.

Me voici de retour, ma chère tante, ayant laissé mon
père en assez bonne santé, content de mon voyage et de
moi, cela m'est un grand repos quand je le sais satisfait; dans le cas contraire, aucun raisonnement ne me
calme, j'ai une conscience à laquelle il ne suffit point
d'avoir raison, et le bonheur des autres m'est plus
nécessaire que le mien.

Je suis revenu de ma course assez malade, dix
pieds de neige sur les montagnes, une voiture qui me
secouait horriblement, un gros rhume et de la fièvre;
toutes ces circonstances m'ont fort éprouvé, — mais je
me remets.

On joue toujours ici la comédie, avec un grand
succès. *Alzire* a été hier parfaitement donnée; c'est une
pièce bien déclamatoire, mais dans laquelle il y a une
telle foule de beaux vers, qu'après l'avoir jugée sévèrement, on se sent à chaque instant entraîné ou ému en
dépit de ses critiques. Lorsque mon rhume sera tout à
fait passé et que ma voix sera remise à ma disposition,
je compte jouer encore une fois le rôle de Zopire. C'est
bien mal à vous, ma chère tante, de ne pas avoir plus
de curiosité pour les talents de votre neveu. Malgré cela

je vous pardonne, parce que je compte me dédommager dans votre petit salon de toutes vos rigueurs publiques.

Adieu, ma chère tante, donnez-moi un petit signe de vie, j'en ai toujours besoin, et aujourd'hui plus que jamais, puisqu'il y a près de trois semaines que je ne sais rien de vous et que je ne puis aller vous voir.

B. C.

---

118. — A Mme LA COMTESSE DE NASSAU, NÉE DE CHANDIEU.

Genève, ce 28 mars 1806.

Je vous remercie bien, ma chère tante, de la nouvelle que vous me donnez du mariage de Wilhelm de Sévery. Je ne doute pas qu'il ne soit heureux ; il a toutes les qualités qui peuvent faire le bonheur d'une femme ; son excellent caractère et son aimable humeur rendent son commerce un continuel plaisir.

J'espérais être en convalescence, mais depuis hier au soir j'ai repris des accès de toux assez pénibles. Butini [1] prétend que dès que j'aurai passé huit jours à la campagne je serai parfaitement guéri ; je resterai quelques jours à Coppet pour rester sous les yeux de Butini.

J'en suis à mon quatrième vésicatoire, ce n'est pas que je ne me ménage presque ridiculement, je ne suis sorti de toute la semaine qu'une fois pour aller voir *Zaïre*, je refuse tous les dîners et toutes les soirées, et je vis comme un ermite.

Au moment où j'allais fermer ma lettre, je reçois la vôtre d'hier. La manière dont vous ajoutez sur l'adresse : « chez Mme de Staël » fait que je les reçois plus tard que ce ne serait sans cela. J'ai loué un appartement dans la même maison, mais tout à fait séparé et dans un autre étage. Si l'adresse était mise simplement : Rue des

---

1. Célèbre médecin genevois qui soignait Benjamin Constant, malade à ce moment-là.

Chanoines, » le facteur me l'apporterait directement, au lieu que par l'adresse que vous y mettez, il assure qu'on remet les lettres aux gens de Mme de Staël qui ne me les donnent que quand j'y vais, ou quand ils rencontrent mon domestique.

Voilà la guerre déclarée entre la Prusse et l'Angleterre ! combien nous aurons à causer, ma chère tante, quand j'aurai le plaisir de vous revoir ! car je compte bien plus pour mes plaisirs à Lausanne, sur le petit salon que sur les grands bals. Je sais qu'on y joue très bien la comédie ; si l'on veut se jeter dans le tragique, je me présenterai volontiers, pourvu que ma poitrine le permette.   B. C.

---

119. — A Mme LA COMTESSE DE NASSAU, NÉE DE CHANDIEU.

Genève, ce 1er juin 1806 (au moment [de partir pour Dôle).

Pendant que j'étais à Genève, ma chère tante, MM. Calandrini ont envoyé chez moi pour me dire qu'ils avaient de l'argent à me remettre.

Je pars au moment même pour Dôle, je ne sais combien de temps j'y resterai ; mon père a quelque envie que je l'accompagne à Besançon pour le jugement d'un de ses procès. J'ai quitté Lausanne avec un vif sentiment de regret et de reconnaissance pour toute l'amitié qu'on m'y a témoignée. Tous mes vœux et tous mes projets seraient d'y vivre, sans le météore qui menace le monde entier. Mais j'avoue que je ne puis me résoudre encore à vivre sous ce météore, et je suis indécis entre le pays où il ne répand pas sa sombre lumière et celui où mes affections se concentrent chaque jour plus. Je me déciderai bientôt. Vous sentez, ma chère tante, de quel poids l'espérance de vivre auprès de vous sera dans ma décision. Je n'ai pas besoin de vous répéter des assurances d'un sentiment qui ne finira qu'avec ma vie, et j'ai le bonheur de penser que vous y croyez.

Adieu, ma chère tante, je vous aime de toute mon
âme, et je vous regrette non seulement de tout mon
cœur, mais de tout mon esprit. J'espère que Mlle Rieu
continuera à se remettre.

B.

---

120. — A Mme LA COMTESSE DE NASSAU, NÉE DE CHANDIEU.

Auxerre, ce 10 juin 1806.

On m'a envoyé à Dôle, ma chère tante, votre lettre
adressée à Genève, qui aurait dû m'y parvenir car je
n'en suis parti que le dimanche et qu'elle a dû y arriver
le samedi ; vous en aurez reçu une de moi mardi où je
vous priais de m'écrire à Dôle [1], mais je n'y suis resté
que deux jours ; j'espérais encore trouver ici le notaire
chargé de mes affaires à Paris, ce qui m'aurait dispensé
d'y faire un voyage et donné la faculté de retourner plus
tôt près de vous comme je le désire, mais il était reparti
deux jours avant mon arrivée. Auxerre est la plus triste
des villes de France, ce qui est beaucoup dire. Le pays
est absolument sans bois et le terrain d'une sorte de
pierre calcaire qui fait la réverbération la plus désagréable. On croit marcher dans un tourne-broche de
fer-blanc, aujourd'hui que la chaleur est excessive. Il
passe beaucoup de chaises de poste, mais qui ne font
que changer de chevaux, de sorte qu'on n'y gagne pas
même de savoir les nouvelles de Paris ; je ne les sais que
par les journaux. Voilà la Hollande avec un roi catholique, voilà le cardinal Fesch électeur d'Allemagne et
coadjuteur de l'archi-chancelier. Nous verrons le résultat
de la Diète helvétique.

Si j'étais à Lausanne, ma chère tante, je ne penserais
plus du tout à la politique. J'ai senti qu'en m'y arran-
geant tout à fait je pourrais être tout à fait bien. Tous

---

1. Le père de B. Constant s'était établi à Dôle (Jura).

mes vœux et mes résolutions tournent de ce côté.

Adieu, ma chère tante, je n'attends ici que la réponse de mon notaire pour aller à Paris ou retourner à Dôle.

B.

---

121. — A Mme LA COMTESSE DE NASSAU, NÉE DE CHANDIEU.

Paris, ce 2 juillet 1806.

Mon père est rétabli de la fièvre, ma chère tante, son âge m'afflige et son isolement me tourmente. Mme de Staël est horriblement malheureuse de l'injustice prolongée[1] qu'elle éprouve et qui n'est pas à son terme. Je suis entre elle et mon père une espèce de garde-malade.

Je suppose que ma cousine de Wildegg est enfin accouchée, elle met autant de lenteur à cette dernière opération qu'à la première ; c'est une personne d'un esprit sage qui ne fait rien précipitamment. Wilhelm s'accoutumera bien vite à la paternité comme au mariage, c'est un grand bonheur que d'être interrompu par ses ouvriers dans les soins qu'on donne à sa femme, parce ces soins en deviennent plus piquants par l'espèce de difficulté. Plus je vois la vie, plus je me persuade que des ouvriers, une femme et des enfants sont le vrai bonheur, si bonheur il y a et, comme dit Chateaubriand, ce qu'on peut nommer ainsi ne se trouve que dans les voies communes. Ce qui sort de ces voies est une maladie, — même quand on les prend pour se former l'esprit et l'imagination, — comme les perles sont une maladie des huîtres.

Singulière chose, ma chère tante, qu'une ville de province de France ! On dirait que Paris a pompé tout ce qui reste du royaume, de l'empire ou de la république, comme on voudra l'appeler. Tout d'ailleurs n'est qu'imi-

---

1. Son exil de la France.

tation terne, commérage de seconde main. Un auteur
allemand de mes amis disait que c'était une grande
prodigalité de la nature d'avoir fait vingt-quatre millions
de Français; un seul exemplaire aurait suffi.

Adieu, ma chère tante, je finis mon bavardage sur la
grande nation pour ne pas trop en dire.

B. C.

---

122. — A Mme LA COMTESSE DE NASSAU, NÉE DE CHANDIEU.

Paris, ce 25 août 1806.

Je suis resté sept semaines sans vous écrire, ma
chère tante, et ce temps m'a paru bien long; mais une
suite de circonstances impatientantes m'a tenu d'un jour
à l'autre dans une incertitude qui me faisait toujours
ajourner de vous adresser une lettre.

Nous sommes d'accord en théorie sur bien des choses
que vous me mandez. L'indépendance ne fait souvent
qu'ajouter aux autres peines celle de se décider, et l'on
serait plus heureux si la nécessité s'en chargeait, mais
il en est de même de presque tout dans le monde, tous
les biens ont leurs inconvénients, tous les maux ont
leurs avantages. Huber, l'aveugle, est certainement
plus heureux par la manière dont il a plié lui-même et
les circonstances à son accident. On ne peut guère
cependant penser à se crever les yeux; il faut que le
hasard ou la passion se chargent des crises décisives de
notre destinée, et que la raison suive pour arranger de
son mieux la situation donnée. On achète sa maison
pendant la nuit, et on la meuble pendant le jour, du
moins je sens bien que je n'achèterai jamais de maison,
tant que j'en verrai deux, je coucherai dans la rue alternativement, à moins qu'une averse ne survienne, et que
je me réfugie dans l'une en oubliant l'autre.

Voilà bien du galimatias, ma tante, mais j'exprime
vaguement les idées vagues; la conversation irait bien

mieux, vous préciseriez les choses et nous causerions d'une manière fixe.

Je travaille le matin et je vais beaucoup au spectacle le soir, j'ai repris ce goût comme à point nommé pour suppléer à la société qui est toute dispersée par la saison, et j'attends paisiblement la fin de mes affaires, car je n'ai plus la faculté de m'impatienter. Cependant ce me sera un vrai plaisir quand je pourrai quitter Paris.

Mme de Wildegg doit être accouchée depuis long-temps, je l'espère, heureusement. Donnez-moi, je vous prie, quelque information sur cette augmentation de cousins ou de cousines, je suppose que Mme de Sévery doit être entrée dans la carrière dont Mme de Wildegg vient de sortir.

Adieu, chère tante, ne me punissez pas de mon long silence en ne me répondant pas, et croyez à mon éter-nelle et inviolable affection.   B. C.

Mon adresse est : rue Neuve-des-Mathurins, 40, à Paris.

----

123. — A Mme LA COMTESSE DE NASSAU, NÉE DE CHANDIEU.

Genève, ce lundi.

Cette lettre est la dernière que je vous écrirai de Genève, j'en pars demain pour Coppet, où je m'arrêterai quelques jours pour rassembler les livres et les papiers que j'y ai laissés; plus encore pour passer quelques moments dans un silence absolu, car il m'est resté de ma grippe des douleurs de poitrine qui sont le résultat d'une toux continuelle. Mme de Staël est partie hier pour Lyon et de là elle ira à la campagne, où elle fait venir son fils de Paris.

Je me propose de prolonger ma retraite à Coppet au delà de deux ou trois jours, et de la sorte je me promets le plaisir d'aller vous voir.

Sans doute, ma chère tante, je trouve très heureux

les gens qui se marient et je les trouve heureux surtout
d'oser se marier dans les circonstances actuelles. Quant
à moi, la terre entière me paraît trembler, et je trouve
que c'est déjà trop que d'avoir à prendre soin de soi-
même au milieu de l'épouvantable chaos qui ne fait que
s'accroître chaque jour. Voilà la Hollande qui y passe,
le sort de la Suisse ne peut être éloigné; je ne commu-
niquerai pas mes réflexions à Wilhelm.

B. C.

---

124. — A Mme la comtesse de Nassau, née de Chandieu.

Ce 3 octobre 1806.

Nous voilà donc, ma chère tante, propriétaires de
Vallombreuse [1], je voudrais bien que vous n'en eussiez
plus de regret; nous avons fait cette affaire ensemble,
c'en est assez pour me consoler fût-elle mauvaise. Je
suis convaincu d'ailleurs comme vous que ce bien,
n'étant plus dans les mains d'un propriétaire que ses
dettes poussaient à faire argent de tout, s'améliorera,
et je ne doute pas que nous ne trouvions un bon fermier.
Les affaires que je voudrais arranger ne vont pas aussi
vite que je souhaiterais. La guerre qui va éclater, juste
comme toutes celles que nous sommes forcés de soutenir contre l'ambition de nos voisins, n'en a pas moins
jeté beaucoup de tristesse parmi les capitalistes et beaucoup de stagnation dans les affaires; les acheteurs de
biens-fonds se retirent tant qu'ils peuvent. Je voudrais
pourtant terminer les affaires qui m'occupent pour me
rapprocher de vous et pour aller voir mon père dont les
procès vont toujours plus mal. C'est une triste situation
que la mienne, je n'ai pas même la douceur en faisant
pour lui tous les sacrifices qui sont en ma puissance,
d'espérer que ces sacrifices lui seront utiles. Il ne m'écrit

---

1. Vallombreuse, campagne située aux environs de Lausanne.

sur ses affaires que d'une manière vague et par insinua-
tion. Je n'en apprends les détails que par une personne
dont la sincérité m'est suspecte, malgré tout ce que je
fais pour me persuader que je n'ai pas raison de me
défier d'elle. Cette complication, la crainte de faire des
sacrifices inutiles et le dépit d'être dupe rendent mes
relations avec mon père extrêmement pénibles. Il en est
plus malheureux que moi et je n'en souffre que davantage. On n'a jamais vu arranger sa situation comme
il le fait toute sa vie.

Il ne m'a point parlé de ses projets sur moi s'il en a;
il m'écrit souvent, mais toujours d'une manière dé-
tournée, et jamais soit par lettre, soit de paroles nous
ne pourrons avoir une explication entière sur aucun
sujet ; c'est encore un résultat de la triste union qu'il a
contractée et qui, le plaçant toujours à son désavantage,
lui donne avec moi, comme avec tout le monde, un embarras continuel.

Quant à mes plans personnels, ma chère tante, ils
sont entièrement subordonnés à une question qui ne
tardera pas à se décider. J'aime beaucoup Lausanne :
dans l'état actuel des choses je ne demanderais pas
mieux que de m'y fixer. Vous êtes un motif suffisant
pour qu'un séjour dans lequel nous serions réunis soit
celui que je préfère. Mais Lausanne peut avoir le sort
de la Hollande, et c'est une chance à laquelle je ne puis
me résigner ; je n'entre pas dans de plus grands développements pour ne pas prolonger ma lettre inutilement.
Mais je crois que vous me comprendrez et je ne doute
pas que votre sentiment à cet égard ne soit conforme
au mien. Si la chose arrive j'irai m'établir ailleurs. Si
elle n'arrive pas, je serai heureux de prendre tous les
moyens de stabilité et de vivre au milieu de mes parents
et de mes amis.

Il y a bien une autre raison qui m'empêcherait de
changer de situation pour le moment. Je me suis fait un
devoir de replacer, si je le puis, une personne pour

laquelle j'ai une grande amitié, dans une situation heureuse. Mais j'espère y réussir bientôt et j'y suis déjà parvenu en grande partie.

J'ai rencontré une fois M. d'Albenas [1], il m'a dit il y a à peu près un mois de cela que son départ pour Lausanne était très prochain. Je ne sais si la perspective de son mariage accélère ou ralentit ses mouvements. Sauf votre respect, ma chère tante, je ne puis en démordre sur le mariage. Que des hommes vieux, laids, veufs et peu fortunés comme on m'a peint M. de Blonay [2], épousent de jeunes, riches et jolies personnes, cela prouve bien plus de penchant pour l'hymen dans celles-ci que dans ceux-là. Au reste j'en suis charmé, car si avec le démon de la prédestination qui me domine, j'arrive à réunir ces diverses qualités, je serai charmé de me trouver encore épousable.

Adieu, ma chère tante, mille et mille tendresses.

B. C.

---

125. — A Mme LA COMTÉSSE DE NASSAU, NÉE DE CHANDIEU.

Ce 18 mars, 1807.

J'ai eu en effet, ma chère tante, une petite lettre de vous, deux jours après avoir écrit celle dont vous m'annoncez la réception ; les nouvelles que vous me donniez sur votre santé m'avaient fort inquiété et je vous remercie de m'avoir rassuré. Ce maudit hiver porte malheur à toutes les santés, et le printemps ne veut pas venir. J'ai été assez malade depuis près de quinze jours, un rhume violent m'était tombé sur la poitrine et semblait m'annoncer une grippe pareille à celle qui s'est

---

1. Ancienne famille vaudoise d'origine française
2. Ancienne famille vaudoise.

acharnée sur moi l'hiver dernier. A force de silence et d'immobilité, je crois avoir gagné mon procès ; j'ignore si ce sera pour longtemps.

Je suis bien affligé de l'état de Mme de Sévery ; il est triste, avec tant de fraîcheur et de jeunesse, de se voir tout à coup menacée de n'avoir plus à traîner qu'une vie languissante. Dites, je vous prie, à Wilhelm la part que je prends à ses chagrins.

Je ne suis plus retenu ici que par une affaire que j'ai entreprise pour mon père, et qui, je crois, sera bientôt décidée. Il est question de le dispenser d'une somme qu'on lui demande le plus injustement du monde pour des biens nationaux qu'on lui a ôtés ; après j'irai le voir et me rendrai ensuite à Lausanne.

L'histoire de votre dame allemande est impayable ; une Française s'en tirerait mieux, elle prendrait ce jeune homme pour amant sans vouloir l'épouser, et elle réunirait ainsi autant de plaisir et plus d'honneur. Mais les Allemandes ont quelque chose de sérieux qui les suit presque dans leurs folies, et qui influe également sur leurs bonnes qualités et sur leurs défauts.

Adieu, ma chère tante.

B. C.

---

126. — A Mme LA COMTESSE DE NASSAU, NÉE DE CHANDIEU.

Coppet, 11 septembre[1].

Comment pouvez-vous penser, ma chère tante, que je partirai pour Paris sans retourner à Lausanne ; je suis tout à fait choqué de ce que vous me croyez assez stupide pour renoncer à passer au moins une soirée avec vous. Je comptais avoir ce plaisir beaucoup plus tôt ; mais je me suis imposé la tâche de finir pendant mon séjour ici une portion d'un ouvrage auquel je tra-

---

1. Sans date d'année ; cette lettre est peut-être antérieure à 1807.

vaille depuis longtemps et qui ne finit jamais, et ce projet que je n'ai pas encore accompli m'a entravé dans mes mouvements. Je suis resté également éloigné de Genève où j'ai des affaires et de Lausanne où j'aurais du plaisir.

Ma tante de Chandieu vous aura probablement montré une lettre de ma cousine de Sévery qui donne une idée assez nette de ce qu'elle a vu à Paris et de la manière dont elle observe ; cette lettre a parfaitement répondu à l'idée que je me faisais de ma cousine. De l'exactitude, de l'intelligence, de l'activité, un peu de sécheresse, beaucoup d'économie : voilà ses qualités distinctives, et cela n'est pas peu de choses pour son bonheur, pourvu qu'elle y joigne un peu d'égoïsme, car c'est le fonds qui manque le moins. Gardez-vous bien de dire mon opinion à ma tante ; quoique ce jugement ne soit pas défavorable, elle pourrait ne pas le trouver avantageux.

Je n'ai lu ni le poème de *Jephté*, ni aucun extrait de ce poème ; je crois en conscience avoir assez fait en lisant *Atala* — non qu'il n'y ait du talent et de belles expressions, mais le genre est monotone et le goût de l'auteur peu sûr. Que sera-ce des copistes mâles ou femelles ? Grâce au ciel, je ne suis pas une jeune personne du sexe de l'auteur de *Jephté* et ce ne serait qu'à condition qu'on me rendrait ma jeunesse que je le lirais. J'ai bien peur de ne pas lire non plus l'autre livre dont vous me parlez ; j'ai les oreilles rebattues de déclarations contre la philosophie. Quand nous nous sommes mis à parler dans un sens, nous n'en finissons pas. J'ajourne à dix ans toute lecture de ce genre. A cette époque, on se remettra à dire du bien de la philosophie : alors je reprendrai le dernier ouvrage dans lequel on en aura dit du mal et je serai au courant.

D'ailleurs, ma chère tante, à présent que tout le monde écrit, c'est bien assez, ce me semble, que chacun lise ses propres ouvrages ; je ne lis personne, à moins qu'on ne s'engage à me lire. Tout doit être réciproque. Or, comme *Jephté*, ni l'autre n'ont promis de lire ce que je publierai, je ne veux pas m'engager imprudemment à une lecture gratuite.

Je ne veux lire que moi (et vos lettres) ; vous voyez que je vais moins loin que l'auteur d'*Atala* qui y joignait Homère et la Bible.

Adieu, ma chère tante.

B. C.

---

127. — A Mme LA COMTESSE DE NASSAU, NÉE DE CHANDIEU.

Coppet, 18 septembre.

Je n'avais point été piqué, ma chère tante, de votre réponse à ma lettre ; mais, en trouvant que vous aviez tout à fait raison, j'étais affligé de cela même ; cependant je persiste à croire que jusqu'au moment où j'aurai pris une résolution et que je l'aurai exécutée, — car la prendre n'est rien, j'en prendrais plutôt trente que d'en exécuter une, — il ne faut plus tourmenter de mes incertitudes ceux qui veulent bien s'intéresser à moi ; mes embarras ne sont point dans les circonstances extérieures, mais dans la nature de mon cœur et de mon esprit.

Par conséquent, l'amitié ne peut que me plaindre, si je me montre malheureux, mais non me secourir. Si j'étais en prison physiquement, mes amis pourraient me donner le moyen de me sauver ; si je mourais de faim, ils pourraient me prêter de l'argent ; mais quand la maladie est en soi, il n'y a point de remèdes extérieurs qui puissent y porter remède : il faut rassembler ses propres forces et se guérir soi-même, ou ne pas se guérir.

Vous m'avez fait grand plaisir par les détails que vous m'avez donnés sur M. de Hallwyl, vous ne m'avez pas rassuré sur l'esprit. Ce que vous ne découvrez pas en ce genre pourrait bien ne pas exister. Mais, après tout, l'esprit est ce dont on se passe le plus, et ce qui sert le moins, quand il n'y a pas beaucoup d'autres choses.

Vous vous trompez bien, ma chère tante, en croyant que vos neveux comme vos nièces sont destinés à vivre loin de vous ; si mes vœux se réalisent un jour, et qui sait si dans deux mois ils ne seront pas réalisés, vivre auprès de vous sera ma destinée la plus habituelle, comme c'est actuellement mon plus vif désir. Je suis tellement las des projets, qu'il me prend une fatigue inconcevable dès que seulement je pense aux miens ; mais ce que je laisse dormir reste au fond de mon cœur et peut-être ce sommeil me rendra-t-il des forces que l'agitation avait épuisées.

Pardon de mes énigmes !

Ma tragédie va plus lentement qu'au commencement, cependant elle va, elle remplit des heures ; c'est qu'il y en a beaucoup dans la vie ! Je la ferai du mieux que je pourrai, et quand elle ne vaudrait rien, elle m'aurait rendu service.

Adieu, chère tante, je vous aime avec une tendresse qu'aucune pensée importune ne peut affaiblir.

B. C.

---

128. — A Mme LA COMTESSE DE NASSAU, NÉE DE CHANDIEU.

Coppet, ce mercredi 28..... 1807.

Depuis que je vous ai écrit. ma chère tante, j'ai reçu de mon père une lettre par laquelle il m'annonce une course à Genève tant pour diriger Charles, tant relativement à sa blessure que pour ses affaires pécuniaires. Je l'attends à la fin de la semaine. Je repartirai pour Brévans avec mon père dans le courant de l'autre semaine, à moins qu'il ne veuille faire une course à Lausanne où je l'accompagnerai. Ces nouveaux projets de mon père ont modifié les miens, j'ai mandé à ma femme [1]

---

1. La date du mariage de Benjamin Constant avec Charlotte de Hardenberg est incertaine. Il dit ailleurs que son mariage eut lieu en 1808.

de m'attendre à Paris où je serai dans les premiers jours d'avril. J'y passerai et à ma campagne deux mois environ ; je ferai ensuite le voyage à Lausanne dont Charlotte et moi nous faisons grand plaisir ; de là nous irons en Allemagne pour retourner soit à Paris, soit en Suisse en hiver, selon les circonstances.

Le roi de Westphalie a ramené à Paris, où il est venu pour les fêtes du mariage, quelques parents de ma femme, qui lui ont apporté ainsi qu'à moi des invitations très pressantes d'aller à Cassel où nous avons des arrangements d'argent à traiter. Mais je veux auparavant mettre mes affaires à Paris assez en ordre pour que mon absence n'ait aucun inconvénient.

Si mon père va à Lausanne j'en profiterai pour passer quelques instants avec vous. C'est les plus doux que je puisse avoir ; il ne m'a manqué pour être parfaitement bien à Lausanne que d'y avoir Charlotte. Pour cette fois je me promets que lorsque nous serons enfin réunis nous ne nous quitterons plus.

J'ai été voir Charles plusieurs fois ; sa blessure va mieux et il paraît content de sa vocation. Ce préfet l'est aussi de lui, mais il y a dans les affaires d'argent un petit commencement de désordre qui a beaucoup contribué à me faire désirer la présence de mon père.

J'ai vu les deux de Paulier [1], le père tout occupé de Mlle Nichols et le fils de Mlle de Kloest et se blâmant réciproquement, non pas en paroles mais en pensées ; c'est le métier de chacun dans ce monde de se blâmer les uns les autres.

Adieu, chère tante, je me flatte avec certitude de passer longtemps avec vous à la fin de l'été. Je vous embrasse mille et mille fois.

B.

1. Ancienne famille vaudoise d'origine française.

129. — A Mme LA COMTESSE DE NASSAU, NÉE DE CHANDIEU.

Ce 2 octobre 1807.

Pourquoi, ma chère tante, ne m'écrivez-vous plus ? Votre silence m'afflige [1], et mon cœur ne l'a pas mérité de vous.

Ma tragédie avance ; j'en ai presque fait trois actes, il est possible que j'essaye de la faire jouer ici avant de la porter à Paris ; j'en jugerai beaucoup mieux à la représentation, même de société.

Adieu, ma chère tante, l'interruption de notre correspondance m'a glacé la main, quoique mes sentiments ne soient pas changés. Il n'est pas même en votre pouvoir de faire qu'ils diminuent ou se refroidissent. Je vous embrasse ; un mal de poitrine, qu'une lecture de deux actes de ma tragédie m'avait attiré, m'a empêché, à mon grand regret, d'aller à Dorigny [2].

B. C.

---

130. — A Mme LA COMTESSE DE NASSAU, NÉE DE CHANDIEU.

Ce 18 juillet 1809.

Je ne sais, ma chère tante, si vous êtes fâchée contre moi, mais je vous avoue que je compte tellement sur votre amitié, que lors même vous le seriez j'aurais encore recours à vous dans tout ce qui intéresse vraiment mon bonheur, et jusqu'à ce que vous me mandiez que je dois renoncer à l'idée que vous êtes une puissance protectrice dans ma vie.

Je commence par répondre à une phrase de votre lettre qui exprime un doute très naturel, mais très aisé

---

1. Mme de Nassau devenait âgée, fatiguée, et par conséquent moins active dans sa correspondance.
2. Maison de campagne aux environs de Lausanne.

à résoudre. « J'ai pu être surprise, — me dites-vous, — que des gens à qui on avait dénoncé une personne comme formant le projet de les ruiner puissent tout d'un coup désirer la présence de cette personne. »

Je comprends votre surprise, ma chère tante, mais un mot la fera cesser. Sans doute les fils de Mme ^*** qui n'ont jamais pu désirer que leur mère se remariât n'ont point changé de façon de penser et ce n'est pas ma présence qu'ils désirent. Mais les faits ont malheureusement prouvé que lorsque je voulais m'en aller de force, leur mère ne calculait plus ses démarches, et ses fils désirent que je ne la mette pas dans le cas de se faire du tort par des démarches inconsidérées, comme elle l'a fait en allant à Lausanne il y a deux ans, et en envoyant son fils même à Dôle il y a un mois. Cela peut très bien se concilier, et c'est là ce qui met une contradiction apparente dans leurs dispositions. Au reste vous sentez bien que ce n'est là qu'une conjecture, que le désespoir dans lequel j'ai vu l'aîné de ces jeunes gens à Dôle m'a suggérée. Il ne s'est permis aucun mot qui tendît à exprimer le moindre blâme sur ma conduite, et par là il m'a laissé le moyen d'éviter toute querelle en ayant l'air de regarder ce qu'il m'a dit comme un effet de son intérêt pour sa mère et même de son amitié pour moi.

Ce fait expliqué ne revenons plus sur cette affaire et de ma situation qui grâce à vous s'est beaucoup améliorée et fort éclaircie. Mme de Staël tient encore à ce qu'une espèce de secret soit gardé. Mais elle sent elle-même que ce qu'elle désire est impossible, et ce matin elle me disait que si je le croyais absolument nécessaire, elle consentait à ce que mon mariage fût déclaré et à ce que je m'établisse à Lausanne avec ma femme, pourvu que nous restions amis, et que je vinsse la voir de temps en temps, pendant l'année qu'elle compte passer ici. Vous voyez que je ne puis pas désirer mieux que cela, car de quelque manière qu'on envisage la chose, une séparation amicale vaut toujours mieux qu'une brouillerie

même indépendamment du sentiment ; et ce n'est pa
indépendamment du sentiment pour moi, je n'ai pas un
cœur qui se détache entièrement de quinze ans de souvenirs.

Voilà, ma chère tante, ma situation. Mme de Staël
qui insistait sur un secret absolu jusqu'à son départ,
sait que le secret est connu de toute ma famille ; elle
insiste encore sur ce qu'il doit être gardé pour le public,
mais elle en sent l'impossibilité, et son imagination se
familiarise avec l'idée que mon mariage soit connu, que
je sois établi avec ma femme et que je n'aie plus avec
elle que des relations d'amitié. Pour hâter le moment où
arrivera ce terme de tous mes vœux, il ne faut qu'une
chose, c'est que tout rappelle à Mme de Staël la nécessité
de la chose et combien elle est inévitable. Ce but sera
facilement rempli, si vous avez l'extrême bonté d'expliquer dans l'occasion à ceux dont l'opinion à mon égard
et à celui de ma femme vous paraît précieuse, pourquoi
je garde une espèce de secret et quels sont mes motifs
de ménagements, et si vous et mes autres amis, Mme de
Charrière[1] et Rosalie de Constant, me représentez sans
cesse dans vos lettres que la chose est plus qu'à moitié
connue, qu'il est absurde de la cacher et que c'est faire
tort, non seulement à ma femme et à moi, mais à Mme de
Staël à qui on sait mauvais gré et qu'on blâme d'exiger
de pareilles choses.

Ce que je vous demande, ma chère tante, vous le
feriez naturellement et de vous-même si vous m'écriviez,
car c'est mot pour mot ce qu'il y a de plus raisonnable
et de meilleur à dire. Je ne vais donc rien vous demander
d'inconvenant, et puisque ma femme a le bonheur de
vous intéresser, je vous le demande autant pour elle que
pour moi.

Je puis vous paraître mener ma barque d'une manière empêtrée, mais il est impossible, chère tante, que

_____
1. Mme de Charrière de Bavois, parente de la famille de Constant.

vous méconnaissiez ou soupçonniez mes intentions, je compte donc avec confiance sur votre amitié et votre appui.

Maintenant j'ai à vous consulter sur une autre chose. Vous m'aviez conseillé d'aller tout de suite chercher ma femme et de l'amener au milieu de ma famille. Vous voyez qu'à un retard de quelques semaines près, mon projet n'est pas éloigné de votre conseil. Croyez-vous que si je le fais dans un mois le moment sera bien choisi? J'ai lieu de croire que Constance[1] est extrêmement mal pour moi, mais elle n'a pas envie que je le sache, et je suppose qu'elle ne fera rien d'ostensible !

J'attends vos directions à cet égard avant d'écrire à ma femme qui m'attend à Paris ou aux Herbages ; je sais qu'elle préférerait beaucoup la Suisse au séjour de Paris, mais c'est précisément pour cela que je ne voudrais pas lui donner une espérance tant que je ne serai pas sûr de la réaliser !

Je compte sur une réponse de vous ou même sur deux désirant recevoir séparément ce qui tient au projet de notre établissement à Lausanne. Je vous dois d'être sorti de la situation la plus pénible. Je vous dois la modération que je remarque dans Mme de Staël. Je vous dirai tout mon bonheur, je ne pourrai pas vous chérir davantage, mais j'aurai un sentiment bien doux et profond de reconnaissance.

B. C.

---

131. — A Mme LA COMTESSE DE NASSAU, NÉE DE CHANDIEU.

Coppet, ce samedi 19 juillet 1809.

Ma lettre d'hier, ma chère tante, vous aura mise au fait et de ma situation et de ce que je désire dans cette situation ; elle vous aura exprimé ma reconnaissance

---

1. Sa cousine, Mme d'Arlens.

sur l'intérêt que vous voulez bien y prendre et sur la
bonté avec laquelle vous avez défendu ma femme, à qui
je dois du bonheur. Je croirais inutile d'y rien ajouter,
s'il ne m'était revenu de Genève que dans les discours
qui ont eu lieu à Lausanne sur ce qui me regarde, on a
dit des choses fâcheuses sur Mme de Staël. Je serais au
désespoir d'être la cause de quoi que ce soit qui pût la
blesser ou lui nuire, et sans prévoir que cela pût arriver,
je vous l'ai déjà mandé ce matin. Entre la réfutation de
bruits absurdes et calomnieux qui ne peuvent venir que
d'une source vile et méprisable et dont ma lettre vous
aura prouvé la fausseté — ce qui est facile à démontrer
— et toute espèce de défaveur jetée sur Mme de Staël, il
n'y a aucun rapport. Je vous assure que Mme de Staël
n'est pour rien dans ces bruits ; elle est incapable dans
un moment où je suis chez elle de rien dire ou faire à
mon insu contre une personne absente, que je serais
obligé par devoir et par honneur de défendre.

Je la connais trop bien pour la soupçonner d'un procédé pareil et les assurances qu'elle m'a données à cet
égard ne me permettent aucun doute. Il serait donc injuste
de mêler dans cette affaire aucun propos contre elle.

Ce serait m'ôter l'espoir nécessaire à mon bonheur
de conserver son affection à laquelle je mets tant de
prix. J'ajouterai que les amis de Mme de Staël qui me
connaissent moins pourraient m'accuser de favoriser ces
bruits qui peuvent la blesser, et que je me verrais ainsi
soupçonné d'une perfidie noire et gratuite ; ses fils même
ne pourraient supporter des discours compromettants
pour leur mère. Je ne crains guère que des hommes me
demandent raison de ma conduite, mais si j'étais obligé
de soutenir une querelle contre des jeunes gens que j'ai
presque vus naître, ma situation serait affreuse. Je vous
supplie donc, ma chère tante, de faire en sorte que le
nom de Mme de Staël ne soit plus prononcé dans cette
affaire. Je ne puis me regarder comme libre d'une parole
donnée ; le mal qu'on dirait de Mme de Staël ne ferait que

rendre ma situation douloureuse et difficile indépendamment de la peine et du déchirement de cœur que
j'en ressentirais. Ma lettre de ce matin vous aura mise
au courant de ma situation et de mes projets.

J'espère qu'en remplissant ce service d'amitié je ne
perdrai pas la vôtre ; elle m'est bien nécessaire et précieuse et je vous prie de m'assurer par votre réponse de
sa continuation.

Communiquez ma lettre, s'il vous plaît, à Rosalie de
Constant, à laquelle je n'ai pas le temps d'écrire.

B. C.

---

132. — A Mme LA COMTESSE DE NASSAU, NÉE DE CHANDIEU.

Aux Herbages, ce 15 mai [1].

Je reçois à la fois, ma chère tante, vos deux petites
lettres ; la seconde me touche infiniment comme une
preuve de votre intérêt pour nous. Je crois l'inconvénient du logement, que ma femme avait loué pendant
mon absence, tout à fait passé. Elle a eu une fluxion
sur les yeux et j'ai eu moi-même un rhume de poitrine
assez tenace. Mais les suites de notre imprudence n'iront
pas plus loin. Nous sommes très bien tous deux et
d'ailleurs nous voici à la campagne, où nous serons
presque toujours pendant le temps que nous passerons
dans ces environs cet été, car nos projets tiennent toujours comme je vous l'ai écrit. Nous irons faire une
course à Brévans; de là nous vous ferons une visite en
Suisse, dont nous nous promettons beaucoup de plaisir
et nous finirons l'hiver en Allemagne où mille affaires
nous appellent. Depuis que je suis ici avec Charlotte, je
m'attache doublement à cette demeure que j'ai toujours
aimée. Il est vrai que ma femme est tellement douce à
vivre, que chaque instant qui s'écoule avec elle est un

1. Sans date d'année, cette lettre doit avoir été écrite en 1810.

plaisir. Elle s'intéresse à tout ce qui me plaît et se refuse tellement à toute fantaisie personnelle que j'ai le double bonheur de voir mes désirs devancés et de lui prouver que je l'aime en devinant les siens. Elle met autour de moi l'ordre après lequel j'ai toujours soupiré sans jamais avoir su l'établir. Enfin c'est une providence douce et bienveillante qui embellit chaque détail et ne diffère de la grande qu'en ce qu'on a plus de bonheur à faire le sien.

J'espère avoir arrangé l'affaire qui intéresse Rosalie de Constant si vivement, et qui, à cause d'elle et de toute notre famille, m'intéresse aussi. Charles pourra revenir par une route commode et courte et n'éprouvera point de difficultés pourvu qu'il sache s'y prendre. J'ai bien détaillé à Rosalie tout ce qu'il y avait à faire pour qu'il n'y ait aucune erreur ni fausse démarche.

Vous ne me dites pas si M. de Venterolles a essayé les remèdes prescrits pour la consultation que j'ai été si longtemps à obtenir; je désire qu'il s'en trouve assez bien pour ne pas être obligé de recourir de nouveau à ce médecin, car la peine que j'ai eu à lui arracher une réponse me prouve qu'il ne faut pas compter sur sa célérité. Il est fort à la mode actuellement, ce qui ajoute à sa négligence habituelle, et de plus il existe une relation sur laquelle je m'appuyais pour qu'il me rendît service, et qui nuit à ses rapports avec moi plus qu'elle ne les favorise. Je lui ai prêté quarante louis, il y a trois ans, à un moment où il était fort embarrassé et il m'évite pour que je ne lui rappelle pas cette dette, et je crois même qu'il ne serait pas même très fâché de se brouiller avec moi pour qu'il n'en fût plus question.

Je n'ai vu mon compagnon de voyage, Auguste de Constant d'Hermenches, qu'une fois depuis notre arrivée à Paris. Il est actuellement en course et comme il avait le projet de se faire présenter à l'empereur, je suppose qu'il va l'attendre à Bruxelles ou dans quelque autre ville de son passage.

Adieu, ma chère tante, je vous prie de me rappeler à ceux qui se souviennent de moi et surtout de ne pas m'oublier moi-même ; ce serait le premier chagrin que vous m'auriez fait et il n'en serait que plus vif. Je dis mille choses à Mlle Rieu et vous embrasse tendrement.

B.

---

133. — A Mme LA COMTESSE DE NASSAU, NÉE DE CHANDIEU.

Des Herbages, ce 9 septembre 1810.

Je n'ai aucune raison, ma chère tante, de ne pas parler à tout le monde de mon attachement pour ma femme, et du bonheur dont elle me fait jouir, mais je vous en ai parlé sans doute avec plus de détails qu'à d'autres parce que j'ai supposé que vous vous y intéressiez davantage. Il doit être assez égal aux étrangers que je sois heureux ou non, et les développements sur mon bonheur ne les amuseraient guère, comme ceux sur le leur m'ennuieraient peut-être assez ; je ne comprends donc pas bien pourquoi vous me demandez si j'en parle ailleurs avec autant de vérité qu'avec vous. Avec autant de vérité sûrement, mais, comme je viens de dire, j'ai cru pouvoir accorder à l'expression que j'éprouve plus d'étendue en vous écrivant. Je ne voudrais pas même à présent me laisser aller à craindre de vous avoir ennuyée, ce malheur auquel je puis être accoutumé avec d'autres me serait pénible avec vous comme renversant ce que j'ai besoin d'espérer de votre amitié.

Nous sommes à la campagne depuis près d'un mois, avec assez de voisinage, et voyant nos voisins avec quelques difficultés à cause des chemins qui ne sont pas bons et des chaleurs extrêmes qui empêchent de sortir le jour. Depuis que les chaleurs ont diminué, nous avons commencé à faire des visites, et nous nous préparons à aller aujourd'hui à un grand dîner à une lieue d'ici. Heureusement que ma femme monte très bien à cheval; j'ai acheté deux petits chevaux, car en voiture, excepté sur la route de Paris, il n'y a pas moyen d'aller, et, pour parvenir aux maisons de campagne du voisinage, il y a plus ou moins de chemins de traverse. Nous allons encore demain dîner à trois lieues, puis nous nous reposerons quelques jours et irons visiter Paris à la fin de la semaine.

Dans une petite course de vingt-quatre heures que nous y avons faite, j'ai rencontré à la porte du spectacle M. d'Albenas; j'aurais été très curieux de lui parler de ses voyages, et il paraissait avoir assez envie de causer avec moi, malheureusement nous étions pressés de trouver de bonnes places, et j'ai été le lendemain chez lui sans le trouver.

Mon père ne m'a rien demandé encore à l'occasion de la réunion de la Hollande; je lui ai offert tous mes services et tout ce qui était en mon pouvoir. Ses lettres sont froides et un peu maniérées, et maintenant qu'il est parvenu à faire reconnaître ses enfants par notre famille, sur laquelle il craignait que je n'influasse en sens contraire, ce que j'étais loin de vouloir, il est impatienté de la différence qu'il y a entre ces enfants et moi, et il s'agite intérieurement, suivant son caractère; j'ai pourtant fait ce que j'ai pu pour lui être agréable, même là-dessus. Du reste, j'espère qu'il conservera sa pension entière, vu son âge et les motifs sur lesquels cette pension a été fondée! Il le croit lui-même et s'est donné, par ses connaissances de Hollande, tout le mouvement nécessaire pour cela.

Je vous félicite du concert du marquis de Langallerie[1]; j'aime mieux sa conversation que sa musique.

1. Famille d'origine française, établie à Lausanne depuis la révocation de l'édit de Nantes.

Nous ne nous écrivons pas, et quelques événements ont
mis obstacle à l'espèce de communication qui avait
commencé à s'établir entre nous. Mais je ne l'en reconnais pas moins comme un homme de beaucoup d'esprit,
d'un entretien très neuf et très piquant, lorsqu'on lui
passe de certaines formes dont les unes appartiennent à
sa nature et les autres à sa position. Ce sont de ces
concessions qu'il faut faire avec tout le monde, personne
n'est complètement soi. La situation crée une certaine
masse d'opinions qu'on met en avant, et la théorie n'est
le plus souvent que l'explication de l'apologie d'une pratique qu'on n'avoue pas ; c'est comme la poétique dont
chaque auteur de tragédie fait précéder son poème ; il
cherche à faire des règles générales pour motiver ses
défauts particuliers.

J'espère, ma chère tante, que votre voyage vous aura
fait du bien, il a dû être agréable. Neufchâtel est une
agréable petite ville, j'y ai eu autrefois le plaisir d'y
jouer beaucoup au quinze et la sottise d'y perdre mon
argent ; je suppose que vous ne vous êtes pas donné cet
amusement-là. Avez-vous passé par Colombier ? cet endroit est bien gravé dans mon souvenir. Si, comme je
pense, on se retrouve dans l'autre monde, Mme de Char
rière est une des personnes que j'y chercherai avec le
plus d'empressement.

Je ne sache pas que le fils de ma femme se marie ;
au reste, il est en âge pour cela, car il a plus de vingt
ans. Je serai charmé d'assister à ses noces. Vous voyez,
ma chère tante, que je réponds à tout sans y entendre
malice, trop innocent pour présumer les épigrammes, et
je suis trop vieux pour m'en piquer.

Épigramme ou non, ma chère tante, je vous aime et
vous aimerai toute ma vie ; ma femme se met à vos pieds
et je vous embrasse tendrement.

                                              B. C.

134. — A Mme LA COMTESSE DE NASSAU, NÉE DE CHANDIEU.

Bâle, ce 26 mai 1811.

Vous voyez par la date de ma lettre, ma chère tante, que je ne voyage pas très vite. Nous n'avons pas trouvé ici les lettres que nous attendons de Cassel, de sorte que nous nous sommes déterminés à séjourner dans cette vieille et triste ville pour leur donner le temps d'arriver. Si pourtant elles ne viennent pas, la semaine prochaine nous continuerons notre route à tout hasard. Les prévenances excessives de M. Faesch et Passavant nous aident à supporter l'ennui qui d'ailleurs est, je crois, inhérent à Bâle. Nous y sommes tous les jours comblés d'honnêtetés au delà de tout ce que nous pouvions attendre, ayant trois voitures à notre disposition, lorsqu'ils ne peuvent pas nous mener dans les endroits où il y a quelque chose à voir; bien informés des nouvelles par la communication des journaux et même des lettres qui contiennent quelques détails curieux; enfin, à la fois traités comme des princes et des amis, et tout cela sur une simple lettre de M. de Molin de Lausanne, dont je ne calculais le résultat que comme devant nous procurer un dîner et une soirée. Je ne sais si Mme Faesch, qui est Mlle de Passavant, est la même que Wilhelm de Sévery a dû épouser; je ne veux pas dire (surtout à présent que ce serait inutile) qu'il aurait mieux fait. Mais elle est très agréable de figure et de conversation, instruite, et a d'excellentes manières.

Bâle est une ville où l'on a beaucoup de nouvelles et assez sûres. Je ne vous en mande pas, ma chère tante, parce que je suis de la plus ennuyeuse prudence, mais je vous prie de dire à Mlle Rieu que je lui demande pardon d'avoir quelquefois dans ces derniers temps cru qu'elle se trompait dans ce qu'elle annonçait devoir arriver. Je suis aujourd'hui de son avis sur l'avenir comme je ne l'ai jamais été et j'espère que lorsque nous nous reverrons je pourrai rendre hommage à ses prédictions accomplies.

J'ai dîné à Berne avec une des demoiselles de Gingins qui sont vos voisines à Lausanne, et j'ai eu le plaisir de parler longtemps de vous ; j'ai souvent remarqué que l'intimité croissait en raison de la distance, c'est-à-dire que quelqu'un qui, vivant dans le même lieu que vous, vous est presque étranger, devient à vingt lieues de là une connaissance intéressante, et à cent lieues, un ami intime.

On nous dit des choses assez peu agréables sur l'Allemagne et sur les routes qui sont peu sûres. La misère y est telle que les paysans attaquent de temps en temps les voyageurs. On pend les premiers, mais cela n'empêche pas les seconds d'avoir été tués. Sans les douanes françaises nous passerions par Strasbourg. Mais j'ai eu de la préférence pour les voleurs non privilégiés, et je tenterai, en évitant d'aller la nuit, de traverser l'Allemagne.

Ma première station en partant d'ici sera Heidelberg, où je verrai mes cousins, les jeunes de Loÿs ; la seconde Francfort pour le vieux général Vallmoden, et la troisième Hanau pour Villars. J'ai vu Mme Bird à Moudon, elle n'a pas embelli dans son nouvel état. J'ai trouvé votre nom et celui de Mlle Rieu ici sur le registre des étrangers. J'aurais bien voulu que nous vous y trouvassions vous-même. La table d'hôte est d'un silence vraiment respectable ; apparemment que l'hôte lui-même n'a plus rien à dire, car jusqu'à présent il n'a fait aucun effort pour nous divertir. Nous avons dîné une fois avec une troupe de comédiens venant de Berne, où nous les avions vus jouer assez mal. Ils n'ont pas été à table plus gais, quoiqu'ils fussent plus affamés que les autres. Nous aurions pu nous embarquer avec eux, car ils descendent le Rhin et font la moitié de notre route ; mais malgré la confusion des rangs nous n'avons pas trouvé que ce fût nous présenter assez dignement à la Germanie.

On parle beaucoup de guerre avec la Russie. On ne parle plus du tout de la réunion de la Suisse. Le roi d'Espagne qui s'est rendu à Paris pour complimenter son frère sur la naissance de son neveu, retournera à Madrid aussitôt que l'Espagne sera tout à fait pacifiée. Le jour de son départ n'est pas encore fixé. Voilà-t-il pas que je retombe dans la politique, aussi je finis.

Adieu, ma chère tante, je voudrais que le moment de me rapprocher de vous fût déjà venu.

B.

135. — A Mme LA COMTESSE DE NASSAU, NÉE DE CHANDIEU.

Strasbourg, ce 17 juin 1811.

Je devrais depuis longtemps, ma chère tante, avoir répondu à votre lettre, et ma réponse devrait être datée de Francfort, mais rien de ce qui devait arriver n'a eu lieu, parce qu'au moment où nous devions nous mettre en route pour l'Allemagne, ma femme a reçu de Paris la nouvelle que les personnes qu'elle devait trouver au Harderberg étaient à Paris, et, vu la manière dont ils lui écrivaient, ne disant point s'ils comptaient y prolonger leur séjour, nous avons été sur le point de nous y rendre nous-mêmes. Heureusement que j'ai pensé qu'il valait mieux leur écrire, et nous sommes venus ici, qui est précisément l'endroit où nous quittions la route d'Allemagne, s'il fallait aller à Paris, mais hier un de nos amis et des leurs venant de Paris nous a dit qu'ils comptaient repartir après les fêtes qui finissent le 23, de sorte que dans deux jours nous nous rembarquons pour continuer notre pèlerinage. Toute cette incertitude a été cause que je ne vous ai pas écrit, ma chère tante.

Nous avons par bonheur apporté une lettre de Bâle qui nous a valu un accueil aussi amical que celui de Mme Faesch. Nous dînons tous les jours en ville, on nous mène promener sur les bords du Rhin, dont nous jouirions assez sans l'excessive chaleur, mais elle est telle que nous ne savons où nous mettre dans des chambres d'auberge, sans contrevents et où le soleil donne depuis huit heures du matin jusqu'à sept heures du soir. Ma femme surtout s'en trouve assez mal. Elle a beaucoup de maux de tête que j'attribue à une chaleur dont on a vraiment peu d'idée. Je ne sais si elle pourra aller aujourd'hui à la campagne où nous sommes invités, ni vous écrire dans ma lettre comme elle se le proposait; cependant, tandis que je vous écris, un violent orage et une pluie à verse viennent enfin nous soulager et rafraîchiront peut-être l'air et les têtes.

Nous avons couru les curiosités de Strasbourg; je suis paresseux et insouciant par caractère, mais j'aime que les autres soient curieux, et alors pour ne pas les décourager, je me laisse aller à leur impulsion. J'ai donc vu cette immense cathédrale qui a l'air d'un rocher par sa masse, et qui a quelque chose d'aérien par sa structure. C'était un bon temps que celui où les hommes travaillaient ainsi dans un but terrestre. Ils s'en trouvaient mieux pour eux-mêmes. Aujourd'hui chacun croit travailler pour soi, et ne veut pas être assez dupe pour avoir un autre motif; il en résulte qu'on ne travaille en définitive que pour un seul plus fort, plus rusé que les autres.

J'espère que vous avez reçu, ma chère tante, une lettre de moi contenant une lettre de mon avocat concernant l'affaire de mon père; comme mes lettres m'attendent à Francfort, je n'en ai aucune nouvelle, mais j'ai reçu avant mon départ de Bâle une lettre de mon père même, à laquelle j'ai répondu le plus tendrement possible. Je voudrais me remettre bien avec lui et je ne conçois pas que Marianne ne sente pas que c'est son intérêt et celui de ses enfants.

Les routes sont devenues beaucoup plus sûres à ce que l'on dit. Les princes ont mis beaucoup de gendarmes

sur les grands chemins, et l'on espère qu'ils mettront à
la raison ceux qu'ils ont ruinés en les faisant pendre;
nous serons donc en trois jours à Francfort ou au plus
tard en quatre, si nous nous arrêtons à Heidelberg pour
voir les jeunes de LoŸs [1]. Ayez la bonté de me répondre
chez de Constant de Villars à Hanau. Rosalie vous
donnera exactement son adresse.

Il me tarde d'être à poste fixe, du moins pour quelque
temps, et quoique je trouve ici plus d'amitié et de prévenance que dans bien des endroits où j'ai passé plus de
temps, l'idée de l'instabilité me pèse et me fatigue. Il
est vrai que la stabilité est de nos jours une prétention
presquè insolente.

Je profiterai de vos bonnes offres dès que je serai à
Francfort sur le placement de mes fonds disponibles. Je
pense comme vous qu'il vaut mieux les mettre par
petites sommes que de les confier à quelque gentilhomme
comme Dayrolles. On a du moins cet avantage avec les
petits débiteurs quand ils ont quelque chose, qu'à probité
ou improbité égales, on peut les forcer à payer. C'est
pour moi une clause de rigueur; c'est pourquoi je ne
prête jamais aux gouvernements; je n'aime pas les
débiteurs qui ont prise de corps sur leurs créanciers.

Adieu, ma chère tante; ma femme, toujours très
souffrante de son mal de tête, me charge de vous dire
mille choses.   B. C.

---

136. — A Mme LA COMTESSE DE NASSAU, NÉE DE CHANDIEU.

Gœttingue, ce 29 juillet 1813.

Je ne connais que les Gaulois et vous, ma chère
tante, qui brûliez vos lettres après les avoir écrites, mais
au moins ils ne brûlaient que celles qu'ils adressaient aux

1. Ses cousins germains.

morts, ils croyaient que c'était le moyen qu'elles leur parvinssent; s'il en était de même pour les vivants ce serait une grave privation pour les inspecteurs de la poste. Malheureusement les lettres que vous brûlez ne me parviennent pas.

La personne que j'attends de Vienne pour fixer l'époque de mon retour ne vient toujours point et ne répond toujours rien aux lettres de ma femme, ce qui nous met dans un assez grand embarras. Voilà la sixième année que pour une somme de plus de 60,000 francs elle ne touche pas un sol d'intérêt. Comme il faut pourtant songer à partir, nous attendrons encore quelques semaines et nous remettrons toute cette affaire à un avocat; elle sera difficile à traiter juridiquement parce que toute communication est interceptée entre le Mecklembourg où les terres sont situées et ce pays-ci. C'est ce qui, en partie, et joint à des ménagements de famille, nous a engagés à ne rien faire encore, mais il faudra pourtant s'y déterminer.

Je crois vous avoir mandé que je connaissais assez le comte de Golowkin [1], c'est un homme de beaucoup d'esprit, qui a parfaitement les manières françaises et le ton des Français les plus aimables; il saisit et décrit très bien tous les ridicules et se moque assez de tout et de tous; mais il a une bonhomie extrême dans l'habitude de la vie, ce qui est un grand mérite pour les amours-propres secondaires. Je ne connais rien de ce qu'il a écrit. Mais les Russes ont une facilité extrême à parler et à écrire toutes les langues.

Je ne sais, ma chère tante, si j'ai autant changé sur les objets dont vous me parlez et que je devine, que vous paraissez le croire; ce que je n'aime pas aujourd'hui est précisément, sous d'autres noms et sous des formes beaucoup plus vilaines, ce que je n'aimais pas autrefois. C'est

---

1. Le comte de Golowkin avait longtemps habité Lausanne. Il a laissé d'intéressants souvenirs.

précisément parce que je n'ai pas changé sur le fond
des choses que je suis d'accord sur les faits particuliers
avec les gens dont j'étais le plus séparé jadis. Ce n'est
pas que je veuille me donner pour immuable, c'est une
pauvre vanité que celle-là! Il n'y a que les pierres qui
ne changent pas, parce qu'elles sont pierres. Dans la
longue éducation que nous recevons dans ce monde, et
qui est d'autant plus désagréable que nos précepteurs
sont des écoliers comme nous et d'ordinaire les plus
mauvais sujets de la classe, nous apprenons chaque jour
quelque chose fort à nos dépens, et il faudrait se boucher
les yeux et les oreilles pour ne rien apprendre, et encore
comme les coups de bâton sont une notable partie de
l'éducation, apprendrait-on par le dos.

Il est décidé que je ne saurai pas le nom primitif de
la troisième Mme Oster; elle se marie, elle a des enfants,
toujours pour moi sous le voile de l'anonyme. Je regrette
pour M. Oster que la polygamie ne soit pas permise. Il
aurait eu une famille patriarcale, de cent ou deux
cents enfants!

.... Je sais l'histoire des espèces d'animaux perdues;
Cuvier vient de publier l'analyse des diverses couches
de terre accumulées l'une sur l'autre par autant de révo-
lutions du globe et contenant chacune des espèces
anéanties dont on retrouve les ossements; il y en a quatorze, notre terre actuelle composera la quinzième et les
savants futurs y trouveront des conquérants ossifiés. Si
c'est une espèce perdue, croyez-vous qu'ils la regrettent.

Je ne suis pas étonné du plaisir qui vous fait le
roman de Mme de Charrière! C'était une personne de
l'esprit le plus étendu que j'aie jamais rencontré. Comme
cet esprit allait toujours droit son chemin, il passait sur
le ventre à bien des choses, mais il avait le grand mérite
d'être exempt de toute affectation, d'exister pour lui-
même et par lui-même, sans se dénaturer pour plaire
aux spectateurs, de sorte qu'il y avait toujours, au fond,
de la vérité et du naturel. Ce n'est pas que Mme de Char-

rière ne mît beaucoup de prix au succès, mais elle voulait le conquérir et non l'acheter; et elle restait toujours
dans son originalité, ce qui était un grand charme. Je
mets le temps que j'ai passé avec elle parmi deux ou
trois époques de la vie que je regretterai toujours.

La médecine n'est pas aussi expéditive dans ce pays
qu'en Suisse, on ne meurt pas d'apoplexie, mais de
fièvres nerveuses qui durent de quinze à vingt jours, et
qui emmènent du monde en grand nombre. Elles ont
ceci de particulier qu'on tombe souvent dans le délire
dès le commencement de la maladie et qu'on n'en sort
plus; j'ai vu mourir ainsi un jeune homme de vingt-
huit ans, qui n'a pas eu pendant trente jours un seul
instant sa tête à lui. Ces maladies font assez de ravages
dans les armées, mais les recrues arrivent plus vite que
les morts ne partent. On dirait qu'il y a un défi entre la
mort et les recruteurs. La première finira bien par
gagner la gageure; mais les seconds font une belle
résistance. J'espère, ma chère tante, qu'aucune maladie
ne vous atteindra de si tôt. J'ai encore beaucoup à causer
avec vous dans ce monde, et j'ai peur que dans l'autre
on ne soit si dégoûté de celui-ci qu'on n'en veuille plus
parler, quoiqu'on en aie le temps.

Adieu, ma chère tante, je me remets à mon travail,
car depuis quelque temps j'ai redoublé de diligence.
Pour mettre à profit les derniers moments de mon
séjour, j'ai pris la manière de vivre des professeurs de
Gœttingue, sauf le dîner que j'ai toujours reculé jusqu'à
six heures du soir pour avoir toute la journée devant
moi, mais je me lève à cinq heures du matin et je travaille, à peu de minutes d'interruption près, treize
heures sans désemparer. Si cela devait durer, je ne crois
pas que je le supporterais, mais quand je serai loin de
notre belle bibliothèque, j'aurai le temps de me reposer.
Mes yeux ne s'en trouvent pas mal et c'est surtout ce
qui m'intéresse.

Je dois depuis longtemps une réponse à Rosalie de

Constant, je payerai cette dette la semaine prochaine.
J'espère que la santé de Mme de Charrière[1] se soutiendra
encore longtemps dans le même état; c'est à cette époque
de la vie que l'âge devrait s'arrêter et le temps suspendre
sa marche. On a appris à ne rien attendre des hommes
et des choses, on n'a plus le chagrin des espérances
trompées, on prend les plaisirs un à un, minute à minute
avec une espèce de surprise qui augmente la jouissance.
J'en sais quelque chose, car intérieurement j'ai quatre-vingts ans, et je vous prie de me parler, ma chère
tante, comme à quelqu'un qui est de beaucoup votre
aîné.

Pour cette fois, il faut que je vous dise adieu sérieusement; si je me laissais aller à continuer à vous écrire,
je finirais ma lettre sur le bout de la table, elle ressem-
blerait à vos lettres brûlées.

Mille et mille amitiés.   B. C.

---

137. — A Mme LA COMTESSE DE NASSAU, NÉE DE CHANDIEU.

Gœttingue, ce 30... 1813.

Je ne puis bien voir dans votre lettre, ma chère tante,
si c'est une réponse à celle que je vous ai écrite, ou si je
dois à Mme de Charrière le bonheur d'avoir enfin reçu
quelques lignes de votre main; dans ce dernier cas, qui
me paraît le plus probable, vous aurez vu, jusqu'au moment où votre lettre partait, que je ne pouvais me résigner à n'en plus recevoir. Je n'admets pas que, parce
qu'on connaît réciproquement ses sentiments, qu'on sait
les grands faits que chacun apprend à ses dépens dans
le temps où nous sommes et qu'on n'a pas de goût pour
les réflexions, il ne reste plus rien à écrire! Les sentiments sont toujours bons à répéter; les faits, on tâche

---

. 1. Mme de Charrière de Bavois.

d'y penser le moins possible ; les réflexions, on n'en fait point et il y a toujours les petits faits particuliers qui concernent les parents, les amis, les connaissances ; ces faits conservent toujours leur intérêt et même depuis quelque temps ils ont pris plus d'intérêt qu'autrefois. C'est une si vilaine chose à connaître que l'espèce humaine, en général, si bête, si lâche, si fausse qu'on est obligé de se détacher d'elle, et les individus héritent de tout ce qu'on lui ôte. On aime mieux ses parents et ses amis, depuis qu'on ne peut plus aimer les hommes. On se rejette sur les affections particulières avec d'autant plus de vivacité qu'il n'y a plus que celles-là. Il n'y a donc pas un petit fait de société que je n'aime mieux aujourd'hui que tout événement historique.

La pauvre Rosalie m'a écrit une lettre fort triste, mais déjà calme. J'espère qu'elle reprendra bientôt du courage. La nécessité de soigner Mme de Charrière lui en rendra. J'ai revu à Cassel M. de Narbonne, ancienne connaissance qui m'a rappelé bien des souvenirs. Il est revenu de Moscou à pied, mangeant de la chair de cheval, et il a l'air tout rajeuni. Son esprit est aussi agréable qu'il y a vingt ans, et sa figure a même conservé de la noblesse et de la grâce.

Adieu, ma chère tante, je ne veux pas commencer une seconde page parce que je la remplirais et vous me trouveriez trop bavard. Mille tendres respects.

B. C.

---

138. — A Mme LA COMTESSE DE NASSAU, NÉE DE CHANDIEU.

Hanovre, ce 31 décembre 1813.

J'ai reçu, ma chère tante, votre lettre du 12 et je suis bien aise de voir que les lettres continuent à traverser toute cette belliqueuse Europe sans qu'on en fasse des cartouches, et je dépêche encore celle-ci au milieu des sept à huit cent mille hommes qui nous séparent.

Notre débiteur est arrivé de Vienne et, dès qu'il aura eu le temps de prendre haleine, nous conviendrons avec lui de quelque chose; je ne pense pas que ce soit avec lui l'affaire de plus d'un mois à six semaines et je fais mille beaux projets pour aller passer l'été en Suisse. S'il vous convenait, ma chère tante, de nous louer votre appartement à partir du 1er avril, nous serions très heureux de nous trouver logés chez vous. Vous savez ce qui est nécessaire pour deux personnes, deux femmes et un domestique, en tout cinq individus. J'indique le mois d'avril parce que si nos affaires sont terminées en février, il faudra bien, vu la saison, le peu de sûreté des routes, les mauvais chemins et les retards, six autres semaines pour faire ces deux cents lieues, d'autant plus que nous aurons des visites à faire à droite et à gauche d'ici à Francfort.

J'espère que les armées alliées, si elles traversent la Suisse, comme nos gazettes l'assurent, auront achevé leur passage longtemps avant cette époque. Dieu fasse que le pays n'en souffre que le moins possible.

Malgré la frayeur qu'elles inspirent, ces armées que j'ai vues de près sont plus douces qu'on ne le croit. Les Cosaques ont toute l'enfance que donne l'absence de la civilisation, et quand on s'est familiarisé avec eux, on voit qu'ils n'ont rien de terrible, pour ce qui n'est pas l'ennemi, que leur longue barbe. Ils sont très religieux, ont un grand respect pour les femmes et un amour passionné pour les enfants.

Avez-vous, par hasard, connu en Suisse un Anglais nommé Moomfield, qui m'a dit y avoir été élevé? Il est à présent colonel aux gardes et favori du prince-régent; il est venu ici installer le duc de Cambridge et toutes les autorités hanovriennes, à qui l'écroulement du royaume de Westphalie a rendu leur place. Hanovre fourmille d'Anglais avec lesquels je rapprends leur langue. On n'en finit pas de dîners et de soupers, et ma vie contraste

avec ma studieuse retraite de Gœttingue. Nous ne man-
quons pas non plus de compatriotes du comte de
Golowkin, mais ils ne sont pas aussi littéraires que lui;
c'est le général Benningsen, c'est le général Czernicheff
avec ses Cosaques; ils passent et repassent comme des
ombres.

Les gazettes nous disent qu'on fortifie Genève, cela
me fait trembler pour les beaux arbres de Saint-Jean.

Voilà le Stathouder rétabli, ou plutôt transformé en
prince souverain des provinces unies. La mort est
quelquefois une chose bien heureuse : si mon pauvre
père vivait, sa pension serait supprimée, et toutes sortes
de désagréments pourraient aggraver cette privation.
Quand on songe à tout ce qui peut arriver d'inopiné
dans la vie, on a envie d'en sortir comme d'un bois.

Vous souvenez-vous de cette dame de Decken, tante
de ma femme, à qui vous avez donné une si belle assemblée, et qui vous paraissait si originale? Elle est
remontée à toutes les prospérités que l'invasion française lui avait ôtées. Son mari est premier ministre du
pays du Hanovre et elle est au comble du bonheur; nous
la voyons sans cesse, nous soupons aujourd'hui chez
elle pour y attendre le premier de l'an.

A propos du premier de l'an, je voudrais bien,
suivant l'usage, me rappeler à toutes les personnes pour
lesquelles je fais des vœux à cette époque. Mais l'incertitude que mes vœux écrits arrivent me décourage de
les envoyer. Je les dépose à vos pieds, chère tante, pour
que vous attestiez mon intention.

J'ignore tout à fait ce qu'est devenu le pauvre petit
Jules de Saugy [1] depuis la débâcle westphalienne. Tous
ses camarades ont pris parti pour la cause allemande.
Je suppose qu'il en a fait autant, vu son ardeur pour la
guerre qu'il aime pour elle-même. L'escadron dans
lequel il servait avait déjà passé aux Prussiens au mois

---

1. De Saugy, famille du pays de Vaud.

d'août, mais comme quelques officiers, dont plusieurs
français, avaient refusé de suivre le gros de la troupe,
je n'ai pu savoir quel parti il avait pris. Il m'avait
intéressé par sa douce figure et sa jeunesse, indépendamment de la recommandation de Rosalie qui aurait
suffi pour me faire prendre intérêt à lui.

Je ne sais ce que fait Constant-Villars, ni s'il
retourne en Hollande, à présent que la réforme a repris
son ancienne forme. Je le suppose, et je lui écrirai un
de ces jours à Hanau pour le savoir.

Le monde ressemble à un chat qu'on a voulu noyer
dans une rivière; il en est ressorti tant bien que mal, et
il fait à présent sa toilette, polissant ses poils avec sa
langue, passant ses pattes sur les oreilles et léchant sa
queue qui est encore salie de son aventure.

Adieu, ma chère tante; permettez-vous que je dise
mille choses à Mme de Loÿs et à Mme de Charrière? Je
serai bien heureux de vous revoir. Veuillez toujours
adresser à Gœttingue, c'est mon quartier général.

Benjamin Constant.

(*La correspondance de Benjamin Constant avec sa tante se
termina en 1814 par le décès de la comtesse de Nassau.*)

LETTRES

DE

BENJAMIN CONSTANT

à Mme de Charrière[1].

---

1. — A Mme DE CHARRIÈRE.

Lausanne, ce 18 juin 1792.

M'y voici. J'ai déjà rempli quelques-uns de mes devoirs et vu ceux que la nature me *prescrit* d'aimer. Je les ai même embrassés et si je ne m'ennuyais pas exécrablement, je ne serais pas absolument mécontent de me trouver au sein de tous ceux qui me sont chers. Ma phrase est élégante autant que vraie. Je reviens de la Chablière[2] où l'on m'a fait un bien grand plaisir. On m'a reçu très poliment, on m'a toujours appelé monsieur..., et quoiqu'il fût une heure quand j'y arrivai, on m'a laissé repartir à une et demie, sans m'avoir offert à dîner. Le ciel le leur rende! Ils ne me disent plus : nous vous aimons, il faut nous aimer. Du reste que vous dirais-je? Que mes affaires sont en meilleur état que je ne croyais, et puis? Depuis vingt-cinq ans que je ne suis pas ruiné en suis-je heureux pour cela ? Non. J'aurais peut-être pu l'être, et précédemment je n'ai pas voulu. Vous m'approuvez, vous, parce que vous aimez

---

1. Voir Introduction, page xi.
2. La Chablière, maison de campagne aux environs de Lausanne, propriété de Benjamin Constant, qu'il avait louée à son oncle, M. Samuel de Constant.

les gens qui n'ont de bonheur qu'en vous. Pardon, pour prix de ce que je vous dois à vous, ma seule consolation, je vous dis des injures. Je suis horriblement découragé, parce que je ne vois rien qui me ranime, parce que le gain de mes procès, le rétablissement de ma fortune, ne me font rien. O nature, ou qui que tu sois qui agites les particules qui nous composent, pourquoi m'as-tu fait? En es-tu beaucoup plus heureux parce que je m'ennuie et que je souffre?

J'ai vu Mme de Nassau et j'en ai été très bien reçu. Mais je suis comme la *bégueule* : on m'accable de bontés, on me caresse, on m'embrasse, on a de l'esprit et je m'ennuie. Que sera-ce quand je verrai mes autres parents. Je crèverai. Je ne retournerai à Colombier qu'après le 25 du mois, jour où mon procès commencera. Encore ne sera-ce pour longtemps vu le rendez-vous à Genève. Nous avons 600 émigrés qu'on voit peu. Je ne vais pas dans le monde, grâce à mes *pantalons* qui ne sont pas *de mise*. Je tirerai ma *garde-robe* et mon visage de Colombier, et serai alors en état de paraître ici dans la bonne compagnie. J'attends avec impatience mon domestique. Il doit être parti hier de chez vous. Quelque Eucharis aura arrêté ce jeune Télémaque dans sa course. Ah! la sotte chose que la vie, et les procès, et les hommes! Ah! le sot être que moi! Adieu, madame.

----

2. — A Mme DE CHARRIÈRE.

Brunswick, ce 17 septembre 1792.

Vous ne connaissez ni ma situation ni mes projets, ainsi vous ne pouvez me juger. Je ne puis entrer ici dans de longs détails. A mon arrivée à Colombier je vous expliquerai tout. Je compte y être d'ici à un mois ou six semaines. Si vous me répondez tout de suite je puis encore recevoir votre lettre.

Mme DE CHARRIÈRE

(D'après un portrait à l'huile, appartenant à Mme Jean de Montmollin.)

Ce que M. de Charrière m'écrit est parfaitement
juste; il réunit dans cette affaire, comme dans tous ses
procédés, la délicatesse à la raison. Avant le 1er mars
prochain, je prends l'engagement solennel que cette dette
sera acquittée. Les dédommagements que vous souhaitez
à ma femme ont précédé de six mois l'injure et l'ont
amenée. Je ne l'en blâme certes pas et ce n'est que pour
ma justification que je vous le dis. Cela ne m'empêchera
pas de prendre soin de ses intérêts, et quoi que je fasse,
elle ne se trouvera jamais mal de m'avoir épousé.

Quant à vos conseils, ils peuvent être très bons,
mais si je pouvais les suivre, je serais autre que je ne
suis, et si j'étais autre, je n'aurais pas cent ennemis
acharnés, ainsi par là même que j'en suis où j'en suis, je
ne peux retourner sur mes pas. Le malheur ou le
bonheur (pour qui lit dans l'avenir) est que les torts
sont au moins réciproques, de sorte que je ne puis avoir
de regrets et que les tentatives de rapprochement seraient
inutiles. Je l'ai senti à 18 ans, à 20, à 22, à 24 ans, je
le sens à près de 25, je dois, pour le bonheur des autres
et pour le mien, vivre seul. Je puis faire de bonnes et
fortes actions, je ne puis pas avoir de bons petits procédés; les lettres et la solitude, voilà mon élément. Reste
à savoir si j'irai chercher ces biens dans la tourmente
française ou dans quelque retraite bien ignorée.

Mes arrangements pécuniaires seront bientôt faits :
ma femme sera plus riche que moi et je laisserai à
Marianne [1] qui a déjà beaucoup de mon bien, encore
quelque partie de ce qui me reste. Je ne demande que
d'avoir de quoi vivre, et de ne dépendre de rien, de ne
tenir à rien. Mon père vient de me proposer d'abandonner à Marianne plus du tiers de ma fortune. J'ai
refusé, s'il insiste, j'obéirai en me félicitant parce que
cette conduite justifiera mon isolement. Quant à ma vie
ici elle est insupportable et le devient tous les jours plus.

1. La seconde femme de M. Juste de Constant, père de Benjamin.

Je perds dix heures de la journée à la cour où l'on me déteste, parce qu'on me sait démocrate, parce que j'ai relevé le ridicule de tout le monde, ce qui les a convaincus que j'étais *un homme sans principes*. Sans doute tout cela est de ma faute : blasé sur tout, ennuyé de tout, amer, égoïste, avec une sorte de sensibilité qui ne sert qu'à me tourmenter, mobile au point d'en passer pour sot, sujet à des accès de mélancolie qui interrompent tous mes plans et me font agir, pendant qu'ils durent, comme si j'avais renoncé à tout, persécuté en outre par les circonstances extérieures : par mon père à la fois tendre et inquiet — livré à Marianne et m'écrivant de superbes lettres; par une femme [1] amoureuse d'un jeune étourdi, — platoniquement, dit-elle, et prétendant avoir de l'amitié pour moi; persécuté par toutes les entraves que tous les malheurs et les arrangements de mon père ont mis dans mes affaires, comment voulez-vous que je réussisse, que je plaise, que je vive [2] ?

Adieu. Vous recevrez pour moi peut-être une lettre de Paris que je vous prie de garder jusqu'à mon arrivée. Je n'ai pas encore reçu les papiers. S'ils n'étaient pas partis ce serait trop tard, j'aimerais mieux les prendre en passant. Plaignez-moi, aimez-moi et pensez à ce qu'il y a de mieux à faire pour moi. Mon séjour à Colombier me remettra peut-être, et vous pourrez m'y donner en tous cas des conseils qui ne seront pas suivis.

---

3. — A Mme DE CHARRIÈRE.

Brunswick, ce 1er janvier 1793.

Puissent cette année les arts embellir votre solitude et puissiez-vous m'y recevoir avec plaisir, voilà mes

---

1. Wilhelmine de Cram, sa première femme, contre laquelle il plaidait en séparation.
2. Quelques passages de cette lettre ont été cités dans les *Portraits Littéraires* de Sainte-Beuve.

vœux. Je ne vous verrai pas aussi tôt que je l'espérais. Des affaires, qu'il serait ennuyeux de détailler, me forcent à remettre mon voyage jusqu'en avril et peut-être en mai. L'espoir d'exécuter mon plan, de rompre tous mes liens, sans qu'âme qui vive ait à se plaindre, et de pouvoir, après avoir remis ma santé auprès de vous, me vouer aux lettres loin des hommes, à Paris si Paris cesse d'être un théâtre d'assassinats, à Colombier, si Paris n'est pas habitable. Cet espoir me rendra les six mois que j'ai à batailler encore moins longs et plus supportables.

Si vous connaissiez ma situation, vous conviendriez que j'ai grand'raison de ne plus chercher de vains palliatifs. Ma femme a mille bonnes qualités, mais elle ne m'aime plus, elle en aime un autre. Élevée à la campagne jusqu'à quatorze ans, à la cour de quatorze à vingt-deux, elle n'a ni le don ni l'envie de s'occuper. Une foule de chats, de chiens, d'oiseaux, d'amis, et un amant, voilà sa société. Qu'ai-je à y faire? Je lui ai ôté une situation aisée et honorable, je dois la lui rendre ou lui rendre l'équivalent, et le ferai : mais la traîner avec moi, loin de ses habitudes, de ses amies, de tout ce qu'elle a de cher, à quoi bon? ce serait assurer son malheur encore plus que le mien et elle ne le voudrait pas. Quant à mon père j'ai tout fait pour lui. J'ai défendu sa cause, non sans danger, j'ai bravé, irrité, défié ses ennemis, j'ai cherché et réussi à attirer sur moi leur inimitié. Quelle est ma récompense? de belles phrases, d'absurdes demandes, des assurances de confiance, et des témoignages de la défiance la plus excessive. J'ai représenté, j'ai fait des offres plus que raisonnables. J'attends une réponse décisive. Si cette réponse est comme je la suppose, si c'est un ordre, mêlé d'amers reproches, de faire en faveur d'une harpie inconnue de nouveaux sacrifices, je les ferai; mais alors, ayant dépassé de beaucoup les bornes de mes devoirs, je laisserai à cette harpie à me remplacer auprès de mon père.

Je lui laisserai le soin de son bonheur qu'il ne veut pas tenir de moi, et je ne penserai qu'au mien. Voilà mes résolutions. Je ne dis pas encore fi de la vie, mais je dis, et de bonne foi, fi des hommes, fi des relations, qu'on ne m'en parle plus.

La conduite imbécile et lâche des législateurs français dissipe aussi mes illusions politiques. Je ne crois pas plus à la liberté qu'au bonheur, et je ne demande que des livres et la plus absolue indépendance, et je l'aurai où je ne pourrai vivre. Comme il est possible et probable que je ferai un long séjour, peut-être pour tout l'été, à Colombier, pourriez-vous me procurer un petit appartement dans le village? J'aurai un domestique et un ou deux chevaux, ainsi vous voyez que je ne puis pas loger chez vous : mais ce sera la même chose. Avant de conclure un marché, répondez-moi sur la possibilité de l'arrangement. Il peut arriver tant de choses que je ne puis rien fixer de sûr dix mois à l'avance.

Si, comme je l'espère et le suppose, il vient dans peu à Colombier une lettre adressée à M. B. Constant, faites-moi le plaisir de me la faire tenir. J'ai reçu le paquet il y a dix jours, mille grâces. Le port a été de 5 francs de France, ainsi bien modique. Adieu. Le retard qu'éprouve mon voyage ne changera rien à ma promesse d'acquitter ma dette si honteusement négligée. Répondez-moi et intéressez-vous à moi, si vous pouvez.

---

4. — A Mme DE CHARRIÈRE.

Ce 10 mars [1].

Le commencement d'*Henriette et Richard* [2] m'a fait un bien grand plaisir. Pourriez-vous m'envoyer le reste. Je l'ai lu il y a dix-huit mois, mais à présent je désirerais le

---

1. Cette lettre est sans date de lieu et d'année.
2. Roman de Mme de Charrière.

lire de suite. Je ferai copier les *Trois femmes*[1]. Le copiste
est un peu lent, mais j'espère qu'il aura bientôt achevé,
et que vous recevrez original et copie d'ici à quinze
jours. Votre dialogue et la suite des *Trois femmes* est
très intéressant et contient des choses très vraies. Je ne
crois pas que ces vérités soient précisément ce qu'on
appelle des vérités bonnes à dire, mais comme je désire
que tout se dise et se discute, je suis loin de vous faire
une objection aussi rebattue.

Vous aurez bien de la peine à envoyer ces manuscrits en Angleterre. Toutes les communications sont
fermées, et il n'est pas probable qu'elles soient rouvertes
de si tôt. Peut-être vaudrait-il mieux que vous les
envoyassiez par la France ; quelque Américain pourrait
s'en charger pour l'Angleterre. Si j'allais en France au
printemps je pourrais les porter jusqu'à Paris. Vous
avez le temps d'y penser et de me donner vos ordres.
Les affaires de France prennent une tournure qui ajoute
un intérêt de curiosité et de politique à ceux qui
d'ailleurs me font pencher à y aller. Si mes affaires
d'Allemagne *étaient terminées*, je n'hésiterais pas, et cette
raison-là même n'est pas d'un grand poids. N'avez-vous
aucune idée de vous replacer, à l'année 1787[2] ? Je désirerais bien vous retrouver à l'hôtel de Marigny ou à
celui de la Chine. Je suppose que M. Huber[3] ira aussi. Il
m'a prié de lui en faciliter les moyens, et je ne négli-
gerai rien pour cela. Adieu. Envoyez-moi, je vous prie,
Henriette et Richard ; et si vous n'avez pas envie de finir
ce charmant ouvrage, mettez, ou laissez-moi mettre en
ordre, c'est-à-dire faire copier de suite, tout ce qui en
existe et faites-le imprimer comme un fragment.

---

1. Roman de Mme de Charrière.
2. C'était en 1787 que Benjamin Constant avait vu pour la première
fois Mme de Charrière à Paris.
3. Ferdinand Huber, littérateur, né en 1764, mort à Leipzig en 1804,
avait épousé la fille de Heyne. Il vivait retiré à Bôle, canton de Neufchâtel

5. — A Mme DE CHARRIÈRE.

Brunswick, ce 21 juillet 1793, pendant un orage épouvantable.

Que vous ayez eu tort ou que ce soit moi, qu'importe ! Nous aimant comme nous le faisons, nos torts mutuels ne nous font pas moins de peine que nos propres torts, et il est — du moins c'est ainsi que je sens — plus douloureux d'avoir à se plaindre qu'à se repentir. Ne parlons donc plus de cette lettre du 6 juin ni de ce qu'elle a produit. Il n'y a 6 juin qui vienne, et quand il reviendrait toutes les semaines, je ne vous en aimerais pas moins. Parlons d'autre chose, d'une chose qui me fait un grand plaisir, quoique ce qui l'amène me dérange fort. Trois semaines après que vous aurez reçu cette lettre, je serai auprès de vous : je dis trois semaines, mais c'est au plus tard, et probablement d'aujourd'hui à un mois je serai dans votre beau cabinet si bien *retapé* (sic).

Mes banquiers me demandent dix mille choses que je ne puis leur envoyer que de Suisse : il faut donc y aller. Après-demain je parais avec Mme de Constant devant un consistoire qui veut se donner l'amusement de faire pour nous réconcilier des efforts inutiles. Comme ma haine pour cette femme est devenue vigoureuse ! Je ne puis comprendre aujourd'hui mes ménagements ni ma pitié. Elle me le rend bien, ce dont Dieu soit loué. Sans cela rien ne pourrait empêcher une réunion totale : l'arrangement fait entre nous est de toute nullité, et n'a d'effet qu'en ce qu'il rend toute plainte de ma part contre cette femme pour cause d'adultère, invalide. Je n'ai donc de ressources qu'en sa haine, mais si j'en juge d'après mon cœur, et d'après la conviction qu'elle a de la mienne, cette ressource suffira. Ne répondez pas à cette lettre : je serai parti avant que votre réponse soit à moitié chemin.

Vous êtes bien bonne de donner à Sévery[1] l'épithète

1. Cousin germain de Benjamin Constant.

de jeune homme. Il a 28 ans passés ; à cet âge on doit savoir ce qu'on fait, et la bêtise même n'est pas une excuse valable. Ce qui lui conciliera le public c'est qu'il est riche, ce qui vaut encore mieux que d'être bête. N'ayez pas peur pour la personne qui vous a dit ces détails, et s'ils sont révélés ne m'en accusez pas. Deux autres personnes me les ont écrits comme une chose publique.

Ce que vous me dites sur ma réponse à M. Huber me fait grand plaisir. Quant à votre apologie du décret, c'est bien la meilleure. Peut-être en effet ne peut-on faire autrement : cependant cela ne m'est point prouvé, et tant que cela ne le sera pas bien clairement, je repousserai le principe et la vilaine famille.

Mon ouvrage [1] avance. Il forme déjà un imposant volume de 6 à 700 pages, et ce n'est que la première partie. Je compte l'achever d'ici à un an, et le publier pour pressentir le goût de mon public, qui consiste en quelques philosophes épars, amis de la tolérance et de la liberté. Oh! quel bonheur! quelle jouissance constante et paisible! quel délice que l'étude!

J'ai reçu une lettre d'Amérique. On me fait une peinture intéressante des Américains. Bon sens, courage, sentiment profond de liberté, d'ordre et de justice.

L'homme est donc capable de tout cela? Ne nous décourageons pas, travaillons, pensons, écrivons et espérons.

On a bien peur chez vous. Le stathouder tremble, dit-on. Le roi de Prusse refuse de faire marcher un seul homme au secours des Pays-Bas. L'empereur veut la paix coûte que coûte. Que dira M. Pitt? Adieu. Je vous embrasse et vous aime. Vous pensez bien que je vous écrirai encore souvent avant et pendant mon voyage. Voici une lettre pour Louis Ducret.

---

1. Son ouvrage sur les Religions. Voir Introduction, pages XXI et LXV.

6. — A Mme DE CHARRIÈRE.

Lausanne, ce vendredi, 30 (septembre?) 1793.

Je suis bien aise que l'appartement soit loué. Je le
meublerai de ceux de mes meubles d'ici dont je pourrai
me passer, et je crois que j'en trouverai assez. Quant
au linge, j'en ai à foison en Allemagne que je ferai partir
avec mes livres, lors de ma course dans ces lointains
climats. Rien ne presse puisque j'ai toujours mes meubles jusqu'à Noël.

Je suis bien fâché des scènes de Mlle Henriette [1], sans
en savoir le sujet. Je ne lui témoignerai rien, tant parce
que j'en ai peu de droit, que parce que vous me le dé-
fendez, mais ce n'est pas la première fois que je l'ai
trouvée peu délicate et oubliant tout, soit par humeur,
soit par exigence. C'est un caractère qui ne me plaît que
quand je le vois de loin et que je n'ai rien de commun
avec lui, mais si nous avions quelque chose à démêler
ensemble, cela irait mal, je crains.

Et quand M. Huber serait un jacobin, le grand
malheur! Croyez-vous donc aussi à la propagande? Et
que propagandiserait-il à Colombier? Que je suis fâché
de vous voir ces chimériques terreurs! Nous avons été
bernés en Allemagne de dénonciations, avertissements,
découvertes de ce genre. Il n'y a jamais eu de vrai que
la malignité des inventeurs et la bêtise des croyants.

Je vous apporterai quelques exemplaires des *Émigrés*. Si j'étais, non pas vous, car alors je ferais ce que
vous feriez, et je ne sais pas ce que vous feriez, mais moi,
à votre place, j'écrirai à Mlle Rieu pour la remercier. Elle
a été quelquefois deux fois par jour, et tous les jours
une chez l'imprimeur. Sans elle nous n'aurions pas
trouvé d'imprimeur, et sans elle encore l'impression eût
duré six semaines de plus.

---

1. Henriette Monachon, femme de chambre de Mme de Charrière.

Je serai fâché pour Pierrot[1] du renvoi des émigrés, mais je voudrais qu'on en fît autant ici. Nous avons deux mille de cette engeance qui nous mangent et nous ennuyent et peut-être nous attireront la guerre. La providence du pays de Vaud expose bien son domaine. C'est peut-être parce qu'elle jouit de son reste.

Je me porte assez bien. Ce que j'ai eu n'est rien quand cela s'arrête.

Remettons donc l'arrangement des armoires jusqu'à mon arrivée près de vous. Je pars lundi; ainsi, si vous voulez me faire grand plaisir, écrivez-moi samedi, demain, et je recevrai votre lettre avant de partir.

Ma vue se remettra, dit-on, si je ne fais rien à la bougie. J'ai l'honneur d'être, etc.

---

7. — A Mme DE CHARRIÈRE.

Lausanne, ce 8 octobre 1793.

Comme vous traitez sèchement les gens qui ont le malheur de prendre de l'humeur et de vous la témoigner! C'est doublement injuste. Car c'est déjà un malheur d'avoir de l'humeur, c'en est un second d'en avoir contre vous, quand vous êtes ce qu'on aime le mieux au monde, enfin c'en est un troisième d'être puni de ce malheur par la sécheresse ou la brièveté de vos lettres. Ainsi, c'est une triple et non pas une double injustice dont je vous prie de vous repentir et que je vous prie de réparer. J'ai toujours peur d'être *mûr*; c'est, de tout ce que vous m'avez dit depuis six années que je vous connais et que vous êtes l'idée la plus douce et la plus constante qui m'occupe, ce qui a fait le plus d'impression sur moi. Auparavant, il ne m'entrait pas dans l'esprit que vous puissiez vous dégoûter de moi; à présent, toutes les fois qu'un courrier se passe sans me rien apporter ou ne m'ap-

---

1. Émigré français, ami de Mme de Charrière; Pierrot doit être un surnom.

portant peu de chose de vous, cette crainte me poursuit et je n'ai pas le courage de vous écrire. J'ai déjà, plus d'une fois, eu envie de vous faire jurer que je ne mûrirais pas. Mais cette maturité ne dépend ni de vous ni de moi.

J'ai acheté de Ferrand le *Rétablissement de la monarchie*. Il me semble très bien, et très franchement, et très erronément écrit. Je le réfuterai, du moins pour moi. Je serai bien aise de voir un aristocrate de bonne foi, raisonnant avec toute la force dont la cause est susceptible. Je n'en ai encore lu que les dix premières pages.

J'avoue à ma honte que j'avais parfaitement *misunderstood* votre motif de m'écrire si souvent sur l'affaire du *Journal de Paris*. Mais je reconnais ma bêtise. J'avais pris D..... pour Démocr... Au reste, vous demandez si je ne trouve pas plus à propos de contenir les *Baillifs* que les *Sabalbenis*. C'était les *Baillifs* que j'entendais par le mot *Sabalbenis*. La lettre très sage écrite aux Valaisans m'a fait autant de plaisir qu'à vous.

Je vois avec charme approcher l'époque de mon retour à Colombier. Malgré votre dernière séchissime lettre, ou plutôt, comme vous dites, enveloppe à la lettre de M. de Villars, je vous aime beaucoup et je vous pardonne tous les torts que j'ai pu avoir. Comment avez-vous deviné que cette lettre fût de Villars? J'espère fort en recevoir demain d'Allemagne, qui décideront ma marche *hiémale*. J'écris comme Ronsard, mais c'est plus court. Je ne me trompe pas quant au Grand Cachet. Quand j'ai dit : *où donc a fini l'amour?* je parlais du mien, car on m'aime ou l'on dit m'aimer autant que jamais. Il faudra bien que ma ci-devant passion réponde honnêtement. On parle souvent de ce que les vivants doivent aux morts, ici c'est l'inverse. Adieu. Je vous prie de me prouver que je ne suis pas mûr. Ceci n'est pas une enveloppe à la lettre ci-incluse à M. de Charrière.

L'ambassadrice a-t-elle réparé ses torts [1] ?

---

1. Mme de Staël dont Mme de Charrière s'était plainte.

8. — A Mme DE CHARRIÈRE.

Lausanne, ce 11 octobre 1793.

Je commence ma réponse par l'article Pierrot. C'est une galanterie que je vous fais. S'il est forcé de quitter Neufchâtel tout de suite, je crois qu'il pourrait passer quelques jours ici. Cependant il n'y serait pas d'une manière agréable, la N. R. [1] ayant hautement déclaré sa volonté de prendre ici les mesures les plus promptes pour éloigner tous les émigrés, ce qui peut être mis à exécution d'un jour à l'autre, d'autant plus que nous en avons actuellement de la plus méchante espèce, MM. d'Autichamp, de Damas, etc. Mais ne serait-il pas possible que Pierrot retournât loger dans mon apparte-ment à Colombier, et si l'on voulait lui chercher chicane, qu'il dit qu'il s'est engagé à faire avec moi le voyage d'Allemagne? Cela lui donnerait au moins quelques semaines de temps ; et il me paraît impossible qu'on pût nous refuser à tous deux, — à moi surtout qui ne suis pas émigré, — la permission de garder un homme qui doit partir avec moi. Jusqu'à notre départ commun je crois cet expédient bien plus sûr que tout autre. Si vous l'agréez, mandez-le moi, pour que je vous envoie la clef de mes chambres.

Quant aux projets ultérieurs, je ne puis rien vous en dire, tant qu'il ne vous plaira pas de m'envoyer d'Alle-magne des lettres qui décident ma marche de cet hiver. A vue de pays, je crois pourtant que je partirai vers la fin de ce mois ou le commencement de novembre pour Francfort, parce que si mes affaires conjugales ne sont pas décidées, je ne veux pas m'éloigner encore davan-tage et mettre de nouvelles entraves à ma correspon-dance avec mon homme d'affaires. Sa réponse me tirera de toute espèce d'incertitude et je dois la recevoir inces-

---

1. Noble République.

samment. Si j'allais à Francfort, ce serait pour y prendre des arrangements définitifs, tant avec Mme de Constant, dont je ne serai qu'à 68 lieues, qu'avec le duc qui paraît n'avoir aucune envie que je quitte. Ma bibliothèque aussi doit être partie pour Francfort, et je voudrais l'expédier de là pour Colombier, promptement et sûrement. Si Pierrot voulait venir à Francfort, je lui offre une place dans mon cabriolet. Il se servirait de son passeport neufchâtelois et pourrait y passer deux ou trois mois tranquillement, et apprendre l'allemand, et attendre ce qui arrivera. Je le ramènerai ici au printemps et même avant, car voici mon calcul : trois semaines de route, six à Francfort, peut-être une course à Brunswick, pour des signatures qui peuvent être nécessaires, laquelle course prendrait aussi trois semaines, enfin trois semaines pour revenir; total quinze semaines ou trois mois et demi, à compter du 15 novembre, ce qui nous mènerait jusqu'au premier mars 1794. Ce voyage n'aurait, j'en conviens, d'avantage pour Pierrot, que celui de passer un hiver. Mais dans la loi actuelle, gagner du temps est quelque chose, et sa qualité de Neufchâtelois jointe à la mienne de courtisan nous vaudrait quelques connaissances plus ou moins ennuyeuses. Quant à la dépense, si je mets dix louis par mois pour Pierrot, c'est le bout du monde. Je vous laisse peser toutes ces choses, et il fera ce que vous voudrez et ce qu'il voudra.

Je viens de lire les *Moniteurs* du 3 et du 4, et l'extrait du décret d'accusation porté contre les Girondins. Ce n'est pas ce décret qui m'étonne, mais c'est la *tameness* avec laquelle tout le côté droit, car, si je ne me trompe, les signataires de la pétition du 19 juin en composaient la plus grande partie, sont descendus de leur place pour aller à la barre se livrer à ceux qui devaient les conduire en prison ou à la boucherie. Boyer Fonfrède est du nombre. Que diable! si ces messieurs ont eu assez de courage pour attendre qu'on leur coupe le cou sans essayer de se sauver, comment en ont-ils manqué pour tenter quelque mouvement? Je suis donc vert! J'en suis bien aise, pourvu que vous n'ajoutiez pas *et bon pour des goujats!*

J'ai rencontré ce matin M. de la Roche qui m'a parlé de vous. Adieu. Je n'ai que le temps de fermer ma lettre.

J'ai achevé M. Ferrand. Je n'en suis plus si content. Je le trouve un éloquent forcené, mais je n'y trouve pas cette justesse, même apparente, d'esprit que vous m'aviez promise. La phrase que vous me citez serait bonne en ôtant plus et moins.

Je crains bien pour la pauvre reine.

---

9. — A Mme DE CHARRIÈRE.

Lausanne, ... 1793.

Comme j'ai répondu à votre question sur la possibilité d'un séjour de quelque temps ici pour Pierrot, de manière à ne pas vous détourner entièrement de cette idée, je crois devoir vous mander que je viens d'apprendre à l'instant, ce qui m'a fait rentrer chez moi, de peur d'avoir, par ma réponse équivoque, engagé Pierrot à un voyage inutile (quelle diable de phrase! j'ai cru que je ne l'achèverai de ma vie!), que LL. EE. de Berne ont émis un mandat arrivé aujourd'hui, par lequel rien n'est encore statué sur les émigrés déjà établis ici, mais qui défend, de la manière la plus sévère, l'entrée du pays à tous ceux qui pourraient survenir depuis le jour de la date du dit mandat. Ainsi cette ressource nous est fermée. C'est un motif de plus, si Pierrot veut rester, pour embrasser l'autre, c'est-à-dire celle de mon logement et du voyage cet hiver. Bonsoir.

10. — A Mme DE CHARRIÈRE.

Lausanne, ce 12 Octobre 1793.

Je suis absolument de l'avis de M. le ministre Chail-
let [1], sur les devoirs de l'amour, mais envers l'amour
vivant, et je pense que c'est une obligation aussi sacrée
pour le premier de se bien conduire envers le second
que pour un créancier insolvable de payer ses dettes,
la difficulté n'est que dans le pouvoir, et si cette excuse
était admise, il n'y a pas d'amour mourant qui ne fît le
mort. Ce serait l'inverse des soldats qu'on enterrait. Si
on les écoutait, il n'y en aurait pas un de vivant.

Le mien [2] se tue à ressusciter seulement pour répondre à la dernière lettre dont on l'a gratifié, mais jusqu'à
présent les velléités de résurrection ont été vaines. Il
faudra pourtant bien qu'il se réveille pour un quart
d'heure, ou il dira pourquoi. Je ne sais quel créancier
disait à son débiteur agonisant : Oh parbleu ! vous ne
mourrez pas que vous n'ayez payé vos dettes.

Le citoyen ne m'a rien écrit de son histoire vraie
ou fausse. Sa lettre n'était destinée qu'à m'instruire du
résultat d'une commission dont il avait bien voulu se
charger. Ma réponse n'est qu'un remerciement.

Ce que vous dites que le soin de dire qu'on n'est
pas jacobin pourrait faire soupçonner qu'on l'est n'est
pas absolument juste. J'ai pensé comme vous et on m'a
dit comme vous à Brunswick ; je me suis tu, les soupçons se sont accumulés et je n'ai plus pu les détruire. Il
est vrai que ce sont, comme dit un des commissaires
de l'Assemblée, en parlant de la Vendée, des cochons
qui n'ont pas figure d'homme.

Je vous avoue que la distinction entre *droit* et *faculté*

1. Ministre protestant, rédacteur du *Journal Littéraire de Neufchâtel.*
2. Son amour pour Charlotte de Hardenberg.

me paraît fausse. Il n'y a point de *droit* dans l'état de nature ; en se réunissant, les hommes conviennent de ce qu'il est bon ou permis de faire et de ce qu'il faut se refuser. Ils créent par cette convention un *droit* dans chaque individu de faire les choses permises, un *droit* dans la société de proscrire ou punir les choses défendues. Mais pour créer ces *droits*, les hommes ont dû faire usage de leurs *facultés*. S'ils ont pu en faire usage alors, ils peuvent et pourront en faire usage de nouveau dès que les *droits* qu'ils auront créés iront contre le but qu'ils avaient eu en les créant et ne leur procureront les avantages qu'ils en attendaient. Cet exercice de leurs facultés est ce qu'on appelle le *droit naturel* de l'homme. Le droit n'est que celui du plus fort, j'en conviens, et dans toutes les disputes de ce genre il faut en revenir au droit du plus fort. Mais, observez où cette théorie vous mènera. Il peut y avoir des états d'oppression tels qu'une révolution, je ne dirai pas est légitime, mais est inévitable. Cette révolution, en renversant le gouvernement, anéantit d'après votre système toute espèce de *droits* puisqu'il n'y en a point de naturels, mais que tous sont les résultats de la convention faite par les hommes à la formation de leur société.

Cette convention dont le gouvernement seul est l'expression et l'interprète (j'écris un peu comme Mallet) étant détruite, les *droits* qu'elle a créés périssent avec elle. Donc il n'y a plus de *droits* chez un peuple qui a détruit son gouvernement, il n'y a que des *facultés* ; donc rien n'est juste ni injuste, donc tout ce qu'on a appelé des forfaits n'était que l'exercice des *facultés*, exercice légitime tant que ces facultés existent seules et ne sont bornées ni par des *droits*, ni par des *devoirs*, car les *devoirs* n'existent pas sans les *droits* ; ce qui est *devoir* pour l'un est *droit* pour l'autre, etc.

Si je voulais défendre la conduite de la Convention, je le ferais d'après ces principes.

Quant aux abstractions, je tâcherai d'être plus

court. Il est bien certain qu'un télescope est une
preuve de la faiblesse de notre vue, en même temps
que du génie de son invention. Cependant, pour étudier l'astronomie, je me servirai toujours du télescope,
et je trouverai fou l'homme qui me dira que je ne
fais que démontrer mon incapacité en empruntant cette
ressource.

Il n'en sera pas moins vrai qu'avec ce télescope,
preuve de ma faiblesse, je verrai mieux et plus loin et
je parviendrai à de plus utiles et plus vastes découvertes.
Au reste je ne suis pas, il s'en faut bien, l'ami des abstractions. Je les regarde comme la cause de la plus
grande partie de nos erreurs, tant religieuses que politiques; je suis d'autant plus confirmé dans cette opinion
que les dévots et les aristocrates, tous deux également,
ont recouru à des abstractions qu'ils réalisent pour
éblouir et égarer notre sotte espèce. Les sans-culottes
le leur rendent bien actuellement, s'il est possible que
le résultat de tout cela soit que les abstracteurs n'existent bientôt pas plus que leurs abstractions. Mais cela
n'empêche pas que le raisonnement de Ferrand ne soit
une ridicule chose à dire à un cul-de-jatte que de lui
reprocher ses béquilles comme une preuve de son infir-
mité. « Cela est vrai, répondra-t-il, mais j'en marche
mieux. » Si le cul-de-jatte s'enorgueillit de ses béquilles,
le cul-de-jatte est un sot. Mais si le disserteur les lui
ôte, le disserteur est ou un insensé, ou un homme qui
ne veut pas que les autres marchent.

Je ne comprends pas bien ce que vous voulez dire
par votre incertitude entre Ferrand et Mallet [1]. Je suis
très décidé, moi, et le choix ne m'embarrasse pas, car je
ne veux ni de l'un, ni de l'autre. Grâce au ciel le plan
de Ferrand est inexécutable. Si par le *malade* vous en-
tendez la royauté, le clergé, la noblesse, les riches, je
crois bien que l'émétique de Ferrand peut seul les tirer

---

1. Mallet du Pan.

d'affaires. Mais je ne suis point fâché qu'il n'y ait pas d'émétique à avoir. Je ne sais pas quel est le plan de Mallet. Peut-être est-ce une faute. Je sais qu'en détail il conseille une annonce de modération, *fût-ce*, dit-il, *par prudence*, mots qui ont un grand sens, mais qui certes ne sont pas prudents...

Enfin je désire que Ferrand et Mallet, Mallet et Ferrand soient oubliés, la Convention bientôt détruite' et la république paisible. Si alors de nouveaux Marat, Robespierre, etc., viennent la troubler et qu'ils ne soient pas aussitôt écrasés qu'apparus, j'abandonne l'humanité, et j'abjure le nom d'homme.

Lyon est vendu, dit-on. On a fait ou laissé échapper les émigrés qui défendaient cette ville. Tant mieux. Je tremble que les papiers ne nous mandent bientôt la consommation d'un crime, le plus affreux concevable, parce que le plus inutile. J'aime assez l'accusateur public. Il semble, dans ses deux lettres sur la reine et Brissot, reprocher assez ouvertement à l'Assemblée de vouloir les faire accuser et forcer le tribunal à juger sans preuves. Cependant tout cela ne servira, j'ai peur, de rien. Avez-vous jamais vu plus grande infamie que la manière dont on a traité les membres qui ont voulu se justifier? Le seul duc d'Orléans me fait plaisir à concevoir puni.

Ne vous ai-je pas mandé l'aventure de lady Agrim? Il y a quinze jours que je la sais par M. Hollard. J'en ai un peu ri. Son mari est si bête que c'était vraiment un péché mortel que d'être sa femme. Je nommerais bien ce péché si vous n'étiez une belle dame. Mais la Bible en parle, et les bergers des Pyrénées font plus que d'en parler. J'espère que M. de Bosc n'est pas si sot, et qu'elle trouvera en lui *quelque chose d'humain*. Elle n'a guère d'esprit non plus. Lord Agrim un jour, à la cour, que je regardais si ma voiture était là, me demanda, en me frappant sur l'épaule à la (*mot illisible*): « Ne vois-tu rien, ma sœur Anne? — Non, mon frère âne, je ne vois rien. » Pour les premiers quinze jours, je voudrais être à la place de Bosc. Ensuite, je renverrais milady avec une lettre d'envoi comme vous m'en prescrivez une. A propos, l'amour mort vient d'achever la lettre, puis s'est retourné dans sa bière et est plus mort que jamais.

Je ne reçois de nouveau rien de mon père. Comme c'est la troisième interruption, je suis moins inquiet qu'à la première. Il a eu le temps de prendre toutes les précautions et sûrement il les aura prises. J'espère qu'enfin vous m'enverrez des lettres d'Allemagne, la saison avance et il faut savoir où hiverner.

Je ne sais pas seulement encore quand je vous reverrai. Je souhaite que ce soit la semaine prochaine, mais j'en doute. Je vous le *saurai à dire* avant de fermer ma lettre. Si je continue à écrire. . . . .

. . . .

.

11. — A Mme DE CHARRIÈRE.

Lausanne, ce 28 octobre 1793.

Vos reproches ne sont pas fondés: je n'étais pas aussi fâché qu'inquiet de votre silence. Je me rappelais que la mort du Roi avait produit sur votre santé un très mauvais effet, et je craignais que le meurtre de la Reine n'eût eu les mêmes suites. Si dans ma lettre j'ai témoigné de l'humeur, elle était venue en écrivant, et des douleurs cuisantes que j'éprouvais. En commençant je n'avais que de l'anxiété et de la crainte.

Mon mal n'est *assurément* pas dangereux. C'est une tumeur hémorrhoïdale qui s'est jetée sur la vessie et a causé une inflammation et une rétention, que des remèdes très déplacés que m'a donnés un médecin systématique ont beaucoup augmentées. J'en ai consulté un autre aujourd'hui qui m'a confirmé dans mon mécontentement du premier. Si mes douleurs s'apaisent, je pourrais bien, pour me tirer des griffes de deux méde-

cins dont l'un me traite mal et dont l'autre ne veut pas
me traiter pour ne pas faire de la peine à son confrère,
quoiqu'il convienne de ses fautes, je pourrais bien, dis-
je, partir incessamment pour Colombier et avoir recours
soit à M. Lichtenhase, soit à mon oracle d'autrefois,
M. Leschot.

Pour cela il faut que l'avis de la majorité du comité
de Salut public ne soit pas suivi. Car si la guerre est à
Neufchâtel, d'après mes liens de cour, je ne puis m'y
rendre.

J'avoue que cette affaire m'inquiète plus qu'elle ne
semble vous inquiéter. Il est sûr qu'il y a déjà plus d'un
an que les Français ont eu l'idée d'attaquer la princi-
pauté de Neufchâtel. Quelqu'un qui était alors en France
m'a dit qu'on ne les en avait dissuadés qu'en leur faisant croire que les Neufchâtelois étaient Suisses. Or
cela n'est pas. Vous n'envoyez point de représentants
à la Diète. Donc les Français, qui ont appris qu'on
leur en a imposé, pourraient bien ne vous plus regarder
que comme un domaine prussien. Je sais bien que cela
ne vous vaudrait pas encore la guerre, car je suis convaincu que les Suisses vous laisseraient prendre, et ils
n'auraient pas tort. Mais pour moi qui vous ai dans ce
pays, ce serait une petite consolation que d'être personnellement épargné quand vous souffririez ; et je fais sincèrement des vœux pour que messieurs les Sans-culottes
soient tellement frottés, qu'ils n'aient pas le temps de
penser à vous. Car, après tout, il faut que vous viviez, et
puis, être libre, si l'on peut, mais vous d'abord. Ceci
est une nouvelle raison pour ne rien laisser sous mon
nom à Neufchâtel.

Dites à M. de Charrière que je suis très piqué qu'il
juge ma bibliothèque d'après quelques vieux bouquins.
J'ai tous les ouvrages que je lui ai entendu désirer,
ainsi qu'à vous. L'*Encyclopédie*, l'*Histoire générale des
Voyages*, les *Cérémonies Religieuses*, tous les auteurs
anglais quelconques d'un peu de mérite, les *Mémoires*

pour servir à l'Histoire de France. Enfin mille bons
livres que l'*ignorant* M. de Charrière pourra très bien être
tenté d'honorer d'un coup d'œil.

Apropos de livres, je vous en apporte un bien étrange.
C'est un livre adressé au comité de Législation, par un
homme à Paris, qui se nomme et qui est déjà connu par
d'autres ouvrages, et ce livre contient des choses qu'il
est incroyable qu'on ose dire et imprimer sur la tyrannie
actuelle. J'honore et j'aime l'auteur, et la lecture de son
ouvrage m'a fait un vrai bien. Il n'est ni aristocrate
furieux, ni démocrate sans-culotte. Voici quelques passages pris au hasard : « L'image des crimes, des assassinats, des emprisonnements et des proscriptions, fruits
ordinaires de l'anarchie, me poursuit depuis plusieurs
mois....; soit faiblesse ou folie de ma part, je n'écris
jamais le mot vertu ou religion, sans m'imaginer qu'un
persécuteur impie, abusant du mot sacré de censure et
de salut public, va me poursuivre pour avoir osé imprimer des noms devenus un symbole de meurtre et d'anathème dans un temps où je suis tenté de croire qu'il
n'existe plus en France ni religion, ni vertu... J'ai lu
dans l'histoire que c'était un crime, sous Néron et sous
Louis XI, de hasarder une vérité trop marquée, et je ne
crois pas que les Romains du règne de Néron et les
Français du règne de Louis XI eussent voulu échanger
leur destinée contre la nôtre. Et l'on parle de tyrannie !
Grand Dieu ! tout mon sang se glace, la partie saine du
genre humain et la postérité sauront discerner de quel
côté fut la tyrannie dans cette mémorable Révolution.
... Il n'y a ni superstition, ni préjugé, ni aristocratie à
présager les fléaux les plus désastreux à une nation qui
souffre dans son sein un tel excès d'immoralité, qui va
jusqu'à traiter la vertu de crime et l'humanité de conspiration.

L'histoire de tous les peuples de l'univers n'offre
point d'exemple d'une pareille dépravation et quand on
la voit aller toujours en augmentant, quand chaque

minute des horloges marque une nouvelle barbarie, et
quand on pousse l'atrocité jusqu'à s'en faire honneur,
alors (je le dis la mort dans l'âme, mais bien intimement
convaincu que je ne dis rien que de vrai) alors tout est
perdu et sans un miracle du ciel, il n'y a plus de ressource...

Si ceux qui gouvernent voulaient une bonne fois
consulter l'opinion publique, s'ils voulaient savoir ce
que pense la majorité des Français, autrement que
par des moyens illusoires ou vexatoires, je leur dirais :
« Entrez dans toutes les maisons, de ville en ville, de
village en village, ne vous faites pas connaître, et écou-
tez les vœux des personnes les plus estimées. Qu'enten-
drez-vous ? des malédictions. Que verrez-vous ? des
larmes. Jugez ensuite si les malédictions et les larmes
sont un signe de félicité générale et prononcez, en
homme courageux, entre vous et les plus fameux des-
potes... On a bien vu des tyrans exécrés amonceler
cadavres sur cadavres, mais on ne les a jamais vus le
faire au nom de la liberté et de l'égalité, et ce qui est
pis encore, ce qu'assurément la postérité ne voudra
jamais croire, on ne les a jamais vus faire un crime
aux malheureux des marques extérieures de leur douleur et qualifier de trahison un soupir arraché à l'excès
du désespoir, une larme échappée par mégarde des
yeux accoutumés à feindre la joie au milieu des plus
noirs attentats, toujours décorés du nom de salut
public, et des plus pénibles calamités toujours baptisées
du nom de vengeances populaires...

Sachez que l'*attitude d'un peuple libre* est celle de la
décence et de la fraternité, et que la *hauteur d'une révolution* ne peut se mesurer que par ce qu'y ont gagné la
vertu et les . . . .

(*La fin de la lettre manque.*)

12. — A Mme DE CHARRIÈRE.

Lausanne, ce 1er novembre 1793.

Si vous m'avez écrit mercredi, il faut que les gens
de Colombier envoyent exprès vos lettres à Neufchâtel
pour les faire passer par Berne, car voilà la troisième
fois que cela arrive, et j'ai reçu par ce courrier des
lettres d'Yverdon, preuve que le dérangement ne vient
pas de là. Je crois que je suis mieux, mais je n'en suis
pas sûr. On m'a tant purgé, j'ai tant sué, j'ai tant fait
toutes les opérations médicinales, que je n'en puis plus,
et je suis si faible que je ne puis finir mon papier ni voir
ce que je vous écris. Je finis donc espérant avoir demain
de vos nouvelles.

---

13. — A Mme DE CHARRIÈRE.

Lausanne, ce. ... novembre 1793.

Ce n'est pas seulement vos lettres et les miennes
qui sont ouvertes, retardées, égarées, mais celles de
tout le monde. Plusieurs personnes ont perdu ou reçu
deux, trois, quatre jours après, des lettres de leurs
correspondants de divers endroits, de Vienne, de Strasbourg, etc. Cette conformité dans le désordre et l'époque
d'environ six semaines qu'il a commencé, font croire
à presque toute la ville que c'est un arrangement du
nouveau règne qui, voulant se mettre au fait du caractère des correspondances et des relations de ses nouveaux sujets, met à cette occupation plus d'exactitude
que le précédent, et plus de lenteur vu le manque d'habileté et d'expérience et la difficulté de la langue. Quoi
qu'il en soit, vous ne sauriez croire le mauvais effet que
cela fait, et combien on en parle et on en murmure. Je
tâcherai de vous envoyer encore avec ma lettre la clef

que vous me demandez. Roussillon[1] sera bien mal, la seule chambre où il puisse coucher n'ayant ni fourneau, ni cheminée. Du reste il y a du bois dans ma cuisine à foison, et il pourra chauffer la grande salle. Je ferai incessamment une caisse de livres. J'ai pour M. de Charrière, *André Bardou*, 4 volumes, et le *Cabinet des fées*. Il y a trente caisses parmi lesquelles sont celles qui contiennent ses et mes autres commissions, qui sont depuis deux mois en chemin de Dijon à Bâle pour venir ici. Mes livres d'Allemagne sont aussi en chemin, de Francfort chez vous.

J'ignore encore quand je vous verrai. Tous ces projets de voyage sont venus trop tôt ou trop tard. Si j'y avais pensé quand je me déliais de mon médecin, j'y aurais donné tête baissée. A présent que je suis presque absolument guéri et qu'il ne faut que la régularité dans mes remèdes et absence du froid, je veux me guérir tout à fait. Je ferai alors la route en cabriolet sans inconvénient. J'ai vendu ma bête noire, et en ai acheté, pour le prix de cette seule bête, deux très jolies et très bonnes. Dites à Roussillon que le cheval si vieux et si laid m'a valu deux charmants chevaux. Je ferai le voyage avec ces deux messieurs, qui, j'espère, me mèneront et ramèneront très bien. Ayez la bonté de m'envoyer lundi prochain des lettres d'Allemagne que vous aurez reçues vendredi, et qui achèveront de décider mon destin de cet hiver. J'ai rêvé cette nuit que j'étais de retour à Brunswick et qu'on m'y recevait si mal, que j'hésitais si je quitterais ou me plaindrais. Cela n'arrivera sûrement pas, car si je ne suis pas sûr d'être bien reçu, je n'y mets pas les pieds.

Toute méchante, menteuse, et catin qu'est lady Agrim, elle est aussi très riche, de sorte que pour lord Agrim, la perdre ne serait pas gagner dans un sens, et c'est, je crois, le seul sens de lord Agrim. J'espère

---

1. M. de Roussillon, émigré français.

qu'elle aura bien couché avec son M. de Bosc dans l'intervalle, car j'aime que la somme de plaisir dans notre
petit globe s'augmente, et comme j'ai fait vœu, non seulement de célibat, mais de continence perpétuelle, je
veux que d'autres aient ma part de ces courtes jouissances, qui ont été pour moi des comètes à longue
queue. On dit que Brissot et Cie ont été guillotinés. Cela
m'étonnerait peu, mais je regrette Vergniaud, Duperet,
Fonfrède et quelques autres. J'aimais bien Bisoteau
qu'on a assassiné à Bordeaux.

Si M. Borel voulait sortir quelque meuble ou autre
chose de mes chambres, sous prétexte que je ne m'en
sers pas, vous me ferez bien le plaisir d'annoncer mon
retour immédiat et de vous y opposer. M. de Charrière
n'a-t-il pas, outre les deux caisses, reçu deux bureaux à
commodes pour moi ?

---

14. — A Mme DE CHARRIÈRE.

Lausanne, ce 9 novembre 1793.

Je retrouve en ce moment une lettre que je croyais
vous avoir envoyée avec la clef. Je suis sûr de vous
avoir envoyé un papier plié de la sorte, et puisque ce
n'est pas ma lettre, il faut que j'aie fait quelque quiproquo,
mais dans le chaos de mes paperasses je ne puis m'en
éclaircir.

Il est inutile désormais d'espérer avoir vos lettres
avant samedi. Il faut que l'arrangement des postes
ait aussi changé, car j'ai reçu d'Yverdon une lettre par
ce courrier-ci. Quoi qu'il en soit, cela est fâcheux
parce que cela retarde d'un courrier nos réponses. Mais
j'espère n'avoir bientôt plus besoin de courriers ni de
lettres pour converser avec vous.

Je ne vous parle point des assassinats de Paris. Ce
n'est pas que je ne regrette tant de talents massacrés par

les plus lâches et les plus bêtes des hommes. On dit qu'ils sont morts avec une fermeté héroïque. Le règne des jacobins me paraît s'affermir, et je crois plus que jamais à la faction d'Orléans.

Sillery n'était pas brissotin, du moins il n'avait rien fait de marquant dans ce parti, mais il s'était brouillé avec d'Orléans lors de la mort du roi, et voilà son crime. Je ne sais si on s'accoutume à la mort quand on doit la souffrir, mais je sais qu'on s'y accoutume pour les autres, et je crois que je mourrais plus fermement aujourd'hui qu'il y a six mois, et en compagnie comme Brissot, que seul. On n'oserait pas être lâche devant ses amis.

J'espère ne pas passer tout ce mois ici. Mon médecin m'avait permis de partir aujourd'hui, mais le temps qu'il fait m'en empêche. Cependant la solitude et le manque d'exercice me font un vrai mal.

La lettre de mon père que vous m'avez envoyée ne me dit rien *touchant* mes affaires *par rapport* à ma femme, de sorte que je ne sais pas encore sur quel pied je suis *vis-à-vis* de mon état. Ce qu'il y a de sûr, c'est que supposant que je parte en décembre pour Brunswick, j'y passerai janvier, février, une partie de mars, et serai, quoi qu'il arrive, de retour auprès de vous en avril 94. Je ne m'aviserai plus de courir ici sur des probabilités d'affaires, car je veux qu'on me pende si je n'aurais pas pu faire tout ce que j'ai fait aussi bien de Colombier. C'est du temps et du plaisir perdus. Adieu. Je vous envoie ma lettre retardée de mercredi.

Cette fois-ci, c'est moi qui ai rouvert ma lettre pour vous prier, s'il n'y a qu'une armoire de faite, d'en commander deux autres pour la fin de ce mois, si faire se peut. J'ai passé la nuit à faire un mauvais dialogue entre Brissot et Louis XVI. Je tâcherai de le rendre bon pour vous le montrer.

———

15. — A Mme DE CHARRIÈRE.

Lausanne, ce 11..... 1793.

Je rends mille grâces à M. de Charrière de ses bontés
pour mes livres. Je voudrais bien être à même de lui
rendre quelque service qui me fît oublier mon indiscrétion, ou du moins qui l'empêchât de paraître dans toute
sa turpitude. Proposez-lui d'envoyer sa bibliothèque ici,
je la rangerai avec le plus grand soin et il verra que je
mets autant d'intérêt à ses affaires, qu'il veut bien en
mettre aux miennes. Je ne vois que ce moyen de m'acquitter envers lui, et s'il ne veut pas s'y prêter, il faut
qu'il se contente de ma vive et stérile reconnaissance.

Il m'est arrivé quelque chose de très singulier avec
votre lettre de ce matin. Je l'ai reçue au lit, l'ai lue, l'ai
mise sur mon oreiller, et elle a disparu si complètement
que mon domestique et moi avons mis lit et chambre
sens dessus dessous, sans pouvoir la retrouver. Or,
comme j'étais encore endormi en la lisant, je ne me souviens pas de la moitié de ce qu'elle contenait. Je ne
conçois pas ce qu'elle est devenue, mais je ne sais plus
où la chercher.

Si mon menuisier n'arrange pas mes armoires de
manière à ce que je puisse mettre les in-folio en bas, je
lui mettrai, à lui, au lieu de le payer, la tête en bas et les
pieds en haut.

J'ai quelques livres pour M. de Charrière que je
compte faire partir avec d'autres à moi, cette semaine.
Les principaux ouvrages ont été arrêtés à Dijon, puis
relâchés, grâce au major Weiss, et doivent venir dans
peu. On se croit sûr de la neutralité. Des députés du
département du Mont-Blanc sont venus ici s'en assurer.
On les a très bien reçus.

Je commence à me croire guéri. Voilà quinze jours
que je ne souffre point, mais aussi que je ne sors pas.
Je suis tellement accoutumé à rester chez moi que,

quoique depuis quatre jours j'aie la permission médicale
de sortir, je n'ai pas été tenté de bouger. Il est vrai que
j'ai beaucoup griffonné. J'ai pris une partie de mon
grand ouvrage et je me suis mis à en faire un traité à
part. Le but est trop vaste et j'ai beau chercher à y
mettre de l'ordre, le fil naturel des idées, ce *lucidus
ordo* d'Horace, m'échappe toujours. Je sais bien m'entendre, mais je ne crois pas que mon lecteur se donnerait la peine de me suivre. Je dis mon lecteur! Comme
s'il y en avait dans ce moment. Enfin, je m'en crée
comme avant mon mariage je me créais une femme.

Je n'ai pas eu le courage d'achever mon *Dialogue
entre Louis XVI, Brissot et Marat.* Les horreurs de
France m'affligent et me stupéfont (on dit stupéfait).
Cependant je le regrette. Le cadre était bon. C'était
d'abord Brissot qui représentait à Louis que c'était
l'ineptie et les tracasseries de la cour, ces mauvaises
intentions vacillantes, cette envie faible et sans moyens
de faire une contre-révolution, et les fureurs extrava-
gantes des émigrés qui avaient forcé les révolutionnaires à leurs premiers crimes ; que depuis la conduite
insensée des puissances, les mauvais traitements faits
aux villes prises, les vengeances indistinctement annon-
cées à tous les partisans aristocrates, l'emprisonnement
de La Fayette, etc., avaient favorisé le peuple et faisaient
tout le mal actuel, parce que les Français voyaient qu'on
les punissait également s'ils s'en tenaient à leurs crimes
passés ou s'ils accumulaient crimes sur crimes, qu'ainsi
par le sang et les horreurs ils avaient tout à gagner et
rien à perdre. C'était ensuite Marat qui se moquait de
ce que Brissot avait pu croire qu'on dirigeait le peuple
comme on l'excitait, de ce qu'il n'avait pas cru que les
moyens qu'il employait seraient employés contre lui ;
que le peuple est un rocher qu'on peut faire rouler,
mais qu'il faut toujours courir devant ce rocher, sous
peine d'être écrasé. Qu'en prêchant l'ordre il se montrait
au peuple comme ceux qu'il lui avait rendus suspects,

que le seul homme qui ait bien connu la Révolution, c'était lui, Marat, etc..

Mais comment voulez-vous qu'on écrive au milieu des têtes qui roulent? La pauvre Olympe de Gouges m'a fait un moment de peine. Je dis un moment parce qu'on n'a pas le temps de plaindre longtemps des victimes qui se succèdent si rapidement. Je me surprends dans les journaux cherchant le nom des exécutés avec curiosité. Deviendrais-je féroce comme les Français? Cela pourrait bien être. J'espère que non, pourtant. Avez-vous remarqué la réponse aux pétitionnaires qui demandaient la confiscation des biens de la Dubarry..., *le tribunal révolutionnaire. remplira votre but.* Avant que le procès soit même commencé!!! Adieu.

---

16. — A Mme DE CHARRIÈRE.

Lausanne, ce mercredi 5 décembre 1793.

Une course dont je ne suis revenu que hier fort tard, m'a jusqu'à présent empêché de vous écrire. J'ai trouvé à mon arrivée ici votre charmante lettre de jeudi qui a redoublé mes regrets de mon silence. Ce qui me console un peu c'est que je pense que vous savez qu'on produit toujours l'impression qu'on éprouve, et que celle qui a dicté votre lettre était si aimable et si douce que vous avez dû prévoir son effet sur moi.

Ce que vous me dites sur vos raisons de désirer que j'entreprenne un moins vaste ouvrage est très juste et très sensible. Mais je n'ai jamais eu d'attrait un peu soutenu que pour celui auquel vous n'avez jamais pu prendre intérêt, et si je n'achève pas celui-là, je crois bien que je n'en ferai point d'autre. Je vais m'y remettre avec ardeur, et le motif de l'achever pour vous le soumettre sera l'un des plus attachants. Si j'y travaille comme je l'espère, je compte que dans deux ans il sera achevé, et alors vous serez mon premier public.

J'accepte avec bien du plaisir votre offre de vous remettre à écrire, mais comment vous dire ce que j'aimerais particulièrement que vous écrivassiez? Le sujet que vous traitez me paraît toujours dans le moment le sujet le plus agréable. Je ne puis donc que vous prendre au mot et vous dire : travaillez, travaillez beaucoup et travaillez vite.

Quant aux buts, vous aurez beau faire, je n'en ai aucun, je ne puis après avoir vu qu'il n'y en avait aucun, ne pas m'attacher aux conséquences, et toute la dignité et la bienséance qu'il y aurait à être inconséquent ne sauraient m'y déterminer. Il me faut d'autres motifs : quand la passion s'en mêle, quand je suis amoureux, par exemple, j'ai un but : mais pour l'honneur, pour paraître, comme dit (*mot illisible*) le diable m'emporte, je ne puis pas.

J'ai un plaisir non pas précisément de méchanceté, mais de petite vengeance en trouvant dans votre lettre une métaphore plus qu'allemande pour l'incohérence. *Une passion dédaigneuse qui bâille, les bras croisés, au lieu de courir comme un basque.* Oh! pour cette fois, madame, ne vous avisez plus d'attaquer mes pauvres Allemands, ou je fais mettre cette phrase avec le nom et tous les nombreux surnoms de l'auteur, et la liste de ses ouvrages, dans un des journaux de la Germanie.

J'invite Huber à venir passer quinze jours ou plus avec moi. J'espère qu'il viendra bientôt. Nous retournerons alors ensemble à Colombier, et je remplacerai de mon mieux, quoique imparfaitement sans doute, le seigneur Camille[1] qui sera vraisemblablement parti pour Trieste. Je l'ai trouvé bien aimable, bien plus aimable qu'autrefois, plus doux, plus mesuré, plus fin, contant moins et parlant mieux; je n'ai plus remarqué aucune de ces choses qui choquaient quelquefois dans sa manière.

---

1. Émigré, ami de Mme de Charrière, dont le nom n'est pas indiqué dans les Lettres.

Enfin j'ai été surpris et charmé du changement que vous avez opéré en lui. Depuis que j'ai quitté toute espèce de carrière et que je suis sorti de tout chemin frayé, pour errer sans but et le plus souvent sans plaisir, j'aime à voir que les autres emploient mieux leurs moyens, aient encore des plans, des désirs, des espérances que je n'ai plus, raisonnent plus mal en un mot, et soient plus heureux. J'ai renoncé à l'être ; de doux moments, de pareilles heures, des jours ennuyeux, voilà tout ce que j'exige, ou pour parler avec le respect convenable, ce que je demande du sort. Ma raison a tué pour moi tout avenir d'une autre vie ; ma faible santé m'enlève l'avenir dans celle-ci. Le présent seul me reste et le présent est si près de n'être rien, il est tellement décousu, tellement isolé, tellement insaisissable, qu'il est impossible d'en rien faire pour le bonheur. Faisons-en quelque chose pour l'amitié et le plaisir. Aimez-moi, croyez que je vous aime tendrement, et répétez-vous toujours que *though I intend nothing, yet I intend to love you as long as I live.*

---

17. — A Mme DE CHARRIÈRE.

Lausanne, ce samedi 6 décembre 1793.

Je pense que déjà hier, vous aurez reçu ma lettre de mercredi qui vous aura tirée de l'inquiétude que vous étiez assez bonne d'avoir pour moi et vous aura expliqué mon long silence.

Votre lettre de jeudi m'est parvenue ce matin et m'a fait bien du plaisir. J'écris à M. de Charrière à l'instant pour lui dire ce que je sais ou plutôt ce que je n'ai pu apprendre sur Mme de Lessert. J'attends le naïf et bon Huberchen incessamment. J'espère l'amuser et lui rendre un séjour de quinze jours à Lausanne agréable. Nous serons très libres et il sera bien logé. Je lui ferai faire

quelques connaissances et puis je le laisserai aller, venir,
travailler et se divertir comme il voudra. J'ai reçu une
lettre des plus tendres et des plus touchantes de mon
excellent père.

Notre courte entrevue a dissipé tout ce qui s'était
élevé entre nous, et nous nous sommes retrouvés tels
que nous étions réellement, c'est-à-dire faits pour nous
aimer et incapables l'un et l'autre d'exigences et de
procédés indélicats. Cette heureuse révolution aussi
intime m'est bien douce et c'est un grand charme sur
ma vie. En général, quand on se convient, il faut se
quitter le moins possible, et dès qu'on a le malheur de
se brouiller, il faut se revoir. J'en ai fait avec vous, plus
d'une fois, l'heureuse expérience.

Les nouvelles de France continuent à être bonnes.
Les émigrés lyonnais, même ceux qui ont porté les
armes dans le siége, rentrent et sont rétablis dans leurs
biens. Vous aurez ici un M. Lemontez, Lyonnais, président de l'assemblée législative et par conséquent assez
marquant, bien que plus bête encore, qui va rentrer sans
crainte. Pour la paix, il est probable qu'elle a éprouvé
des difficultés et que les négociations sont rompues. Il
faut donc que les républicains battent les coalisés, car il
y a moins à faire pour achever ceux-ci que pour entamer
ceux-là, et l'ordre et la paix se rétabliront plus tôt.

Je ne reçois rien de Brunswick. Il paraît que je resterai toute ma vie à moitié marié. Je m'en mets assez peu
en peine et je ne me donne plus du tout celle d'écrire à ce
sujet. Que fait Camille? A-t-il reçu des lettres de Trieste?
Je ne puis vous dire à quel point je m'intéresse à lui.

Adieu, jusqu'à mardi, jour où je me flatte d'avoir
reçu de vos nouvelles, d'y répondre et de rétablir ainsi
la régularité de notre correspondance.

18. — A Mme DE CHARRIÈRE.

Lausanne, ce mardi... décembre 1793.

Je suis tellement occupé à mener Huberchen de maison en maison et de dîner en dîner, que je n'ai pu trouver, malgré l'envie que m'en inspirait le grand nombre de charmantes lettres que j'ai reçues de vous, un moment pour vous écrire. Recevez en une fois l'expression du plaisir qu'elles m'ont fait en détail, et croyez que, pour avoir été muet, mon sentiment n'en a pas été moins vif. Votre généalogie du devoir, et la distinction que vous faites d'après Kant entre le devoir absolu et indépendant, et par là même simple, et le devoir composé, et par là même dépendant, m'a beaucoup frappé. Je me déclare absolument pour le premier. Si le bonheur général ou particulier est la pierre de touche du devoir, il est impossible de déterminer ce qu'est ce dernier. Non seulement le bonheur peut être variable en lui-même, mais il est nécessairement différent dans l'imagination de chaque individu. Le devoir est donc un être moulé au gré de chaque tête individuelle. Il y a plus, le devoir, devenant un calcul de bonheur, n'est plus un devoir. Chacun a le droit de faire le mal, s'il veut renoncer aux avantages du bien, ou courir le risque des conséquences du mal.

Un homme n'est pas immoral pour avoir fait un mauvais marché, même sciemment.

Aussi la morale fondée sur le bonheur n'a aucune base fixe. Le devoir ou le bien moral doit être absolument étranger aux circonstances et aux calculs. Ce doit être une idée isolée, indépendante et immuable ou ce n'est qu'un mot vide de sens et susceptible de tous les sens partiels que les passions, la courte vue ou l'exaltation peuvent lui donner. Mais une idée abstraite, isolée, indépendante, inflexible et immuable est-elle propre à être mise en usage et en circulation parmi les hommes?

Ceci ne fait rien contre l'idée, mais beaucoup contre les hommes. Le soleil existerait quand tout le genre humain serait aveugle, mais que dirait-on d'un aveugle qui voudrait faire connaître le soleil aux aveugles ses confrères et leur persuader de ne se conduire que par sa lumière?

Voilà des idées bien vagues. Je n'en ai pas d'autres sur ce sujet, et quand je pense à la profonde ignorance, la mobilité constante et la fluctuation de tout ce qui tient à ce que l'on appelle le principe, je suis tenté de croire qu'il n'y a au fond — c'est-à-dire relativement aux hommes — pas plus de devoir que de soleil relativement aux aveugles. Le soleil existe et les aveugles existent, mais on cherche en vain d'établir des rapports entre eux et lui. La justice existe ainsi que les hommes, mais je ne vois pas la chaîne qu'on voudrait établir entre elle et eux.

Adieu. Huberchen repartira la semaine prochaine. Il a traduit ici tout *Adèle*, et remportera un roman anglais pour le traduire aussi. Ainsi il ne perd pas son temps. Je perds le mien et le perds loin de vous, ce qui fait un double mal.

————

19. — A Mme DE CHARRIÈRE.

Lausanne, ce 23 décembre 1793.

Je ne sais pourquoi vos deux lettres me sont arrivées en même temps aujourd'hui, au lieu que celle de samedi devait m'arriver lundi. Je ne puis vous dire l'effet que ce manque d'une lettre de vous a fait sur moi. Je crois bien que cet effet était aussi celui de Lausanne qui me donne toujours une profonde mélancolie, et me fait voir tout en noir. Enfin j'ai cru que vous rompiez avec moi, et j'en accusais tantôt Pierrot, tantôt vous-même, tantôt quelque cause inconnue : et je n'osais plus parler de vous à ceux qui m'en parlaient, à Mme Hollard par exemple, chez qui j'ai dîné. Toute ma façon d'être était changée. Je vous avais écrit mardi une lettre en quatre lignes, bien amère. Je l'ai supprimée et j'ai bien fait.

Je n'ai guère le temps de vous écrire, il faut que je réponde à plusieurs lettres par le courrier de ce soir.

Je n'ai point vu Mme de Staël ni n'en suis curieux. La lettre du Grand Cachet[1] ne change rien du tout à mes projets. Il y a une proposition bien éloignée d'aller à Vienne, passer deux ou trois mois. Quand elle s'exécuterait, ce dont je doute, je garderais pourtant mon appartement à Colombier.

On exile Mme de Constant dans une petite ville à quinze lieues de Brunswick pour deux ou trois ans. Avez-vous jamais vu des arrangements mitoyens plus pitoyables? Le gros paquet que vous m'avez envoyé ne contenait pas une ligne de mon chargé d'affaires à Brunswick. C'était un catalogue imprimé d'une vente qui s'est faite à Leipzig le 12 de ce mois, il m'aura, je suppose, coûté un louis de port. Mon procès n'avance point. Il ne se commencera que dans dix-neuf jours. Si vos *Émigrés*[2] étaient achevés, je profiterai de ce temps pour vous faire une courte visite. Mais ils ne le seront que la semaine prochaine. Je n'ai point mis *contester* pour *disputer*. Il me semble que *disputer l'esprit à quelqu'un* n'est pas *disputer d'esprit avec quelqu'un*.

Je félicite Mme ....., quelque scandale que son amour et son bonheur donnent. Dites à M. de Charrière que la lettre qu'il recevra de moi aujourd'hui avec un si étrange cachet n'a cependant point été ouverte. C'est moi qui ai plaqué dessus cet emplâtre après l'avoir déchirée pour y mettre un post-scriptum. Adieu. Si je puis m'échapper un moment, je vous irai voir. Sinon écrivez, votre silence me fait mal.

---

1. Benjamin Constant désigne ainsi les lettres que lui adressait Mme de Marenholz.

2. Comédie de Mme de Charrière.

20. — A Mᵐᵉ DE CHARRIÈRE

Lausanne, ce 25 décembre 1793.

Je vous écris dans une situation d'esprit très peu propre à rendre ma lettre gaie ou agréable. Je suis dans de grandes inquiétudes sur mon père. On lui a envoyé une lettre de Villars [1], le plus fougueux et le plus fou des aristocrates, et, depuis cette lettre, personne n'a reçu de ses nouvelles. Le paquet dont je vous ai souvent parlé a été arrêté à Pontarlier. Mon père m'a écrit de m'adresser pour le ravoir à un homme de cette ville. Cet homme a été arrêté avec quarante autres. Tout ce concours de circonstances et ce silence subit n'ont rien de rassurant. Je n'ose pas écrire, de peur de créer ou d'augmenter le danger que je présume.

Je n'ai reçu que ce matin votre lettre de lundi et de samedi. Ce retard m'a fait passer une très mauvaise journée et m'a empêché hier de vous écrire.

Cervantès est à vous. Je vous l'apporterai. Le Racine est complet, mais il n'est point arrivé encore. On n'a aucunes nouvelles directes de Juste [2]. Mᵐᵉ de Villars a écrit du 13 que le 8 il était plus mal. Je le crois mort. Faut-il le plaindre? L'avenir promet-il quelque chose qui puisse faire regretter la vie?

J'ai trouvé chez un libraire vos petites feuilles politiques [3] sous le nom du comte de Mirabeau. J'en ai pris deux exemplaires. Je vous en envoie l'un avec l'article du catalogue qui vous arrache la gloire de cet ouvrage. Serez-vous plus fâchée de cette perte que flattée de la méprise? Vous me faites tant de reproches sur l'illisibilité de mon écriture que je veux faire un généreux effort pour la rendre moins scandaleusement indéchif-

---

1. Le général de Constant de Villars.
2. Cousin germain de Benjamin et fils de M. Samuel de Constant.
3. *Lettres politiques*, par Mᵐᵉ de Charrière.

frable. Cette lettre servira d'échantillon. Dites-moi si vous pouvez me lire mieux. Je lirai votre *Aristocrate*, mais je ne le réfuterai pas. Je n'ai plus le courage de penser à la politique. J'ai lu hier Mallet du Pan qui écrit comme un Iroquois des édifices de papier sur ces volcans, des ravages qui élèvent des remparts de feu, un instrument qui sert aux uns pour lever la cataracte, aux autres pour créer des légions.

Mlle Rieu a aussi écrit. Elle m'a menacé depuis deux fois de me lire une troisième lettre. Deux fois j'ai esquivé le coup, mais il faudra bien tendre la gorge.

Mme de Staël n'a pas senti plus que Muret en écrivant son *Apologie de la reine*: Qu'est-ce que c'est que cette platitude?.brillante et frivole comme le bonheur et la beauté. L'idée est fausse. Le bonheur n'est ni brillant ni frivole, et puis des antithèses et des phrases cadencées quand on a devant les yeux l'image de si longs et si affreux tourments! C'est à cracher dessus.

Vous avez donc perdu Mme Achard[1] que j'aime mieux que Mme de S....., et Ninette et Mary. Je voudrais bien qu'elles fussent heureuses, ces deux petites filles, si fraîches et si gaies, et si disposées à être heureuses. C'est à de tels êtres qu'on doit souhaiter le bonheur. Nous, déjà flétris, qui avons perdu et toute fraîcheur et tout éclat, nous pouvons souffrir. Mais que ces deux petites roses ne soient pas décolorées, ni desséchées! Qu'elles brillent encore de ce coloris si doux, qu'elles...,

Savez-vous ce qui m'a arrêté au milieu de mes souhaits? Je me suis demandé si, pour les préserver de mes malheurs, pour les empêcher d'être usées comme moi par l'anxiété et l'inquiétude, et l'incertitude qui remplace toujours la certitude du mal, je ne devais pas, au lieu de m'égarer en vœux inutiles et vagues, souhaiter qu'elles mourussent bientôt. J'ai été sur le point de former ces vœux, l'idée de leur mère m'a arrêté. Je

---

1. Amie genevoise de Mme de Charrière.

n'en forme donc point, mais je suis convaincu que lorsqu'on voit une jeune personne, gaie et contente, et vive
et saine, et pleine d'espérances, et insouciante et igno-
rante de l'avenir, si d'un mot on pouvait la faire cesser
d'être, ce serait une bonne action.

La vie n'est bonne que pour qui a souffert et sait
souffrir. Cette science une fois acquise, on trouve de
bons moments, mais l'apprentissage est affreux, la
surprise de voir qu'on n'existe que pour souffrir est
horrible, et il vaudrait bien mieux sauter à pieds joints
et arriver tout de suite au but. Vous me dites que je
deviens une créature sociale et aimante. Je l'ai toujours
été ! Mais nourri de vanité par ma première éducation,
mis ensuite à la torture par les gens qui voulaient tirer
de moi la sensibilité comme on exprime le jus d'un
citron, puis précipité dans un cloaque de bêtises et d'apathie, avec un démon d'étourderie et d'insouciance, et
d'opiniâtreté, et d'ineptie et d'incomplaisance, comment
diable eussé-je été social ou aimant? Il n'y a que trois
mois que je vis à ma guise, encore est-ce au milieu des
procès, des chicanes de tout genre et par la seule force
de ma volonté bien déterminée de ne regarder affaires et
fortune que comme des accessoires, et l'étude et vous
comme le principal. On me fait un nouveau petit procès
pour 7,000 francs que je crois avoir été payés.

J'attends avec impatience la réponse à mes lettres de
Brunswick. Je l'aurai dans quinze jours vraisemblablement. Je ne doute pas que je ne puisse passer l'hiver à
Colombier, du moins c'est mon plan si ma bibliothèque
peut arriver saine et sauve.

Dites mille choses à Mme Forster [1]. J'espère que
sa fermeté vous aura rendu un peu de bienveillance.
Sont-ils pas prêts à se marier? Je ne reçois plus rien
du Grand Cachet. Cela m'afflige médiocrement. Mais
je suis étonné (peut-être par amour-propre) qu'après

---

1. Thérèse Heyne, qui épousa M. Huber en secondes noces.

un si énorme amour on ait passé à de l'indifférence, d'autant plus que cet amour n'était provoqué par rien, que j'aimais très médiocrement, et ne m'en cachais pas, et que je ne suis devenu fou qu'au moment où des obstacles se sont élevés. Avant, tandis que je déclarais à chaque minute n'avoir que de l'amitié, on voulait à toute force m'épouser, sans attendre divorce [1] ni arrangement quelconque; si l'on ne pouvait pas m'épouser on voulait me suivre, sacrifier honneur, comme le reste, pour ne vivre que pour moi, et certes il n'y avait ni fausseté, ni affectation, ni plan, car qu'avait-on à gagner? Tête de femme ou cœur de femme ou....., d'où venait cette fureur et d'où vient ce refroidissement? De la fureur même, cela est possible. Quoi qu'il en soit, un peu piqué peut-être, je me résigne sans murmures.

J'ignore encore quand je pourrai quitter Lausanne. Pas de quinze jours probablement. Adieu. Je n'ai pas bien compris si je (*mot illisible*) la regarde, je vois que non, puisqu'elle est décachetée et déchirée.

La lettre qu'il m'avait écrite était une réponse à des offres de service pour l'Écosse ou l'Allemagne, en cas d'expatriation.

---

21. — A Mme DE CHARRIÈRE.

Bâle, ce 7 avril 1794.

J'avais daté cette lettre pour Villars à qui je me proposais de répondre de Bâle, mais je ne puis écrire qu'à vous. Je n'en puis plus. Quelle faiblesse, quelle sottise, quelle extravagance à moi que tout ce voyage! Je vais là où on désire de ne pas me voir, je quitte le seul endroit

---

1. Benjamin Constant fait allusion ici à sa seconde femme, Charlotte de Hardenberg, qui à cette époque plaidait en divorce contre son premier mari, M. de Marenholz.

où je suis heureux, et tout cela pour que des indifférents
ne disent pas que j'ai été renvoyé. Non, jamais on ne
fut si fou. Moi qui ne prône que l'indépendance, je me
fais ici l'esclave d'une opinion à peine devinée! Je vais
dévorer deux mois au moins de dégoût.

Pour que quelques voix, que je n'entendrais pas, ne
disent pas : il a été chassé! je quitte tout ce qui m'est
cher[1] pour me précipiter au milieu de tout ce qui m'est
odieux! Pas une âme ne m'a dit : vous devriez y aller.
On ne demandait pas mieux que de m'accorder de nouveaux congés; je n'ai donc pas même l'excuse de l'intérêt, de la prudence : c'est au qu'en dira-t-on seul que
je me sacrifie, et vous, et tout le plaisir de mon existence.
Le dernier été de ma vie peut-être, je le perds sur les
grands chemins et dans une cour, pour prévenir le bavardage de quelques sots qui n'en bavarderont pas moins.

La chose est entamée, il faut l'achever, mais je n'y
vois plus aucun avantage. En n'allant pas j'étais sûr de
conserver ce que je tiens du duc; en allant je puis
essuyer des désagréments tels que ma patience y succombe et que je renonce à tout. Je ne puis rien y gagner,
je puis y perdre ce qui est mon seul motif pour ce voyage,
et je suis sûr au moins d'y perdre mon temps et bien des
plaisirs. Si je me défiais pas tant de moi-même, de cette
malheureuse indécision, qui m'attend au moment de
l'exécution d'un projet pour me le faire abandonner, je
céderais à ces raisonnements, les seuls qui en ce moment
me paraissent de quelque poids. Supposez-moi aussi
bien reçu que possible, je suis précisément au même
point qu'à présent, avec cette seule différence que les
absences peuvent devenir plus difficiles, si je rentre dans
mes fonctions. Supposez-moi mal reçu, je n'y tiendrais
pas et j'enverrai tout au diable. Je puis donc y tout
perdre, je ne puis rien y gagner. Cependant il faut que

---

1. Benjamin Constant avait passé l'hiver à Colombier. Il repartait
pour Brunswick afin d'y reprendre sa position à la cour.

cela se fasse. J'ai trop longtemps déclaré que je le ferais.
Je suis las de vouloir aujourd'hui une chose parce que
hier j'ai voulu le contraire. Je suis las de cette étrange
manie qui me fait voir successivement les côtés opposés
d'un objet, et me fait oublier l'un dès que je vois l'autre.
J'irai donc, il le faut. Mais vous, conservez-vous pour
moi, aimez-moi, écrivez-moi. Quand je suis près de vous,
je ne sens pas combien vous m'êtes nécessaire. Je ne
le sens que trop à présent. Trop, non, c'est faux. Car en
vous écrivant j'ai repris quelque courage, et mon sang
circule avec plus d'activité. Combien je vous aime ! Combien je sens, en vous comparant à tout ce que je connais,
que vous seule me convenez complètement.

Oh ! ménagez-vous, portez-vous bien, vivez. Vous
êtes la seule idée sur laquelle je puisse m'arrêter. Dans
ce désert où je vais vous serez mon seul espoir. Si je
n'avais pas cette possibilité de repartir quand il me plaira,
et de vous aller rejoindre, et d'oublier avec vous tous les
féroces ou stupides fous que je vais trouver à grands
frais et à 200 lieues de vous, je n'y tiendrais pas. Quelle
étrange mobilité ! Dans ce moment je suis aussi gai que
j'étais triste au commencement.

Je me vois à Brunswick ennuyé, comme la peste,
prenant congé de toutes les bégueules et autres, me
mettant en chaise et trottant comme un jeune rat qui
cherche à se donner carrière, et vous retrouvant. Ah !
comme je les planterai là s'ils m'ennuient ! Comme je
me ficherai d'eux s'ils me reçoivent mal ! Le joli
moment que celui où je quitterai ce sot séjour pour n'y
retourner de longtemps. Je vous ai dit hier que je trouvais le temps *bien long* avec vous. Par la même raison je
dois le trouver bien court là où je vais. J'y aurai passé
trois mois, que je me croirai encore à la première heure.
Ceci partira, j'espère, ce soir et vous parviendra lundi
matin. C'est de Bienne que je vous écris, et c'est de
Soleure que partira cette lettre, si j'arrive assez tôt, sinon
je la garderai et l'allongerai jusqu'à Bâle.

Liestal, ce 5, à six heures.

Je n'ai effectivement pas pu finir ma lettre ni la
mettre à la poste à Soleure. Je la fermerai demain matin
à Bâle et elle vous parviendra vendredi. Jusqu'ici je ne
puis reprocher à mon voyage que de m'éloigner de l'endroit où j'aimerais à être, pour me faire arriver à celui
où je ne puis être bien. Je répète que c'est beaucoup
sacrifier à une opinion présumée que de faire 400 lieues
pour la réfuter, et certes, après cet acte héroïquement
servile envers les bavards, on ne peut pas me reprocher
d'être au-dessus des convenances. Je suis ici dans une
chambre ou j'ai couché avec Mme de Constant, il y a
cinq ans. Je coucherai cette nuit dans ce même lit où
bientôt, grâce au ciel, il n'y aura que moi. La fortune
est toujours perfide : je n'ai plus de femme, et elle
m'envoie une fumée qui m'étouffe !

J'ignore encore si je pourrai, sans difficultés, traverser le Brisgau. Les Autrichiens sont très insolents de
leur métier et l'on dit qu'ils font souvent essuyer des
désagréments aux voyageurs. J'espère que mes titres
aristocratiques me tireront d'affaire. J'ai soupé hier avec
une demi-douzaine d'émigrés, qui ont lu, commenté,
et corrigé la *Gazette* de Berne qu'ils trouveraient trop
faible à leur gré. Ils ne lui pardonnent pas d'avoir fait
entrevoir la probabilité de la retraite du roi de Prusse.

Que dites-vous du gazetier du Bas-Rhin, qui dans
la feuille du 5 offre de parier dix contre un que le 20 avril
il n'y aura plus de Convention nationale? Si cette espèce
de pari a lieu entre le public et les gazetiers, il n'y aura
plus que des millionnaires qui puissent faire ce métier.
Quelque chose de plus intéressant que le pari du gazetier
du Bas-Rhin, c'est que dans toute la Souabe, le paysan
fait du pain avec des cosses de haricots broyées et un
peu de son. Les Autrichiens ont tout enlevé dans les
pays impériaux et dans les autres tout acheté, à un prix
fixe auquel les paysans ont été forcés de vendre. Et on

parle de la famine en France! et on croit aux masses allemandes! Les hommes sont bêtes, mais on se les imagine encore plus bêtes qu'ils ne sont.

Bâle, ce 7.

Je viens de chez le ministre autrichien que j'ai trouvé rudoyant une quantité de pauvres diables, et qui m'a fait le meilleur accueil du monde, ce qui ne m'a pas donné meilleure opinion de lui. J'espère passer par Fribourg sans difficulté. Je ne vous écrirai que de Francfort. Adieu. Aimez-moi. Je trouve toujours que je fais une grande sottise de partir d'où je pars et d'aller où je vais. Mais puisqu'elle est commencée il faut l'achever.

Ci-joint une lettre pour Louis Ducret, jardinier à Brévans près Dôle, département du Jura, France. Vous voyez que je me défie un peu de votre mémoire.

----

22. — A Mᵐᵉ DE CHARRIÈRE.

Brunswick, ce 28 avril 1794.

J'avais commencé ma lettre avant-hier, mais elle était tellement remplie de suppositions qui se sont trouvées fausses, que je la déchire et vous en écris une autre. Malheureusement j'ai à peine le temps de vous raconter en gros la réception qu'on m'a faite, parce que la poste part à onze heures ce matin. Quant à votre lettre elle m'est parvenue dans un moment où j'en avais grand besoin. Je vous en remercie mille et mille fois. Elle m'a rendu force et courage, et m'a surtout calmé, ce qui était nécessaire, dans la disposition où je me trouvais et où m'avaient mis les craintes mal fondées de mon protecteur sur ma réception.

Je suis donc arrivé jeudi 24 au soir. J'ai couru voir M. de Féronce qui m'a tendrement, tristement et timi-

dement reçu, m'a insinué que l'accueil qu'on me ferait
serait au moins *très disgracieux*, etc. Ma tête s'est un peu
échauffée et j'ai passé la nuit à faire des plans héroïquement ridicules. Le lendemain, j'ai été chez le grand
maréchal le prévenir de mes craintes, et déclarer que
j'aimais mieux quitter que d'éprouver une réception
fâcheuse. Il a trouvé avec raison que c'était assez fou de
faire 400 lieues pour tout perdre, quand on pouvait tout
garder en restant chez soi. Enfin j'ai été chez le duc qui
ne m'a pas reçu : je lui ai écrit pour obtenir une audience ;
il m'a fait venir, et comme je commençais mes pathétiques
représentations, il m'a dit qu'on ne me reprochait rien,
qu'il ne voulait pas entendre un mot sur cette affaire, etc.,
j'ai fini en disant que j'obéissais, que je me pré-
senterais à la cour, mais qu'un mauvais accueil ramène-
rait toutes les scènes entre Mme de Constant et moi, et
tout l'éclat à peine apaisé. Il a parlé d'autre chose, très
obligeamment de mon père, et nous nous sommes quittés.

Je me suis fait annoncer partout : j'ai été invité.
Junon[1] ne m'a pas dit un mot, Marguerite[2] n'a pas paru,
et tout le reste de l'Olympe m'a reçu parfaitement.
Aujourd'hui j'ai été invité encore, Marguerite a paru
et s'est fait plus de tort que n'aurait pu lui faire tout ce
que j'aurais pu dire, par l'air effronté avec lequel elle
tournait autour de moi en toussant, chantant, prenant
du tabac, enfin voulant, comme un sot et impudent
child, me narguer de toutes les manières. Je dîne demain
chez M. de Féronce, qui a perdu de sa timidité depuis cet
accueil. Après quoi tout mon but est rempli, et je m'arrangerai soit pour rester, soit pour repartir ; si je repars
tout de suite, c'est-à-dire dans trois ou quatre semaines,
ce dont on a grande envie, je pourrai bien aller à Hambourg, y voir les amis de mon ami Mauvillon et voir en
même temps la ville la plus commerçante et la plus libre
d'opinion de toute l'Allemagne. De là, où je passerais

1. Probablement la princesse héréditaire.
2. Mme de Constant.

en ce cas un mois, vous devinez bien quelle route je prendrai, à moins que mes accidents physiques, que le voyage a ramenés, mais qui commencent à moins m'effrayer, tant parce que je m'y accoutume, que parce qu'ils ne produisent pas de si fâcheux effets, ne m'obligent à prendre des eaux minérales, comme me le conseillent tous les médecins — ce qui retarderait mon retour près de vous de quatre semaines.

Avant-hier, comme je me coiffais, entre une jeune personne, très bien mise. C'était ma petite comédienne[1]. Elle est revenue ici faire imprimer un roman, et elle est publiquement et hautement protégée par ma Charlotte[2] ! Vous avouerez que la chose est drôle. Elle avait appris mon arrivée et craignait que je lui fisse du tort soit en parlant d'elle, soit en voulant renouer. Je l'ai assurée que ni l'une ni l'autre de ces idées ne me viendraient. Je lui ai recommandé, sans lui dire pourquoi, de ne jamais me nommer à Charlotte, et je l'ai renvoyée auprès de sa protectrice, *par nobile*. Quant à Charlotte, hier je trouvais son mari seul au club. Il m'aborda, me parla de Colombier et de vous, deux choses qu'il ne connaît que par mes lettres à sa femme, et me demanda, en termes vagues, mes projets. Je lui dis que mes projets étaient de rester ici tant que ça me conviendrait, et de partir quand cela me conviendrait. Ni lui ni moi ne nommèrent Charlotte. Je lui envoyai une carte hier, et j'y ai été ce soir. Elle y était et ne m'a pas reçu. Grand bien lui fasse !

J'ai vu la veuve de Mauvillon qui est une charmante femme. Elle m'a décrit en deux heures la vie de son mari avec une netteté, une finesse, des nuances, une profondeur et une modestie dans ce qu'elle a été obligée de dire d'elle-même, qui m'ont fait voir que Mauvillon ne m'avait point exagéré son bonheur. Je me mettrai incessamment

1. Une des nombreuses amourettes de Benjamin Constant.
2. Charlotte de Hardenberg, Mme de Marenholz.

à cette biographie. J'attends quelque chose de M. Huber. Prévenez-le qu'on veut renforcer à Berlin les lois contre la presse. Le grand J. a dit : « Il faut que les auteurs apprennent à parler et à penser autrement. » Je crains pour son journal, pour tous ses écrits, et par conséquent pour son existence. Les gens de lettres ici sont aimables. Ils ont tous abandonné Mauvillon pendant sa maladie. Pas un de ceux qui, jadis, étaient ses plus intimes amis n'a fait demander de ses nouvelles. Ils ont au contraire affecté de se réjouir, ou du moins de ne pas se soucier de sa mort, de peur d'être suspects. Mauvillon a donné une leçon à son fils la veille de sa mort, et corrigé ensuite son dernier ouvrage. Il est mort avec une gaieté et un courage rares. Il avait résolu d'épargner ce spectacle à sa femme et lui écrivait toujours de Hambourg qu'il se portait très bien. Elle fut instruite de son état par un tiers, arriva, le trouva assis, travaillant, serein, causa avec lui plusieurs heures et commençait à croire qu'on l'avait alarmée mal à propos, lorsque le soir elle vit qu'il était enflé jusqu'à la ceinture, de manière à ne pouvoir remuer.

Pour cette fois il faut finir. Je vais relire votre longue lettre qui m'a fait tant de bien et me mettre à y répondre dès que celle-ci sera expédiée. Adieu. Je vous embrasse, vous savez combien je vous aime et suis heureux de vous aimer. Vous devinez pour qui est la lettre ci-incluse.

Je rouvre ma lettre pour vous demander un petit service, non pour moi précisément, mais pour une excellente vieille femme. Vous pouvez me le rendre sans peine. Cette femme, Alsacienne de naissance, a un frère nommé M. de Wetzel à Strasbourg, parent des Falkenhaym, des Lefort, et par conséquent de Mme Bontems Lefort. Elle ne peut ni lui écrire, ni parvenir à savoir s'il vit, ce qui est tout ce qu'elle désirerait d'apprendre. Il était l'année passée à la campagne avec les Falkenhaym et les Lefort, près de Strasbourg. J'ai pensé que vous pourriez, par Mme Achard, faire demander à Mme Bontems des nouvelles de cet homme. Sa sœur ne veut point qu'on lui

écrive ni qu'on prenne même des informations directes à
Strasbourg, de peur de le compromettre. Mais par Genève
j'espère que nous pourrons la tirer d'inquiétude.

Mon domestique n'ayant pas encore porté cette
lettre à la poste, il se trouve que j'en ai déjà écrit une
autre, que je comptais continuer et vous envoyer vendredi prochain. A présent que ceci est rouvert, j'y insé-
rerai les deux pages écrites de l'autre lettre et j'en
recommencerai incessamment une autre.

---

23. — A Mme DE CHARRIÈRE.

Brunswick, ce 28 avril d'abord après l'envoi
de la première lettre à la poste. 1794.

Je me remets à vous écrire, après avoir relu votre
lettre. Je vous ai déjà parlé du bien qu'elle m'avait fait.
Elle ne pouvait arriver plus à propos. J'étais d'un découragement incroyable.

Elle m'a fait sentir que je valais mieux que ceux
dont je redoutais les mauvais procédés, et j'ai dit : Je
m'en f..., et j'ai été tout ragaillardi.

Avant d'aller plus loin il faut que je vous raconte
une assez comique bêtise de Charlottechen. Dans le
temps que mon amour n'était que malade et pas même
agonisant, je m'impatientais de n'avoir d'elle aucune
nouvelle. Je crus que son père, cet ange tutélaire à qui
je dois tant, interceptait les soupirs poussés d'un pôle à
l'autre et je cherchai un moyen de soustraire à sa vigi-
lance au moins une de mes amoureuses épîtres. J'écrivis
à Charlotte sous le nom d'un libraire. Je lui disais lui
avoir vendu des livres. Le titre de ces livres était une
suite d'époques mémorables dans nos chastes amours.
Je lui rappelais le jour, le lieu, l'heure, la chose, je lui
nommais enfin Henri — alors mon nom de guerre —
et Charlotte. Je datai *Dove-house*, et je signais Bécé.

Certes il était difficile d'être plus clair. Je finissais, pour motiver ma lettre, par lui dire que le prix de ces livres était trente-deux louis et que je tirerai sur elle à vue. Je savais qu'à la vue d'un compte de trente-deux louis, le digne père renoncerait à toute prétention sur une telle correspondance, et se hâterait de porter l'épître à sa fille. Comme rien n'était moins fondé que mes soupçons d'interception, ma lettre arriva droit aux grasses et blanches mains de Charlotte. Croiriez-vous qu'elle n'y comprit pas mot, qu'elle crut que c'était effectivement un compte et qu'elle envoya de maison en maison, prier tous ceux qu'elle connaissait de lui expliquer la chose, de lui dire où était Dove-House, et qui était le libraire Bécé, duquel, — disait-elle, — elle n'avait de la vie rien acheté. Ma lettre fit comme cela le tour de la ville, pas une âme n'y comprit rien, quoique le nom de Dove-house fut assez clair pour qui me savait à Colombier, et tout le monde m'y savait, et que les fautes de langue décelassent un étranger. Enfin la lettre parvint à un homme qui sait un peu l'anglais et qui avait deviné mes relations avec Charlotte. Il lui expliqua le tour et elle brûla le fatal billet. Avouez que jamais on ne fut plus bête. Ce n'est pas tout d'être folle, il faut avoir l'esprit de sa folie. La liaison de Charlotte avec ma petite ci-devant maîtresse me paraît toujours plus plaisante. Si ces deux femmes parlent de moi, elles pourront acqué-rir de grandes lumières sur ma manière d'aimer au physique et au moral. Elles déjeunent aujourd'hui ensemble.

Il est très décidé que je ne resterai pas ici employé comme autrefois; Bacala[1] a une haine violente, et Bacala femelle aussi contre moi, et un amour non moins violent pour Marguerite. C'est au point qu'ils ont voulu l'emme-ner là où ils sont actuellement. Tant que le père vivra je conserverai tout; lui mort, on me raye. Aussi je ne compte

1. Le duc héritier de Brunswick.

guère faire de nouveau des voyages ici, lorsqu'une fois
je serai reparti pour la Suisse. On ne m'en tient aucun
compte, je ne perds rien ; au contraire on préfère que je
ne les fasse pas et que je reste éloigné. Je puis, étant
ici, essuyer une boutade de (*mot illisible*) qui serait
fâcheuse. Tout cela réuni, il est clair qu'après un plus
ou moins long séjour pour constater — et en Suisse et
en Hollande — que je n'ai pas été renvoyé, je ne dois
plus penser qu'à vivre auprès de vous. Je n'en suis
point fâché, je vous assure, et l'idée de vous revoir ne
laisse pas que de me faire quelque plaisir.

Il y a quelqu'un qui me proposait, avec les meilleures
intentions du monde, de demander à être fait chambellan
de la margrave. J'aimerais mieux garder cent moutons
dans un pré, sans chien et sans houlette, qu'une vieille
princesse dont le c..... a parlé et parle encore depuis
cinquante ans. Au diable le babillard, qu'il parle tout
seul s'il veut. Je ne me mêlerai pas de la conversation.
Ce n'est pas qu'on puisse dire de lui : Ce monsieur-là
n'aime pas le dialogue.

---

24. — A Mme DE CHARRIÈRE.

Ce V^e, VIIe 1794.

Vous m'ordonnez de vous écrire, en ne m'écrivant
pas ; cela n'est pas juste, mais je suis si fait à l'injustice
que je supporte la vôtre et donc je vous écris. J'ignore
si cette lettre restera encore quatre jours en chemin, en
tous cas messieurs de la poste n'y trouveront pas grand
chose à lire. Le paquet que vous m'avez envoyé était
plus intéressant. Il y avait une lettre du commandant
de Bois-le-Duc qui me dit la place sans défense : il y en
avait une de Villars qui veut envoyer sa femme à Brunswick. Il me demande le secret parce que ceux qui s'en-
fuient les premiers trouvent mauvais que d'autres les

imitent. M. de Féronce, dont la correspondance est toujours aussi tendre que sa conduite a été faible et son amitié timide, m'écrit que la fermentation augmente en Allemagne, que la proclamation de Cobourg a fait du mal, que la guerre devient toujours plus impopulaire. Mᵐᵉ de Mauvillon, dans une lettre de six pages où elle se montre étonnamment aimable, et telle que j'ai vu bien, bien, bien peu de femmes, me mande un trait de son fils aîné qui m'a fait grand plaisir. Son frère cadet a des appointements au service de Hollande et la permission de rester chez sa mère jusqu'à ce qu'il ait atteint l'âge de 15 ans. L'aîné vient d'écrire qu'il a réfléchi que dans les circonstances présentes il était injuste qu'un enfant fût payé pour ne rien faire : qu'en conséquence il avait demandé qu'on lui permît de se charger de la pension de son frère, qu'on lui avait accordé sa demande, et qu'il priait en conséquence sa mère de s'adresser à lui dans la suite pour cet objet.

Je suis un peu inquiet de mes batz, mes banquiers ne répondant pas. Si je ne reçois rien lundi, je crois que je prendrai le parti de leur renvoyer en double tout ce qui leur a été expédié. Si le courrier d'aujourd'hui apporte à Neufchâtel quelque chose pour moi, veuillez me l'envoyer tout de suite. Je ne crois pas pouvoir faire ce que M. de Charrière me demande auprès de Durand. Il déclare n'avoir point d'autres titres, ne pouvoir en procurer aucun de ceux que M. de Charrière demande, et il est vrai que l'exemplaire de l'*Histoire universelle* qui est à la bibliothèque de Lausanne n'a que les titres qui déplaisent tant à M. de Charrière. La question est donc de savoir s'il veut garder l'ouvrage tel qu'il est, dans lequel cas mon exemplaire qui est parfaitement semblable pourra servir de modèle au relieur, ou s'il veut le recouvrir. Obliger Durand à fournir des titres qu'il n'a pas est au-dessus de mon pouvoir.

J'ai dîné hier avec Mˡˡᵉ Hoyer : une physionomie à la Henri VIII (cela a dû faire plaisir à mon cousin, comme un certificat d'anglaiserie) un sourire assez doux, un peu mélancolique, des yeux passables et languissants, point de gorge, l'air de 27 à 30 ans, une jolie taille, de très beaux bras, pas de sens commun, rien de vif ni de piquant, ni de doux, ni de sensé, ni d'aimable; la voilà.

Mᵐᵉ de Mauvillon m'écrit quelque chose qui m'a fait plaisir parce que c'est en allemand ce que vous m'écriviez en français il y a longtemps. Revenez, me dit-elle, revenez avec toutes vos faiblesses, tous vos défauts, avec votre indécision, vos vacillations, toutes vos singularités. Si vous perdiez une partie de tout cela, je ne vous connaîtrais plus, je n'aurais plus la même confiance, le même plaisir. Adieu. Je compte enfin sur une lettre le courrier prochain.

Charlotte est libre, son mari remarié. Mais je suis aussi libre de ne pas l'épouser!

---

25. — A Mᵐᵉ DE CHARRIÈRE.

Du bois de Ceri, ce 9 janvier 1795.

Êtes-vous fâchée du sot billet que j'ai écrit à Camille? J'ai eu tort de l'écrire, mais vous devriez en être bien aise plutôt que fâchée. Si je ne mettais pas beaucoup d'importance à la manière injuste et bizarre que vous avez eue avec moi après un raccommodement formel, je n'aurais pas écrit de la sorte. J'ai voulu vous faire faire cette observation pour que vous n'ajoutiez pas un jugement injuste à d'injustes procédés. Du reste, incertain si vous me répondrez, n'étant plus sûr d'être compris, ne vous retrouvant plus en rien, je ne continuerai point une lettre que peut-être vous n'achèverez pas. Adieu. J'en appelle de votre amour-propre à votre cœur, et de votre vanité à votre justice.

---

26. — A Mme DE CHARRIÈRE.

Lausanne, ce 24 mars (1795).

Le copiste n'a pas pu s'engager à achever les copies.
J'ai fait remettre à Mlle Fulke les originaux. Comme
depuis quelque temps vous ne m'écrivez que pour me
dire des choses désobligeantes, par exemple que vous
ne vous souciez pas de moi, que vous ne voulez rien
me dire de vous, etc., je trouve assez inutile de répondre.
Je ne vois pas la raison ni le plaisir d'une pareille
correspondance. J'ai travaillé à vous ramener, vous
demeurez dure, désobligeante et bizarre.

Je me résigne en gémissant.

---

27. — A Mme DE CHARRIÈRE.

Lausanne, sans date.

C'est la troisième lettre que je vous écris et que je
déchire. Vos considérations sur les tracassiers, et votre
silence sur mes livres latins m'ont mis d'humeur gron-
dante.

Je commence, je me fâche, je vous dis des injures,
je déchire ma missive et je recommence, et ainsi de suite.
Voyons si cette troisième tentative sera plus heureuse.
Quant à mes livres, au lieu de me plaindre, je vous
conjure à genoux de savoir enfin s'ils sont arrivés parce
que l'incertitude m'est très pénible et que la chose vous
est très aisée, et que depuis huit jours ils sont, si ce
sont eux, à l'abandon chez ce gredin d'imprimeur, et
qu'il y a des papiers qui m'importent, et que si M. de
Roussillon ne veut pas s'en informer, un messager le
fera. Je (*mot illisible*) et je finis. Quant aux tracassiers je
déclare d'abord que je ne sais point qui ils sont. Mais
jamais je n'aurais supposé qu'il fût défendu d'écrire

à ses amis et correspondants des faits avérés et de notoriété publique. Vous êtes drôle avec vos moitiés de suppositions. Si la chose est fausse, vous dites doctement que c'est un mensonge. Mais si elle est vraie, vous ne dites rien. Quand on dit si discrètement ce qui est, en supposant telle chose, on devrait achever la phrase et supposer aussi la possibilité du contraire. La chose est vraie et de toute vérité, ainsi les J. à réfuter, les D. à contenir, et les calomnies atroces et odieuses, sont des fleurs de rhétorique admirables, mais qui n'ont pas le moindre rapport au sujet. Et si cette *tracasserie* avait engagé à être plus prudent, si elle avait engagé à veiller sur les subalternes qui se permettent des infractions et à les réprimer, si par là elle avait peut-être prévenu ce que vous l'avez accusée de vouloir amener, que diriez-vous? Eh bien! mes *si* ne sont pas comme les vôtres. Tout cela est arrivé. Quand je vous verrai je vous le prouverai et vous conviendrez que cette *tracasserie* a eu de très bons effets.

Je suis bien impatient de me retrouver à Colombier. Mon séjour ici est long et ennuyeux. Il serait doux près de vous, mais cent liaisons m'arrêtent et avant quinze jours je doute que je puisse vous revoir. Si vous recevez des lettres pour moi lundi, veuillez me les envoyer par Berne. Elles contiendront de quoi décider mes plans pour l'hiver. Adieu. Je vous aime bien. J'ai été aigre comme du verjus et je suis à présent plat comme une punaise.

---

28. — A Mme DE CHARRIÈRE.

Lausanne, ce 14 avril 1795.

Depuis que je vous ai écrit que vous me feriez de la peine en me répétant sans cesse que vous ne vous souciez point de moi, vous avez rompu toute correspon-

dance. Je n'aurais pas cru que cet aveu fût un crime,
digne d'un châtiment si sévère. Je compte dans quelques
jours aller voir M. Huber : mais un homme que vous
trouvez indigne de vos lettres sera-t-il reçu chez vous.
Je vous prie de me le mander. Il me serait affreux d'être
à Bôle et de me voir exclu de l'hospitalière maison où
j'ai passé tant de jours heureux. Cependant si ma présence vous afflige ou vous blesse, s'il faut encore me
sacrifier à vous, si vous me l'ordonnez bien positivement, je le ferai. Mais alors expliquez à M. de Charrière
la raison de ma douloureuse et involontaire absence,
qu'après toutes les bontés dont il m'a comblé, il ne me
croie pas ingrat, et qu'il sache bien que je ne suis que
très malheureux. Si vous me répondez, je vous prie
d'adresser à Coppet. C'est de là que je partirai pour
Bôle. Si vous ne répondez pas, je prendrai votre silence
pour une permission de vous aller voir et je me présenterai chez vous. Est-il possible que nous en soyons
réduits à ces formes et que ce soit vous qui en soyez la
cause ! Adieu.

---

29. — Mme DE CHARRIÈRE.

Bôle, près Neufchâtel, ce mardi 26..... 1795.

J'ai observé rigoureusement un ordre sévère. Je ne
puis m'y soumettre plus longtemps étant si près de vous.
Je vous demande la permission de vous écrire. Je vous
demanderai bientôt celle de vous aller voir. Peut-être
devrais-je m'affliger si vous ne mettez plus à moi assez
d'importance pour me refuser l'une ou l'autre, mais rien
ne peut m'être aussi pénible que de nous savoir séparés
par un si petit espace, sans qu'un mot de vous le traverse pour répondre à mes souvenirs. Adieu. J'attends
une lettre et je vous aime. Donnez-moi, je vous prie, des
nouvelles de M. de Charrière, sur la santé duquel on m'a
inquiété,

30. — A Mme DE CHARRIÈRE.

Ce 26 fructidor (sans date de lieu ni d'année.)

J'ai prévenu vos conseils, et me suis depuis le jour même de ma dernière lettre, jeté à corps perdu dans le grand monde. Je vole de dîners en soupers et de soirées en soirées, et comme il y a plus de deux ans que j'avais renoncé à ce genre de vie, il a repris pour moi un peu d'agrément, non que rien m'intéresse dans la société anglaise que je vois. J'y ai passé hier dix heures de suite, et je veux être damné si on a parlé d'autre chose que de *white and black truffle*, de la *german and italian cookery*, et des maisons d'Angleterre *where every thing, was dressed in oil, in the Italian way*. Mais après avoir vu des bêtises plus sales, plus avides, moins brillantes de richesses, par conséquent moins confiantes, et moins *loud*, la marche assurée et fière de ces *bristish fools* m'amuse assez. Ils n'ont pas cette vilenie de nos Lausannois, on ne les entend pas sans cesse parler de trente batz perdus au loto, d'un oreiller emporté ou entr'ouvert et déplumé par leurs locataires, etc., etc. Pour quinze jours ou trois semaines cela fait assez bien, et on *relishes* délicieusement le plaisir d'être seul.

Pourquoi êtes-vous fâchée que notre querelle soit de nature à n'être jamais finie? Quel besoin y a-t-il que nous soyons du même avis? pourvu que nous nous convenions, j'espère que ni l'un ni l'autre de nous n'est assez fol pour prétendre faire de son opinion la règle universelle, et je vous déclare que l'opposition que je trouve entre nos façons de voir ne change en rien mes sentiments envers vous. Quant à ce que vous me dites de la nature des choses, hélas! je ne sais pas trop ce que c'est que la nature des choses. Je prendrai bien garde sans doute de ne pas me jeter dans l'opiniâtreté de

1. Quelques passages de cette lettre ont été publiés dans les *Portraits contemporains* de Sainte-Beuve.

l'esprit. J'ai pris note de votre avertissement avec sa
date, et j'en ferai usage. Cependant qu'importe que j'aie
ce défaut-là ou un autre? Le plus grand sera toujours de
ne pas être de votre avis.

Votre avant-dernière lettre m'a donné de grands scru-
pules relativement à Charlotte. Je trouve que je suis avec
cette femme sur un pied qui jette sur ma conduite, à mes
propres yeux, un air de fausseté. Pendant que je me
moque d'elle avec vous, je lui écris de temps en temps
par honnêteté, de tendre ou pompeux galimatias et si
quelqu'un comparait mes lettres à elle avec mes lettres
sur elle, on me regarderait avec raison comme un fou
méchant et faux. Il faut ou ne plus avoir de relations
avec elle ou ne plus me moquer d'elle ni avec vous, ni
avec personne. Or, comme il ne me plaît pas de rompre,
il ne me reste que le dernier parti à prendre. Je vous
prie donc, et je crois que j'ai presque un droit de le
demander, de brûler ce que je vous ai écrit sur elle. Je
suis, grâce à mon bavardage sur moi-même, tellement
décrié que je n'ai pas besoin de l'être plus, et si mes
lettres qui nagent dans votre appartement échouaient en
quelques mains étrangères, cela donnerait le coup de
grâce à ma mourante réputation. Je suis convaincu que
vous trouverez que j'ai raison. Voulant continuer à
écrire à Charlotte, voulant même la revoir, et assurément j'ai bien le droit de vouloir ce que je veux, je ne
dois pas m'acharner sur elle. Ainsi, de grâce, brûlez, et
oubliez, ou du moins ne redites pas. Voilà une longue
réponse à vos deux lignes; il ne faut épouser ni une
mademoiselle Hoyer ni une Charlotte. Vous m'écrivez
des lettres de rien. Qu'avez-vous donc tant à faire?
Adieu, ma laconique, conseillante et aristocratique
amie. Salut et fraternité.

APPENDICE A

Bibliographie de Benjamin Constant

Voir Guérard, *La France littéraire*, tome II.

Louandre et Bourquelot, *Littérature française*, tome III.

Otto Lorenz, *Catalogue de la librairie française*, 4e livraison.

A MM. les électeurs du département de la Sarthe. — Paris, Chantpie, 1822.

Deuxième lettre à MM. les électeurs du département de la Sarthe. — Paris, Chantpie, 1882.

Adolphe Londres, 1re édit., 1816.

Annales de la Science, de 1817 et 1818.

Appel... en faveur des Grecs, br. in-8o. — Paris, Trenthel, 1825.

Collection complète des ouvrages publiés sur le gouvernement représentatif, 4 vol. in-8o. Planches, 1817.

La science de la législation de Filanguri, in-8o. — Paris, Dufart, 1822.

UNE LONGUE SUITE DE BROCHURES POLITIQUES

De la religion considérée dans sa source, ses formes et ses développements, 4 vol. in-8o. — Paris, Béchet, 1809.

Wallenstein, 1 vol. in-8o. — Genève, Paschoud, 1809.

DIVERS DISCOURS

Mémoire sur les Cent Jours (très important, explication de son revirement politique), in-8o. — Paris, Didier, 1829.

Mélanges de littérature et de politique, in-8o. — Paris, Didier, 1829.

Du polythéisme romain, 2 vol. in-8o. — Paris, Bichet, 1833.

Cours de politique constitutionnelle, 2 vol. in-8o. — Paris, Didier, 1836.

APPENDICE B

PUBLICATIONS SUR BENJAMIN CONSTANT

Lettres sur les hommes d'État de la France (Benjamin Constant) par Loève Veimars. *Revue des Deux Mondes*, 1833.

Poètes et Romanciers modernes de la France (Benjamin Constant) par Gustave Planche, *Revue des Deux Mondes*, 1834.

Galerie des Contemporains illustres, par L. de Loménie.

Le Livre des Orateurs, par L. de Cormenin.

Cinq articles de Sainte-Beuve.

Lettres de Benjamin Constant à Mme de Charrière, publiées par Eusèbe Gaullieur dans les *Étrennes nationales* et la *Revue Suisse*.

Introduction aux écrits politiques de Benjamin Constant, par E. de Laboulaye (Voir également *Revue Nationale* du 10 nov. et 18 déc 1861.

Mémoires, de M. Guizot.

Lettres de Benjamin Constant à Mme Récamier, 1807-1830, publiées par l'auteur des *Souvenirs de Mme Récamier*, Calmann-Lévy. — Paris, 1882.

Lettres de Benjamin Constant à sa famille, 1775-1830, précédées d'une introduction d'après des documents inédits par Jean Menos. — Albert Savine. — Paris, 1888.

Histoire littéraire de la Suisse Française, par Philippe Godet. — Fischbacher, 1890.

Benjamin Constant, par Paul Bourget, livre du *Centenaire des Débats*, 1789-1889, — Plon, Paris.

TABLE DES MATIÈRES

TABLE DES GRAVURES

Sceaux. — Imp. Charaire et Cie.

www.ingramcontent.com/pod-product-compliance
Lightning Source LLC
Chambersburg PA
CBHW061024030726
47504CB00002B/248